民间演剧与戏神信仰研究

陈志勇 著

·广州·

版权所有　翻印必究

图书在版编目（CIP）数据

民间演剧与戏神信仰研究/陈志勇著.—广州：中山大学出版社，2017.5
ISBN 978-7-306-06058-7

Ⅰ.①民… Ⅱ.①陈… Ⅲ.①戏曲—神—信仰—研究—中国
Ⅳ.①B933

中国版本图书馆CIP数据核字（2017）第095322号

出 版 人：	徐　劲
责任编辑：	裴大泉
封面设计：	林绵华
责任校对：	刘丽丽　赵　婷
责任技编：	何雅涛
出版发行：	中山大学出版社
电　　话：	编辑部 020-84110283，84113349，84111997，84110779
	发行部 020-84111998，84111981，84111160
地　　址：	广州市新港西路135号
邮　　编：	510275　　传　真：020-84036565
网　　址：	http://www.zsup.com.cn　E-mail: zdcbs@mail.sysu.edu.cn
印 刷 者：	佛山市浩文彩色印刷有限公司
规　　格：	787mm×1092mm　1/16　19印张　358千字
版次印次：	2017年5月第1版　2017年5月第1次印刷
定　　价：	89.00元

如发现本书因印装质量影响阅读，请与出版社发行部联系调换

目　录

绪论 …………………………………………………………………………… 1
　一、近百年中国戏神信仰之研究 …………………………………………… 1
　二、戏神研究的戏剧史意义 ………………………………………………… 12
　三、本课题的框架与理论路线 ……………………………………………… 21

第一章　中国戏神信仰的历史与地理考察 …………………………………… 25
　第一节　中国戏神信仰的发展历史 ………………………………………… 25
　　一、戏神信仰形成于宋代推考 …………………………………………… 26
　　二、清初"二郎神"向"老郎神"的转化 ……………………………… 30
　　三、中国古代戏神信仰的分期 …………………………………………… 34
　第二节　中国戏神信仰的地理分布 ………………………………………… 36
　　一、基于戏神信仰地域性特征的分类 …………………………………… 37
　　二、戏神信仰地域传播的内外推力 ……………………………………… 40
　第三节　中国戏神信仰的来源与特点 ……………………………………… 43
　　一、中国戏神生成方式的多元化 ………………………………………… 43
　　二、中国戏神信仰的表现特征 …………………………………………… 46
　　三、中国戏神信仰的群体性特征 ………………………………………… 50
　本章小结 ……………………………………………………………………… 54

第二章　民间三大系统的戏神信仰 …………………………………………… 56
　第一节　戏曲行业"二郎神"信仰的生成与消歇 ………………………… 56

一、汤显祖题灌口"二郎神"画像诗 ……………………… 57
　　二、二郎神及其戏神信仰成因诸说 ……………………… 60
　　三、二郎神孟昶：弹弓、游戏之神与戏神 ……………… 63
　　四、清初戏曲行业二郎神信仰的消歇 …………………… 69
第二节　老郎神：最普遍的行业始祖崇拜 ………………………… 70
　　一、老郎神：戏行祖师信仰的生成与流变 ……………… 71
　　二、老郎庙：戏神信仰的行业化 ………………………… 77
　　三、老郎会：戏神信仰的世俗化 ………………………… 81
　　四、信仰的背后：人神的扭合与分离 …………………… 83
第三节　田公元帅：南戏戏神信仰的历史变迁 …………………… 86
　　一、傀儡戏神与田公元帅信仰之源起 …………………… 86
　　二、"去雨存田"传说与雷海青信仰的确立 …………… 90
　　三、武以安民：武将雷万春对田公信仰的介入 ………… 94
　　四、"田"字关联：田公与田祖信仰的交缠 …………… 96
　　五、其他戏神元素对田公信仰的渗透 …………………… 99
本章小结 ……………………………………………………………… 103

第三章　道教神系与民间戏神信仰 …………………………… 105
第一节　道教"九皇神"与民间戏神信仰 ……………………… 105
　　一、从北斗星宿到道教星神 ……………………………… 106
　　二、九皇神信仰与戏神崇拜 ……………………………… 109
　　三、九皇会吃素习俗与艺人赎罪心理 …………………… 114
第二节　戏曲行业关羽崇拜与"关公戏"演出禁忌 …………… 116
　　一、戏曲行业中的关公信仰 ……………………………… 117
　　二、关公降神演剧与信仰禁忌生成 ……………………… 119
　　三、伶人阻断关公附体与禳解禁忌 ……………………… 123
　　四、民间关公信仰事象与禁忌心理 ……………………… 128
本章小结 ……………………………………………………………… 131

第四章　京剧戏神信仰文化源流考 …………………………… 132
第一节　京剧喜神信仰的缘起与演变 …………………………… 132
　　一、民间喜神崇拜习俗之概观 …………………………… 132

二、戏神之童偶形象及相关传说 ……………………………………… 136
　　三、梨园行喜神的祭祀及它的两重功用 ………………………………… 139
第二节　京剧武行戏神"武猖"信仰探源 ……………………………… 141
　　一、京剧"武猖神"信仰来源的几种说法 ……………………………… 141
　　二、"武"字：解开"武猖神"源头密码的一把钥匙 …………………… 143
　　三、"武猖神"与民间"五猖"信仰文化 ………………………………… 147
本章小结 ……………………………………………………………………… 151

第五章　地方剧种纷杂的戏神选考 …………………………………… 153
第一节　潮州"关戏童"与潮剧戏神田元帅信仰考 …………………… 153
　　一、"关戏童"：潮州的原始巫术与仪式 ………………………………… 154
　　二、田元帅："关戏童"请降神祇的身份信息 …………………………… 157
　　三、源头误判：从关戏童班到潮音戏的演进之路难通 ………………… 161
　　四、反思：巫术仪式向戏剧演化路径的学理性论证 …………………… 166
第二节　江西傩戏神"清源真君"遗存考 ……………………………… 167
　　一、作为傩神的二郎神信仰 ……………………………………………… 168
　　二、"清源真君"信仰在赣东的遗存 …………………………………… 169
　　三、汤显祖《庙记》与赣东傩神"清源真君"信仰 …………………… 172
　　四、傩神与戏神之关系的再思考 ………………………………………… 175
第三节　秦腔及祁剧戏神信仰的缘起与变迁 ………………………… 176
　　一、秦腔戏神的信仰变迁与对外流播 …………………………………… 177
　　二、湖南祁剧祖师焦德信仰考 …………………………………………… 181
本章小结 ……………………………………………………………………… 186

第六章　戏神与周边行业神信仰 ……………………………………… 188
第一节　中国乐神与戏神信仰之关系考 ……………………………… 188
　　一、中国乐神信仰的流变 ………………………………………………… 189
　　二、古之善歌者向乐神、戏神的转化 …………………………………… 193
　　三、道教"天倡"星宿向乐神、戏神的转化 …………………………… 196
　　四、戏伶信仰乐神的文化因缘 …………………………………………… 200
第二节　民间娼神与戏神信仰之渊源考 ……………………………… 207
　　一、娼业白眉神信仰种种 ………………………………………………… 207

二、娼神与戏神信仰近缘性之原因 ………………………………………… 213
　　三、性与生殖崇拜：娼神与戏神的交缠 …………………………………… 217
  本章小结 …………………………………………………………………………… 219

第七章　民间戏神信仰的人类学考察 ……………………………………………… 221
　第一节　古剧脚色"丑"与戏神信仰 …………………………………………… 221
　　一、伶人崇"丑"与"以祖为神"的集体意识 …………………………… 221
　　二、丑脚、戏神与伶人的"寻源"心理 …………………………………… 226
　　三、丑脚通神：祭祀仪式中的戏神 ………………………………………… 229
　　四、剧中与剧外：丑脚与戏神的分离 ……………………………………… 232
　第二节　民间戏神传说的互文叙事形态 ………………………………………… 235
　　一、传说造神：对历史文献的追寻和修补 ………………………………… 235
　　二、戏神塑像：对民间传说的立体诠释 …………………………………… 238
　　三、宫庙壁画：戏神传说的互文表达 ……………………………………… 243
　　四、信仰禁忌：戏神传说的隐性干预 ……………………………………… 248
　第三节　仪式与演剧：田公元帅信仰的戏剧人类学考察 ……………………… 252
　　一、戏神：伶界内部祀神与田公元帅信仰 ………………………………… 252
　　二、教主：闽东"梨园教"田公元帅信仰 ………………………………… 255
　　三、保护神：民间俗信田公元帅信仰 ……………………………………… 260
　　四、从田公元帅不同信仰形态看傀儡戏的宗教功能 ……………………… 264
  本章小结 …………………………………………………………………………… 267

附录　禁忌、信仰与伶人精神生活史 ……………………………………………… 269
　　一、戏神信仰研究的始点与机缘 …………………………………………… 269
　　二、戏神信仰研究的推进与转向 …………………………………………… 271
　　三、戏神信仰研究的多重视野 ……………………………………………… 275
　　四、"申遗"语境下的戏神信俗研究 ……………………………………… 278

主要参考文献 ………………………………………………………………………… 281

后记 …………………………………………………………………………………… 296

绪　论

戏神是指戏剧行业神，"行业神又称行业守护神、行业保护神，是从业者供奉的用来保护自己和本行业利益，并与行业特征有一定关联的神灵。"① 戏神信仰作为一种民俗事象，是指在戏剧行业内部，伶人将某个历史人物或宗教神祇视为祖师神予以崇拜、祭祀的文化现象。

一、近百年中国戏神信仰之研究

戏神信仰，作为一种民间准宗教信仰形式，除具有宗教信仰神秘性、祭祀性等特征外，还具有鲜明的行业性特点。戏神信仰研究，一直以来受到中国戏曲、民俗、宗教学者的广泛关注。据笔者目前所掌握的戏神信仰文献，最早的研究成果是陶兰荪在1920年《湖南戏考》第一辑所刊论文《老郎神考》，距今已近百年。近百年的戏神研究，已从客观描述戏神信仰祭祀仪式的粗放研究模式，发展为多元化的研究新格局。下面从专题研究和历史回顾即横与纵两个路向，梳理近百年来中国戏神信仰的研究轨迹。

---

① 李乔：《中国行业神崇拜》，中国华侨出版公司1990年版，第1页。

（一）戏神信仰历史的追寻

对形形色色戏神来源的追寻，不单是伶人津津乐道的话题，亦是现当代学者孜孜乐求的课题。

从 1920 年陶兰荪发表《老郎神考》文，否认老郎神非唐明皇而为后唐庄宗开始，不同时期学者对戏神信仰历史的追寻脚步，就没有停止过。1933 年署名蠡测的文章《梨园行的祖师究竟是谁》，代表了上世纪三四十年代研究戏神学人的共同学术指向。这一时期值得关注的成果还有：1930 年波多野乾一《京剧二百年之历史》附录"鞠部拾遗"中署名"东邻"撰写的"九皇会"、"武猖会"条目，探讨了民间对九皇神、武猖神来历的不同看法。1934 年 3 月刘守鹤发表《祁阳剧》（《剧学月刊》第三卷第三期），论及祁剧戏神焦德。1935 年，齐如山在《国剧画报》上发表《武猖神考》，后收入《戏班》。1938 年徐慕云《中国戏剧史》由世界书局刊行，是书卷三有"后台所供之祖师"条目，具体辨析了优孟、胡亥、唐玄宗、后唐庄宗、翼宿星君、老郎神等戏神的由来和传说。这一时期最具有学术价值的是 1935 年北平国剧学会刊行的齐如山著作《戏班》。该书在第四章"信仰"中，分专题讨论了戏界祖师神、武猖神、喜神、九皇神、唐明皇、二郎神、十二音神等多种戏神的来源及传说，并参以历史文献予以考辨。齐如山可谓近代研究戏神第一人。

述而不作，既是一种研究态度、方法、视野，也体现为一种研究成果存世的特殊形态。在戏神的研究上，也有一类成果只是描述戏神祭祀仪式的过程，而多不发议论。早在 1929 年，方问溪与张次溪就发表了文章《燕京梨园九皇盛会记》①，后被张次溪收入《燕归来簃随笔》。② 1949 年以后，一批戏剧艺人的回忆录对某个剧种戏神的追忆，基本上就属于这种"述而不作"的模式。苏州戏曲研究室编的《宁波昆剧老艺人回忆录》③，京剧老艺人李洪春《京剧长谈》等，尤其是后者专设"梨园琐谈"，记述京剧祭祀戏神的情况甚详。④

---

① 方问溪述，张次溪记：《燕京梨园九皇盛会记》，《戏剧月刊》第 2 卷第 3 号，1929 年 11 月。
② 张次溪编纂：《清代燕都梨园史料·续编》，中国戏剧出版社 1988 年版，第 1216—1217 页。
③ 苏州戏曲研究室编：《宁波昆剧老艺人回忆录》，内部资料，1963 年印刷。
④ 李洪春：《京剧长谈》，中国戏剧出版社 1982 年版。

与上世纪三四十年代学人简单探讨戏神来源和艺人客观描述祭祀过程有所不同的另一类研究模式是，结合历史文献、出土文献及田野文献对戏神来龙去脉作学理上的探究。如安徽傩戏研究专家王兆乾，在长期的傩戏调研和研究中，发现了大量"二郎神"题材的傩戏，故而他断言二郎神演化为戏神，媒介是祭祀歌舞。①吴金夫从梨园祖师信仰与尊丑传统的现象入手分析，认为戏曲祖师"老郎神"、"二郎神"实际上是最早参军戏里的丑角形象。②黎国韬则从历史文献中发掘到二郎神的袄教背景，并认为二郎神之所以成为戏神，与大量胡人充当乐官有关。③这样的结论也是发人之未发。

考察近百年戏神研究的历史，宏观研究和个案研究都不乏突出的成果。宏观研究的重要成果如廖奔《戏神辨踪》④，康保成老师的系列论文（详后），曹飞《山西上党戏神类型概说》⑤，王胜华《云南民间戏神崇拜与演出仪式》⑥等论文。而就某一剧种的某一戏神予以探讨在数量上更多，较为重要的有：黄兆汉对香港八和会馆戏神谭公和粤剧戏神华光的考证⑦，粤剧学者李计筹在黄先生的研究基础上先后发表《戏神华光考》和《粤剧戏神谭公考》二文，将粤剧戏神研究有所推进。除此之外，李计筹还研究了粤剧戏神"田窦二师"、"张五师傅"、"唐明皇"、"天后"等，皆收入《粤剧与广府民俗》一书。⑧王宁对山西乐户、伶人祭祀的咽喉神⑨，以及各种地方剧种史都对本剧种戏神有所涉及，如2009年由中山大学出版社出版的"岭南濒危剧种丛书"《广东汉剧研究》（笔者）、《白字戏研究》（詹双晖）、《西秦戏研究》（刘红娟）、《正字戏研究》（刘怀堂），有不短的篇幅论述各剧种戏神。

戏神信仰的缘起和发展的历史脉络，一直未有专文予以描述。笔者2010年在

---

① 王兆乾：《戏曲祖师二郎神考》，《中华戏曲》第2辑，山西人民出版社1986年版。
② 吴金夫：《戏曲祖师"老郎神""二郎神"辨析》，《汕头大学学报》1986年第2期。
③ 黎国韬：《二郎神之袄教来源——兼论二郎神何以成为戏神》，《宗教学研究》2004年第2期。
④ 廖奔：《戏神辨踪》，《民俗研究》1996年第1期。
⑤ 曹飞：《山西上党戏神类型概说》，《山西师大学报》2002年第3期。
⑥ 王胜华：《云南民间戏神崇拜与演出仪式》，《民族艺术研究》2002年第4期。
⑦ 黄兆汉：《道教与文学》，台北，台湾学生书局1994年版。
⑧ 李计筹：《粤剧与广府民俗》，羊城晚报出版社2008年版。
⑨ 王宁：《咽喉神：一种颇具特色的地方性戏神》，《民俗研究》2000年第3期。

《文化遗产》第4期上撰文《论民间戏神信仰的缘起和发展》,推考中国戏神信仰缘起于宋代。在此基础上,将中国古代戏神信仰的历史分为萌生期、发展期和繁荣期,并探讨了清代中叶戏神繁盛的原因是源于戏曲声腔的多元化和地方剧种的大崛起,而明代存在的"二郎神"信仰在清初被"老郎神"取代,则是政治势力和社会舆论双重压力下改弦更张所致,从而较为清晰地梳理了中国戏神信仰发展的历史轨迹。

(二) 戏神信仰文化的探寻

戏神信仰,更多地体现为一种文化。在宗教学者眼中,它是一种民间信仰文化;在民俗学家看来,它又是一种民俗文化;因与伶人的心态、戏班的管理、民间演剧关系密切,故而它首先是一种戏剧文化。挖掘不同戏神信仰系统所包含的文化信息,是各个相关学科学者的共同目标,他们从各自的学科视角出发,破解民间戏神信仰的文化密码。

伶人敬奉的戏神,不少是从宗教中移植来的神祇,如九皇神,就是从道教中直接搬到戏曲行业中来的。笔者《道教"九皇神"与民间戏神信仰考》一文[①],详细考证了九皇神从北斗星宿到道教星神过程,以及出于"赎罪"目的而被伶人崇奉的轨迹。黄兆汉《香港八和会馆戏神谭公考》、《粤剧戏神华光考》二文,揭示了粤剧戏神谭公、华光信仰所载负的道教色彩,收入《道教与文学》一书。[②] 倪彩霞博士曾对师公戏"三元"祖师与道教的关系予以翔实的推考,[③] 后收入其著作《道教仪式与戏剧表演形态研究》一书中。该书还对与道教关系密切的戏神清源祖师、九皇神、张天师、张果老、九天玄女等有初步的考证。[④] 道教是中国本土生长的宗教,对国人的信仰生活产生深远的影响,对戏神信仰的渗透也十分明显。

与道教对戏神信仰的强大渗透力相比,佛教的影响力要小,但也有戏曲行业神来源于佛教的情况。早在1935年,齐如山《戏班》就考证了北京精忠庙喜神殿供

---

① 陈志勇:《道教"九皇神"与民间戏神信仰考》,《宗教学研究》2009年第3期。
② 黄兆汉:《道教与文学》,台北,台湾学生书局1994年版。
③ 倪彩霞:《师公戏"三元"祖师考》,《宗教学研究》2003年第1期。
④ 倪彩霞:《道教仪式与戏剧表演形态研究》,广东高等教育出版社2005年版。

奉的十二音神的来历；1960年赵景深也撰文《十二音神考》①，同门曹广涛教授则撰文指出，十二音神导源于佛教的音神信仰。②佛教神祇被引入戏神信仰行列的还有观世音菩萨，不少戏曲班社的旦行视观世音菩萨为戏神，李乔《中国行业神崇拜》一书，对此有较为详细之介绍。③此外，观世音菩萨还是影戏的祖师神，李跃忠博士的专著《中国影戏与民俗》对此有专节讨论。④

准确而言，戏曲行业神的崇拜属于准宗教信仰，它具有松散性、随意性、附会性和功利性等特点，因此，戏神信仰这种民间俗信，很多时候通过"就史取材"、"就地取材"获得神灵祭祀。老郎神信仰，取材于历史人物唐玄宗，它在成为全国性戏神过程中，承载着丰富的历史、民俗和文化信息。笔者曾撰《老郎神信仰的民间考察》一文，⑤全面探讨老郎神信仰生成与流变的历史，以及老郎庙在戏神信仰行业化，老郎会在戏神信仰世俗化，老郎神信仰背后人神角色分离等文化意蕴。与老郎神"就史取材"不同的是，戏神田公元帅信仰属于"就地取材"，在浙、闽、台等地区，有十分广泛的信众。由于与地方宗教信仰相融合，田公信仰已经超越了戏曲行业神信仰的范畴，而获得普遍性的宗教崇拜，因此，田公信仰文化信息更为深厚和丰富，研究成果也较多。重要的有叶明生主编的《福建戏曲行业神信仰研究》论文集，⑥收田公信仰论文14篇，调查报告2篇，官庙志略4篇，是目前集中研究田公元帅信仰文化的学术性文献。林胜利、李辉良主编的《戏神雷海青信仰研究》论文集，⑦则主要登载地方文化学者对雷海青民间信仰的传说、文物、遗迹的调查及研究材料，具有一定的文献参考价值。此外，闽地学者潘荣阳⑧，台湾学者

---

① 赵景深：《十二音神考》，赵景深：《读曲小识》，中华书局1960年版。
② 曹广涛：《戏曲十二音神推考》，《韶关学院学报》2007年第10期。
③ 李乔：《中国行业神崇拜》，中国华侨出版社1990年版。
④ 李跃忠：《中国影戏与民俗》，大象出版社2010年版，第207页。
⑤ 陈志勇：《老郎神信仰的民间考察》，《江西社会科学》2007年第4期。
⑥ 叶明生主编：《福建戏曲行业神信仰研究》，内部印刷，2002年。
⑦ 林胜利、李辉良主编：《戏神雷海青信仰研究》，中国广播电视出版社2002年版。
⑧ 潘荣阳：《台湾戏神雷海青信仰研究》，《福建师大学报》2009年第3期。

郑正浩①、徐亚湘②都有专文论述闽、台地区的田公信仰。

将戏神信仰文化研究，推向新的学术高度的是何昌林和康保成。何昌林先生1993年在《中华戏曲》第15辑上发表长文《乐王、戏祖、拳宗、医圣——翼宿星君与中国艺术神系》。何文在戏神研究上的重要贡献有二：第一，揭示了各剧种、各地戏神个体文化差异基础上的共性，如戏神皆是集乐王、戏祖、拳宗、医圣于一身；戏神皆导源于翼宿星君等等。第二，从易经八卦文化入手，揭示戏神信仰文化符号背后的文化联系。总之，从琐屑、不被人关注或令人迷惑的形形色色的单个信仰现象入手，勾连、描画它们之间普遍联系的文化信息，这种系统论的研究模式，揭示出戏神信仰背后不为人知的文化图景；不足之处是部分章节的考证和阐释，虽于作者言之凿凿，却令读者难解，故不免有附会牵强之嫌。

康保成老师在1998年及稍后，陆续发表了戏神研究的系列论文，后收入《傩戏艺术源流》一书。在《中国戏神初考》③一文中，康老师从北方戏神偶像为婴孩现象入手，发现戏神"殇子说"的传说和戏神信仰仪式都充满生殖崇拜的意味，含蕴着生民对子嗣和生命本体的追求，而宋元时期以乞巧为目的的婴儿玩偶"魔合罗"，对戏神偶像的形成有影响。在《中国戏神再考》（上、下）④文中，进一步考察南方戏神"田元帅"后发现，田元帅的形象就是一架木偶，其婴儿形象被赋予生育神的功能，戏神田元帅导源于傀儡戏，是生殖崇拜与祖先崇拜的产物。在《二郎神信仰及其周边考察》⑤文中，通过对二郎神的考察，发现二郎神与戏神信仰同以求子为基本宗旨，二郎神与佛教大自在天、大黑天有着密切的关系，它自身和周边都充满男根崇拜和生殖崇拜的信号。通过中国范围内影响最大的三种戏神的考察，康保成老师都发现它们的信仰与民间生殖崇拜信俗有着密切的关系。以上三文，充分利用历史文献、田野文献、出土文献相互参证，材料富赡，考证精审，推论谨

---

① 郑正浩：《乐神一考——关于台湾的田都元帅和西秦王爷信仰》，《民俗曲艺》第23、24期，1983年5月。
② 徐亚湘：《台湾地区戏神——田都元帅和西秦王爷之研究》，中国文化大学（台湾）艺术研究所硕士论文，1993年6月。
③ 康保成：《中国戏神初考》，《文艺研究》1998年第2期。
④ 康保成：《中国戏神再考》（上），《中山大学学报》1998年第6期；《中国戏神再考》（下），《中山大学学报》1999年第1期。
⑤ 康保成：《二郎神信仰及其周边考察》，《文艺研究》1999年第4期。

严，结论可靠。坦率而言，康文更具启发之处是研究视野和研究方法的转型，带给学者在戏神乃至戏曲民俗研究路向的新思索。

尚值一提的是，近年中山大学的邱雅芬教授从中日文化交流的角度，研究中国戏神信仰东渡对日本的影响，先后发表了《论大黑天信仰与中日戏神之渊源》、《论日本傀儡戏神"百太夫"及其域外神格》①等论文，探讨了中日戏神信仰的历史渊源。

（三）影戏、傀儡戏、傩戏、灯戏之戏神研究

戏曲与影戏、傀儡戏、傩戏、灯戏等艺术关系密切，故而戏曲行业神也泽被众行，广为崇信与祭祀。影戏、傀儡戏、傩戏、灯戏等行业神，既有与戏曲行业兼容共祭的神灵（如老郎神），也有一批体现自身行业特点而为业内独祭的神祇。

影戏行业较为普遍拜祭的戏神是老郎神和观音，此外还有地域性、行业性较强的戏神，如孔子、李少君、李少翁、月皇大帝、黄龙真人、"大嘎秃子"、乐王教主等。影戏戏神的研究成果可划分为两种情况：一种是戏神祭祀仪式、风俗的介绍性文字，如孔美艳《山西皮影戏研究》②，马守昌、杨光宗《古老土地上的艺术奇葩——腾冲皮影戏》③，魏革新《乐亭皮影》④，邱一峰《台湾皮影戏》⑤以及《中国戏曲志》各卷涉及影戏戏神部分。另一种是学术研究文字，如对影戏戏神来源和流传的考证，对戏神民间传说的解读。代表性的成果是李跃忠博士的《中国影戏与民俗》⑥一书中关于影戏神的章节。该书对全国各地影戏神的信仰情况予以概述，并从民俗学角度对影戏业戏神信仰的"观音传说"和"王宫传说"进行解读。

傀儡戏艺人中广泛祭祀戏神。在傀儡戏行业中，傀儡戏神也是戏偶，戏偶成为

---

① 邱雅芬：《论大黑天信仰与中日戏神之渊源》，《学术研究》2010年第1期；《论日本傀儡戏神"百太夫"及其域外神格》，《中山大学学报》（社会科学版）2010年第6期。
② 孔美艳：《山西皮影戏研究》，三晋出版社2008年版。
③ 马守昌、杨光宗：《古老土地上的艺术奇葩——腾冲皮影戏》，《腾越音韵》，云南民族出版社2001年版，第172页。
④ 魏革新：《乐亭皮影》，河北乐亭县文史研究委员会编《乐亭文史》第五辑，内部资料，1990年。
⑤ 邱一峰：《台湾皮影戏》，台北，稻田出版有限公司2000年版。
⑥ 李跃忠：《中国影戏与民俗》，大象出版社2010年版，第197页。

戏神的物化形态。台湾学者邱坤良《台湾的傀儡戏》文①，详细介绍了台湾傀儡戏艺人崇祭戏神的情况。而荷兰汉学家施博尔《滑稽神——关于台湾傀儡戏的神明》文②，则辨析了台湾傀儡戏戏神源流及与戏曲行业神之间的关系，尤值关注的是他探讨了滑稽神"和合神"与戏神之间的内在联系。在傀儡戏神研究上，叶明生的研究令人关注。叶先生《福建傀儡戏史论》在对福建各地傀儡戏作田野调查的基础上，全面考述了福建傀儡戏戏神信仰概况、傀儡戏戏神传说及祭祀科仪。③ 而泉州木偶剧团黄锡钧先生的论文《泉州提线木偶戏神相公爷》，④ 则描述了泉州等地木偶戏神相公爷的造型、祭祀仪式，继而辨析了相公爷与其他戏神之间的内在联系和差异。

与影戏、傀儡戏相对而言，由于傩戏在全国各地，尤其是偏远的农村和山区演出形态保存更为完整，故而其戏神信仰也更为普遍。毛礼镁曾撰写《明代五种傩神考》论文，⑤ 详实地考证了明代流传的五种傩神。次年，她又撰写了《江西傩神续考》文，⑥ 考述江西存在的各种傩神及其祭祀形式。章军华在毛礼镁先生研究基础上，撰写《江西傩神考辨》一文，认为江西傩神崇拜蕴藏着原始农耕文化信息，表现出浓厚的神农崇拜、祖先崇拜和生殖崇拜的主题意义，祭祀仪式折射出原始生民"人头祭"图腾痕迹。⑦ 巫瑞书撰文《楚湘傩神探幽》，考析湘西、湘南及周边傩神信仰的情况，发现傩母信仰具有女性崇拜的特征，傩公信仰则具有战争神的特质。⑧ 顾乐真考述了广西傩戏中存在的各种傩神祭祀情况；⑨ 麻根生、唐镜则探讨了苗族地区傩神崇拜的文化生成机制和外在、内在表现特征。⑩ 余大喜在《中国傩神简

---

① 邱坤良：《台湾的傀儡戏》，《民俗曲艺》23、24辑合刊，1983年5月，第17页。
② 施博尔著，萧惠卿译：《滑稽神——关于台湾傀儡戏的神明》，《民俗曲艺》23、24辑合刊，1983年5月，第106页。
③ 叶明生：《福建傀儡戏史论》，中国戏剧出版社2004年版，第478—526页。
④ 黄锡钧：《泉州提线木偶戏神相公爷》，《南戏论集》，中国戏剧出版社1988年版，第469页。
⑤ 毛礼镁：《明代五种傩神考》，《争鸣》（赣），1992年第2期。
⑥ 毛礼镁：《江西傩神续考》，《江西社会科学》1993年第1期。
⑦ 章军华：《江西傩神考辨》《东华理工学院学报》2006年第2期。
⑧ 巫瑞书：《楚湘傩神探幽》，《益阳师专学报》1996年第3期。
⑨ 顾乐真：《广西傩神考》，《民俗曲艺》第128期，2000年。
⑩ 麻根生、唐镜：《论苗族傩神崇拜的文化特质》，《中南民族学院学报》1992年第3期。

论》一文中，全面介绍了中国傩神分布和祭祀情况，为傩神宏观研究的力作。①与以上论文所持民俗学、人类学视野不同的是，康保成老师从戏剧学角度考察古老傩神方相氏与古剧脚色"丑"之间的内在联系，并全面论述了傩神信仰与中国古代戏剧发展及戏神之间的内在联系，②从而以傩戏为突破口，解开中国古代戏剧发生的难题。

关于灯神信仰，朱炳先生在《春城戏剧》1986年第2期上发表《"灯神"探微》一文，描述了云南大姚等地花灯以狮子为灯神的现象，此文引起安徽学者王兆乾先生的极大兴趣。后来，王先生在《灯·灯会·灯戏》一文，大胆推测灯神与演戏有关。他说："联系云南花灯尊崇狮子为灯神来思考，舞狮班曾经是某一时期灯会的核心，各门伎艺在它周围聚集，而形成戏曲。所以云南灯戏的灯神牌位上还要在两侧写'清音童子'、'戏耍郎君'，正体现着灯会的聚戏过程。"③彭恒礼博士在多次深入云南弥渡等地考察灯戏，撰写《云南的灯神与戏神》④论文，全面总结了云南等地灯神信仰的地域差异性，并从元宵演灯、演戏的传统文化背景下，探寻灯神与戏神的内在关联性。

由于影戏、傀儡戏、傩戏及灯戏在民间演出时，与区域民俗联系更为紧密，呈现出更为浓厚的地方文化特征，故而学者对行业神信仰活动中所蕴含的民俗文化予以深度揭示的同时，更重视行业特征、地域特征、民族特征与文化形态相互关联性的综合考察。上述介绍的研究成果基本都具有这一特点。

（四）戏神信仰研究的分期及其特点

据笔者考证，戏神信仰宋代已经存在，⑤然而关于戏神最早的文献记载是明万历三十年（1602）汤显祖所撰《宜黄县戏神清源师庙记》。真正学术意义上的戏神研究则应从1920年陶兰荪的《老郎神考》算起。至今，戏神信仰研究已近百年，其学术之路根据各个时期不同特征，大略可以分为三个时期。

---

① 余大喜：《中国傩神简论》，《中国舞蹈学院学报》1999年第3期。
② 康保成：《傩戏艺术源流》，广东高等教育出版社1999年版，第309—359页。
③ 王兆乾：《灯·灯会·灯戏》，《黄梅戏艺术》1992年第1期，第29—50页。
④ 彭恒礼：《云南的灯神与戏神》，《民俗研究》2008年第3期。
⑤ 陈志勇：《论戏神信仰的缘起与发展》，《文化遗产》2010年第4期。

第一时期，从1920年陶兰荪发表《老郎神考》为始点，至1960年赵景深发表《十二音神考》，为戏神研究的起步阶段。这一阶段主要研究者有陶兰荪、齐如山、刘守鹤、马彦祥、王利器、赵景深等学者。中华人民共和国成立至1960年，有马彦祥《释老郎》①、王利器《关于老郎的研究》② 及赵景深先生的三篇论文。他们的研究思路仍承袭民国时期考证或辨析戏神（音神）的缘起，故将他们的论文也归于研究起步阶段。这一阶段，研究成果较少，研究思路较为单一。

20世纪50年代至70年代末，由于特殊的历史原因，"戏神"信仰被认为带有"迷信色彩"，不仅戏神塑像被毁，相关祭祀仪式也被洗荡，更毋论有学者作专题研究，研究陷入停顿，故而不论。

第二个时期是20世纪80年代至90年代中期，为戏神研究的发展阶段。这一阶段的研究成果明显多起来，呈现以下几个特点：一是戏神研究的资料收集、整理逐步展开。如80年代启动的《中国戏曲志》的编纂工作，各地戏曲志、剧种志基本上都设有当地剧种相关戏神的词条，且以较长篇幅介绍了祭祀仪式等信俗文化。另外，一些老艺人的传艺录、从艺回忆录也有专门章节记述戏神崇信的情况，如著名京剧红生老艺人李洪春的《京剧长谈·梨园琐谈》，介绍了京剧艺人祭祀老郎神的过程。二是学者的视野逐步扩大，不再如起步期只局限一时一地一剧种所崇奉的戏神，全面性考察戏神的研究论文屡屡得见，如何昌林的《乐王、戏祖、拳宗、医圣——翼宿星君与中国艺术神系》、廖奔的《戏神辨踪》等。三是港、台及海外汉学家加入到戏神信仰的研究队伍行列中，如黄兆汉、徐亚湘、郑正浩、邱坤良、施博尔等，都有专文讨论戏神信仰的话题。

第三个时期从上世纪90年代末至今。这一时期随着学术研究走向开放与繁荣，人们的视野日渐开阔，涉足的学者和研究成果逐步增多，研究深度、广度有很大改观。

90年代末，随着祭祀戏剧、傩文化研究热，对戏神的研究出现高潮，涌现出一批有较高学术水准的论文。叶明生、黎国韬、李计筹、潘荣阳、杨榕等学者的论文产生了一定的影响。而在"文化热"的影响下，利用文化人类学的研究视角，开始

---

① 马彦祥：《释老郎》，《新戏曲》二卷第一期，1951年5月。
② 王利器：《关于老郎的研究》，《新戏曲》二卷第四期，1951年8月。

将戏神作为一种文化现象进行研究，深掘其背后的文化含蕴，成为一种学术潮流，代表成果是康保成老师的系列论文《中国戏神初考》、《中国戏神再考》等。

而进入新世纪，戏神的研究则呈现出地方化和多元化特点，各地学者较为关注本地剧种中的戏神，如倪彩霞对广西师公戏"三元"祖师，李计筹对粤剧戏神华光大帝，王宁对山西咽喉神，台湾学者郑正浩对台湾的田都元帅、西秦王爷的研究，即是如此。研究的"多元化"还体现在研究视角的扩大和研究方法的多维，学者不仅关注各种戏神的来源和演化，还关注戏神祭祀过程的仪式性，如王胜华《云南民间戏神崇拜与演出仪式》文，即对云南民间戏神信仰的类型和具有典型意义的演出形态予以翔实的介绍。就研究方法而言，这一时期学者自觉地采用了一些新的研究方法和研究理论，拓展、推进"戏神"研究的广度和深度。之前的"戏神"研究主要侧重于文献考证，而进入 21 世纪后，学者基本是采用文献、文物、田野调查资料"三重证据"相互参证的研究理路。理论的自觉是另一特点，文化人类学、民俗学、宗教学、符号学等理论的引入，深化了戏神仪式的深度阐释。总之，进入新世纪以后，戏神的研究无论在广度还是深度，无论是在方法还是内容上，都超越了 20 世纪的研究。

综观戏神的研究历史，虽然学界对这一课题的研究已有了较多的关注，但许多研究尚停留在"点"、"线"上，全面、系统的研究成果还甚少。在笔者看来，未来的"戏神"研究应需注意以下一些问题：其一，改变以往"一地一例"个案研究的格局，加强宏观性研究。重点研究全国戏神信仰系统内在的联系，戏神在戏曲行业内部运作的基本规律，对艺人心理和群体组织的影响等问题。其二，重视戏神信仰对中国古代戏剧发展关系的研究。戏神在剧种形成、传播过程中的作用，戏神信仰与民间祭祀演剧之间的关系等问题。其三，进一步挖掘戏神信仰背后的文化意蕴。以往虽有一些学术成果，但对此研究还远远不够。戏神信仰不是孤立的文化现象，各地的戏神与当地的俗信传统有着密不可分的关系，应重视戏神信仰与地方剧种及地方文化内在关系的研究。其四，重视关联性研究，如戏神与相近行业神（音神、娼神）信仰的关系，戏神与相近艺术形式神祇（傩神、影戏神、偶戏神、灯戏神）信仰的关系等等。

二、戏神研究的戏剧史意义

本选题的研究对象是戏曲行业神信仰文化。

在前些年进行地方戏田野调查时，笔者总能或多或少地接触到地方剧种的行业神祭祀场景，作为一名戏曲史研究者，习惯于以戏曲发展的眼光来审视这一独特的文化现象。然而慢慢发现，戏神信仰已经超越戏曲学的范畴，而更多地体现出民俗学、宗教学、社会学、文化人类学等学科质素，仅仅将目光局限于戏曲学，似乎很难发掘出戏神信仰背后隐含的文化内涵。因此，在研究过程中笔者又不自觉地运用文化人类学的研究方法进行理论阐释。由于知识的背景和局限，在戏神信仰过程中，探寻各种戏曲行业神演化的历史占了不小的篇幅，同时也很重视戏神信仰在戏曲行业活动中的特殊地位和戏剧史意义的揭示。这样一来，研究成果不可避免地带有鲜明的戏曲史研究者的思维惯性和知识背景的痕迹。

在对戏曲行业神信仰课题研究过程中，笔者注意到厦门大学陈世雄教授曾在2002年"莆田田公信仰文化学术讨论会"上的一篇发言，他以"戏剧人类学"的研究视野，提出了戏曲行业神信仰的研究应认真思考的四个问题：

（1）为什么人类需要行业神，而且在不同戏曲剧种中有不同的戏神？

（2）为什么戏神在社会宗教活动中的地位和作用远远地超出了行业神的范畴，而且有普遍的意义？

（3）祭祀戏神的仪式具有什么样的戏剧性和表演性？

（4）戏神崇拜在戏剧发展史上起了什么作用？[1]

这四个问题，其实关涉到戏曲行业神信仰与戏剧发展史的本质联系的核心问题，对我们的研究具有很强的指导意义，也是本课题无法回避的问题。所以，笔者有意识地将这些问题融入行文之间，如《老郎神：最普遍的行业始祖崇拜》一节就

---

[1] 陈世雄：《戏曲行业神研究对我们的启发》，叶明生主编《福建戏曲行业神信仰研究》，内部印刷，2002年版，第7页。

试图探寻老郎神在戏曲艺人精神生活和职业生活中的独特作用；《仪式与演剧：田公元帅信仰的戏剧人类学考察》一节则试图回答陈先生提出的"为什么戏神信仰能超越行业神信仰的范畴而具有普遍之意义"的问题。田公元帅不仅在戏曲行业被尊奉，而且被闽东地区的道教支派"梨园教"奉为教主，更广泛当作地方保护神被祭祀。田公元帅信仰能跨越不同的信仰领域，正是祭祀仪式中浓郁的宗教因素才导致这种奇特的信仰文化现象的出现。而关于"祭祀戏神的仪式具有什么样的戏剧性和表演性"之问题，需要在做较多田野调查的基础上作出回答，其实福建艺术研究院的叶明生先生在这方面颇有建树，他的著作如《福建傀儡戏史论》、《莆仙戏剧文化生态研究》就对福建傀儡戏、莆仙戏戏神祭祀的仪式性作了细致的田野考察，探究戏神祭祀仪式剧在族群生活中的社会功能和社会影响。这样的研究本身已经具有戏剧人类学的研究视角和方法，故而相关成果的学术含量自不待言。

至于陈世雄教授第一问"为什么人类需要行业神，而且在不同戏曲剧种中有不同的戏神"，其实不难回答。戏曲行业神主要是祖师信仰，祖师神的信仰包含着从业人员对行业来源身份的自我确证。不同剧种树立不同的祖师神，既有剧种艺术起源的特殊性，同时也包含着同他剧种相区别的"求异思维"，其背后同样存在身份"自我确证"的内在需要。然而，就陈世雄先生提出的"戏神崇拜在戏剧发展史上起了什么作用"之问，却确费思量。不禁令人要作延展性的思考，并继而提出以下的问题：戏神崇拜对中国戏剧发展产生过影响吗？有这方面的文献记载吗？如果能产生影响，媒介或载体是什么？

戏神崇拜对中国戏剧发展产生影响，答案是肯定的，其媒介显然是伶人。伶人是戏神信仰的主体，要探寻戏神信仰对戏剧史发展的影响，不可离开对伶人精神生活和班社组织的研究。

例如在伶人精神生活层面，戏神信仰强化了戏剧艺人对本流派的体认和坚守，从而在与其他流派的竞争中提供了艺术水平和竞争力。台湾宜南"北管"之西皮、福禄两派的争斗即为显例。西皮派奉西秦王爷为戏神，福禄派奉田都元帅为戏神，因为两派艺人认为北管艺术来源不同而各自坚守，自认正宗，互不买账。或在迎神赛会中以声势浩大傲人，或以奇技同场斗戏压人风头，或以演出"排子"（曲牌）对决，间有不良少年从中挑祸，终酿成两派大规模械斗。反观这两派对"北管"艺术流派的坚守，却能看出：戏神俨然是此派艺术的标志物。

也正因戏神是号召业众的一面旗帜，戏神诞辰和忌日成为戏行所有从业人员必须参加的共同节日。这一日或几日的行业盛会，成为艺人交流技艺、促进感情、评判纠纷、商议戏路、订立合约的重要平台。《中国戏曲志》不少省份的"分志"都记载了"老郎会"的盛况。笔者《老郎神信仰的民间考察》一文对戏神诞日或忌日艺人聚会对戏曲艺术的发展和提高的特殊功能也有所涉及。此外，戏神作为一种民间宗教信仰模式，它广泛吸收了道家、佛教和其他民间宗教祭祀仪式，这些仪式促进了戏曲与民间祭祀活动的结合，让更多的民众能接纳戏曲，为戏曲的演出开拓了更为广阔的市场。

言及戏神信仰对戏曲艺术发展的正面促进作用，当不可忽略祖师的激励功能。几乎所有戏神起源的传说，都有祖师技艺高超的情节片断，一定程度上激励后世从业子弟勤学苦练本领的斗志。例如江武昌、夏竹林等人所收集的台湾地方戏中西秦王爷从艺经历传说，几乎无一例外都将学艺过程描绘得异常艰辛，并且是在西秦王爷双目失明情况之下完成的。① 祖师处境艰难，仍毅然学成旷世绝艺，造福后世子孙，这样的情节模式无疑对戏曲艺人产生很强烈的震撼。李乔在《中国行业神信仰》中也记录一些戏曲艺人在解释为何上台前要拜唐明皇时说："拜过唐明皇，演戏胆就壮了。人家皇帝上台做戏都不怕难为情，我们还怕啥呢？"② 此种心态，不能不说是戏神正面激励的又一显例。

"无班不有神"。戏神的存在，使之成为伶人可靠的精神皈依之所，是伶人的精神家园。当伶人需要增长技艺时，便默默祈求戏神"暗使聪明长，开口便成腔，不须模仿，身段规模，做出都成样，一出声名播四方"（李渔《比目鱼》第七出）；当戏班生意不好的时候，也虔诚祭拜，期待在戏神的佑护下获得转机；当内心充满焦虑、惊恐、罪恶感时，也通过戏神的祭祀（如对九皇神的祭祀）获得消解和解

---

① 江武昌：《台湾地方戏戏神传说（一）》，《民俗曲艺》第34辑；夏竹林《台湾地方戏戏神传说（二）》，《民俗曲艺》第35辑；吴亚梅、江武昌《台湾地方戏戏神传说（三）》，《民俗曲艺》第36辑；黄秀锦、傅正玲《台湾地方戏戏神传说（四）》，《民俗曲艺》第38辑；傅正玲、黄秀锦、江七《台湾地方戏戏神传说（五）》，《民俗曲艺》第39辑；林茂贤、江武昌、傅正玲《台湾地方戏戏神传说（六）》，《民俗曲艺》第40辑。

② 李乔：《中国行业神崇拜》，中国华侨出版公司1990年版，第45页。

脱。不仅如此，伶人对祖师的崇奉还掩藏着更为深邃的意图，北京梨园业所立《祖师喜神殿碑》云："盖闻孔子明道鬼神，以为天下则。故教人反古复始，不忘其所由生，以至其敬发其情，竭力从事，以报其德，不敢不尽也。水源木本，上下有同。情报追远之思，以崇其德，尤当不失主敬之礼。"① 这通戏神碑刻清晰地反映出戏曲艺人内心深处隐藏着祭祀祖师神的目的——崇德报功、报本返始。伶人在戏神信仰中折射的这些理念，与伶人对戏曲艺术源头的追寻和艺术本体特征的基本认识是分不开的。此为戏神信仰与戏剧文化关系之一端。所以，戏神信仰之研究，是探讨伶人精神史的重要切入点。

图 1　荆河戏老艺人胡厚云家中供奉的戏神神位。笔者 2007 年 7 月拍摄于湖北荆州

其二，戏神信仰之研究，是考察民间戏班内部组织和外部运作的重要切入口。

本质上，戏神信仰是一种戏班组织制度。从外部而言，戏神信仰成为协调不同戏班利益的工具；从内部而言，成为管理戏班成员有效的手段。戏神信仰的行业性和严肃性，使之成为号召伶人行为的"达摩宝剑"。行业元老或班主利用戏神信仰的巨大心理暗示功能，完成对伶人行业内部秩序的规整和外部秩序的调整。前者主

---

① 《祖师喜神殿碑》，国家图书馆藏拓片。

要体现为对犯规者的惩戒,后者体现为对各戏班戏路的规约和戏班之间矛盾的调和。当然,利用戏神信仰强大的向心力和凝聚力完成对老弱病残同业的帮扶,也是戏神信仰的现实功能。无论是内在的规约还是外在的调整和聚合,都是以戏班为主体完成的,因此不少戏剧史著作总将戏神信仰放置到"戏班"章节予以论述。

图2　潮州梨园公所旧址。笔者2007年1月拍摄于潮州市

其实,要了解戏班生存状态,戏神改祀现象不失为重要的视角。戏神的崇拜,是梨园行维护内部凝聚力,实现同行精神依靠和外部公信力的重要方式。① 粤东外江班作为皮黄声腔剧种大家族中的一员,从皮黄剧种皆以老郎神为戏祖崇拜对象来看,外江戏进入粤东伊始是信奉老郎神,应无疑义。"外江班"入潮以后,入乡随俗,放弃了原来信奉老郎神的规例,改奉潮音戏的戏神"田元帅"。潮州市内原有一座田元帅庙,据市文化馆柯鸿才先生(已故)记述,该庙正殿三龛、正中供金身田元帅像,旁有二童像侍立,一持竹板,一持小册,下供穿袍田元帅小像。像前立一神牌,署"玉封九天风火院都元帅神位"。② 由上见,田元帅庙崇祀的戏神,驳杂不纯,很有潮州地方特色。但我们更关注田元帅庙中的两处文字,一则是"清咸丰十年(1860)重建田元帅庙碑记"。《碑记》记载,咸丰九年八月祖庙被台风拆

---

① 陈志勇:《老郎神信仰的民间考察》,《江西社会科学》2007年第4期。
② 林淳钧:《潮剧闻见录》,中山大学出版社1993年版,第17—18页。

毁了，号召梨园子弟捐款重建，召开梨园会议决定，"正音班每年每班银二元，西秦班每年每班二元，潮音班每年每班一元"，但没记载当时"外江班"参与其中。另一则是田元帅庙内神龛前的一口磬，上面刻有这样的铭文："喜庆庵。外江福顺班、新天彩、老三多、老新天香众治子合敬，光绪十六年冬月吉立。"① 这两通碑文说明由于外江戏科班的盛行，演员的本地化，加之谋求演出市场，获取认同感的需要，外江班主动地改变了戏神崇拜的对象。光绪二十九年（1903）的《岭东日报》记载了这一年的七月初五，外江班与正音班、潮音班一起捐资游戏神"田元帅"的情形："出游枫溪乡取水，诸梨园子弟齐集戏下各演锣鼓，大新旗帜。诸戏班头目某绅某兵某差役等，咸衣冠随驾，与诸优并列。……道旁观者耳为之乱，目为之眩，多有不辨孰为绅，孰为优，孰为皂为卒者，可谓大同世界矣。"② 从这则材料可以清楚地看到，光绪年间的外江班已经在田元帅降乩之日，带头捐资游神，而且整个游行队伍由"某外江班□著名之耀龙婆、乌面达，则金项袍挂，手捧香炉，为神前驱"，此时的外江班在祀神上不仅笃信田元帅，而且是整个梨园行神祀的主要组织者。

　　戏神信仰的改祀，还成为考察剧种之间交流、渗透关系的重要孔道。如广西彩调最早信奉的是"九天玄女花姑娘娘"（亦有供"花鼓仙娘"的）。也许因为彩调艺人大多是女性演员，民间就习惯于将调子称为"花调"，加之九天玄女娘娘又是智慧女神，能解人急难，故供之为祖师。后来，彩调传入桂西南后，因当地艺人受粤班影响较大，这才改供粤班戏神华光大帝。广西彩调改祀戏神一例，正与汉调入潮（州）由老郎神改祀田公元帅情形相同，是受到强势信仰文化的影响所致。由此不难看出，从戏神信仰的变化可以窥知某一地戏班与当地剧种之间的此消彼长的关系。

　　戏神信仰文化内涵的揭示，除为伶人精神史和戏班史的研究提供新的切入口外，还可为以下问题提供新视角。

　　譬如，通过对相近行业祖师神（音神、娼神、傩神、影戏神、偶戏神、灯戏神）信仰的研究，可以窥知戏曲与相近艺术形式之间的内在联系。戏曲艺术的综合性，决定其与周边的艺术样式有着千丝万缕的联系。相应地，戏神与相邻艺术神也

---

① 上二条引文由潮安文化馆柯鸿材提供，均引自《广东戏曲史料汇编》第1辑，第66—67页。
② 《岭东日报》光绪二十九年（1903）七月初六第三版。

纠缠在一起，难分难解。如戏神与音神的关系，因为戏曲与音乐在中国古人眼中并无特别的区分，故而二者多为一体的，甚至形成了"音神即戏神"的命题。这一结论不仅从戏曲源起于远古音舞的角度获得求证，而且从天倡翼宿星君乃戏神之母的衍化获得证实。又之，古代娼、伶不分，使得娼神与戏神获得了部分的叠合，戏神信仰体系中的老郎神、二郎神都是共有的神灵。从艺术源流来看，傩戏、影戏、傀儡戏要早于戏曲，故而一些戏神品种是衍化于傩神、影戏神、偶戏神系统或带有这些神灵信仰文化的痕迹，如南戏系统的戏神田公元帅即源自傀儡戏神，民间有关田公元帅的传说总有"杭州铁板桥头"的籍贯表述。所以，考察戏神与周边艺术样式之间行业神信仰联系，可以窥知古代戏曲与它们在艺术上的内在传承及分蘖的特殊关系。

又如，可以利用戏神信仰来观照不同剧种之间的艺术渊源关系，为剧种源流的判断提供依据。戏神信仰在戏曲行业具有准宗教色彩，有关祖师源头的传说具有较稳固的承传特点，故而戏神传说一定程度上可以看作地方剧种的"口头历史"，成为探究剧种起源及发展的重要佐证文献。戏剧史家欧阳予倩先生就曾引用来自民间粤剧艺人中广泛流传的祖师张五传说来考证粤剧形成的时间问题。在《谈粤剧》一文中，他曾指出："据说雍正年间，有个湖北籍的名伶张五因为得罪了官府，从北京逃到佛山，把京腔（即弋阳腔，又名高腔）、昆腔和武工教给红船子弟，成立戏班，并在佛山镇大基尾建立了琼花会馆。张五绰号摊手五，他会的戏很多，昆腔、乱弹都会，而且能文能武（据说他精通少林派的武术，现在粤剧讲武术仍宗少林），他一手教出来的弟子很多，因此粤班供他为祖师，称张师傅。这个传说，粤剧老前辈说起来凿凿可据，大家也认为可靠。然则粤剧发祥之地要算佛山。至于琼花会馆，佛山有，广州也有，广州的在琼花大街，如果广州的琼花会馆明朝万历年间已经建造，那佛山的后于广州的百余年。因此，我怀疑广州的琼花会馆建立于万历年间之说不一定可靠。"[1] 欧阳予倩先生根据粤剧祖师张五雍正年间建立佛山琼花会馆的传说，与广州明万历年间建立琼花会馆相距时间过长，反推出粤剧形成于晚明之说不确。

---

[1] 欧阳予倩：《谈粤剧》，《欧阳予倩戏剧论文集》，上海文艺出版社1984年版，第67页。

田益荣《秦腔史探源》一文从秦腔历史上祖师信仰的变迁入手，划分出秦腔发展的不同历史阶段，最终得出结论："总之，二郎神、胡亥、梨园老郎、庄王等祖师的变换，只不过是中国戏剧艺术发展的几个阶段，并不是派别系统的分歧。说明秦腔由（秦声）到秦讴，到乐舞（《东海黄公》），到鼓吹清商曲，歌舞戏（《踏摇娘》）、铙鼓杂剧到敷演故事的歌舞剧、民间弹戏（拍弹戏）、宋元杂剧，是直线下传，按社会的发展而发展着。"① 这种"依据梨园所供奉的祖师变换传说看秦腔的生长"的角度，显然是巧用戏神传说文献解决戏剧史疑难问题的个案。也有学者利用不同剧种信奉不同戏神的原理，来梳理地方戏源流的问题。同门刘红娟博士在《西秦戏研究》一书中，就根据戏神信仰的相对稳固性特征来判断西秦戏不源自陕西汉二黄。她指出："各个剧种之间相互融合，有时候难以理清其内部的艺术关系。但如果从戏班供奉的祖师入手，可以以简驭繁，迅速区分该剧种所属的系统。"具体到西秦戏与汉二黄上，她进一步指出："西秦戏的戏神是妙藏王。……更多的秦腔艺人告诉我们，他们的祖师爷是庄王。妙藏王、妙庄王、庄王应该是同一个戏神。而陕西二黄供奉的是老郎神。明显与西秦戏不是同一个戏神。可见，西秦戏不是来源于陕西汉二黄。"② 这些研究成果都不失为将戏神信仰与戏剧史发展结合起来研究的成功之举。

戏神信仰有很多表现形式，如戏神庙（或称梨园公会、老郎庙）、戏神碑刻、戏神像、戏神传说以及以戏神为题材的剧目等。这些信仰遗物是研究戏曲行业源头、班社运作、民俗文化的重要文本。戏神碑刻文献，有时成为戏剧史上见证重大问题的重要依据。1951年程砚秋、杜颖陶发表了一篇名为《秦腔源流质疑》的论文，提出"两个秦腔"的论断，他们依据的文献就是两块戏曲碑刻。文章介绍，程砚秋1949年冬去西安，有人告诉他在西安城内东大街路南一条名叫骡马市的街上，原有一座戏剧界的祖师庙，1938年被日机炸毁，却留下两勒石碑。一块落款"乾隆岁次庚子葭月上浣谷旦"的石碑有一段关于秦腔戏神的文字："前殿五宇，老郎端居宝座；后宫三楹，关帝高位崇台。左右配祀，财神、药王。"而另一块题署"嘉庆十二年四月吉日立"的石碑的碑名为"重修庄王庙神会碑记"。根据这两块

---

① 《梆子腔剧种学术讨论会论文集》，山西人民出版社1984年版，第191页。
② 刘红娟：《西秦戏研究》，中山大学出版社2009年版，第29页。

碑文中关于戏神的记载，程文分析说："石刻的年代是一七八〇，碑文的年代是一八〇七，两者相距不过二十七年，但在这二十七年之间，西安的戏剧一定是发生了很大的一次变化。""假定一七八〇年的秦腔，和一八〇七年后的秦腔，虽然都是叫做秦腔，但是并非一种秦腔。也就是说，有两种戏剧，前后都曾盛行于西北，因为都曾盛行于西北，于是都被称做秦腔。"① 也许程砚秋"两个秦腔"的观点还值得推敲，② 但利用戏神供奉变化来解决戏剧史悬题，显然不失为一条有效途径。

最后，在当下非物质文化遗产保护热潮下，戏神信俗作为一种独特的文化类型，包含着丰富的民俗和文化意义。对这一文化遗产的研究，对于加强戏剧类、民俗类非物质文化遗产的保护和传承有着重要的现实意义。

戏神信俗不是孤立的文化现象，各地的戏神与当地的俗信传统有着密不可分的关系，应重视戏神信仰与地方剧种及地方文化内在关系的研究，深入挖掘戏神信仰背后的文化意蕴，积极申报各级政府的"非物质文化遗产"代表项目。根据2003年10月17日联合国教科文组织颁布的《保护非物质文化遗产公约》"非物质文化遗产"的定义是"被各社区群体，有时为个人视为其文化遗产组成部分的各种社会实践、观念表达、表现形式、知识、技能及相关的工具、实物、手工艺品和文化场所"。作为民间信仰的戏神信俗则可归于"有关自然界和宇宙的知识和实践"一类。

尽管在国家级非物质文化遗产名录中暂未有戏神信仰文化遗产项目入选，但在一些地方戏神信仰仪式已经列入当地非物质文化遗产名录。如"戏神田公信仰"已经成为福建南平市延平区第三批非物质文化遗产代表名录之一（2010年），每年农历六月二十四以延平区太平镇太平村的"戏神文化节"为"戏神田公信仰"文化空间展演。粤剧华光诞在2010年进入广州市级非物质文化遗产代表名录。以广州市荔湾区恩宁路八和会馆銮舆堂为空间，以农历三月二十四、九月二十八华光春秋诞为时间标志的仪式展演，赋予了民间戏神信仰新的时代内涵。

综之，中国民间戏神信仰作为一种复杂的民俗事象、戏剧文化，值得我们作跨

---

① 程砚秋、杜颖陶：《秦腔源流质疑》，《新戏曲》二卷六期，1951年11月。
② 刘红娟博士就持反对意见，认为"供奉老郎的汉调二黄和供奉庄王的秦腔有可能同时并行于世，不存在剧种改奉戏神的巨大变化"。参《西秦戏研究》，中山大学出版社2009年版，第19页。

学科的深入研究。通过观念、方法的思考和戏剧史意义的挖掘，可为我们揭开古代伶人精神生活世界，搭建戏曲与民俗文化内在联系的桥梁，探寻中国戏剧发展的社会图景，提供新视角和切入点。

三、本课题的框架与理论路线

戏神研究，是一个跨学科课题，既是戏剧史的课题，也是民俗学的课题，而对其深层文化内涵的探讨，则又需广泛运用社会学、人类学、心理学等学科理论和方法。选择哪些合适的理论和方法，对戏神信仰文化内涵作深度阐释；既要具有理论的"适应性"，也要取得"实效性"，确是本课题必须慎重考虑的问题。其次，通过戏神信仰的本体研究，进而深化到戏剧史发展规律的总结，这个学术路径的连缀和跨越，不仅是本课题的重要指导理念，也贯穿研究的全程。如何结合，也是需要解决的难题。

首先是研究理念的问题。

从民间戏神信仰的构件而言，它的信仰主体是伶人。这是一个相对自足和封闭的独特群体，他们有血有肉。尽管在古代的中国，这个群体社会地位很低，但他们同样有自己的生存技艺和艺术追求，同时也建构了群体内部生存的秩序和活动法则，更有自己的职业信仰——祖师神崇拜。从这个意义上而言，戏神信仰的历史就是一部伶人精神生活史。

在这部精神生活史中，个体被弱化、忽略乃至删汰，清晰起来的是伶人群体意志。在我们面前展现出这样的图景：伶人在上台演出前向某个神灵的塑像或牌位甚至仅仅是一张写有名号的红纸虔诚地祈拜；某个特定的时日（如所祀神的生辰、忌日）全体成员举行隆重的祭祀活动，所有的伶人都来凑份子和献上自己最拿手的戏出；到一个新的地方演戏，先到当地伶人组织（老郎会）拜会行首和祭拜戏祖；戏班内部人员违反行规，班中长老（或班主）在神像前代替戏祖（神）行使惩处的职权；甚至出现因为不同戏祖信仰而两派殴斗，直至官府出面弹压才罢的事件。凡此种种都有一个前提，就是在伶人心目中戏祖（神）无时无刻不在自己身边。倘若心中没有戏祖（神）的存在，对于伶人个体而言，以上的群体行为都将不复存在。

然而，事实还非仅仅如此，群体的信仰具有超强的排他性，个体被裹挟，融入伶人群体组织，戏祖（神）的信仰将内化为每个个体的精神必需品。

正因如此，我们在研究过程中都贯穿这样一个理念：透过伶人对戏神的选择、戏神祭祀仪式和戏神演化的轨迹，来揭示其背后掩藏着的伶人群体的精神世界。例如，我们在考察道教神祇"九皇神"被戏曲行业崇奉的时候发现，信仰的背后隐藏着伶人卑微的心态和消解"原罪感"的企图。又如，湖北汉剧艺人的崇祀唐明皇为戏祖，他们自称"皇帝弟子"，称宿舍为"官店"，伙夫为"老爷"，大门口还立着"肃静"、"回避"的站牌，显然有借戏祖抬高自己社会地位的目的。甚至戏神在伶人精神世界的无处不在，客观上起到一种规范成员伦理秩序的作用，如不能玩弄同班女伶，不能嫖妓、赌钱等等规条，因有神的存在而得到禁绝或相对减少。

事实上，无论是戏剧学家还是人类学家，过去都很少关注这个特殊群体的精神世界。戏剧学家研究戏神信仰，是从考察戏剧表演者周边状态入手的；而人类学（或民俗学）家则往往关注戏神信仰的特殊场景（context）和文化含义。应该讲，这两点都是我们的研究无法回避的，但是我们还有一个理念，就是试图搭建一座桥，一座由伶人精神世界通往戏曲源头、发展历史的桥梁。

中国古代的戏神信仰，更多时候表现为戏祖信仰，对戏曲祖师爷信仰的追溯，其实是揭开伶人对戏曲源头的体认和追寻的密码。通过解码，可以获取一个特别的渠道来审视中国古代戏曲发展的轨迹和规律。过去我们总是以学者的眼光，从学理的层面来探究戏曲的源头，这种"他者"的视角固然是必要的，但缺少伶人自身的看法。尽管这种看法或许充满着想象的成分，但从文化人类学的角度而言，其背后却蕴含着群体的集体意识和价值判断。如笔者关注到这样一个戏神崇拜的现象：古剧脚色"丑"往往具有某些戏神的基因，在现实中丑脚部分行使着戏神的职权。通过研究我们发现，戏曲行业之所以普遍存在崇"丑"的传统，甚至将丑脚视为戏神，从表层来看，原因有三，第一，戏曲艺人普遍存在唐明皇或后唐庄宗饰演丑脚的集体记忆；第二，丑脚出于古优，而优为中国戏剧源头之一；第三，对丑脚宽广的戏路和灵动的艺术修养的尊崇。继而透过傀儡戏中丑脚与戏神关系的分析还发现，"丑即戏神"的命题彰示了伶人"认祖为神"的群体心理，并证实了"后世戏剧出于傀儡戏"的观点。而伶人普遍持有的"丑脚通神"的集体意识，也是丑脚为戏神更为深层次的原因。这样的研究模式，正好彰显了我们试图架起伶人精神世界与戏剧发展之间桥梁的"用心"。

再谈研究的方法。

当下谈研究方法总是罗列很多，譬如戏神研究课题，我们可以列民俗学、文献学、戏剧学、宗教学等学科的方法，但具体到实际操作层面，不外乎"地下"（文物）、"纸上"（文献）、"民间"（田野）的"三重证据法"。此外，我们还增加了一些图片，以文字与图像构成互文模式，相互阐释。然而，将方法上升为理念层面而言，以上的这些，无论是各自学科的独特方法还是陈寅恪总结的"三重证据法"，都似乎缺乏"道"的灵性而停留在"术"的架构中。

那么，能够贯穿戏神研究始终的方法层面的理念又是什么呢？也就是，以何种手段，选择何种路径，来实现上文所谈到的两个研究目标——揭示伶人信仰的精神史，搭建戏神信仰与戏剧发展之间桥梁。这也是笔者一直苦苦思索的问题。最后还是从文化人类学的理论中得到启发。

人类学的本意是通过对原始部落的实地调查来了解人类童年时期的状况。经过学科的发展之后，人类学的研究对象似乎已经无所不包，无所不能，并与其他学科交叉形成新的学科，如文学人类学、历史人类学、艺术人类学等等。当然戏剧人类学也是这一交叉的产物。戏剧人类学已经不同于戏剧史的研究，它不再以戏剧作家、作品的研究及其发展规律、脉络的描述为重点，而重在探讨戏剧在人类（或特定族群、区域）活动所扮演的角色和功能，继而找到"戏剧是什么"的答案。戏剧人类学的实质在于强调戏剧就是人类活动本身和人类存在的方式之一，其根本任务是对戏剧的起源、本质、功能及意义进行人类学的"还原"，去寻找"戏剧是怎样的人类活动"、"人类为什么需要戏剧"等根本性问题的答案。

从以上戏剧人类学的理念来看，戏神信仰课题的研究与之十分接近。尽管我们的研究目标不是要回答"戏剧的本质是什么"、"人类为什么需要戏剧"等问题，而是要回答"戏曲行业为什么需要戏神？"、"戏神崇拜在戏剧发展史上具有什么作用？"等问题，但戏剧人类学的研究观念、方法同样会给我们带来很多借鉴的地方。譬如，受其启发，可以引导我们更加重视戏神信仰在伶人群体生活中扮演的角色与功能；重视戏神祭祀仪式所包含的场景功能；重视戏曲行业神与周边相近艺术神祇的关系；重视戏神自身发展、分布规律的归纳和总结。

  这样，在结构上我们的研究较为明晰地分为三大块。第一大块为"宏观研究"，重点研究戏神信仰的历史发展、地理分布、文化意蕴等。第二大块为"个案研究"，选择由道教神系演化而来的戏神，以及具有代表性的地方剧种戏神作为个案研究，探寻戏神与宗教、与地方文化、与地方戏剧之间的内在联系。第三大块为"关联性研究"，研究相近行业、相近艺术种类神祇信仰与戏神之间的关系，研究戏神信仰与中国戏剧发展之间的关系，进而勾画出戏剧起源与早期戏剧形态之间融合图景，引发中国戏剧发生学的思考。

第一章 中国戏神信仰的历史与地理考察

中国戏神信仰在梨园行业很繁盛,从宋代戏曲形成开始,艺人已经显现出信仰二郎神的端倪,距今有一千余年的历史。漫漫的历史长河,赋予了中国戏神信仰文化丰富的内涵。从空间的维度来看,戏神广泛分布在全国各地,几乎只要有戏班的地方,就有戏神崇拜的痕迹。综合来看,中国戏神信仰有其独特的文化特征,戏神来源呈现多元化特征,信仰主体则呈现群体性和行业性的特点。

第一节 中国戏神信仰的发展历史

中国古代戏曲行业广泛存在戏神崇拜。关于戏神信仰史,近代学者更关心戏神是谁,而对一些悬疑问题鲜有关注。从当前戏神研究的现状来看,仍然有几个关键性的问题未能突破:第一,戏神信仰的起始时间及早期形态如何?第二,戏曲行业中,明代存在的二郎神信仰为何在清代初期就湮灭不闻,反而为老郎神所取代?第三,明末清初,为何戏神信仰才开始走向兴盛?本节拟通过历史线索的梳理,考察戏神信仰发展的轨迹,并尝试回答以上三个问题。

一、戏神信仰形成于宋代推考

戏神是从何时产生的，一直是个谜。周育德先生在《中国戏曲与中国宗教》一书中提出："在儒道释三教造神意识的激发下，戏曲艺人便创造出自己的行业神。至迟在元代，已经有了戏神。"① 周先生虽然明确提出戏神信仰至迟在元代已经存在，但并未对此论断展开论证。与周先生观点相似的是康保成老师，他从戏神偶像是戏曲演出中的婴儿道具这一特别的事象入手考证，发现元代的《魔合罗》杂剧最早使用"魔合罗"作道具，但它"扮演"的还不是具有"乞子"功能的婴儿，从而推断："戏神信仰可能是元代以后才兴起的。"② 这样的判断角度新颖，结论审慎，但尚处于推论层面。

其实，研究早期的戏神信仰，不能不关注 1979 年在上海近郊出土的明成化年间《新编刘知远还乡白兔记》。在明代成化本《白兔记》开头，末上场念了一首诗并唱了一支【红芍药】曲，很值得重视。

> 诗曰：国正天心顺，官清民自安。妻贤夫祸少，子孝父心宽。喜贺升平，黎民乐业，歌谣处，庆赏丰年。香风复（馥）郁，瑞气霭盘旋。奉请越乐班，真宰遥，鸾驾早赴华筵。今宵夜愿：白舌入地府，赤口上青天。奉神三巡，六仪化真金钱。齐赞断：喧天鼓板，奉送乐中仙。
>
> 【红芍药】（末唱）哩罗连，罗罗哩连，连连哩，罗哩连，哩连罗，连哩连，罗哩罗连，罗哩连，哩连罗连，哩连罗连，罗□□，罗哩连，罗哩罗哩。

从"奉神三巡，六仪化真金钱"，"喧天鼓板，奉送乐中仙"，"今宵夜愿：白舌入地府，赤口上青天"等诗句来看，这是戏曲艺人在演出开始前迎奉乐神，祈求演出顺利进行的祭祀活动；继而看副末所唱的【红芍药】曲子，反复轮换念唱的"罗哩连"，分明就是迎奉乐神的咒语。晚明时期的汤显祖在《宜黄县戏神清源师

---

① 周育德：《中国戏曲与中国宗教》，中国戏剧出版社 1990 年版，第 120 页。
② 康保成：《傩戏艺术源流》，广东高等教育出版社 1999 年版，第 237 页。

庙记》中，也提及戏曲艺人在开场前要唱"啰哩嗹"，"子弟开呵一醪之，唱啰哩嗹而已"。据此，康保成师判断，在每出戏开场时反复演唱"啰哩嗹"，具有迎接神灵降临的作用。① 此论确当。《新编刘知远还乡白兔记》虽是明代前期成化年间的改本，但它很大程度上保留着宋元时期南戏的面貌，因此成化本《白兔记》记载迎接戏神的咒语，应该客观地反映出宋元时期戏班祭祀戏神的情形。如著名学者饶宗颐先生在一篇题为《南戏戏神咒"啰哩嗹"之谜》的文章中言之凿凿地指出："啰哩嗹"是"南戏戏神咒"，并认为赵昱在宋代已经"演变成为戏神"②。

事实上，在演剧开场唱"啰哩嗹"咒语迎奉戏神的情形，在今天的福建、浙江等地还有遗存，胡忌先生在 1957 年出版的《宋金杂剧考》中曾描述了福建莆仙戏在演出之前也要先打三通锣鼓，然后用"啰哩嗹"三字反复颠倒唱咒文的情形。③ 而沈沉先生也介绍，温州旧时戏班的"开台"仪式，与福建莆仙戏开台前唱"啰哩嗹"十分类似，"凡戏班到达一个新的台基，必先举行'开台'仪式，由赛会会首（俗称头家）、庙祝与戏班班主 3 人上台奉供品，拈香礼拜，然后合唱一曲《祭神咒》。"沈先生还介绍，1985 年秋，瑞安下林高腔老艺人瞿进柳曾当面唱过那段《祭神咒》，居然也是用"啰哩嗹"拼凑起来的神秘语言。这与泉州木偶戏剧团的"开台曲"【大出苏】全曲都用"啰哩嗹"组成，有着惊人的相似性。④ 今天闽南南管戏、傀儡戏、高甲戏等戏剧，在迎奉戏神时所念的"净棚咒"，与此也基本相同。浙江、福建等沿海地区，正是宋元时期南戏的发源地和流播区域，当代仍然存在的"啰哩嗹"戏神咒，从侧面为宋元时期在戏曲艺人当中已经存在戏神信仰提供证据。

成化本《白兔记》卷首迎送乐神的词句，说明宋元南戏开场存在祭祀乐神的习俗。这个习俗进一步表明在南戏艺人心目中，已经有乐神信仰的存在。所以，从仪式中所唱"啰哩嗹"曲调还存留于后世戏神祭祀之中的情形来看，南戏中的乐神信仰，很有可能是后世戏神信仰的肇始。

宋元乐神信仰，并不是独世而孤存。向前看，在我国的晋唐时期，有佛教的音

---

① 康保成：《梵曲"啰哩嗹"与中国戏曲的传播》，《中山大学学报》2000 年第 2 期。
② 饶宗颐：《南戏戏神咒"啰哩嗹"之谜》，《梵学集》，上海古籍出版社 1993 年版，第 218 页。
③ 胡忌：《宋金杂剧考》，上海，古典文学出版社 1957 年版，第 307 页。
④ 沈沉：《论"啰哩嗹"》，温州文化局编：《南戏国际学术研讨会论文集》，中华书局 2001 年版，第 380 页。

神形象；往后看，在清代的戏神庙祭祀活动中还有遗存。

在莫高窟，西魏时期就出现了两种不同风格特点的音神，一种是西域式音神，一种是中原式音神。后者是中国道教飞仙和印度教飞天相融合的音神，最具代表性的是莫高窟第282窟南壁上层的十二身香音神形象。这十二身音神，逆风飞翔，分别演奏腰鼓、板拍、方响、鸡娄鼓、小钹、排箫、竽、长笛、芦笙、琵琶、阮弦、箜篌等乐器，均为唐代十部乐中使用的乐器，其演奏的神态和乐队的排列方式，都同唐墓壁画中的乐舞场面十分相似。香音神，又名"香间神"，为佛教中乾闼婆和紧那罗的复合体。据曹广涛考证，乾闼婆和紧那罗原来是印度古神话和婆罗门教中的娱乐神和歌舞神，后来被佛教吸收。① 如隋慧苑《华严经音义》中有"乾闼婆"为佛祖御前乐师的说法。而"紧那罗"，则是梵文天乐神的音译，唐玄应《一切经音义》云，它很擅长歌舞，能发出美妙的音响。

有意思的是，直到清末民国时期，北京梨园行还崇奉音神。据戏剧史家赵景深先生介绍，在北京精忠庙戏神殿中就有十二音神的壁画，② 这里供奉的"十二音神"，基本是古代"善歌者"，如秦音、薛谭、沈古之辈。它们与明初朱权《太和正音谱》里一条不大引人注意的材料可相印证："古之善歌者：秦青，薛谭，韩秦娥，沈古之，石存符，此五人，歌声一遏，行云不流，木叶皆坠，得其五音之正，故能感物化气故也。"③ 这些古之善歌者在后世正被戏曲艺人奉为音神、戏神。联系莫高窟佛教壁画中的十二音神，有学者推断：既然佛教香音神已经中国化，并为唐人所熟知，那么，"戏曲之音神取自佛教香音神，为戏曲'音神'说之本，并不是不可能的。"④ 而在叶涛先生所著《中国京剧习俗》一书中，已经把音神归为戏曲祖师信仰名目之下，它们为旦行、乐师所崇祀。⑤

除上面论及的材料外，我们还可以从戏剧行业的生成与行业神崇拜的角度来考虑宋代出现戏神信仰的可能性。

---

① 曹广涛：《戏曲十二音神推考》，《韶关学院学报》2007年第10期。
② 赵景深：《十二音神考》，赵景深：《读曲小识》，中华书局1960年版，第191页。
③ （明）朱权：《太和正音谱》，《中国古典戏曲论著集成》（三），中国戏剧出版社1959年版，第49页。
④ 曹广涛：《戏曲十二音神推考》，《韶关学院学报》2007年第10期。
⑤ 叶涛：《中国京剧习俗》，陕西人民出版社1994年版，第89页。

其一，宋时戏剧演出已经成为一个行业。《武林旧事》卷三"社会"条载："二月八日为桐川张王生辰，霞山行宫朝拜极盛，百戏竞集，如绯绿社（杂剧）、齐云社（蹴球）、遏云社（唱赚）、同文社（耍词）、角觝社（相扑）、清音社（清乐）、锦标社（射弩）、锦体社（花绣）、英略社（使棒）、雄辩社（小说）、翠锦社（行院）、绘革社（影戏）、净发社（梳剃）、律华社（吟叫）、云机社（撮弄）。"① 杂剧艺人与剃头匠、绣花匠等同列为社会的一种职业群体，并形成了自身的同业组织。

其二，从行业信仰的角度而言，祖师崇拜在南北朝时期就已经存在了，如唐人段成式《酉阳杂俎·前集》卷九载，北齐天保年间有盗贼祀奉盗跖的活动②。而到唐代，各行各业都逐步树立自己的祖师信仰体系，茶贩子祭祀陆羽，③ 酒库祭祀杜康，菹库祭祀蔡伯喈。④ 这些文献记载说明，祖师崇拜在唐代已经初步形成了。所以由此角度看，宋代滋生戏曲行业神崇拜，并不缺乏行业祖师崇拜的大背景。事实上，这一结论很容易获得旁证。如宋代同期蹴鞠家，就奉祀"清源妙道真君"。据《蹴鞠谱》记载，宋代的蹴鞠家奉祀"清源妙道真君"。齐云社规定："凡诸郡先生到来，不与众圆友见礼，先到圣前拈香拜毕"⑤，"凡教子弟"要"备三牲盘按，祭献祖师清源妙道真君"⑥，也就是说"清源妙道真君"是蹴鞠行当的祖师。沈德符《万历野获编·补遗》卷四"神名误称"条也云："蹴鞠家祀清源妙道真君，初入鞠场，子弟必祭之，云即古二郎神。"⑦ 由此推断，宋代戏曲行业对戏神的尊崇，与蹴鞠行业崇奉"清源妙道真君"的情形，应该大致相同。

一方面早在唐代各行各业就广泛出现行业神信仰，另一方面在宋代，杂剧已经成为一个稳定的社会行业，并有着相当数量的从业人员，因此，宋代出现戏神崇拜应是情理之中的事情。

---

① （宋）周密：《武林旧事》卷三，《东京梦华录》（外四种），古典文学出版社1957年版，第377页。
② （唐）段成式：《酉阳杂俎》前集卷九，曹中孚点校，上海古籍出版社2000年版，第622页。
③ （唐）赵璘：《因话录》卷三，《丛书集成新编》第86册，第105页上。
④ （唐）李肇：《唐国史补》卷下，《丛书集成新编》第83册，第401页上。
⑤ （明）佚名：《蹴鞠谱》不分卷，《续修四库全书》第1106册，第309页。
⑥ （明）佚名：《蹴鞠谱》不分卷，《续修四库全书》第1106册，第291页。
⑦ （明）沈德符《万历野获编·补遗》卷四，中华书局1959年版，第920页。

此外，根据廖奔先生研究，宋代瓦肆勾栏中的神楼来源，也与优伶供奉戏神有关。他在《中国古代剧场史》中指出："神楼名称的起源应该是优人在此供奉梨园神之类的神主牌位，模仿庙宇里演戏面对神殿的形式，这大概是早期设置梨园神主的办法，和清代把戏神供在后台不同，一些古老目连戏演出一直到近代还保持了这种形式。"① 廖先生的研究成果也为证实宋代出现戏神信仰提供了重要证据。

综上，种种迹象表明宋代已经形成戏神信仰习俗，首位戏神为清源妙道真君二郎神。

二、清初"二郎神"向"老郎神"的转化

二郎神信仰，对于游戏行业而言，在宋代的蹴鞠组织齐云社中已经形成。进入明代，记载二郎神作为戏神来崇祭的文献是万历年间汤显祖的《宜黄县戏神清源师庙记》。汤显祖在《庙记》中指出："予闻清源，西川灌口神也，为人美好，以游戏得道，流此教于人间，讫无祠者。……清源师号为得道，弟子盈天下，不减二氏（笔者案：指佛、老二教），而无祠者，岂非非乐之徒，以其道为戏相诟病耶。"② 二郎神"以游戏得道"被梨园行奉为行业神，正与宋代蹴鞠齐云社崇奉为祖师神，一脉相承。引文中"讫无祠者"的理解，似乎不应推及全国，《庙记》是汤氏记述江西宜黄县的情况，并未言及他处"无祠"，这一点联系《庙记》后文提及大司马谭纶可证。此外，从"清源师号为得道，弟子盈天下"这句话可以想见，在汤显祖之前，梨园行已经广泛信奉二郎神了。顺便提及，2006年12月在江西抚州市广昌县驿前镇西坑村发现戏神清源祖师庙，庙里供奉着清源祖师神像，旁祀金花娘娘、银花小姐以及千里眼、顺风耳，庙旁有后建于清代乾隆年间的戏台一座。据专家考证，此庙疑为明代之遗存。③

历史总是吊诡的。进入清代，在戏曲行业中，二郎神信仰逐步被老郎神所代

---

① 廖奔：《中国古代剧场史》，中州古籍出版社1997年版，第51页。
② （明）汤显祖：《宜黄县戏神清源师庙记》，汤显祖著，徐朔方笺校：《汤显祖全集》第三册，北京古籍出版社1999年版，第1188页。
③ 陈志福、赖伟国：《戏神清源祖师庙惊现广昌，此庙在我省首次发现》，《临川日报》2006年12月28日。

替，相关文献记载越来越少，只是在清初李渔的作品《连城璧》、《比目鱼》中偶有所见。为什么二郎神突然在戏行祖师信仰中消失了呢？窃以为，清代戏行中的老郎神就是二郎神，只是称号改了。证据有五：

其一，二郎神与老郎神的形象很相似。杨懋建《梦华琐簿》言及"老郎神像，皆高仅尺许，作白皙小儿状貌，黄袍被体"①。这个形象是与戏神传说中的"殇子说"相对应的，但实质上老郎神的形象更多的是为"面如冠玉"的美少年，清人顾铁卿在《清嘉录》中即云老郎神"其神白面少年"。在现实中，作为老郎神的唐明皇在戏曲舞台上也都是小生当行。老郎神这个形象与宋代以降的二郎神的形象如出一辙。如《坚瓠集》云二郎神："美丰姿"；明人汤显祖在《宜黄县戏神清源师庙记》中也称其"为人美好"。

其二，在民间，二郎、老郎均指未婚的男性少年，因此二郎神、老郎神其实一也，诚如康保成师所指出的："'二郎'是小男孩，'老郎'也是小男孩，在这个意义上，二者没有区别。因此，戏神可呼'二郎神'，亦可呼'老郎神'。"②

其三，有些地方戏中，二郎神的生日与老郎神完全一致。《东京梦华录》记载六月二十四为川西灌口二郎神生日。之后的文献如《坚瓠集》、《玉芝堂谈荟》（卷一）、《清嘉录》（卷六）等均指出此日为二郎神生日。有意思的是，有些戏班奉祭老郎神的生日也是六月二十四。如粤东外江戏班按行规，每年六月二十四日、十二月二十四日戏神生日到潮州外江梨园公所分班聚会，祭祀戏神，并重新组班。③ 又如浙江乱弹班与河北乱弹班都供奉"唐明皇"为戏神，于每年农历六月二十四日（戏神生日）到约定地点聚会，举行纪念活动，全天演唱演奏，切磋技艺。

其四，进入清朝之后，二郎神因为受到统治者的重视而崇敬有加，禁止优伶扮演。如雍正五年敕封二郎神为承绩广惠显英王，春秋二祭，这是继宋真宗、元文宗之后的又一次敕封。皇室的册封是对其保境安民功能的精神强化，受到册封后的二郎神是不宜当作伶人祖师崇奉的对象，即使存在，也属"私祀"，自然会遭到正统

---

① （清）杨懋建：《梦华琐簿》，张次溪编纂：《清代燕都梨园史料·正编》，中国戏剧出版社 1988 年版，第 374 页。
② 康保成：《傩戏艺术源流》，广东高等教育出版社 1999 年版，第 304 页。
③ 萧衍盛：《潮州外江戏班规与社约》，《广东汉剧资料汇编》1985 年第 2 辑，内部印刷，第 11 页。

文人的抵制。曹寅在《重修二郎神庙碑》一文指出，"江宁之士民，趋走祭献者无虚日。洋洋乎非神之德之盛，何以克歆而不替也哉！"一方面是江宁民众对二郎神的崇祭，但另一面是伶人将之奉为祖师神，这样的局面自然引起像曹寅这类正统文人的反感，难怪他不满前明正德年间南礼部尚书江澜所撰的碑文，称之为"其辞溘漫无考证，于神则亵，于文则诿，载记者不取也。"① 这样的态度，正说明了明清两代文人对二郎神的不同态度，更从一个侧面说明清代正统观念对戏曲行业崇奉二郎神的一种排斥，甚至是"清算"。这样的背景下，也就不难理解汤显祖所言民间戏伶祭祀清源师而无祠的境遇了。

  与曹寅观念一致的情形在明清两代并非孤例，如乾隆四十八年（1783），苏州织造全德改老郎神为翼宿星君信仰。是年，全德奉了乾隆皇帝"厘正乐曲之命"，总揽当时一方的戏曲审查工作。在他看来，老郎神"其名不知何所出，其塑像服饰亦不典近"②，且有"托圣炫名"之流弊。正值重修神祀，全德将老郎神改为"翼宿之神"。从表面上来看，全德改祀是出于对皇帝身份的唐明皇的尊重，以便维护圣体的威严，但背后却掩藏着不可告人的目的，即通过改祀戏曲行业的最高精神权威，达到控制苏州乃至江南梨园的目的。于是，后世的一些文人也鹦鹉学舌的鼓吹此论，如清道光进士俞樾就认为，崇奉雷海青，"以海青之忠，庙食固宜"，而"若祀老郎神者，以老郎为唐明皇，实为轻亵，甚所不取。"③ 平步青也认为，"老郎为明皇，实为轻亵"④。又如，上文提及的汤显祖《庙记》，就提及汤氏询问宜黄伶人由大司马谭纶配享清源祖师，众人回答"不敢。止以田、窦二将军配食也"。可见，宜黄艺人是不愿意自己家乡的大官作为梨园祖师被祭奉的；从这句话还可获知这样一个信息：田、窦二将军，都是唐明皇手下的乐师，以他们二人配享二郎神，显然已经透露出二郎神与老郎神唐明皇开始走向重叠的苗头。

  其五，清初梨园行二郎神信仰的消沉，伴随着的是以唐明皇为核心的老郎神信仰系统的隆兴。换言之，老郎神系统的隆兴，正是取代二郎神信仰的前提条件。老

---

① （清）曹寅：《楝亭集·楝亭文钞》"重修二郎神庙碑"，上海古籍出版社1979年版，第657页。
② 刘念兹：《戏曲文物丛考》，中国戏剧出版社1986年版，第113页。
③ （清）俞樾：《茶香室丛钞》卷十五，《续修四库全书》第1198册，第303页。
④ （清）平步青：《霞外攟屑》，《续修四库全书》第1163册，第681页。

郎神系统包括唐明皇本人及其手下雷海清等乐师。

关注明代戏神雷海青的祭祀，不能忘记了元代成书、明代略有增纂的《三教源流搜神大全》卷五中的一条文献材料，叙田海青因"作神舟，统百万儿郎为鼓竞夺锦之戏"，驱除"疫鬼"，被唐明皇封为"冲天风火院田太尉昭烈侯"，掌管天下梨园子弟。① 这则材料也成为民间戏曲艺人奉雷海青为戏神的重要根据。② 明代已经出现田公元帅信仰的遗迹。福建莆田市荔城区拱辰村始建于明洪武十二年（1379）的戏神庙——"瑞云祖庙"。此庙为莆田第一座主祀戏神田公元帅雷海青的宫庙。据黄秀峰先生介绍，在明代每年正月元宵节以及农历四月初九、八月廿三的戏神诞吉日，这里都举行隆重的戏神庙会活动，其中包括盛大的祭典和"戏神出巡"仪式。③ 当然，戏神庙遗迹时间的研判，因含传说的成分，未必完全可信。

在戏曲行业普遍崇奉田公元帅的同时，老郎神也成为戏曲艺人祭祀的重要对象。笔者曾在《老郎神信仰的民间考察》一文中，罗列了一些明人祭祀老郎神的文献。④ 如明末陈子升（1614—1692）在其文集《中洲草堂遗集》中有记述老郎神崇拜的诗作；晚明桃渡学者所作传奇《磨尘鉴》第二十六出"酬功"中有唐明皇赐黄幡绰、清音童子、执板郎君享祭老郎庙的情节；明末清初顾景星《白茅堂集》卷三十一中有记载明人奉唐明皇为傩神的情形，等等。

这里再补充一条材料。明人沈德符《万历野获编》卷二十一"教坊官一品服"条云："如高齐之伶人封王，后唐之伶人典郡，与夫唐明皇之梨园子弟冠以皇帝之称，抑何霄壤哉！"⑤ 沈德符本意是批评伶人为官乱政，而从"唐明皇之梨园子弟冠以皇帝之称"，却透露出戏曲艺人以唐明皇子弟自居的信息。换言之，则说明明代戏伶已经在心目中把唐明皇当作祖师来祭祀。

---

① （明）佚名：《绘图三教源流搜神大全》，上海古籍出版社1995年版，第242页。
② 叶明生主编：《福建戏曲行业神信仰研究》，内部印刷，2002年5月，第78页。
③ 黄秀峰：《瑞云祖庙戏神庙会》，《湄州日报》，2007年12月27日。
④ 陈志勇：《老郎神信仰的民间考察》，《江西社会科学》2007年第4期。
⑤ （明）沈德符：《万历野获编》卷二十一，中华书局1959年版，第546页。

三、中国古代戏神信仰的分期

以上文献充分表明，明代中晚期，戏曲行业的祖师崇拜逐步走向兴盛。清初关于戏神的文献记载和实物遗址，逐渐多了起来。

老郎神信仰的存在，一个重要标志是老郎庙的建立。明末清初，已经有大量老郎庙存在。据荆河戏老艺人讲，湖北沙市老郎庙中梁上刻有"顺治八年"第一次重建等字迹①，若所言确凿，"重建"二字，再次证实了明代已经形成老郎神信仰的事实。

较早记载老郎神信仰的是俞卿《蕺山书院记》，他在康熙五十一年（1712）出任绍兴知府的一天里，在蕺山书院里看到了群伶祭祀老郎神唐明皇的情景。②《（乾隆）绍兴府志》也有类似的记载。③清代戏剧家孔尚任在《节序同风录》"十五"条有载，正月十五这一天，歌家"藉草地度曲更唱迭和"，而"祭老郎神"④。康熙年间金埴《不下带编》卷四也记载，济南历下泺口有卤贾刘氏，辟枣园为梨园，请金埴教歌。金埴记曰："今优曹例尊明皇为梨园教主，称曰老郎菩萨。"⑤ 这些文献记载说明康熙年间，戏行崇奉"梨园主"唐明皇的习俗已经非常成熟，并趋向常态化了。兴盛的原因，笔者在《老郎神信仰的民间考察》一文中，将之归结于明代中晚期，地方声腔剧种的兴盛。⑥ 明代戏曲声腔的兴盛，导致产生形形色色的地方剧种，而各个声腔与剧种，都在标榜自己血统的纯正和悠远，以利于提高本剧种地位与声誉，增强竞争实力，同时也为整肃内部成员意志提供依据。明代中后期，戏曲声腔的兴起，促进了地方剧种发展的多元化。不同的地方剧种，要么沿袭声腔血缘关系，延续崇奉母体信仰习惯；要么选取与地方特色息息相关的人物为祖师崇拜的

---

① 《中国戏曲志·湖北卷》，文化艺术出版社1993年版，第484页。
② （清）李亨特修，平恕等纂：《（乾隆）绍兴府志》卷二十"书院"，乾隆五十七年（1792）刻本。
③ （清）李亨特修，平恕等纂：《（乾隆）绍兴府志》卷二十"书院"，乾隆五十七年（1792）刻本。
④ （清）孔尚任：《节序同风录》不分卷，清抄本。此版本与《四库全书存目丛书》史部第165册所收《节序同风录》不同。
⑤ （清）金埴：《不下带编》，中华书局1982年版，第76页。
⑥ 陈志勇：《老郎神信仰的民间考察》，《江西社会科学》，2007年第4期。

对象，如湖北荆河戏选择楚国的优孟为戏祖；湖南祁剧崇祀宋代乐师焦德（祁剧艺人传说是祁阳人）为戏祖即为显著的例子。

声腔剧种的分蘖、兴起，催生戏神信仰多元化的结论，还可以通过清代中叶地方戏大崛起，戏神信仰多样化得到确证。与明代戏神主要集中于二郎神（清源祖师）、老郎神（唐明皇）、田公元帅（田海青）相比，清代中叶以后戏神信仰呈现多元化发展的局面，如乾隆刊本《万全玉匣记》"一百二十行手艺祖师爷"条就列出了名目繁多的戏神名谓，文曰："唐明皇梨园祖师，南方翼宿星君，窦元帅、田元帅、敕封冲天风火院老郎祖师。清音童子、鼓板郎君、三百公公、八百婆婆，吹打鼓乐、筝板、琵琶弦、一切响器祖师……"①。

不同的剧种，信奉的戏神或乐神大有讲究。如清源祖师（二郎神）为宜黄腔、弋阳腔、昆山腔系统剧种的艺人所信奉；昆剧、皮黄系统等剧种则信仰老郎神（唐明皇）和喜神；南戏系统的剧种，如潮剧、白字戏、梨园戏等，则崇奉田公元帅（田海青）；后唐庄宗为梆子腔系统的剧种所崇拜。而九皇神（潮剧、广东汉剧），西秦王爷（广东西秦戏、台湾布袋戏等），优孟（湖北沙市荆河戏等），焦德王爷（湖南祁剧等），谭公、田窦二师、张五、华光大帝（粤剧等），咽喉神（山西乐户），灯神（云南花灯戏），梓潼帝君（云南梓潼戏），风火药王（云南关索戏），汤东杰布（藏戏）等皆为不同剧种艺人所崇祀。此外，还有音神（十二音神、黄帝、伶伦、孔子、李龟年）、清音童子、鼓板童子、青衣童子、观音菩萨、武猖神、五大仙、三百公公、八百婆婆、白眉神、律音祖师、没大小老爷等数种。

随着清代中叶地方戏的大量崛起，戏神信仰呈现出多元化的同时，在梨园行内部，戏神信仰分类更细。以京剧为例，武行敬奉武猖神，北京江南城隍庙内供有"梨园祖师之位"的喜神殿侧建有武昌殿，每年农历五月十三举行"祭五猖"活动，是整个武戏行的大典。② 而乐队则供奉唐代著名的音乐家李龟年，乐队之中的琴师、打鼓佬则供奉"九天翼宿星君、清音童子、鼓板郎君之神位"。任半塘《唐戏弄》指出："清音童子应即雷海青，执板郎君或贺怀智之流。"③ 雷、贺二人都是

---

① （清）佚名：《万全玉匣记》，乾隆刊本。
② 叶涛：《中国京剧习俗》，陕西人民出版社1994年版，第86页。
③ 任半塘：《唐戏弄》下册，上海古籍出版社1984年版，第1140页。

唐明皇的梨园乐师。管戏箱的则供奉青衣童子为祖师，专门为旦角梳头的"梳头师傅"则供奉观世音菩萨。《历代神仙通鉴》卷十一谓文昌帝君有随从天聋地哑童子，叶涛先生认为管箱行当奉之当出于此。① 每年五月初三或六月十二，举行祭祀青衣童子的活动。而"梳头师傅"供奉观世音菩萨，叶先生认为是"因为观音菩萨是男的，女菩萨像是他的化身。过去的旦角都是由男演员扮演，所以，就和观音菩萨的由男变女拉上了关系，为旦角化妆的师傅便将观音菩萨抬为祖师"。② 这样的说法很大程度上是附会的，但诉诸信仰层面，则在戏曲行业中却有着万分的合理性。

从上面论述可以看出，中国古代民间戏神信仰可分为三个阶段，宋元时期是戏神信仰的萌生期，而明代则是发展期，明末清初至民国是繁盛期。1949 年中华人民共和国成立以后，民间戏神信仰由于被贴上了"封建迷信"的标签而被禁止。现今，笔者在田野调查中已经很少能见戏班举行祭祀戏神的仪式了，仅仅在一些偏远山区的戏班中，偶尔能见老艺人还供奉着戏神的牌位或塑像。

戏曲艺人在中国古代是一个受人鄙弃的群体，他们的信仰很容易受到各种社会力量的左右。从宋元时期戏曲行业祭祀乐神，到明代二郎神被戏伶崇祀；从清初二郎神被老郎神所替代，再到清代中叶开始，种类繁多的戏神出现以及戏神信仰的嬗变，都与外部社会力量的干预有关联。除此之外，戏神信仰的嬗变，也是行业内部管理、运作的需要，而戏曲艺术种类的裂变、演化，则直接催生了名目繁多戏神的出现。这些说明中国古代戏神信仰虽属民间宗教和民俗文化的个案，但它发展、演变的历史，却成为窥探民间信仰文化的一个有效途径。

第二节　中国戏神信仰的地理分布

由于各地俗众对神灵的信仰力有强弱之别，神灵从起源地对外传播就取决于各地民众对它们的接受程度，故而，呈地域性分布是民间信仰的一个基本特征。中国

---

① 叶涛：《中国京剧习俗》，陕西人民出版社 1994 年版，第 88 页。
② 叶涛：《中国京剧习俗》，陕西人民出版社 1994 年版，第 89 页。

的戏神信仰同样具有很强的地域性，它以声腔系统为标志物，南北各异，东西不同。康保成老师在研究中国民间戏神信仰的过程中，已经注意到戏神谱系的地域性特征，他在《傩戏艺术源流》一书中将戏神粗略地分为北方戏神和南方戏神。尽管康老师没有继续探究中国民间戏神信仰的传播范围和动力等问题，但这一指向已经为本节的研究提供了思考空间和研究路向。

一、基于戏神信仰地域性特征的分类

戏神信仰是和戏剧品种联系在一起的，它随剧种的传播而扩散到全国各地，所以戏神信仰的分布广度取决于某一剧种传播的实力。同戏剧种类的地理分布一样，中国民间戏神信仰也可大体分为全国性戏神、区域性戏神、地方性戏神三类。这三种类型中，全国性戏神信仰是相对的，而区域性戏神信仰则是绝对的。简言之，任何全国性戏神信仰都是以区域性的信仰为前提的，它的传播总是以某一区域为中心向外扩散，继而负载于戏曲声腔、戏班的流动而获得传播。

1. 全国性戏神

所谓"全国性戏神"，是指这类戏神几乎为全国各地剧种供奉，代表性的戏神如老郎神、翼宿星君。全国性戏神，最初诞生于某一地方剧种内部，而随着这一剧种（声腔）在全国的强势传播而升格为全国性戏神。以老郎神为例，它在成为全国戏曲行业信奉的戏神之初是以昆剧为载体的。笔者曾在明末文士陈子升文集《中洲草堂遗集》卷十七中《昆腔绝句》之四发现有诗云："游戏当年拜老郎，水磨清曲厌排场。而今总付东流去，剩取潮音满忏堂。"[①] 诗中明确指出昆曲行当崇奉老郎。按：有人指出，此处"老郎"或是昆腔艺术精湛者而非老郎神，可存一说。但晚明署名"桃渡学者"的钮格的传奇《磨尘鉴》第二十六出"酬功"则有这样的情节：唐明皇赐黄幡绰、清音童子、执板郎君享祭老郎庙："（生）传旨各省俱建庙宇塑他三人神像敕赐老郎庵，享受千万年不绝香火。""老郎庵"的出现则充分证明至

---

① （明）陈子升：《中洲草堂遗集》卷十七，《丛书集成续编》第151册，第397页。

迟在明末老郎神信仰已经在昆曲艺人中获得确立。于是，老郎神信仰随着昆曲向全国的流播而广泛流传，成为全国性梨园弟子的祖师神。

老郎神信仰在全国性戏曲行业内部确立，应该在明末清初。如最北的沈阳在清初就将沈阳城内原供奉岳飞的精忠庙改祀为老郎庙。《（民国）沈阳县志》载：

> 老郎庙，在内治关路南，明崇祯九年廷原名精忠庙，为奉祀岳武穆王神祠。清初重修，合祀唐明皇，改名老郎庙。祠宇六楹，主持僧二。①

西南的云南也不缺少老郎神信仰的足迹，杜颖陶先生在《滇剧》一文中说："在昆明城内的东南角（威远街东口南昌街内）有一座庙宇名叫老郎宫，这是滇剧艺人们在过去时候祀祖师的地方。"② 即便福建戏曲艺人是崇祭田公元帅雷海青，但地方志书也要在田元帅后面挂上"老郎"的名号，可见老郎神信仰的影响力之大。《（民国）沙县志》载："田公庙在清水坊，以祀田老郎也。县前街三经火灾皆至庙边，而火自熄，灵显可验。"③

另一全国性的戏神是翼宿星君，它本是道教的神祇，关于它怎么进入戏曲行业而成为戏神的，可参本书第六章第一节《中国乐神与戏神信仰之关系考》。但在这里要指出的是，翼宿星君之所以能成为全国性的戏神来源于它在中国古代各类星书中"天倡乐府"的"身份"。社会地位低贱的伶人群体意识，促使他们要寻找身份来源的合理性，"人倡"与"天倡"的比附，势必将伶祖推详至天庭的"翼宿星君"。笔者在研究中发现，戏曲行业稍具一定信仰传播力的戏神都存在与翼宿星君的纽带联系，故而"翼生诸神"成为戏曲行业神信仰的一个客观命题。这正是翼宿星君能成为全国性戏神的内在原因。

故此，全国性戏神确立必须具备一个重要前提，即是它能契合全体戏曲艺人追寻始祖的精神需求，能给伶人行业来源以合理性解释。将老郎神阐释为唐明皇也好，还是将翼宿星君追溯至天倡也罢，都满足了戏曲艺人追本溯源的内在需求。只

---

① 赵恭寅修，曾有翼纂：《（民国）沈阳县志》卷十三，1917 年铅印本。
② 欧阳予倩编：《中国戏曲研究资料初辑》，中国戏剧出版社 1957 年版，第 199 页。
③ 梁伯荫修，罗克涵纂：《（民国）沙县志》卷八，1928 年铅印本。

有如此，才能超越不同地方剧种的限制，超越地域文化的疏离，达到戏曲全体从业者信仰的总体指向。

2. 区域性戏神

区域性戏神是指那些能流播于相对较广区域的戏神，它们多能跨越几个省，如梆子腔的戏神庄王爷（西秦王爷），北方戏神喜神，南方戏神田都元帅。

区域性戏神之所以不能成为全国性的戏神，原因在于它们往往是某一个剧种内部的祖师神，剧种个性色彩太浓，从而阻碍了它成为全行业性的祖师神。例如梆子腔的戏神庄王爷，尽管梆子腔在清前期获得了全国性传播，但却未能成为全国性的戏神，只是在陕西、山西、甘肃、河南、河北、山东等地梆子腔系统内部传播。梆子腔信奉的庄王爷有三种不同说法，或指"优孟衣冠"记载中的楚庄王，更为诡异的是说庄王为妙庄王，而最为普遍的说法是后唐李存勖。五代十国时期后唐的版图，相当于今天的河南、山东的大部，河北、山西全部以及陕西关中地区。这一版图与后来梆子腔最为流行的区域基本一致。所以，梆子腔的戏神庄王爷显然是北方的戏神，与它天生的属性有一定的关联。当然，庄王爷信仰受到老郎神的冲击，也是一个很重要的原因。即便是在梆子腔的大本营西安，乾隆年间也出现了改祀老郎神的情况，即为明证。

3. 地方性戏神

地方性戏神往往归属于某一个剧种，由于这一剧种具有很强的区域自足性，因此戏神信仰往往打上当地文化烙印。如湖北荆州地区的荆河戏艺人崇信优孟为祖师爷。优孟曾是楚国官中的俳优，在荆河戏艺人心目中"优孟衣冠"标志着中国古代戏剧扮演的肇始，故而楚国故里的伶人以优孟为戏神自然就具有"敝帚自珍"的意味。笔者2005年和2007年曾两次调查常德、荆州等地的民间戏曲，发现尽管与沙市一江之隔的常德等地同唱荆河戏的艺人，却不以优孟为戏神而信奉老郎神。这从侧面说明戏祖优孟所具有的地域性特征何其稳固。

这种情况并非湖北荆河戏独有，粤剧的戏神张五师傅、谭公都具有这样的特点。张五师傅被粤剧艺人奉为戏祖，可能确有其人，代代相传。相传清代雍正年间，张五从北京逃亡至广东，教授红船弟子诸般技艺，于是粤剧艺人敬奉为祖师爷。[①] 与张五师傅迥异的是谭公，它是以民间俗神身份被请入梨园行业成为戏神的，李计筹在《粤剧戏神谭公考》一文中详细考证了谭公的来历、谭公在民间的信仰和成为粤剧戏神的原因。其中的原因有灭火及护卫红船安全、安胎保产与赐人子嗣，更重要的是"授艺说"。在粤剧艺人群体中流传着谭公曾经教授了技艺："以前，曾有某个戏班到某个村子演戏，打武家们在田间练技，不慎受伤，突然来了一个人，拿出药品替伤者医治，并指点他们应该如何练习才安全。众人想详细请教，这人突然不见了，大家愕然。因该地附近有谭公爷庙，大家便认为是谭公爷显圣，感其救治和指导的恩德，也把谭公爷作为师傅供奉。"[②]

关于戏祖授艺的传说不是什么新鲜事，但更应该引起我们注意的是几乎所有的剧种都存在类似的传说，可见"授艺说"成为伶人认定某人或某神摇身变为戏祖最合理化的解释。这种解释客观造就了这一地方剧种的戏神所独蕴的地方色彩，粤剧的谭公信仰只流传于广东一带，所以很容易被艺人附会为戏神；走出粤地，谭公就很难被其他地方的伶人接受为戏神。

二、戏神信仰地域传播的内外推力

戏神信仰不同于一般的民间神灵信仰，它主要是在行业内部传播。尽管它也会受到行业外民间俗信和宗教信仰的影响，但自足性是其主要特点，因此传播范围和人群都是相对固定且封闭的。那么，戏神信仰的地域传播又是依靠什么力量完成的呢？

戏神信仰地域传播的外部传播推力是剧种或声腔的传播，具体而言是戏班和伶人的流动。当戏曲行业神信仰稳固下来后，每个剧种几乎都至少有一个戏神（祖）。伶人在商业演出过程中，总是将戏神（祖）的塑像或画轴随戏班流动，条件差一些的，因陋就简，用红纸写一张牌位，如九天冲天风火院老郎神位。当戏班留在某地立足扎根后，此剧种的戏神信仰就留存在该地。结果有两种情况：或是戏班壮大，

---

① 赖伯疆、黄镜明：《粤剧史》，中国戏剧出版社1988年版，第11页。
② 李计筹：《粤剧戏神谭公考》，《戏曲艺术》2009年第4期。

戏神信仰也影响到地方戏的信仰，成为这一地区伶人普遍崇信的神；或是被当地更为强势的行业神所取代，放弃了自己原来的戏神信仰。前者如粤剧进入广西，当地彩调改祀粤剧戏神华光大帝；后者如皮黄调的外江戏进入潮州地区，不敌当地田公信仰，为了生存被迫放弃了原来的老郎神信仰。

　　戏神传播的远近和广度，取决于所负载声腔传播的力度。老郎神之所以能成为全国性的戏神得益于昆腔和继之的皮黄腔，这两个全国性的戏曲声腔将老郎神的信仰传播到中国的边边角角。即便个别的剧种没有将老郎神当作自己剧种内部的主神，但老郎神元素渗透的痕迹时时可见。这些元素包括老郎神的"小儿"形象，生、忌日时间，生殖符号等等。

　　讨论戏神地域传播，不能忽略这样一种特殊情况：即某些神祇既是俗神又是戏神，形成俗信与伶祀相互循环、相互支持的两个信仰文化系统。如福建不少剧种信奉的田公元帅，粤剧的华光大帝信仰，也为普通老百姓所敬奉。前者容下文再述，而后者值得在此探讨。华光帝在民间是作为火灾保护神、逐疫之傩神、生殖神的形象被民众崇祀的。由于有了这些神奇的功能，各地纷纷建立华光庙，《（道光）佛山忠义乡志》卷二"祀典"载当地有华光庙七间，[①]《（道光）肇庆府志》卷七"建置·坛祠"记载封川县乾隆年间在县东登龙坊建有华光庙；[②]《（光绪）广州府志》卷六十七"建置略"也记载"华光俗传为火神，城中各街皆多有庙"[③]。不仅如此，在华光圣诞之时，还有隆重的祭祀仪式和演剧活动。这些祀典推进了俗神进入戏曲行业演变为戏神。应该讲华光帝火神、傩神和生殖神的神性功能，与戏曲行业神灵信仰传统相契合。火神能保护粤剧艺人在红船上及演剧中免遭火灾；傩神可以除魅逐疫；生殖神的形象与戏神天然的赐子文化传统一致。所以，华光帝进入戏曲行业神信仰体系没有任何阻碍。据李计筹的统计，以华光帝为戏神的剧种主要分布在广东、海南、广西和云南等地，如广东的粤剧、粤北采茶戏，海南的琼剧，广西的邕剧、桂南采茶戏、牛歌戏、岑溪牛娘戏、彩调戏、浦北鹩剧，云南的壮剧

---

① 《（道光）佛山忠义乡志》卷二，道光十一年（1831）刻本。
② 《（道光）肇庆府志》卷七，清光绪二年（1876）重刊本。
③ 《（光绪）广州府志》卷六十七，光绪五年（1879）刻本。

（含富宁土戏、广南沙戏、文山乐西土戏）等等。① 这些剧种分布的地域与华光大帝信仰兴盛范围基本一致，从而说明了外部俗信的繁盛也是推动戏曲行业神信仰传播的一种重要力量。

内部传播是通过戏曲行业内部的戏神祭祀、戏神信物、戏神传说、信仰禁忌等精神传承完成的。戏神祭祀分为节令祭祀和日常祭祀两类，节令祭祀包括戏神生日、忌日祭祀，如泉州木偶剧团每年在农历正月十六和八月十六日举行大祭，全体演员都要参加整个祭祀活动。整个活动隆重、庄严，有严谨的程序，并会表演与戏神有关的戏目（如《田公踏棚》）。粤剧艺人也是如此，广州的粤剧艺人每年分春、秋两诞在恩宁路八和会馆举行师傅诞，春诞是农历三月二十四日，秋诞是九月二十八日。祭祀活动让每个参与其中的粤剧艺人感受到仪式的隆重、庄严和神秘，从而增强了对祖师爷的崇敬之情。日常祭祀则是每天早、晚两次，或是在上台之前和卸妆之后进行，有些艺人家中就有戏神的雕像、神龛或牌位，便于虔诚地祭祀。戏神雕像、画轴、牌位、神祃等信物，也起到强化精神信仰的作用。

与戏神祭祀仪式及信物能够直接感知不同的是，传说、禁忌则更侧重于精神传承层面。当然，这不是否定前者在精神传承上的独特功用，因为祭祀仪式和信物祭拜的实效与戏神传说、禁忌同为一辙。我们将在第七章第二节讨论传说、禁忌对戏神信仰深层次的推动作用。简单地说，戏神的生成是在形形色色的传说中完成的，戏神信仰的禁忌则强化了信仰的约束力，让信众无时无刻不感觉到神的存在。信仰的规束是由人一手制造的，但它的源头来自于对某种信念的强化，无论是实际可感的戏神祭祀仪典、信物还是戏神传说、禁忌莫不是合力行使着这一职司。直接的结果是让戏曲行业内部的成员始终处于一种"信仰场"中，管理者（或长老）利用戏神的权威，制定相关的管理条例，实现内部的有序管理。这正是戏神信仰内部传播的最终法则。

---

① 李计筹：《戏神华光考》，《艺术百家》2006 年第 2 期。

第三节　中国戏神信仰的来源与特点

在中国行业神信仰体系中，情形最复杂的或是戏神信仰。戏神信仰的复杂，不仅是因为戏剧种类导致戏神名目繁多，而且剧种内部又为多神信仰，一个剧种同时信奉多个行业神。此外，信仰的复杂性，还体现在戏神来源的多元化。据初步的统计，中国民间戏剧行业，包括傩戏、影戏、傀儡戏、目连戏等品种，信奉的戏神有数十种。在名目繁多的戏神信仰体系背后，还是有规律可循。

一、中国戏神生成方式的多元化

钱穆在《现代中国学术论衡·略谈中国宗教》中指出："中国人亦非不重神，但神不专在天，不专属上帝，亦在人在物。孟子曰：'圣不可知之谓神'。则圣人即是一神。……故尊圣即可谓乃中国之宗教。"① 钱穆先生的这段话，同样适用于戏曲行业神信仰的情形。其实，戏神也是伶人尊圣、造神的产物。伶人所造的神，大抵有这样四类：

第一类是与戏剧活动或歌舞艺术有关的历史人物，如优孟、唐明皇、庄宗等。

《史记·滑稽列传》中"优孟衣冠"的记载，是湖北荆州荆河戏艺人奉优孟为祖师神的历史根据。唐明皇之所以能被伶人奉为祖师神，是因为他曾设梨园，教养子弟，故而民间流传着各种唐玄宗亲饰丑脚、粉墨登场的传说。而于甘陕等地的梆子戏行业中信奉的庄宗，尽管有楚庄王、后唐庄宗、妙庄王等多种说法，但庄宗被奉为戏神，显然与庄宗优宠伶人有关。优孟、唐明皇、庄宗，有一个共同的特点是他们都是历史上真实存在的人物。

在历史人物摇身变为戏曲行业神的造神运动中，唐明皇崇祀为戏神还有一个关

---

① 钱穆：《现代中国学术论衡》，生活·读书·新知三联书店2001年版，第2页。

键的神话元素——"唐明皇游月宫"值得重视。① 《乐府诗集》卷五十六转引卢肇《唐逸史》云：唐朝开元年间，中秋之夜，方士罗公远邀玄宗游月宫，掷手杖于空中，即化为银色大桥。过大桥，行数十里，到达一大城阙，横匾上有"广寒清虚之府"几个大字，罗公远对玄宗说"此乃月宫也"，见仙女数百，素衣飘然，婀娜多姿，随音乐翩翩起舞于广庭中。玄宗看得如痴如醉，默默记下仙女们优美的舞曲。回到人间后，玄宗即命令伶官依其声调整理出一首优美动听的曲子，然后配上模仿月宫仙女舞姿的舞蹈，这就是闻名后世的《霓裳羽衣曲》。② 唐明皇游月宫由此成为千古佳话，月宫从此也有了"广寒宫"之称。

历史人物能被请入戏曲行业成为祖师神，在一定程度上遵循了历史真实的原则。这些与戏曲艺术有关系的历史人物的艺术活动逐渐被放大、被神话，如唐明皇游月宫的神话，以及民间有关唐明皇热爱戏曲艺术而出现的"授艺"、"殇子"传说的广泛流行，是为重要推手。当伶人以唐明皇"梨园弟子"自居时，唐明皇为"戏祖"的观念，作为一种行业"集体意志"和常识，被代代传承。

第二类是从道、释神祇体系中挪移过来的神灵，如九皇神、华光大帝等。

与历史人物造为神不同的是，宗教神有与生俱来的"神性"品格，有无边的法力和神通，因此伶人对宗教类戏神更为崇信和虔诚。行业神信仰一般而言可以分为祖师神和保护神两个类型。历史人物转化的戏神多为祖师神，它们寄予着伶人对技艺缘起的追寻和对绝顶技艺的膜拜；但是，宗教类戏神，更多是出于对超人类力量和意志的敬畏，出于现实演艺生活的需要。

粤剧、粤北采茶戏、邕剧等剧种信奉的"华光大帝"就是后者的一个典型实例。华光大帝能成为粤剧的戏神，与它火神的身份密切相连。在广东的地方志及乡土文献中，屡屡有演戏失火，造成巨大的人身与财产损失。如道光《佛山忠义乡志》卷六"乡事"载："乾隆三十二年（1767）丁亥，颜料行会馆演戏失火，毙数百人。"同书同卷还记载，嘉庆十年（1805）安宁里太上庙演戏失火，毙二十二人；嘉庆二十四年（1819）新镇地演戏失火，毙二十五人。又，陈徵言《南越游记》

---

① 周华斌：《北京精忠庙及戏曲壁画考述》，《中华戏曲》第41辑，文化艺术出版社2010年版，第3页。
② （宋）郭茂倩：《乐府诗集》卷五十六"舞曲歌辞"，中华书局1979年版，第816页。

卷一"火灾"条记载，道光二十五年（1845）四月，在学署门前酬神演剧，以彩帛结棚，因有人抽烟不小心，点燃彩棚，"竟烧毙千余人"①。此外，依仗发达的珠江水系，粤剧艺人长期作为交通工具、居住场所甚至演出场所的"红船"也极易失火。正因如此，粤剧艺人供奉火神华光大帝，正是出于"保佑其戏棚免被火烧波及其衣箱而已"②的目的，甚或在一些粤剧研究者眼中，粤剧的祖神庙命名为"琼花宫"，也与华光大帝为火神及其相关传说有关。③

第三类是因实际需要从生活中自造的戏神，如咽喉神等。

咽喉神是晋东南梆子戏及当地乐户敬奉的戏神，王宁《咽喉神：一种颇具特色的地方性戏神》一文，根据道藏《太微帝君二十四神回元经》记载道教"喉神"而推想民间的"咽喉神"或来自于斯，④但道教"喉神"如何转化为戏行"咽喉神"王文未予考证。现实生活中，咽喉肿痛是很普通的疾病，故而民众在当地建造"咽喉神祠"以佑身体康健，具体到乐行，则"由于咽喉神主咽喉之疾，而戏曲艺人也是凭借咽喉讨生活的，故咽喉被纳入戏曲神灵体系之中"⑤。这一解释更符合戏曲行业造神的实际——它满足了伶人在现实中因某种职业或生活的现实需求。

第四类戏曲行业的造神方式很特别，即是从戏曲行当内部抽象、神化为祖师神，丑脚为戏神是为此种方式的例子。

考察民间戏神信仰的生成与衍化历史，会发现丑脚与戏神关系密切。在梨园界普遍存在尊丑的传统，清人杨懋建《梦华琐簿》云："今入班访诸伶者，如指名访丑脚，则诸伶奔走列侍。其但与生旦善者，诸伶不为礼也。今召伶人侑酒者，间呼丑脚入座凑趣，斯为行家。每演剧，必丑脚至乃敢启箱。俟其调粉墨笔涂抹已，诸花面始次第傅面。"⑥丑脚在伶人群体中尊崇的地位，更表现在肃穆的祭祀仪式中，"每入伶人家，谛视其所祀老郎神像，皆高仅尺许，作白皙小儿状貌，黄袍被体，

---

① （清）陈徽言：《南越游记》，谭郝子校点，广东高等教育出版社1990年版，第167页。
② 陈铁儿：《细说粤剧——陈铁儿粤剧论文书信集》，香港，光明图书公司1992年版，第32页。
③ 黄兆汉：《道教与文学》，台北，台湾学生书局1994年版，第187页。
④ 王宁：《咽喉神：一种颇具特色的地方性戏神》，《民俗研究》2000年第3期。
⑤ 王群英：《戏曲咽喉神考》，《戏剧文学》2006年第7期。
⑥ （清）杨懋建：《梦华琐簿》，张次溪编纂：《清代燕都梨园史料·正编》，中国戏剧出版社1988年版，第374页。

祀之最虔。其拈香，必以丑脚。"① 浙江的戏班在祭祀戏神时也是以小花脸（丑脚）为先。② 所以在现实生活中，丑脚能够代替祖师爷执法，对戏班中不轨的行为予以裁断、惩戒。另一方面，很多民间戏班的戏神就是一副丑脚的形象，尤其是傀儡戏、傩戏中更是如此，如赣东广昌曾家孟戏祖师神"田公元帅"（即田四郎）即是如此。据章军华介绍："曾家戏班所供奉的田四郎原本是戏班中的一个丑角"，章先生敏锐地断言这一现象的意义在于："它开启戏曲文本戏神崇拜的视野——由戏曲角色演变为戏神的思路"③。福建等地傀儡班中的戏神"郑二师傅"也是"丑"的化身。叶明生先生介绍："在闽东、闽北傀儡班中，'郑二'是一个特殊的戏偶，眼睛会动、嘴巴可以开合，其提线板的线也多了三根（胸线、臂线及脚线等），他在戏偶群中有特殊地位，可作'丑角'，出言无忌。"④ 戏神由丑脚转化而来，恐怕还是与丑脚古远的历史及与戏曲起源紧密的关联是分不开的。

戏曲行业中，祖师艺术神、佛道宗教神、俗世保护神、脚色行当神等四种造神方式，不仅说明戏神来源的多元化，而且透露出伶人驾驭从业群体精神信仰生活的高超智慧和不凡能力。

二、中国戏神信仰的表现特征

戏神作为一种行业神信仰，它具有中国民间行业神信仰的一般性特征，首先是讲求始祖行业相关性。相关性有两种情况：一是传艺赐戏，直接导致中国戏剧的生成。伶界信仰最广泛的戏祖——"老郎神"，就普遍存在化老狼或童子（少年）来传授技艺的传说。南戏系统祖师爷雷海青也曾粉墨登场，成为伶人群体记忆中最早的戏曲艺人。而四川的傩戏艺人所信奉戏神"三圣"（川主二郎神、土主土地神、药王孙思邈），也广泛存在赐戏的民间传说。《四川傩戏志》记载了两个这样的传

---

① （清）杨懋建：《梦华琐簿》，张次溪编纂：《清代燕都梨园史料·正编》，中国戏剧出版社1988年版，第374页。
② 《中国戏曲志·浙江卷》，中国ISBN中心1997年版，第652页。
③ 章军华：《闽赣戏神"田公元帅"祭礼述源》，《江西社会科学》2007年第12期。
④ 叶明生：《福建北南两路田公戏神信仰述考》，叶明生主编：《福建戏曲行业神信仰研究》，2002年内部印刷，第54页。

说：一说三圣某日碰到几个放牛娃，后将他们伏妖降怪的事情编成戏剧教给他们，并坐在戏台上为小娃壮胆，后来人们就将三圣摆在台后祭祀。又说某村两个放牛娃模仿傩愿仪式又唱又跳，没人打鼓伴奏，三圣正好路过，担当此任，后来两个放牛娃的戏越唱越好，就靠唱戏吃饭了。所以当地流传着"没有'三圣'，就没有土戏"之说。① 康保成老师在《傩戏艺术源流》一书中将之归纳为"授艺"类的传说，但笔者更强调"赐"的性质。"赐"不仅传达出授艺者居于上位——神仙灵异，而且强调出戏曲艺术的肇始性特征，原来没有，因为赐艺，开启了戏曲行业。因此，对于赐给饭碗的始祖，伶人对其感恩戴德、顶礼膜拜、永世崇祀的群体心态就更为豁然。二是满足了伶人对超凡演技的遐想和追崇。民间行业是一种技艺人的集体组织，技艺人为了糊口，要在激烈的竞争中获得生存的空间，对超凡技艺充满向往。而祖师神就是超凡技艺的化身，它的精神性存在，满足了艺人对超凡技艺追求和占有的渴望，诚如苏联文豪高尔基所说："在原始人的观念中，神并非一种抽象的概念，一种幻想的东西，而是一种用某种劳动工具武装着的十分现实的人物。神是某种手艺的能手，是人们的教师和同事。"② 具体至戏曲行业，同样如此。

在戏曲行业的祖师神信仰体系中，祖师神多半是有据可查的历史人物，他们有一个共同的特点就是与戏剧艺术有着千丝万缕的联系，并具有非凡的艺术造诣。即便不具备，或于史无征，在民间的传说造神过程中，也会给祖师神打上技艺能匠的印记。何昌林先生撰写的《乐王、戏祖、拳宗、医圣——翼宿星君与中国艺术神系》论文，探析了戏神身兼乐王、拳宗、医圣等多重职身的原因③，例如粤剧的戏神华光，即是身兼驱邪逐疫的傩神、送子赐福的生育神、防火除灾的火神于一身。

其次，伶人在戏神信仰过程中，讲究始祖的尊贵和玄远。祖师的尊贵，隐含伶人托贵炫己的心理；玄远，增强伶人行业认同的历史感。这种伶人独特的心理状态可以从很多老郎庙碑刻中获得体现。例如北京崇文门外精忠庙原存的三通碑文分别表达了不同的戏曲源流，其一是乾隆五十五年（1790）前后所勒《重修喜神祖师庙

---

① 严福昌主编：《四川傩戏志》，四川文艺出版社2004年版，第432页。
② ［苏］高尔基：《高尔基论文学》，林焕平译，广西人民出版社1980年版，第136页。
③ 何昌林：《乐王、戏祖、拳宗、医圣——翼宿星君与中国艺术神系》，《中华戏曲》第15辑，山西古籍出版社1993年版。

碑志》有云："夫□者，创自明皇□□元纪，□其齣剧叶其宫商，虽小子顽童无不悦观而乐听□，是以□甚□□□以恶其奸，是以补经史之不及也。"① 这段话表明伶人普遍认为唐明皇为戏曲之始祖。其二是嘉庆、道光年间所勒《重修喜神殿碑序》，其中有"肇自上古葛天氏兴八阕之歌，阴康氏启华原之舞，太昊作离徽之乐，伶伦造黄钟之律，以通神明之贶，以合天人之和，修真理性，反其天真，而歌舞乐音自是兴焉"② 等语，将戏剧的源头追溯到上古的歌舞。其三是光绪年间所勒《梨园聚议庙会碑》云："古者伶官代异其制，然音律则无不同"③，则认为戏曲的源头是伶官兴宫乐肇始。

第三，与一般行业追求技艺的完美与高超不同，戏曲行业还讲求始祖具有道德感染力。忠孝节义，不仅体现在曲词里、戏台上，而且熔铸于始祖标志性的道德示范中。有些始祖化为神，很大程度上是取自于道德的模范作用。祁剧艺人崇奉的焦德侯爷塑像开黑脸，黑脸象征刚正不阿，忠贞不贰，铁面无私。在祁剧艺人当中流传着这样的传说：

> 徽、钦二帝被掳北去，焦德随侍左右。金酋夸耀战功，在京都大摆庆功酒宴。当丝竹杂陈，酒酣耳热之际，金酋命徽宗青衣行酒，以羞辱之。焦德愤懑不平，叱金酋非礼，金酋益戏弄徽宗；主辱臣死，焦德乃碰柱抗争，临死以不能洗雪国耻为恨，乃手抹尘土自污其面，示无面目见列祖列宗于地下也。国人闻之，嘉其忠义，为之立像奉祀。④

道德或道义的力量，能使戏神信仰超越梨园业内与业外，能获得极为广泛的民间认同，甚至有时戏曲行业神演化为民间俗神，典型的例子是福建的田都元帅。

田元帅多传为唐明皇时乐工雷海青，雷在安史之乱中被安禄山所俘，与同俘梨园弟子"相对泣下"，继而"西向恸哭"，以琵琶掷安禄山⑤，《明皇杂录》记载

---

① 张次溪编纂：《清代燕都梨园史料·正编》，中国戏剧出版社1988年版，第912—913页。
② 张次溪编纂：《清代燕都梨园史料·正编》，中国戏剧出版社1988年版，第914页。
③ 张次溪编纂：《清代燕都梨园史料·正编》，中国戏剧出版社1988年版，第923页。
④ 刘回春：《祁剧戏神考略》，《湖南日报》1986年2月23日第3版。
⑤ （唐）姚汝能：《安禄山事迹》卷下，曾贻芬注解，中华书局2006年版，第106页。

"逆党乃缚海青于戏马殿，支解以示众。"① 雷海青的忠义之举，获得了各个阶层的称颂和表彰，传说平乱之后，唐玄宗返回长安封雷海青为梨园总管②，唐肃宗在位时追封为太常寺卿，宋高宗封为大元帅。③ 这些封赠于史无征，反映出民众的伦理判断和精神诉求，与清人汪鹏所言"以海青之忠，庙食固宜"④ 如出一辙。明清戏曲小说及其他文艺形式，如屠隆的传奇《彩毫记》、蔡郕的《唐史演义》、褚人获的《隋唐演义》，尤其是洪昇的传奇《长生殿》"骂筵"，将雷海青的忠义之事渲染得深入民心，产生了强烈的震撼力和感召力，从而使雷海青升格为神，获得广泛的崇祀。雷海青信仰在闽台，远远超越戏曲行业，因民众还赋予他"显威御寇"⑤，"婴孩生疮毒，祈祷屡效"⑥ 的特殊职司和神通，演化为地方保护神了。其实，戏神所具有的现实性功能，如赐子、医人、逐疫等，有些是与生俱来的品质，有些是后生信俗所赋予。无论哪种情形，都体现了戏神作为一种民间俗信，与民间其他民众诉求相融合的趋势和特点。

第四，绝大多数戏神具有很鲜明的剧种和地域文化特色。前文已论及湖北荆河戏艺人把优孟崇奉为戏神，带有强烈的地域色彩。

戏神信仰的剧种色彩，更带有普遍性。很多戏神除了某一剧种信仰外，别无其他剧种设祭。这一类戏神多流传于本剧种艺人口碑之中，或有传艺的经历，或给予了本剧种前辈艺人大的恩惠，作为精神财富代代继承。流传于安徽淮北的地方剧种泗洲戏，又名拉魂腔、怡心调，据《泗洲戏综述》一文介绍，泗洲戏艺人的祖师爷一说是老郎，即丘老；一说是"三圣宫"，即徐立姑。丘老是传说中的泗洲戏的创始人，艺人自称"丘门腿"，奉丘老为祖师。而奉徐立姑为戏祖则是源于老艺人传说：有丘、葛、张三老逃荒至徐州九里山，以"唱门子"沿街乞讨，得到徐州徐翰林女儿徐立姑的接济。后来，立姑死后，丘老等感激立姑救济之德，背着她的灵牌

---

① （唐）郑处诲：《明皇杂录》"补遗"，田廷柱校点，中华书局1994年版，第41页。
② 《莆仙小纪》，转引任半塘《唐戏弄》下册，上海古籍出版社1984年版，第1140页。
③ （清）周凯编：《（道光）厦门志》卷二"祠庙志"，道光十九年（1839）刻本。
④ （清）俞樾：《茶香室丛钞》卷十五"田相公"，贞凡、顾馨、徐敏霞点校，中华书局1995年版，第334页。
⑤ 《（乾隆）仙游县志》卷四"坛庙"，乾隆十四年（1749）刻本。
⑥ （清）周凯编：《（道光）厦门志》卷二"祠庙志"，道光十九年（1839）刻本。

唱曲为生，逐步演变为拉魂腔。①

从上面的分析不难看出，伶人在设计本行业神时，逐步注入行业性和时代性的意涵，这些意涵包括为戏神设计高贵或神秘的身份、高超的艺术技能、强烈的道德感染力，同时在戏曲艺术发展的多元化进程中，还赋予它浓厚的剧种和地域文化特征。

三、中国戏神信仰的群体性特征

戏神信仰演变的历史，是一部戏曲行业信仰文化史，同时也是中国古代伶人集体心态史和精神生活史。它折射出伶人多姿多彩的集体心态，与伶人的演艺生活共同构成不同层面的伶人生活史。具体而言，主要体现为伶人戏神信仰的集体性崇祖心理、集体性探源心理、集体性赎罪心理。

首先来看伶人戏神信仰的集体性崇祖心理。

作为手工业细化的产物，行业神信仰普遍都存在集体性崇祖心理，戏曲行业也不例外。诚如周作人在《翼宿与奎宿》中所言："古代同行工会很有它的用处，要供奉一个祖师以资号召，在当时也是必要的吧。"② 行业祖师神崇拜，恐怕不仅仅如周作人所说"以资号召"，更深层次的应该是对技艺源头的崇拜。

戏曲艺术从行业特性而言，也是一种技艺，因而对技艺源头的崇拜，自然转接到更可触摸的祖师爷身上。戏曲行业的祖师爷是谁，因考虑问题的角度不同，方法各异，答案迥异。笔者《古剧脚色"丑"与民间戏神信仰》一文，从戏曲本质特征——脚色体制出发，寻找古剧脚色"丑"与民间戏神信仰之间的关联。我们发现了一些有趣的现象：（一）戏曲行业普遍尊崇丑脚；（二）民间戏曲行业内部普遍存在戏祖唐明皇、后唐庄王、雷海青、优孟等装丑的传说；（三）大戏（即人戏）同台演出，必礼让傀儡戏、皮影戏等偶戏先开锣；（四）丑脚在祭祀生活中，普遍存在替代戏神的行业文化传统。这些现象折射出伶人集体性对戏曲源头所做出的一

---

① 完颜艺舟：《泗洲戏综述》，安徽省政治协商会议文史资料研究委员会编：《安徽文史资料》第27辑，1987年，第97—98页。

② 周作人著，陈子善编：《知堂集外文·〈亦报〉随笔》，岳麓书社1988年版，第770页。

个基本判断：优戏、傀儡戏不仅是中国戏剧艺术的源头，也是丑脚的源头。故而，尊丑实质上是崇祖。①

对技艺源头的追寻、崇拜，还体现在制造形形色色的各种戏祖"授艺"（或亲演）的传说。康保成老师《傩戏艺术源流》"北方戏神与魔合罗"一章列举了一些具有代表性的此类传说，如有湖南流传的太白金星化老者授艺传说，有董每戡先生收集的灰白狼化童子教戏的传说，也有昆剧流传的童子授艺传说，福建大、小腔戏艺人因田、窦、葛教戏而封为戏神的传说。② 各省份的《中国戏曲志》也收集了大量有关戏祖"授艺"的传说。全国各地剧种皆有戏祖"授艺"的传说代代相因，广泛流传，说明艺人在继承戏曲舞台表演艺术的同时，也在追问艺术的来源，对艺术的崇拜和虔诚承载对戏祖（神）的崇拜和虔诚。

更值得关注的是，台湾流传的一些有关戏祖的传说，还注入了戏祖艰难学艺、传艺的成分。江武昌收集的《台湾地方戏戏神传说（一）》提到台湾地区的戏神西秦王爷都是双目失明的，但却身怀绝技，还发明了唐鼓、拉弦等乐器③；夏竹林收集的《台湾地方戏戏神传说（二）》还有西秦王爷学艺途中遇到蛇精和老虎的险事④，江武昌、吴亚梅收集的《台湾地方戏戏神传说（三）》则有西秦王爷冥思苦想，夙夜不眠，从鸡鸣狗叫声中悟出唱腔，发明北管戏，传授众伶的传说。⑤ 戏祖艰难学艺、创艺、授艺的传说，一定程度上强化了对戏曲祖师爷的崇敬之情，激发了伶人潜心修艺、无私传艺的热情。

第二，伶人对戏神信仰的集体性探源心理。

对戏祖（神）信仰虔诚，转而追寻戏曲技艺源头，并通过制造戏祖传说来美化戏曲艺术"授之于天"，这个探寻戏曲艺术源头的集体心理，其实也与追寻戏神信仰来源的合理性诉求，是紧密相连的。

与戏曲艺术"授之于天"相类的是，各种戏神几乎都归于一个命题："翼生众神"。"翼"即翼宿星君。战国时，石申《石氏星经》指出："翼，天乐府也"，"翼

---

① 陈志勇：《古剧脚色"丑"与民间戏神信仰》，《戏剧艺术》2011年第3期。
② 康保成：《傩戏艺术源流》，广东高等教育出版社1999年版，第220—221页。
③ 江武昌整理：《台湾地方戏戏神传说（一）》，《民俗曲艺》第34辑，第26页。
④ 夏竹林记录、整理：《台湾地方戏戏神传说（二）》，《民俗曲艺》第35辑，第109页。
⑤ 江武昌、吴亚梅记录、整理：《台湾地方戏戏神传说（三）》，《民俗曲艺》第36辑，第144页。

主天倡，以戏娱故，近太微并尊嬉。"《史记·天官书》及《晋书》、《隋书》、《宋史》三家的《天文志》沿袭了这个说法，故翼宿更多以乐神的面目出现。乾隆四十八年（1783）时任苏州织造的全德，奉了乾隆皇帝"厘正乐曲之命"，总揽当时一方的戏曲审查工作，他将当时梨园崇奉戏祖老郎神改为"翼宿之神"。也许全德认为，时下梨园所祀老郎神"其名不知何所出，其塑象服饰亦不典近"，不符合正统的观念。而翼宿是"天之乐府"的"神星之精"，是人间礼乐之"本始"名正言顺。所以，后世各地戏神都以翼宿星君为源头。

不仅如此，伶人将戏曲行业的祖师神追溯于唐玄宗、后唐庄宗所肇始，也是为"末流之技"的戏曲艺术寻找体面尊贵的来源、提高地位的一种有效手段。金埴《不下带编》卷四记载"今优曹例尊明皇为梨园教主，称曰老郎菩萨"①。纪昀《滦阳消夏录》（四）也记载，伶人祀唐玄宗，以梨园子弟自居。② 旧时湖北汉剧艺人认为尊奉唐明皇为祖师爷，自己就是"皇帝弟子"，自然就抬高了自己的社会地位，并把自己的宿舍称为"官店"，大门口两边排立"肃禁（静）"、"回避"四块站牌，厨房人员也称为伙房"老爷"。③ 这些观念和行动，折射出伶人群体内心深处不甘卑微、欲寻精神强大支持的隐蔽心态。这种心态的外在表征真实地揭示出伶人群体精神世界的形貌，为我们了解这个特殊群体的精神生活，探寻精神信仰与戏剧发展的关系，提供了更为可信的材料。

第三，伶人戏神信仰的集体性赎罪心理。

中国古代戏曲艺人的地位十分低下，既与其行业中伶、娼不分的特点有关系，更与统治阶级的迫害有关。各朝的法典对伶人的衣着、通婚、乐籍乃至行为方式都有细致规定，如《元典章》"礼制二·服色"规定："娼妓各分等第，穿着紫皂衫子，戴着冠儿。娼妓之家，家长并亲属男子，裹青头巾。"④ 也就是说，娼妓之家长和亲属男子裹着青头巾。《元工部律令》至元二十二年（1285）还曾这样规定："凡乐人、娼妓、卖酒的、当差的，不许穿好颜色衣。"延祐元年（1314），仁宗定

---

① （清）金埴：《不下带编》，王湜华点校，中华书局1982年版，第76页。
② （清）纪昀：《滦阳消夏录》，《阅微草堂笔记》卷四，天津古籍书店1988年版，第104页。
③ 刘小中、郭贤栋：《湖北汉剧历史考察文集》"汉剧'老郎神'的传说"条，1986年内部印刷，第286页。
④ 《元典章·礼部二·服色》，《四库全书存目丛书》史部第263册，第584页。

服色等第:"娼家出入,止服皂褙子,不得乘车坐马。"① 至元五年(1339),元顺帝又下令:"禁倡优盛服,许男子裹青巾,妇女服紫衣,不许戴笠乘马。"② 明代仍依旧制,洪武三年(1370)下诏曰:"教坊司乐艺,青卍字顶巾,系红绿褡襫。乐妓,明角冠、皂褙子,不许与民妻同。"还限定:"教坊司伶人,常服绿色巾,以别士庶之服。"③ 徐复祚的《曲论·附录》说:"国初之制,伶人常戴绿头巾,腰系红褡膊,足穿布毛猪皮鞋,不容街中走,止于道旁左右行。"④ 清代规定伶人及其后代,不得参加科举考试。凡此种种都说明伶人在中国古代社会地位之低贱。

以低贱的身份搬演皇公贵族、文臣忠烈、神佛仙道,二者存在严重的身份倒错。故而,伶人引入九皇神作为戏神虔诚供奉,并在每年农历九月初一至初九,茹素斋戒,诚心忏悔。对于九皇神进入戏曲行业成为戏神的原因,有说是因为物质的浪费,伶人于心不安,如近代京剧研究者齐如山和京剧老艺人李洪春都曾指出伶人信奉九皇神是出于忏悔,如后者所言:"那时认为我们穿的丝绸布缎,用的香油、冰糖、香蜡、活鸡,每年浪费糟蹋不少,这是一种罪过,有罪得向主管神——北斗九星来请罪。其方式是吃素、念经、烧香、办'九皇会'。"⑤ 也有说是因为唱词得罪了神灵,信奉九皇神是为了解罪。"所谓'解罪'是因为演出时,演员常因剧情的需要'怨天尤人',甚至责骂天地或神明,这些在他们的观念中,认为是有罪的,必须要西秦王爷及其他诸神来为他们解释,方能卸除灾祸。"⑥ 更有说法是因为艺人在戏中扮演神灵,害怕受到惩罚,借"九皇会"以赎罪。《中国戏曲志·江苏卷》即云:"里河京徽班平日常住寺庙,扮演神灵,多有不恭,便祈求北斗九皇大帝宽恕,消灾降福。"⑦ 所以笔者认为,"旧时伶人千余年积淀下来的卑微心理,是和与戏境饰演角色身份不对等所形成沉重心理负担的折光。"⑧

---

① 《元史》卷七十八,中华书局1976年版,第1943页。
② 《元史》卷四十,中华书局1976年版,第853页。
③ 《明史》卷六七志四三,中华书局1974年版,第1654页。
④ (明)徐复祚:《曲论·附录》,《中国古典戏曲论著集成》(四),中国戏剧出版社1959年版,第243页。
⑤ 李洪春:《京剧长谈》,中国戏剧出版社1982年版,第404页。
⑥ 邱绍文等:《中国传统剧场之规矩与禁忌》,《民俗曲艺》第40辑,1986年3月,第78页。
⑦ 《中国戏曲志·江苏卷》,中国ISBN中心1992年版,第798页。
⑧ 陈志勇:《道教"九皇神"与民间戏神信仰考》,《宗教学研究》2009年第3期。

综上所论，戏曲行业神生成过程中，造什么样的戏神？怎样造戏神？戏神的定位是什么？诸如此类问题，都折射出伶人群体造神的集体心态。在数百年的戏神信仰生成与衍变过程中，伶人逐步将集体性价值标准、伦理判断、审美取向，灌注于戏神形象之中，这一群体行为的背后同样蕴藏着戏曲艺人内心深处的复杂而隐秘的心理。若从伶人群体角度而言，这种隐秘心理可概括为集体性的崇祖心理、集体性的探源心理和集体性的赎罪心理。总之，由"行业性"特征生发出来的"群体性"特征，实现了戏神信仰由外及内的扩充，最终占据了伶人精神信仰的整个空间。

本章小结

中国戏神信仰是一种独特的民俗文化，它具有浓郁的宗教色彩和民间性。本章从戏神信仰的历史演变、地理分布和信仰来源及特征三个维度，宏观地考察中国戏神信仰的总体面貌。

首先，通过文献的考证，推断中国古代戏神信仰产生于宋代。在此基础上，将中国古代戏神信仰的历史分为萌生期、发展期和繁荣期，并探讨了清代中叶戏神繁盛的原因是源于戏曲声腔的多元化和地方剧种的大崛起，而明代存在的"二郎神"信仰在清初被"老郎神"取代，则是政治势力和社会舆论双重压力下改弦易辙所致。

次之，从空间分布的角度，考察中国戏神信仰的地域特点和传播模式。根据戏神信仰的广度和覆盖面，将之分为全国性戏神、区域性戏神、地方性戏神三类。这三种类型中，全国性戏神信仰是相对的，而区域性戏神信仰则是绝对的。一定意义上而言，传播的载体所具之能量决定了戏神信仰传播的广度。从外而言，戏神信仰地域传播的外部推力来自剧种或声腔的传播，具体而言是戏班和伶人的流动。从内而言，戏班内部的戏神信仰传播，是通过戏曲行业内部的戏神祭祀、戏神信物、戏神传说、信仰禁忌等精神传承完成的。声腔剧种的对外传播和戏班内部信物的传承，是一个事物的两个层面，它们相辅相成，内在的精神传承越巩固和完整，外在依附声腔传播的势能越强，戏神信仰的传播范围越广，越有信仰广度。

再之，中国戏神的来源具有多元化特点，大致可以分为四类，一是与戏剧活动或歌舞艺术有关的历史人物，二是从道、释等宗教挪移过来的神灵，三是因实际需要从生活中自造的俗神，四是直接从戏曲行当中剥离、神化的脚色，如丑脚。伶人在戏神信仰过程中，逐步形成了自身的特点，其一，讲求始祖行业相关性，戏神的来源多与民间戏曲的生成和演出有关；其二，讲究始祖的尊贵和玄远，从中隐含伶人托贵炫己的心理和增强伶人行业认同的历史感。其三，讲求始祖的道德感染力，起到对从业群体的感召和凝聚的作用。其四，绝大多数戏神具有很鲜明的剧种和地域特色。

戏神信仰演变的历史，是中国古代伶人集体心态史和精神生活史。它折射出伶人多姿多彩的集体心态，与伶人的演艺生活共同构成不同层面的伶人生活史。具体而言，主要体现为伶人戏神信仰的集体性崇祖心理、集体性探源心理、集体性赎罪心理。

第二章　民间三大系统的戏神信仰

中国古代戏神种类繁多，有鲜明地方和剧种特色的戏神，也有广泛流传于各地的全国性戏神。从流传广度和影响力来看，中国民间有三大戏神系统，分别是始祖神二郎神、创戏神老郎神、南戏神田公元帅。本章重点考述这三大戏神系统的生成与衍化历史，探究其与戏班运作、伶人生活和古代戏剧发展的内在关系。

第一节　戏曲行业"二郎神"信仰的生成与消歇

清初李渔在《比目鱼》传奇第二回中直接谈到戏曲行业尊崇二郎神为戏神的情况："凡有一教，就有一教的宗主。二郎神是我做戏的祖宗，就象儒家的孔夫子，佛教的如来佛，道教的李老君。"李渔在小说《连城璧》第一回也提到："有个做戏的鼻祖，叫做二郎神。"李渔之前，记载二郎神为戏曲行业神的是明万历年间戏曲家汤显祖，他在《宜黄县戏神清源师庙记》中指出，西川灌口二郎神为戏伶崇奉的祖师神。

二郎神虽来源存多种说法，但都与治水、除蛟有关，这也是他在宋代被敕封为清源妙道真君的原因所在，但这样一位与民为益的英雄人物，又怎么与戏神信仰关联起来的呢，确实令人费解。难怪戏曲史家董每戡先生指出："这大有神通的杨二郎或李二郎，想不会是戏剧行业的保护神，因为他一生的行迹跟戏剧毫无关联，不会平空地跑进戏剧行业来管事。"① 其实，并非董每戡先生如此，清道光年间的杨掌生在《梦华琐簿》中也说："伶人所祀之神，笠翁十种曲《比目鱼》传奇但称为二郎神，而不知其名。"② 虽然二郎神为戏神之成因，看似无迹可寻，但汤显祖和李渔的文字，又确证二郎神在明清时期为戏曲行业的祖师神，故而其中必有堂奥。

一、汤显祖题灌口"二郎神"画像诗

目前从文献来看，晚明戏曲家汤显祖为有明确意识著录民间戏神信仰的第一人。除《宜黄县戏神清源师庙记》外，在其《文集》诗文卷二十一还有一首关于二郎神的诗。诗题为《遣张仙画乃作灌口像》，诗曰："青城梓浪不同时，水次郎君是别姿。万里桥西左丞相，何知却是李冰儿。"③

这四句诗涉及二郎神信仰的三个不同人物。

（1）赵昱。赵昱字仲明，是青城山隐士，从李珏学道。青城正是清源妙道真君斩蛟的地方。署名柳宗元之《龙城录》云，时青城"潭中有老蛟，为害日久，截没舟船，蜀江人患之"。赵昱为了根除水患，乃"持刀投水"，与恶蛟苦斗，使"江水尽赤"，"左手执蛟首，右手持刀，奋波而出"。郡中人十分感戴，"视为神明"。④ 唐太宗时封赵昱"神勇大将军，庙食灌江口"。唐玄宗幸蜀，"加封为赤城王"。又据《八闽通志》载，宋真宗赵恒时又"加封清源妙道真君"⑤，入了道教神谱。在《三教源流搜神大全》卷三"清源妙道真君"条中，以《龙城录》为基础，参照民间种种传说，增添出"时有佐昱入水者七人，即七圣"之新内容。又说隋末天下大乱，他"弃官隐去，不知所终"。但是，每逢嘉州江水涨溢之时，蜀人在茫茫"青雾中"，见赵昱骑着"白马引数人鹰犬弹弓猎者，波面而过"。此外，在元无名氏《二郎神醉射锁魔镜》杂剧、明初无名氏《灌口二郎斩健蛟》杂剧中，都有赵昱封为"清源妙道二郎真君"，同眉山七圣"仗剑入水斩健蛟"的情节。

---

① 董每戡：《说剧》，人民文学出版社1983年版，第285页。
② 张次溪编纂：《清代燕都梨园史料·正编》，中国戏剧出版社1988年版，第373页。
③ 徐朔方笺校：《汤显祖全集》第二册，北京古籍出版社1999年版，第957页。
④ 《古今图书集成·博物汇编·神异典》卷三九"杂鬼神部"，第43页。
⑤ （明）黄仲昭修纂：《八闽通志》，福建人民出版社2005年版，第574页。

图3　清源真君画像，采自《绘图三教源流搜神大全》

（2）梓潼帝君。据汤诗"梓浪"句及"万里桥左丞相"，二郎神也指梓潼帝君。《方舆纪要》卷六十七载："万里桥，在府南中和门外，《寰宇记》：本名七星桥。昔费祎聘吴，武侯送之至此，曰：万里之行，始于此矣，桥因以名。唐玄宗狩蜀过此，问桥名，左右对以万里。帝叹曰：开元末，僧一行谓更二十年，国有难，朕当远游万里之外。此是也。遂驻跸成都。"① 五代梁贞明六年（920），蜀王衍作原庙于万里桥，以事其父。

尚需指出的是，据曾巩《隆平集》记载，唐明皇避蜀，梦见梓潼神接驾，雪中

---

① （清）顾祖禹：《读史方舆纪要》卷六十七，嘉庆十七年（1812）龙氏刻本。

送炭，龙心感怀，封之为左丞相。① 这样一来，汤显祖诗中这第三句，写的应该是梓潼神张亚子，即张神仙无疑了。

（3）李冰儿，即李二郎。汤诗第四句云，二郎神当是李冰儿。李冰为秦昭襄王时蜀郡太守，在灌口凿离碓。将二郎神说成是李冰之子李二郎，见于五代、宋初《事物纪原》卷七，文载：宋神宗元丰年间，国城之西，民立灌口二郎神祠，云神永康导江县广济王子。王即秦李冰子。后《宋会要》、《都江堰功小传》、《灌志文徵》、《朱子语类》、《元史·文宗纪》对李二郎不断受封皆有记载，在此不赘。

汤显祖的这首《遣张仙画乃作灌口像》诗，似乎告诉我们，汤翁给某位不孕的朋友送了幅张仙画像祈子，送出去以后自己又画了幅清源的像，然后大发感慨：青城山梓潼水你们立威在不同的时代，灌江边的美男子啊你真帅。那个被唐明皇封了左丞相的张亚子，你们不知道吧，他其实是李冰的儿子。这本是一首诗意并不太明朗的作品，江西学者苏子裕据这首诗认为："宜黄子弟所供戏神为清源师，即清源妙道真君、灌口二郎神，亦即李冰次子。"② 苏先生的结论，似乎下得太早。因为李冰父子虽是灌口二郎神，土著神祇，但主要事迹是除蛟治水，实在难以解释得通他们与戏曲行业神之间的内在关联性。诚如吴金戈指出的："李冰父子是修建水利有功，后人建祠纪念他们。李冰之子二郎与戏曲没有什么关系，当时也还没有形成戏曲，只是'二郎'这名字相同而已。因此，'西川灌口神'也不是戏曲的祖师。"③

汤显祖《遣张仙画乃作灌口像》诗还透露出，他所在的明万历年间或稍前，民间对究竟哪位二郎神人物演化为戏神，已经模糊两可了。在二郎神民间信仰史上，除以上赵昱、梓潼帝君、李冰二郎三人外，还有杨戬、杨光道、许逊、吴猛、邓遐、程灵铣以及佛教神祇独健等数人。④ 但这些二郎神的原型，也难以直接与民间戏神信仰发生关联。限于篇幅，不再一一考析。

---

① （宋）曾巩：《隆平集》，《文渊阁四库全书》史部第371册，第27页。
② 苏子裕：《我国最早的一篇戏曲学导言——汤显祖〈宜黄县戏神清源师庙记〉解读》，《中华戏曲》第三十辑，文化艺术出版社2004年版，第343页。
③ 吴金夫：《戏曲祖师"老郎神""二郎神"辨析》，《汕头大学学报》1986年第2期。
④ 康保成：《二郎神信仰及其周边考察》，《文艺研究》1999年第1期。

二、二郎神及其戏神信仰成因诸说

行业神的崇奉，不同于道、佛等宗教信仰，功利性是第一位的。形形色色的戏神来源和相关传说，都基本上遵循着这一规律。二郎神成为戏神，也应不出其外。所以，我们先考察灌口二郎神信仰的民俗功能，尝试从其中找到与戏曲行业相关联的要素，进而推考出其被请为戏神的原因。

二郎神被历代皇帝册封，都因为其治水除蛟、造福农耕的水神功能。如北宋赵抃《古今集记》记李冰二郎治水之功，"李冰使其子二郎，作三石人以镇湔江，五石犀以厌（压）水怪，凿离堆山以避沫水之害，穿三十六江灌溉川西南十数州县稻田。"① 他如赵昱、邓遐等，莫不如此。然而，治水功能实在难以与戏神信仰有着直接的关联性。

其次，为送子的生殖神。康保成老师在《二郎神信仰及其周边考察》一文中对二郎神信仰进行全面考察后，得出了"二郎神及其周边充满了生殖崇拜的文化符号。……披着水神、战神、戏神、傩神外衣的二郎神，都在这里得以交汇"的结论。② 康老师征引富赡，考证精细，令人信服。但在二郎神为戏神成因上，笔者的看法略有不同。毋庸置疑，二郎神崇拜具有祈子的文化符号，戏神信仰也包含有生殖崇拜的文化含义，但是否因为生殖崇拜，斩蛟治水的二郎神逐步就变为了戏神呢，值得商榷。因为祈子送子习俗似乎与"戏"、"曲"相距甚远，因为成熟后的中国古代戏曲，本质功能还是娱乐。③

又次，二郎神具有降妖伏魔战神或保护神的功能，或有演进为戏神之可能。如近人齐如山《戏班·信仰·二郎神》云："戏界对于二郎神，亦极崇拜，平常亦呼之为二郎爷，亦曰妙道真君。崇拜之原故，大致因戏中凡遇降妖伏魔等戏，皆借重此公，故平常亦以为其能降伏妖怪，特别尊敬之。戏中所以恒用二郎降妖者，盖因

---

① （明）曹学佺：《蜀中名胜记》卷六，刘知渐点校，重庆出版社1984年版，第79页。
② 康保成：《二郎神信仰及其周边考察》，《文艺研究》1999年第1期。
③ 陈建森：《戏曲与娱乐》，上海人民出版社2003年版，第6页。

《封神演义》中之二郎杨戬，颇有神通，又加意附会之。"① 具有降妖伏魔功能的神祇，何啻二郎神，为何惟独二郎神能演化为戏神，他神则不为呢？故而，此说难以成立。

　　从歌舞之乐的角度来思考二郎神与戏神之间的演化联系，也是学者研究的重要路径。黎国韬教授在《二郎神之祆教来源——兼论二郎神何以成为戏神》一文中考证二郎神具有祆教的背景，继而发现崇奉祆教的粟特人祠祆神皆有盛乐，最终得出"戏从乐出，故祆神成为戏神亦在情理之中"②的结论。然而苛究之，酬神祭仪中虽有涉舞乐，但与所酬之神喜乐，进而演化为戏神，在逻辑上似乎难通。毕竟，民众献乐酬神，与所酬之神喜乐，难以画上等号，就好比喜欢看戏的人，不一定会演戏。王兆乾先生也有着国韬教授类似的思路，寻找二郎神与戏神信仰之间的本质联系。王先生是仪式戏剧研究专家，从自己熟悉的领域出发，论证"二郎神由祭祀歌舞走向戏曲舞台"。③ 王先生的论证同样存在将祭祀对象混淆为演出主体，没有回答出神坛上的二郎神祭祀，是怎样演化为演剧过程中戏神信仰这一问题。二郎神祭祀过程伴有大量歌舞，甚至二郎神已经作为题材进入仪式戏剧中，这些都不能说明二郎神就演化为戏神了。因为，古代演剧、酬神很多时候是联系在一起的，事实上绝大多数演剧所酬之神，皆未成为戏神。故而，以歌舞或戏剧以酬二郎神，继而推导出二郎神为戏神，缺乏中间过程的实证描述。另举二反例，以证之。一为胡小伟先生的观点："唐大曲有《二郎神》即演其事，见《教坊记》。蜀教坊之《灌口神队》以舞队为水斗伏龙之戏，下及宋元杂剧院本俱有《二郎神》目，亦演此戏。这应当是二郎神成为剧神的原因。"④ 一为詹石窗先生所论，他从道光年间《遵义府志》中发现贵州阳戏以歌舞祀三圣，于是詹先生得出这样的结论："民众做'阳戏'来祀二郎神，这是一种假面傩戏。可见，在很早的时候，二郎神便与戏曲结下了不解之缘。"⑤ 胡、詹二先生都力图找到二郎神与戏神信仰之间的联系，但以演二郎神题材的戏剧，进而推导二郎神为戏神的内在原因，则显然难以理服人。

---

① 齐如山：《戏班》，《齐如山全集》第一册，台北，联经出版事业公司1979年版，第200页。
② 黎国韬：《二郎神之祆教来源——兼论二郎神何以成为戏神》，《宗教学研究》2004年第2期。
③ 王兆乾：《戏曲祖师二郎神考》，《中华戏曲》第二辑，山西人民出版社1986年版，第41页。
④ 胡小伟：《话说二郎神》，《淮海工学院学报》（社科版）2007年第1期。
⑤ 詹石窗：《道教与戏剧》，厦门大学出版社2004年版，第19页。

以歌舞之乐为梁津来搭建二郎神与戏神信仰之间的联系，无疑是解决问题的有效途径。其实，我们不能忽略汤显祖《宜黄县戏神清源师庙记》关于戏神的这段文字：

> 奇哉清源师，演古先神圣八能千唱之节，而为此道。……予闻清源，西川灌口神也。为人美好，以游戏而得道，流此教于人间。讫无祠者。子弟开呵时一醪之，唱罗哩连而已。予每为恨。诸生诵法孔子，所在有祠；佛老氏弟子各有其祠。清源师号为得道，弟子盈天下，不减二氏，而无祠者。岂非非乐之徒，以其道为戏相诟病耶。①

《庙记》清楚地告诉我们，灌口神能成为戏行的祖师，正在于"为人美好，以游戏而得道"，且能"演古先神圣八能千唱之节"。以游戏而称于世，以演古圣先贤而成"戏道"，二郎神这些品格就与民间戏神产生了内在的关联性。

《东京梦华录》卷八载：

> （六月）二十四日，州西灌口二郎生日，最为繁盛。庙在万胜门外一里许，敕赐神保观。二十三日御前献送后苑作与书艺局等处制造戏玩，如球杖、弹弓、弋射之具，鞍辔、衔勒、樊笼之类，悉皆精巧，作乐迎引至庙，于殿前露台上设乐棚，教坊钧容直作乐，更互杂剧舞旋。……至二十四日……诸司及诸行百姓献送甚多。其社火呈于露台之上……自早呈拽百戏，如上竿、趯弄、跳索、相扑、鼓板、小唱、斗鸡、说诨话、杂扮、商谜、合笙、乔筋骨、乔相扑、浪子、杂剧、叫果子、学像生、倬刀、装鬼、砑鼓、牌棒、道术之类，色色有之。至暮呈拽不尽。殿前两幡竿，高数十丈，左则京城所，右则修内司，搭材分占上竿呈艺解。或竿尖立横木列于其上，装神鬼，吐烟火，甚危险骇人。至夕而罢。②

---

① 徐朔方笺校：《汤显祖全集》第二册，北京古籍出版社1999年版，第1188页。
② 《东京梦华录》（外四种），上海，古典文学出版社1956年版，第47—48页。

六月廿四日二郎神生日之际，在其庙宇神保观前，大量进献各种游戏之伎，在娱人的同时也是在娱神。投其所好的做法，恰恰说明二郎神具有"游戏之神"的品格。当然这一条文献，还不足以证实二郎神被戏伶人请为戏神的内在原因。但"游戏之神"显然为我们指明了解决问题的方向。如粤剧行会组织八和会馆里供奉戏神华光神位上也写着"喃呒阿弥华光游戏神道佛"①；又如清人屈大均称刘三姐"三妹解音律，游戏得道"②，故而在民间崇为歌神。华光大帝、刘三姐能成为戏神、歌（乐）神，显然"游戏得道"是重要一环。

三、二郎神孟昶：弹弓、游戏之神与戏神

民间对二郎神"游戏之神"、"乐舞之神"的体认，又怎么会和灌口"二郎神"群体获得相关性呢？笔者通过考察发现，二郎神"游戏之神"、"乐舞之神"的品格，与孟昶息息相关。

孟昶（919—965），初名仁赞，字保元。五代后蜀高祖孟知祥第三子，后蜀末代皇帝，即位年仅十六岁，在位三十一年，享年四十七岁。《五代史》有传。孟昶在励精图治的同时，也注重奢华享受。

宋人陆深《金台纪闻》有记述孟昶演变为二郎神的文字。《古今图书集成·神异典》卷四六引《贤奕》，与《金台纪闻》基本相同，然记之稍详，引录如次：

> 二郎神衣黄弹射拥猎犬，实蜀之王孟昶象也。宋艺祖平蜀，得花蕊夫人，奉昶小像于宫中。艺祖怪问，对曰："此灌口二郎神也。乞灵者辄应。"因命传于京师，令供奉。盖不忘昶，以报之也。人以二郎挟弹者即张仙，误也。二郎乃诡词，张仙乃苏老泉所梦仙挟二弹，以为诞子之兆，因奉之，果得轼、辙二子。③

---

① 黄君武口述，梁元芳整理：《八和会馆馆史》，《广州文史资料》35辑，1986年，第223页。
② （清）屈大均：《广东新语》卷八，中华书局1997年版，第261页。
③ 《古今图书集成·神异典》卷四六引《贤奕》。

花蕊夫人为后主之宠妃，为宋太祖所占，私藏孟昶小像怀之，为太祖诘问，急中生智，称为"灌口二郎神"，化险为夷，从此孟昶进入"二郎神"信仰体系。但据陆深所言，此事为他亲耳所闻。嗣后，民间已经将孟昶奉为二郎神，并赋予他送子生殖的功能，受到民间的崇奉，是其成为众多二郎神的主要原因。康保成老师还分析，"据《蜀梼杌》卷下，孟昶出生不久当地即暴雨成灾，女巫说是因'灌口神与阆州神交战之所致'。后来他做了蜀王，令'俳优作灌口神对二龙战斗之象'，不料又发了大水。这可能也是他被傅会成灌口神的原因。"①

在笔者看来，孟昶能代表二郎神神祇群体，获得戏行的敬奉和享祭，与他游戏之乐、弦乐之好关系密切。

1. 孟昶擅长弹弓之技

这位后蜀君主，总是以年轻英俊、风流倜傥的形象出现在历史文献中。弹弓成了孟昶重要标志物。《古今图书集成·神异典》卷四六引《贤奕》云："二郎神衣黄弹射拥猎犬，实蜀之王孟昶象也。"②明万历陆深《金台纪闻》也说："世所传张仙像者，乃蜀王孟昶挟弹图也。"③

与此相应的，二郎神群体也深深打上了"背着弓弩，挟着弹丸"的烙印。张唐英《蜀梼杌》卷上："（王衍）戎装，披金甲。珠帽、锦袖，执弓挟矢。百姓望之，谓如灌口神。"同书还记载，"（明德二年）七月，阆州大雨雹如鸡子，鸟雀皆死，暴风飘船上民屋。女巫云：'灌口神与阆州神交战之所致。'"④当地民众已经将天下冰雹当作二郎神交战打落的弹，说明弹弓与二郎神的联系，已经成为稳固的文化符号，流传后世。元代杨景贤《西游记》杂剧第七出第四个保官灌口二郎的形象也是："背着弓弩，挟着弹丸，灌锦江头，连云栈边。"元杂剧《二郎神锁齐天大圣》中赵昱也用金臂弓、金弹。《西游记》第六回写二郎神出战时，"腰挎弹弓新月样"。清人谈迁《枣林杂俎》义集载：辽东绵州城北有二郎山，当地人称之为二郎

---

① 康保成：《傩戏艺术源流》，广东高等教育出版社1999年版，第306页。
② 《古今图书集成·神异典》卷四六引《贤奕》。
③ （明）陆深：《金台纪闻》，《丛书集成初编》第2906册，中华书局1985年版，第1页。
④ 王文才、王炎校笺：《蜀梼杌校笺》卷四，巴蜀书社1999年版，第335页。

山就因为山上"破石多如弹丸",以致孙承宗戏曰:"二郎神,好用弹,想其余物。"① 清代说唱《二郎劈山救母》也云二郎神"手使金弓银弹子"②。足见,弹弓作为二郎神重要的标志物,深入人心。

历史上的孟昶也十分喜爱弹弓之戏。他的宠妃花蕊夫人所作的一百五十余首《宫词》中有三首写到他及其宫女玩弹弓情景,其一:"侍女争挥玉弹弓,金丸飞入乱花中。一时惊起流莺散,踏落残花满地红。"其二:"三月樱桃乍熟时,内人相引看红枝。回头索取黄金弹,绕树藏身打雀儿。"其三:"禁寺红楼内里通,笙歌引驾夹城东。裹头宫监堂前立,手把牙鞘竹弹弓。"③ 可见,弹弓不仅是打猎的工具,同时也是游戏之具。《西京杂记》卷四记载汉武帝时将军韩嫣好打弹弓,"常以金为丸,一日所失者十馀"。一时长安市井流行"苦饥寒,逐金丸"的说法。两汉魏

图 4 梨园神。采自黄全信主编《中国五百仙佛图典》第 486 页

---

① (明)谈迁:《枣林杂俎》义集,罗仲辉、胡明校点校,中华书局 2006 年版,第 330 页。
② 杜颖陶编:《董永沉香合集》,上海,古典文学出版社 1957 年版,第 347 页。
③ (清)彭定求编:《全唐诗》卷七百九十八,中华书局 1960 年版,第 8973 页。

晋时，富家子出游往往是挟弹携壶。弹弓虽小，但精其技者并不多。《齐书》称桓荣祖善弹弓，《隋书》称将军长孙晟善弹射。虽不知孟昶是否精于弹弓，但其爱用弹弓之戏，应是不争事实。这正是孟昶"以游戏而得道"，成为戏神的重要原因。

2. 孟昶极喜"打球"（蹴鞠）之戏

明沈德符《万历野获编·补遗》卷四"神仙·神名误称"："蹴鞠家祀清源妙道真君。初入鞠场子弟必祭之。云即古二郎神。又云即徐知证、知谔。余思二徐已祀于京师灵济宫，恩宠逾制，何又司白打之戏耶，是未必然。"① 据考，徐知证为南唐义祖第五子，第六子为徐知谔，《十国春秋》卷二十有传。《补遗》所记知谔当为知谔。又，《补遗》所云"白打之戏"，为蹴鞠的一种打法。据《事物绀珠》释："两人对踢为白打，三人角踢为官场，胜者有彩。"②

二郎神能为蹴鞠家所奉祀，当为他有打蹴鞠的经历。查《新五代史》，果然有孟昶"好打球走马"③ 的记载。其臣下幸寅逊有《谏孟昶击毬驰骋疏》。《宋史·世家二》附幸寅逊传，曰："昶好击毬，虽盛暑不已，寅逊上章极谏，深被赏纳。"④ 在其宠妃花蕊夫人的《宫词》中也有几首谈及孟昶极喜打球的情况：

其一："小球场近曲池头，宣唤勋臣试打球。先向画楼排御幄，管弦声动立浮油。"

其二："西球场里打球回，御宴先于苑内开。宣索教坊诸伎乐，傍池催唤入船来。"

其三："殿前铺设两边楼，寒食宫人步打球。一半走来争跪拜，上棚先谢得头筹。" 以上这三首宫词，真实记录了孟昶与宫人踢打蹴鞠的情景。

孟昶沉迷蹴鞠之戏，自然被蹴鞠家所奉祀，进而被戏伶奉为祖师，也是顺理成章的。除弹弓、蹴鞠之戏外，孟昶还擅长斗鸡、"博戏"等"游戏"。

---

① （明）沈德符：《万历野获编·补遗》，中华书局1959年版，第920页。
② （明）黄一正辑：《事物绀珠》，《四库全书存目丛书》子部第200册，第773页下。
③ 《新五代史》卷六四《后蜀世家·孟知祥附子昶》，中华书局1974年版，第803页。
④ 《宋史》，中华书局1977年版，第6744页。

3. 孟昶还酷爱弦管之乐

昶美丰仪，喜猎，善弹，好属文，尤工声曲。王灼《碧鸡漫志》载："（昶）习于富贵，以歌酒自娱乐。"① 据苏轼《洞仙歌序》，孟昶曾作《洞仙歌》。苏序云："仆七岁时见眉山老尼，姓朱，忘其名，年九十余，自言尝随其师入蜀主孟昶宫中。一日大热，蜀主与花蕊夫人夜起避暑摩诃池上，作一词，朱具能记之。"② 孟昶极喜弦乐，还可从其他文献获得佐证。如《蜀梼杌》卷四记载："（昶）宴后苑，放士庶入观，时徘优有唱《康老子》者，昶问李昊等其曲所出，昊不能对。"③ 这显示孟昶对音律的精通。有其父必有其子，孟昶之子玄喆也酷爱乐律，《新五代史》记载他的儿子玄喆，在守剑门，也要"携乐器伶人数十人以从"④，遭到了蜀人的讥笑。在孟昶主蜀时期，形成了"弦管诵歌，盈于间巷；合宴社会，昼夜相接"⑤的社会氛围。显然，与孟昶喜好弦管之乐有关。

在花蕊夫人四十一首中，直接描写孟昶宫中作乐的诗就有八首。其一："御制新翻曲子成，六宫才唱未知名。尽将觱篥来抄谱，先按君王玉笛声。"其二："三月金明柳絮飞，岸花堤草弄春时。楼船百戏催宣赐，御辇今年不上池。"其三："管弦声急满龙池，宫女藏钩夜宴时。好是圣人亲捉得，便将浓墨扫双眉。"其四："三清台近苑墙东，楼槛层层映水红。尽日绮罗人度曲，管弦声在半天中。"其五："舞头皆著画罗衣，唱得新翻御制词。每日内庭闻教队，乐声飞上到龙墀。"其六："梨园子弟簇池头，小乐携来候宴游。旋炙银笙先按拍，海棠花下合梁州。"其七："宣城院约池南岸，粉壁红窗画不成。总是一人行幸处，彻宵闻奏管弦声。"其八："苑中排比宴秋宵，弦管挣摐各自调。日晚阁门传圣旨，明朝尽放紫宸朝。"以上八首宫词不仅可以看出，孟昶亲自"新翻曲子"，亲自按笛，而且将自己创作的曲子奏之场上。此外，孟昶还多次宣召百戏、歌舞及其他艺术入宫演出，几乎"每日内庭闻教队"，而"彻宵闻奏管弦声"也是常事。

---

① （宋）王灼：《碧鸡漫志》，《中国古典戏曲论著集成》（一），中国戏剧出版社 1959 年版，第 113 页。
② 唐圭璋编：《全宋词》，中华书局 1980 年版，第 297 页。
③ 王文才、王炎校笺：《蜀梼杌校笺》卷四，巴蜀书社 1999 年版，第 383 页。
④ 《新五代史》，中华书局 1974 年版，第 806 页。
⑤ （清）吴任臣：《十国春秋》卷四十九，中华书局 1983 年版，第 719 页。

图5　孟昶画像，采自《泉南指谱重编》扉页

在民间，福建泉州南音界一直以来崇奉孟昶为乐神，每年都举行春秋二祭。[①]清人林霁秋编撰的《泉南指谱重编》扉页上有一幅孟昶的画像，画像两旁题有一首诗："自从私祭托张仙，尺幅须眉尚宛然。赢得师涓称弟子，年年迎送奏神弦。宋元明阅几纷纭，一缕夔巫望帝云。太祖世宋俱寂寞，披图人识孟郎君。"[②] 说明清代南音艺人已经尊崇孟昶为祖师了。福建泉州南音艺人遵奉后蜀主为乐神，不仅因为他热爱弦乐，而且爱好文艺辞赋。广政三年（940），他命卫尉少卿赵崇祚收集当时"诗客曲子词五百首，分为十卷"，名为《花间集》，此集是唯一传世的燕乐歌

---

① 郑国权：《泉州南音界崇奉后蜀主孟昶为乐神之谜》，《音乐探索》2005年第3期。
② 林霁秋：《泉南指谱重编》，1912年石印本，厦门大学图书馆古籍部藏书。

词集。可见孟昶是燕乐的倡导者,而南音的前期基础是燕乐,倡导燕乐的孟昶自然被推崇为南音始祖。① 孟昶爱好音律和文艺的记载,正是其在民间被崇奉为乐神、戏神的重要原因。

孟昶成为戏神,还能很好地解释戏神周边普遍存在生殖崇拜的现象,康保成老师在《傩戏艺术源流》一书有关"戏神"的章节详论这一特别的现象。② 但是,笔者一直有一个疑惑,为什么戏神的周边都存在生殖崇拜的符号,不仅二郎神,南戏系统的雷海清,粤剧的华光大帝,莫不如此。今察之孟昶,原来源头正在于孟昶身上负载的生殖崇拜的因子。前引《古今图书集成·神异典》卷四六孟昶的文字,孟妃花蕊夫人藏孟昶画像于宫中,宋太祖询之,夫人急中生智称之为送子张仙。苏老泉所梦张仙挟二弹,因奉之,果得轼、辙二子。③ 有此二事,民间皆以孟昶画像当作送子张仙奉之。孟昶不仅跻身二郎神信仰系统,而且多了生殖神的独特功能,继而在二郎神被戏曲行业奉为戏神的环节中,也让林林总总的戏神戴上了生殖崇拜的光环。

四、清初戏曲行业二郎神信仰的消歇

进入清代,在戏曲行业中二郎神信仰逐步被老郎神所代替,二郎神的文献记载趋于消失,只是在清初李渔的作品《连城璧》、《比目鱼》中偶有所见。为什么二郎神突然在戏行祖师信仰中消失了呢?笔者以为,清代戏行中的二郎神被兴起的"老郎神"信仰所取代,二郎神所具有的戏神品格也融入老郎神信仰中去了。

关于老郎神在明末兴起及其在戏曲行业被祭祀的情况,可参下节《老郎神:最普遍的行业始祖崇拜》。清初梨园行二郎神信仰的消沉,伴随着的是以唐明皇为核心的老郎神信仰系统的隆兴。换言之,老郎神系统的隆兴,正是取代二郎神信仰的前提条件。二郎神在清初被"老郎神"信仰所取代,前文《清初"二郎神"向"老郎神"的转化》分别从二郎神与老郎神形象相似性、二郎与老郎对少年指称相

---

① 何昌林:《福建南音源流试探》,《泉州南音艺术》,海峡文艺出版社1988年版,第14页。
② 康保成:《傩戏艺术源流》,广东高等教育出版社1999年版,第211—359页。
③ 《古今图书集成·神异典》卷四六,中华书局、巴蜀书社1984—1988年影印本。

似性、二郎神与老郎神生日相同，以及清初朝廷（官府）禁止二郎神祭祀、老郎神信仰崛起等五个方面论证了这一问题。

应该说，明清时期，戏曲行业改祀二郎神，也与民间文学的影响有关系。二郎神信仰受到《西游记》、《封神演义》等戏曲、小说的影响，杨戬形象加入到二郎神队伍中来，而杨戬又被塑造成"天帝"之外甥，故而戏曲行业祭祀二郎神为戏神渐少。清道光年间杨懋建《梦华琐簿》言之确实："灌口二郎神，为天帝贵戚，元人作《西游记》，盛传二郎神灵异，非伶人所祀也。伶人所祀乃老郎神。"① 杨懋建的话，不仅指明清代戏曲行业不再以二郎神为行业神的事实，而且点出改祀老郎神的原因是二郎神为"天帝贵戚"，且此神"灵异"，不宜作为戏神崇奉。

需要补充的是，二郎神作为戏神被祭祀虽然被禁止，但它的信仰元素不仅被老郎神吸收，而且其他戏神身上也带有二郎神的色彩。如它所具有的生殖送子的神格，二郎神如此，南戏戏神田公元帅、粤剧戏神华光也有这样的神力；再如它英俊少年的形象、六月二十四的生日、驱邪逐疫的傩神身份，都潜移默化地被一些地方性戏神所承继和光大，并作为一种遗传基因保持下来。所以说，二郎神的戏神信仰文化尽管在清初消歇了，但不是消失，而是转化了。

综上所述，二郎神之戏神信仰的生成，显然是二郎神民间信仰系统中诸神共同参与、作用的产物（如"清源妙道真君"名号），而后蜀主孟昶的贡献，当是最关键的一环，实不可不察。

第二节　老郎神：最普遍的行业始祖崇拜

老郎神是戏曲行业的祖师神。老郎神究竟是谁？说法不一，或言后唐庄宗，或言翼宿星君，或言唐明皇手下的乐工（如雷海青），甚至附会是颛顼之子老童或优

---

① 张次溪编纂：《清代燕都梨园史料·正编》，中国戏剧出版社1988年版，第373页。

孟①，但最普遍的说法是唐明皇。纷繁复杂的托名，使老郎神成为戏神的代名词。但止于目前，人们更多的是关注老郎神究竟是谁，至于在梨园行老郎神信仰是什么时候形成的，老郎神信仰在戏行内部是怎样运作的，以及老郎神信仰背后蕴涵怎样的文化或民俗意涵等问题，似乎少有顾及。本文将从民间和文化的角度，把老郎神信仰视为一种文化现象作具体探讨。

一、老郎神：戏行祖师信仰的生成与流变

明万历年间，剧作家汤显祖（1550—1616）在《宜黄县戏神清源师庙记》中，提到戏行尊崇清源祖师（二郎神）为戏神。关于二郎神与老郎神的关系，参前节，在此不赘。《庙记》作于万历三十年（1602）。这是目前发现的最早明确关于戏神信仰的记载。

关于老郎神信仰，在明代似乎文献不徵。最近，笔者在翻阅广东地方文人集子时，发现了一条关于明代老郎神崇奉的记载。明末清初广东南海人陈子升（1614—1692）在其文集《中洲草堂遗集》卷十七中题有《昆腔绝句》四首，之四云："游戏当年拜老郎，水磨清曲厌排场。而今总付东流去，剩取潮音满忏堂。"诗中明确指出昆曲行当崇奉老郎。而这四首《昆腔绝句》创作的时间，同集卷十九"岭歘题词"中讲："予弱冠时嗜声歌，作传奇数种，因经患难，刻本散失，仅存清曲数阕，名曰岭歘。……尝作绝句四首，并录而存之。"②这里辑录的四首绝句正是卷十七中的四首《昆腔绝句》。由此可知，这四首绝句大约是陈子升二十岁前后所作，也就是 1634 年前后的事情。

又，晚明署名桃渡学者的人创作了一个传奇《磨尘鉴》，第二十六出"酬功"有这样的情节：唐明皇赐黄幡绰、清音童子、执板郎君享祭老郎庙："（生）传旨各省俱建庙宇塑他三人神像敕赐老郎庵，享受千万年不绝香火。"其作者桃渡学者，

---

① 可参近人的研究，蠡测《梨园行的祖师究竟是谁》，《剧学月刊》二卷第四期（1933 年 4 月）；陶兰荪《老郎神考》，《湖南戏考》第一辑（1920 年）；马彦祥《释老郎》，《新戏曲》二卷第一期（1951 年 5 月）；王利器《关于老郎的研究》，《新戏曲》二卷第四期（1951 年 8 月）；李洪春《京剧长谈·梨园琐谈》，中国戏剧出版社 1982 年版。

② （明）陈子升：《中洲草堂遗集》卷十九，《丛书集成续编》第 151 册，第 403 页上。

据郭英德先生考证是明末人钮格。钮格,生于明嘉靖四十三年(1564),卒于清顺治九年(1652)以后。① 传奇中提及的人物,唐明皇、黄幡绰、清音童子、执板郎君,皆是戏行老郎庙中主祭和配享的神灵。

此外,明代已有崇奉唐明皇为傩神的情况。康保成老师在明末清初顾景星《白茅堂集》卷三十一中发现明人奉唐明皇为傩神的情形。"楚俗尚鬼,而傩尤甚。……或三神,或五、六、七、八至十余为一架焉。黄袍、远游冠,曰唐明皇。……迎神之家,男女罗拜,蚕桑疾病,皆祈问焉。"② 同祀的傩神还有雷万春,但当时的人对这些傩神已经"不知原起"。虽然明人已经把唐明皇作为逐疫祈谷的傩神,但从祭祀的神明以及仪式来看,与梨园行的戏神崇拜已经很接近了,况且戏神与傩神有时完全是重合的,如二郎神在有些地方既是傩神也是戏神③。

上面种种迹象表明,明代中晚期,戏行老郎崇拜不仅已经形成,而且在民间已经很盛行了。

这个结论,从清初老郎神高度成熟的祭祀仪式和信仰地域分布的广泛性也可获得证实,因为很难想象:一种民间信仰靠外力推介在短时间而能达到在全国广泛分布的情形。清代较早记载老郎神信仰的是俞卿《蕺山书院记》,他在任绍兴知府时,有一天听到蕺山书院里锣鼓喧阗,然后"陟其巅,见庙宇中奉梨园主,怪,询之。金曰:'岁例千秋节,合郡伶工演剧称庆,优杂子女,沿山讴唱,如是数月,嘻异哉!霓裳羽衣为欢,几何卒,不免于渔阳鼙鼓,其不足崇祀矣!'"④ 俞卿,清康熙间举人,五十一年(1712)由兵部侍郎出任绍兴知府。

从这段话我们知道,清康熙年间越中戏班是祭奉戏神的,从"千秋节"演剧相庆来看,崇奉的戏神很可能是唐明皇⑤。这个猜测得到了进一步证实。西吴悔堂老人乾隆五十九年(1794)编纂《越中杂识》上卷"学校"条记载,蕺山书院是明

---

① 郭英德:《明清传奇综录》(上),河北教育出版社1997年版,第218页。
② (清)顾景星:《白茅堂集》卷三十一,《四库全书存目丛书》第206册,第233页。
③ 康保成:《傩戏艺术源流》,广东高等教育出版社1999年版,第346页。
④ (清)李亨特修,平恕等纂:《(乾隆)绍兴府志》卷二十"书院",乾隆五十七年(1792)刻本。
⑤ 《旧唐书》卷九《玄宗本纪》记载:开元十七年(729)八月,"百僚表请,以每年八月五日为千秋节"(中华书局1975年点校本,第193页)。次年八月五日的千秋节"礼部奏请千秋节休假三日"(中华书局1975年点校本第195页),而八月五日正是唐玄宗的生日,可见千秋节就是为唐玄宗祝寿的节日。

图 6　清代高淳县戏祖唐明皇神像画轴

末刘念台讲学的地方,"后为优人所居,供唐明皇于中,号老郎庙。康熙五十五年,郡守俞卿召优人,捐奉赎之,创为书院。"《乾隆绍兴府志》也有相同的记载,并说:"岁五月每优人一部,必演戏一日以娱神。"① 这些文献记载说明康熙年间,戏行崇奉"梨园主"唐明皇的习俗已经非常成熟,并趋向制度化了。

老郎神信仰的形成,一个重要标志是老郎庙的建立。而明末清初已经有大量老郎庙存在。据荆河戏老艺人讲,湖北沙市老郎庙中梁上刻有"顺治八年"第一次重建等字迹②,若所言确凿,也证实明代已经形成老郎信仰的事实。上文提及的俞卿《蕺山书院记》证明,在绍兴每年农历八月初五,就已经有崇奉戏祖唐明皇的祭祀

---

① （清）李亨特修,平恕等纂:《（乾隆）绍兴府志》卷二十"书院",乾隆五十七年(1792)刻本。
② 《中国戏曲志·湖北卷》,文化艺术出版社1993年版,第484页。

活动了。金埴《不下带编》卷四也记载，济南历下泺口有卤贾刘氏，辟枣园为梨园，请金埴教歌。金即席作诗云："愿祈教主唐天子，诏改梨园号枣园。"金埴自注："今优曹例尊明皇为梨园教主，称曰老郎菩萨。"① 金埴生于康熙二年，卒于乾隆五年，《不带下编》虽作于晚年，从"优曹例尊明皇为梨园教主"来看，老郎神信仰康熙朝在山东确已客观存在，而且已经成为惯例。

联系汤显祖《宜黄县戏神清源师庙记》中提及弋阳腔戏神是清源祖师及陈子升记载昆腔崇拜老郎来看，我们有理由认为，戏神信仰至迟于明朝中晚期已经很兴盛了。窃以为，明季戏神崇奉的兴盛与明前期"四大声腔"（昆山、弋阳、海盐、余姚）及稍后诸腔竞呈有很大关联。戏曲声腔的多元化和地方剧种的兴起，直接催生了戏神信仰的兴盛。明中叶以前，南戏北剧南北分治，虽互有交流，但总体上是各踞地盘，形成各自鲜明的艺术风格。而入明，戏曲艺术已有了长足进步，南北戏曲大的地域概念被彻底打破，取而代之的是地方声腔的兴起，从而使剧种呈现多元化的局面。各个声腔与剧种都在标榜自己血统的纯正和悠远，利用历史上、传说中的人物甚至天上的星宿来作为自己剧种的祖师。这样，既有利于提高本剧种的地位与声誉，增强竞争实力，也有整肃内部成员意志的依据。因此，戏神信仰在明代中晚期走向繁荣，极可能是受到明代戏曲声腔多元化发展的直接影响。当然这一推论，还需进一步的证实。

以上主要考述了清代初年以前老郎神信仰的情况。到清朝中期，更多的梨园子弟均认为戏神就是唐明皇。纪昀《滦阳消夏录》（四）曰："百工技艺，各祀一神为祖。……伶人祀唐玄宗，以梨园子弟也。"② 乾嘉时的《梨园原》对唐明皇称老郎有新的解释："老郎神即唐明皇。逢梨园演戏，明皇亦扮演登场，掩其本来面目，惟串演之下，不便称君臣，而关于体统，故尊为老郎之称，今遗有唐帽，谓之老郎盔，即此义也。"③ 钱思元《吴门补乘》也记载："（老郎）庙在镇抚司前，梨园子弟祀之。其神白面少年，相传为明皇，因明皇兴梨园故也。"④ 刘澄斋《老郎庙诗》

---

① （清）金埴：《不下带编》，王湜华点校，中华书局1982年版，第76页。
② （清）纪昀：《滦阳消夏录》，《阅微草堂笔记》卷四，天津古籍书店1988年版，第104页。
③ （清）黄幡绰：《梨园原》，《中国古典戏曲论著集成》（九），中国戏剧出版社1959年版，第9页。
④ （清）顾禄：《清嘉录》，《续修四库全书》第1262册，第778页。

图 7　老郎之神，采自乌丙安主编《中国民间神谱》第 233 页

更明确地讲："梨园十部调笙簧，路人走看赛老郎。老郎之神是何许？乃云李氏六叶天子唐明皇。"① 至晚清，梨园崇奉老郎神更为普遍。《霞外攟屑》卷十"老郎菩萨"条云："梨园演剧，后场必供奉老郎菩萨。"②

这种坚定的信念应来自于唐玄宗曾经喜爱歌舞音乐，亲近伶工，推进艺术事业发展的史实记载。《新唐书》卷二十二《礼乐志》载："玄宗既知音律，又酷爱法曲，选坐部伎子弟三百教于梨园，声有误者，帝必觉而正之，号'皇帝梨园弟子'，宫女数百，亦为梨园弟子，居宜春北院。"③ 梨园之外，又设"教坊"，掌俳优杂技，以排演歌舞百戏为主。不仅如此，唐明皇能制新曲与乐谱，亲自指导大型歌舞，又善击羯鼓，《新唐书·礼乐志》称他"八音之领袖，诸乐不可方也"④，正因为唐明皇建立梨园，推动了歌舞、戏曲的兴盛，故后世将戏曲界称为梨园界。

---

① （清）顾禄：《清嘉录》，《续修四库全书》第 1262 册，第 778 页。
② （清）平步青：《霞外攟屑》，《续修四库全书》第 1163 册，第 681 页。
③ 《新唐书》，中华书局 1975 年版，第 473 页。
④ 《新唐书》，中华书局 1975 年版，第 473 页。

老郎神冠以唐明皇之贵，为的是炫名扬己，而托以翼宿星君之尊，同样是为了正名显己。那么，一个地下之贵，一个天上之尊又是如何结合在一起的呢？《吴县志》卷三十三"吴县坛庙祠宇"条记载吴县的"翼宿星君庙在镇抚司前，俗称老郎庙，梨园弟子祀之，相传神为唐明皇。向在郡庙傍，清乾隆初移建今所"①。这充分说明随着老郎神信仰在清初确立的同时，翼宿星君信仰已经开始与老郎神信仰走向融合。而将二者融合推向深入的是乾隆四十八年（1783）的一件大事。是年，时任苏州织造的全德，奉了乾隆皇帝"厘正乐曲之命"，总揽当时一方的戏曲审查工作。在他看来，老郎神"其名不知何所出，其塑像服饰亦不典近"②，且有"托圣炫名"之流弊。正值重修神祠，全德将老郎神改为"翼宿之神"。由于全德操纵戏曲的权限很大，自然影响也大，但老郎神信仰已经深入人心，所以这一改不但没将老郎神信仰改掉，反而加速了翼宿星君与老郎神信仰的融合。乾隆刊本《万全玉匣纪·一百二十行祖师》已经接受全德的说法，称"唐明皇梨园祖师，南方翼宿星君"。即言九天翼宿下凡尘，转世为唐明皇。乾嘉时人黄幡绰《梨园原》也说："今人供翼宿星君为老郎，其义未详。"③ 道光时举人杨懋建《梦华琐簿》也云："余尝见伶人家堂，有书'祖师九天翼宿星君神位'者，问之不能言其故。"④ 足见，伶人供祭翼宿星君并没有明确的理解。直至近人齐如山，他则主张老郎神崇拜与唐明皇崇拜是两码事，戏业实际供奉的牌位是老郎神，即翼宿星君⑤。这是正本清源的声音。

清代后期地方戏的勃兴，各个剧种祭奉的行业神有了新的变化。戏神的崇祀对梨园伶人而言，具有很强的承传性和稳定性，但同时因特定地域或特定群体心理的变迁，这种稳定性也会有所改变。如广西的彩调戏原来一直崇祀"九天玄女花姑娘娘"为戏神，到了上个世纪20年代，彩调艺人觉得崇奉一位女神有失"男尊女卑"

---

① （清）姜顺蛟、叶长扬修，施谦纂：《(乾隆)吴县志》卷三十三，清乾隆十年（1745）刻本。
② 刘念兹：《戏曲文物丛考》，中国戏剧出版社1986年版，第113页。
③ （清）黄幡绰：《梨园原》，《中国古典戏曲论著集成》（九），中国戏剧出版社1959年版，第5页。
④ （清）杨懋建：《梦华琐簿》，《清代燕都梨园史料·正编》，中国戏剧出版社1988年版，第373页。
⑤ 齐如山的根据是宋陈旸《乐书》引《春秋元命苞》中"翼星主南宫之羽仪，为乐库，为天倡"等语。见齐如山《戏班·信仰》"祖师爷"条，《齐如山全集》第一册，台北，联经出版事业公司1979年版，第197页。

之体统，为人所轻视，所以改祀粤剧戏神"华光大帝"①。同样的道理，在清末全国各大剧种几乎都崇奉唐明皇为戏神时，也有的地方戏因为各种原因改变这种信仰局面。清道光进士俞樾就认为，崇奉雷海青，"以海青之忠，庙食固宜"，而"若祀老郎神者，以老郎为唐明皇，实为轻亵，甚所不取"。②平步青也认为，"老郎为明皇，实为轻亵"③。所以，闽人崇奉雷海青，而不祭祀唐明皇。而鄂赣皖湘闽浙豫七省五十余县二十九个，与黄梅戏有亲缘关系的采茶、花鼓戏剧种，都崇祀唐王敕封的田郭窦为"老郎"，也是因为黄梅戏等花鼓诸腔"不好也不可能将唐明皇抬上'不登大雅之堂'的'花鼓淫戏'的宝座，只好请与梨园子弟有瓜葛，又兼唐明皇敕封过冲天风火掌歌舞的红娘粉郎的田、郭、窦作为自己的祖师爷和保护神"④。这种想法与前文提及的全德"改祀"的出发点如出一辙。

二、老郎庙：戏神信仰的行业化

梨园行老郎神信仰的形成，从根本上讲是将祖师爷神化的过程。祖师在后世各种传说中，获得神性并转化为保护神。但老郎神信仰不同"关羽崇拜"或其他神仙崇拜具有很大的信众，它主要集中于梨园一行，因此老郎神信仰具有鲜明的行业特征。老郎神信仰的行业化主要通过祭祀、规约和帮扶同行来实现。

第一，梨园子弟通过模仿释、道教的仪式来构建自己的祭祀场面，形成巫仪的神秘感。神秘感的生成进一步提升了老郎神在全体戏行子弟中的威严和分量，而祭祀场面的习俗化和常规化，则大大加强了老郎神在社会上的影响。所以，祭祀是老郎神信仰的重要组成部分。

艺人创造了戏神，但在心理上有求于他，于是对戏神的崇奉和祭祀就十分的虔诚。李渔在传奇《比目鱼》第七出"入班"中写道：对戏神要"三牲"（牛、羊、猪）祭礼，焚香烧纸，虔诚叩拜，默默祈求戏神"暗使聪明长，开口便成腔，不须

---

① 《中国戏曲志·广西卷》，中国 ISBN 中心 1995 年版，第 474 页。
② （清）俞樾：《茶香室丛钞》，《续修四库全书》第 1198 册，第 303 页。
③ （清）平步青：《霞外攟屑》，《续修四库全书》第 1163 册，第 681 页。
④ 靖雷：《漫步梨园话老郎——黄梅戏及花鼓诸腔老郎考》，《黄梅戏艺术》1989 年第 2 期。

摹仿，身段规模，做出都成样，一出声名播四方"。教戏师父对艺徒说，"我们这位老师，极是灵显，又极是操切……凡是同班里面有些暧昧不明之事，他就会察觉出来。大则降灾祸，小则生病生疮，你们都要谨记在心，切不可犯他的忌讳。"有了这样师徒口耳相授，正反两面的心理暗示，伶人自然对祖师爷崇拜格外心诚与殷勤了。

浙江的艺人拜祭戏神唐明皇时，"先将祖师唐明皇的小木雕像（戴文堂盔，穿黄龙袍，着小乌靴）供在正堂，点香烛，供福礼。由教戏师傅领先，依次是小花脸、花脸、三花脸、大花脸、小生、郑生、老生、小旦、正旦、老旦三跪三拜。参拜时，每个学员要撒点香灰在酒碗内，稍微喝点。据说这样记性会好，嗓子不会哑。科班通行一句俗语：'拜过唐明皇，做戏胆就壮，心里勿会慌'。"[1] 正因有这样的心理，所以艺人在后台设有老郎神的雕像或牌位，称为"祖师龛"。演员进后台先得向神位拱手，叫"参驾"；临出场时再拱手，称"辞驾"；下场进后台又拱手，称"谢驾"。这个规矩艺人都得遵守。

艺人对老郎神的顶礼膜拜行为背后，其实隐藏着一种文化心理。卑微的心态与宏大的现实力量之间客观存在巨大反差，伶人企图通过虔诚的礼拜获得调和，在强烈的心理暗示下，伶人舞台演出就似乎获得了神的"参与"与庇佑。这种调和与慰藉，正是清代戏神信仰在梨园行盛行的隐性原因。同时，"艺人们对老郎的信仰不仅仅是一种个体信仰意识，而且是社团意识的表达，它是在共同的信仰基础上，形成新的行业共同体的一个重要的积极因素，共同的信仰成为将这样一个由不同个体组成的社会群体紧密整合起来的精神纽带。"[2] 这种"信仰共同体"一旦团结起来会产生很大的潜力。《宜兰县志·史略》"异姓争斗"条记载，一位林姓琴师在宜兰授徒，他的徒弟以崇奉祖师爷不同分为两派，提弦者奉西秦王爷，称福禄派；胡琴者奉田都元帅，称西皮派。两派相互歧视，由唾骂渐至动武，至同治末年，双方集党二千余人，地方官兵都无法弹压。

第二，梨园祀神，从表面上看是一种仪式活动，但实质上，班主又可以利用戏神信仰的巨大心理暗示功能，来维系优伶内部秩序，这是老郎神信仰的一个重要的

---

[1] 《中国戏曲志·浙江卷》，中国 ISBN 中心 1997 年版，第 652 页。
[2] 傅才武：《老郎庙的近现代变迁》，《文艺研究》2006 年第 2 期。

行业功能：规约。首先表现为对戏路的规约。顾铁卿《清嘉录》卷七"青龙戏"条解释苏州老郎庙的职能时说："老郎庙，梨园总局也，凡隶乐籍者，必先署名于老郎庙。"① 外来的戏班要来本埠唱戏，先要祭祀老郎神，然后在会首的安排下唱戏。《扬州画舫录》云："每一班入城，先于老郎堂祷祀，谓之挂牌；次于司徒庙演唱，谓之挂衣。"② 如湖北沙市刘竹荪《沙津竹枝词》有云："酬神各庙常多戏，惟有忌辰锣不开。今日有无台演剧，老郎庙首看牌来。""挂牌"、"挂衣"等行规的推行，加强了戏行对本埠戏路的管理和垄断。湖北沙市老郎庙碑记"上会入庙"应缴纳会钱、茶钱、香钱等，数额从四百钱到三十六串不等，具体之规定有十五条之多③。湖南常德老郎庙也规定，"进城戏班须缴纳银元二十至四十元，挂牌上会，始得在辖区内演出。"④ 可见，缴纳会银、"挂牌上会"是各地老郎庙（"梨园公所"）自清初沿袭的通例了。

规约也表现为对违反行规艺人的裁判、惩戒。梨园行利用老郎神的威严，对犯规者进行惩戒。如河北戏行就有"请香堂"的惯例，"平时有误场、私逃、犯班规者，要给老郎烧香请罪；遇有演员发生矛盾无法解决时，全班跪请祖师明断，并对肇事者罚香惩戒"⑤。《儒林外史》第二十四回说到南京"老郎庙"，"他戏行规矩最大，但凡本行中有不公不法的事，一齐上了庵，烧过香，坐在总寓那里品出不是来，要打就打，要罚就罚，一个字也不敢拗的。"

第三，利用老郎神共同信仰的向心力，来完成对同行的扶助，也是老郎神信仰的又一重要功能。对同行的扶助和老弱艺人的救济安置，体现了老郎庙（会）既是一种同业组织，也兼有公益的职责。雍正十年（1732）《梨园馆碑记》所述："梨园之子……背井去家，寄迹数千里，外亲族党所不能顾向，而一寸之土未营，七尺之躯安托？众等恻焉念之。义冢之设，盖诚笃于义者也。……梨园之子生而有业，死而有托也已。"⑥ 当时北京老郎庙会首邹致善等六人，率领京城十九个戏班，在

---

① （清）顾禄：《清嘉录》，《续修四库全书》第1262册，第778页。
② （清）李斗：《扬州画舫录》，汪北平、涂雨公点校，中华书局1960年版，第122页。
③ 《中国戏曲志·湖北卷》，文化艺术出版社1993年版，第484页。
④ 《中国戏曲志·湖南卷》，文化艺术出版社1990年版，第526页。
⑤ 《中国戏曲志·河北卷》，中国ISBN中心1993年版，第556页。
⑥ 刘念兹：《戏曲文物丛考》，中国戏剧出版社1986年版，第113页。

陶然亭附近为梨园艺人建立一块义冢，以供长年流浪在外死于京城的艺人，"死有所托"。吴县梨园公会于嘉庆二十四年（1819）针对业内"贫富不等，往往有家寒身故，至于棺椁无措"的情况，特勒碑晓谕业众"俸食一钱者，捐利一文；资厚者，照例而行"，"以备棺椁茔葬之费"①。在湖北樊城，老郎庙负担为襄河一带汉调艺人祀神、组班和散班时提供临时住宿的职能。据老艺人贺鸣鹏回忆：该庙相当于商贾行帮公所的规模，进庙门有戏台，正殿供老郎神像，两旁站立"琴音童子"、"鼓板郎君"的塑像，庙内两边有二十间厢房，供给六月、腊月散班艺人和过路艺人住宿②。长沙的老郎庙组织也为孤老贫穷无靠的会员置有公屋、公山，不但可住进公屋，而且每月供养银元二元，死后葬于公山③。

梨园行还利用老郎会的佳期进行义演，义演所得，接济孤苦艺人生活和死后安葬。江苏常州东门外曾有一块义演购置的梨园墓地④。川剧艺人在自流井也有老郎会，每年腊月扎冬班（冬季停演）时，除了本地戏班的名角，还遍邀临域的名角，集中在自流井演出三天，演出各名家拿手戏。演出收入，除正常开支外，买地安葬无依靠死去的艺人⑤。对生活困难者的救济，购置义地埋葬亡故艺人等行为，使得老郎神信仰充满了行业内部的温情。

第四，"老郎庙"（"梨园公会"）的建立，标志着梨园行业化的形成。明清之际，由于各地新建的戏曲班社和科班的质量规模都远超前代，艺人数量也随之猛增，致使纠纷迭出，呼唤一个公议调解机构的出现；而承应堂会、差戏等演出活动，也需要一个行会性质的中介。于是为了调节内部矛盾、维护行业利益、维持正常运作，具有行会性质的组织"老郎庙"便应运而生。清代在全国各地普遍建立的老郎庙，不仅"为梨园清音集议之所"，有的直接是戏行组织的办公地，即梨园公所或梨园公会。如光绪七年（1881）吴县《重修老郎庙捐资碑记》所云："老郎庙始为苏城昆腔演戏各班聚议之所，大殿供奉祖师神象（像），每逢朔望拈香，惟愿

---

① 江苏省博物馆编：《江苏省明清以来碑刻资料选集》，生活·读书·新知三联书店1959年版，第299页。
② 刘小中、郭贤栋：《汉剧史研究》（内部资料），武汉艺术研究所1987年版，第126页。
③ 《中国戏曲志·湖南卷》，文化艺术出版社1990年版，第477页。
④ 《中国戏曲志·江苏卷》，中国ISBN中心1992年版，第798页。
⑤ 《中国戏曲志·四川卷》，中国ISBN中心1995年版，第495页。

同志。"① 会首皆为本行中技艺超群、年长资深、德高望重之人。老郎神信仰的行业化，又直接为戏神信仰的世俗化提供了可能。

三、老郎会：戏神信仰的世俗化

信奉老郎神的梨园子弟，每年在老郎神诞辰、忌日，在老郎庙聚会祝寿、祭祀，称为"老郎会"。不管举办老郎会的初衷是什么，但客观上老郎会成了梨园行的年会和"狂欢节日"。

1. 梨园行的年会

湖南长沙的梨园子弟，每年在农历三月初一老郎神诞辰之日聚会。在会上，要公布庙会收支账目，选举下届会首，有时还要通过大家共同遵守的行业章程②。在江苏南通石港老郎会期，每年五月十八，艺人拜老郎神后，将乡班中一年内亡故艺人姓名写录在老人牌上，祭奉追奠，寄托哀思。各乡班自五月十三日起歇班，到石港来集会。在会上，可以来"邀人"增添戏班，要调班、搭班的演员，也在老郎会期间，与有声望的戏班配演几出戏，看艺挑选，商谈包银，签订合同。想挖角"偷人"的班主也届时公开所挖的角儿。更重要的是，在会期来调解戏班之间或演员之间的纠纷，由资格老的班主或有声望的人士主持，双方申诉，长者评判，输者付茶资，称为"吃讲茶"。③ 梅兰芳先生回忆，直至清末民初，每年六月十一日、十月十一日两天的"老郎会"，所有的昆曲艺人要赶到老郎庙，集中处理起班、搭班、租用衣箱等事务。④ 虽然各地老郎神诞、祭时间不同，但一年两度的老郎会，已按例成为戏曲艺人交流技艺，加强沟通的既定节日。

---

① 江苏省博物馆编：《江苏省明清以来碑刻资料选集》，生活·读书·新知三联书店1959年版，第304页。
② 《中国戏曲志·湖南卷》，文化艺术出版社1990年版，第477页。
③ 《中国戏曲志·江苏卷》，中国ISBN中心1992年版，第798页。
④ 梅兰芳述，许姬传、许源来、朱家溍记：《舞台生活四十年——梅兰芳回忆录》，团结出版社2006年版，第304页。

2. 梨园行的"狂欢节"

浙江一些戏班，相传农历六月十一日是老郎神的正生日，这一日，正值宁昆各班停锣歇夏期间，于是演戏酬神。从六月初一至六月十一日止，共演十一天戏，由各班轮流演出，剧目由"司年"排定，均得挑送各班名角的拿手好戏，艺人们在这种场合也都尽其所能献出全身的本事。这一天，他们往往彻夜不眠。庆典开锣前，先派人到大街小巷敲锣，让人们知晓老郎庙在演戏。酬神戏不卖钱，又特别精彩，观众闻风而至，摩肩接踵异常拥挤。艺人的家属及其亲朋也都在这个日子去欣赏自己亲人及同道们的艺术。① 江苏南通的老郎会是每年农历五月十三日至十八日，正好与古镇石港庙会期相重，老郎会更是热闹。

> 届时，石港四周百里方圆内数十副京徽班全部歇班停演，艺人及家属，少则数百，多则上千人，赶赴石港，到都天庙敬拜老郎神。一面重新搭班邀人，一面在南门关帝庙、北门城隍庙、东门东岳庙三座万年台上竞演。唱对台戏、神戏、愿戏、卖戏，文武昆乱，精彩纷呈，连演六昼夜方歇。②

老郎会的这一天（或数天），是梨园子弟最放松、最开心的日子。如湖北襄阳地区的清戏班，在每年农历七月二十三日老郎神生辰的前晚，一直到二十四日中午，连续三天大摆酒宴庆贺。③ 在这个属于自己的节日里，艺人迎神祭祖，聚会饮酒，唱戏自娱，没有了往日辗转奔波赶场的辛劳和戏班高速运转带来的疲惫，老郎会真正成为狂欢节，是调节戏班运行节奏和艺人精神状态的重要节点。老郎神在会期之中除了一些仪式之外，已经在人们狂欢的情绪中淡出了。从这个意义上讲，老郎神信仰，在艺人现实的热望和功利的追求中被世俗化了，而老郎会正是这种信仰世俗化、大众化的突出体现。

---

① 《中国戏曲志·浙江卷》，中国 ISBN 中心 1997 年版，第 657 页。
② 《中国戏曲志·江苏卷》，中国 ISBN 中心 1992 年版，第 798 页。
③ 《中国戏曲志·湖北卷》，文化艺术出版社 1993 年版，第 478 页。

四、信仰的背后：人神的扭合与分离

老郎神信仰的生成，是一个将与戏曲发展有密切关系的"老郎"（"人"），通过世代传说的叠加和祭祀仪式的完备，不断神格化、神秘化、抽象化的过程。这个过程，简单来讲就是人与神扭合的过程。

老郎神信仰，对内而言，表面上是在塑造和强化一个行业群体的宗教象征，实际上也是一个塑造和强化权威的过程。梨园作为一个行业，其松散无序的流动分布，和行业内部缺乏一种有效机制来凝聚力量的实际，决定它需要借助创造外部性权威来整肃内部秩序，增强业内成员的行业认同感。所以，自清代初年形成老郎神崇拜始，外埠戏班要先到老郎庙"入会"、"挂牌"。直到民国二十六年（1937）京剧表演艺术家梅兰芳到长沙演出，还象征性地到长沙老郎庙奉赠香资银元四十元。事实也证明，老郎神信仰在规顺行业内部秩序上是十分有效的。

对外而言，老郎神信仰作为一个民间行业神崇拜的个案，又有着十分深厚的社会性的世俗意义。各路戏班认定唐明皇（或其他人）为老郎神，不排除"行业中人借用其威望和地位来抬高本行业的'声誉'和'身价'"①的可能，即通过"塑造和强化本群体的信仰象征，并且使这个象征无可争辩地转化为社会各个阶层容易接受和认同的群体标示，以达到抬升本行业地位的目的"②。湖北汉剧艺人，旧时候认为祭奉唐明皇为祖师爷，自己就是"皇帝弟子"，自然就抬高了自己的社会地位，并把自己的宿舍称为"官店"，大门口两边排立"肃禁（静）"、"回避"四块站牌，厨房人员也称为伙房"老爷"。③福建厦门同安区巡游田公元帅也会有类似的站牌。（见图8）

同时我们还注意到，将世俗社会尊奉的"人"（如皇帝）作为祖师神来崇祭，不仅可以抬升梨园行的社会地位，更为重要的是可以获取更大的社会认同感。黑龙

---

① 任聘：《行业祖师简论》，《艺风遗俗》，黄河文艺出版社1987年版，第105页。
② 傅才武：《老郎庙的近现代变迁》，《文艺研究》2006年第2期。
③ 刘小中、郭贤栋：《湖北汉剧历史考察文集》"汉剧'老郎神'的传说"条，1986年内部印刷，第286页。

图8　福建厦门同安五甲村后河宫堆放在库房中的巡游牌。笔者2011年8月摄制

图9　湖北汉调艺人米应先供奉的老郎神。采自《中国戏曲志·湖北卷》

江的一些地方戏班，"'供祖师爷'习俗发展成为班主置办酒席，邀请绅商、知名人士、亲朋好友、票界名流参加。仪式开始，宾主要分别给祖师爷焚香叩头，同时门外大放鞭炮，乐队吹打。礼毕，赴宴看戏。凡参加者均出贺礼。"① 在戏行之外的人看来，戏行所尊崇的祖师，如皇袍加身的天子唐明皇，也是他们在生活中敬畏礼拜的对象，心中必然产生一种认同感和敬畏感，这样，戏行就比较容易被民众接纳和融入社会中去。

① 《中国戏曲志·黑龙江卷》，中国ISBN中心1994年版，第350页。

世界上的事物总是有两面性的，老郎神信仰也不例外。一面是戏行中人设计出一整套十分细致完备的仪式和典章，来不断强化祖师的神威；而另一面却在神的崇祀中掺杂了过多的世俗欲念。前者将老郎神崇拜推向了宗教意味的信仰，而后者虽然也集中体现了民间祖师崇拜的通性——对手艺的敬畏和实用主义心理的生成，却更突出地表现为一个十分有趣的现象：即在祭祀的背后，将一个本是世俗人的老郎神又从神圣的祭坛拉了下来，将之降格为人。

　　具体来讲，对于单个的班社或艺人而言，对老郎神的信仰更多是现实性的目的。这种现实性的目的直接表现为，保佑艺人上台演出顺利，戏班戏路宽广，演员有好的收入等等一些朴素的生活愿望，老郎神就承载着艺人的这些精神理想和寄托。前文提及的"授艺说"就是这种心理的昭显。一旦这些现实的愿望没得到实现，艺人就会"变着法儿"将老郎神从神坛上拉下来，予以小小的惩戒。如徽班艺人，将老郎神"演出时供在后台，逢年过节，或演出遇有难事，则请出敬祀一番。某些戏班缺少好演员或无人来聘演出时，则把老郎神吊起鞭打，据说这样班社才能转运"①。戏班运营不好，班主或艺人将之归于老郎神没有起到佑护的义务，予以鞭打。这时的情形，就好像戏班中某个成员没有尽到应尽职责而受到惩罚，老郎神没有了神的光环和品格，又从神格降至人格层面了，人、神分离了。诚如有学者所言，"信仰是无打算的，是不能打算的，一有了打算就不成信仰"②。老郎神民间信仰的背后，正透露出戏曲艺人崇拜的功利性和随意性，也说明老郎神崇拜远没有上升到宗教信仰的高度。

　　事实上，很多信奉老郎神的戏班，还有一种将老郎祖师从神降格的方式，即将祭奉的老郎神转化为场上的道具，直称"大师哥"或"彩娃子"。如江苏里河班的乡班，一般不请祖师爷上后台，以台上用的婴儿道具（木偶）作替身。演员扮戏后、上台前来打躬作揖。③黑龙江一些地方的戏班，还要为"大师哥"换季，做新衣服。当"大师哥"摆在后台，艺人敬若神明，有人擅动，就罚香罚款，但演出时

---

① 《中国戏曲志·安徽卷》，中国 ISBN 中心 1993 年版，第 546 页。
② 戴季陶：《日本论》，《日本四书》，线装书局 2006 年版，第 348 页。
③ 《中国戏曲志·江苏卷》，中国 ISBN 中心 1992 年版，第 798 页。

则作为小孩的砌末，可在台上随意摆弄。天长日久，难免破旧，所以要换季。① 神与人（物）在后台与前台的空间里，瞬间发生了转换、分离。这种转换和分离，正是由平日崇奉它的戏曲艺人完成的。

综上所述，老郎神信仰是民间戏曲艺人自发的一种行业崇拜，其形成的历史就是将公认的祖师神格化的过程。在现实世界里，老郎神信仰逐渐成为梨园行业化的旗帜和符号，它承担着巩固和稳定行业内部组织以及对外争取民众认同、接受的担子。从这个意义上讲，老郎神崇拜是充分世俗化了的民间图腾崇拜，它涵蕴着深厚的民间文化和民俗含义。从明代中晚期老郎神信仰在民间盛行开始，随着时间的推移，戏曲艺人和普通民众一起不断丰富了老郎神崇拜的文化内涵。因此，从民间的视野关注老郎神信仰是一件非常有意义的事情。

第三节　田公元帅：南戏戏神信仰的历史变迁

谈及田公元帅信仰，我们总有一个基本的印象，它是南戏的戏神，因为在福建、广东、江西、安徽、浙江等南戏流传的东部省份，几乎都有它信仰的踪迹。然而，具体考察田公元帅信仰最普遍的闽台等地发现，田公元帅信仰是一个复杂的民间信仰系统，在其历史变迁过程中，内涵和外延不断丰富，已难以"南戏戏神"简单涵盖之。本节将从民间戏神信仰视角，重点探讨南戏戏神田公信仰的源起和变迁轨迹，理清田公元帅信仰与雷海青、雷万春、田祖及其他戏神信仰之间的联系。

一、傀儡戏神与田公元帅信仰之源起

福建、台湾、广东等地的傀儡戏艺人，普遍信奉田公元帅为戏神。关于田公元帅的记载首见于元代成书、明代增补的《三教源流搜神大全》，该书卷五"风火院田元帅"条记载：田公元帅有兄弟三人，分别为孟田苟留、仲田洪义、季田智彪。

---

① 《中国戏曲志·黑龙江卷》，中国ISBN中心1994年版，第349页。

图 10　田公元帅画像。采自《绘图三教源流搜神大全》

后因助天师逐疫，被唐明皇封为冲天风火院田太尉昭烈侯，田二尉昭佑侯，田三尉昭宁侯。而这场逐疫的过锦戏，康保成老师认为就是一场水傀儡戏。① 而据近人叶德辉《三教源流搜神大全·跋》称："此书明人以元版画像《搜神广记》翻刻。"若此，可知：或许元代甚至前推宋代，傀儡戏艺人已经信奉田公元帅了。笔者曾在《论民间戏神信仰的源起与发展》一文中，根据宋代民间行业神信仰和戏剧行业内部情况，也将中国戏神信仰起始时间裁断在宋代。②

宋代正是傀儡戏和南戏繁荣的时期，那么这一时期，傀儡戏和南戏戏神信仰的

---

① 康保成：《傩戏艺术源流》，广东高等教育出版社 1999 年版，第 243 页。
② 陈志勇：《论民间戏神信仰的源起与发展》，《文化遗产》2010 年第 4 期。

情况又怎样？根据南戏早期的情况，宋代南戏应该尚未形成行业神信仰，因为行业神信仰的前提是行业的形成及成员行业认同的相对稳固，而在宋代南戏自身是否为一剧种，尚有疑问，遑论南戏艺人自身的认同感，况且目前也未有文献证实宋代南戏艺人已有固定的行业组织。而宋代的傀儡戏则不同，不仅有聚集地，而且有行业组织——傀儡社。吴自牧《梦粱录》卷一"元宵"云：

> 官巷口、苏家巷二十四家傀儡，衣装鲜丽，细旦戴花朵口肩、珠翠冠儿，腰肢纤袅，宛若妇人。府第中有家乐儿童，亦各动笙簧琴瑟，清音嘹亮，最可人听，拦街嬉耍，竟夕不眠。①

同书卷十九"社会"条也有"苏家巷傀儡社"等语。又据《西湖老人繁盛录》记载，这里曾汇集了全国各地数量庞大的傀儡戏艺人群体，除提到川傀儡之外，还记载"福建鲍老一社，有三百余人"，杭州"苏家巷"成为全国傀儡戏艺术中心。

在不少傀儡戏艺人心目中，宋代杭州"苏家巷"，就是傀儡戏的源头和圣地，只是这个圣地在名称上逐渐演化为"杭州铁板桥头风火院"。据叶明生先生的调查，福建省各地傀儡戏，包括提线、掌中、杖头、铁枝、幔帐等傀儡戏的戏神均为田公元帅，该神的籍贯均为"杭州铁板桥头风火院"。故此，叶先生认为："显然，其信仰之源头与上述南宋杭州之'苏家巷傀儡社'的行业信仰有一定的关系。"② 叶先生的推论，笔者信然。在福建泉州等地的傀儡戏艺人中，也将戏神田相公称为"苏相公"，并还存在着这样的传说：田相公为杭州铁板桥头苏小姐吮吸稻浆而孕所生。③ 田相公杭州"苏"姓来源，恰是南宋"苏家巷傀儡社"祖地记忆的遗存。

故而，笔者大胆推测：南戏戏神信仰首先起源于傀儡戏行业神信仰。从傀儡戏与戏曲艺术之间的关系看，傀儡戏早于戏曲艺术，二者关系密切。孙楷第先生在《傀儡戏考原》中认为"宋元以来之戏文杂剧与宋之傀儡戏影戏接近，必自肉傀儡与大影戏始"，因为"设有人焉改易其词，以南北曲词代傀儡儿词，则南曲戏文北

---

① 《东京梦华录》（外四种），上海，古典文学出版社1956年版，第141页。
② 叶明生：《福建傀儡戏史论》，中国戏剧出版社2004年版，第483页。
③ 黄锡钧：《泉州提线木偶戏神相公爷》，《南戏论集》，中国戏剧出版社1988年版，第470页。

曲杂剧于焉产生"。① 事实上，民间戏剧艺人普遍存在尊崇傀儡戏的情况。黄锡钧先生亲历了这种情景："提线木偶戏台素有'十枝竹竿三领被'搭成'八卦棚'的固定格式。如提线戏演完，'人戏'要接着在提线台演出，必须拆去一枝竹竿，以示区别。寺庙、房屋落成典礼如不首演提线戏而演'人戏'，戏棚口也不敢正对大门，而要搭稍偏斜。若是提线戏与'人戏'在同地演出，必先提线戏起鼓开场，'人戏'才能演出，不能僭先，此曰'前棚傀儡后棚戏'。全国各地，亦大体尊木偶剧开台。"② 大戏尊傀儡、影戏的风俗，自南到北皆同。《中国戏曲志·甘肃卷》介绍我国西北地区的秦腔，班社有拜皮影、傀儡班供奉的庄王为舅舅的习俗。凡秦腔戏班流动到某地演出时如遇皮影、木偶班社在附近演出，便立即暂停演出，并请出本班庄王，备好供品去拜谒舅舅。③ 傀儡戏不仅为戏剧之祖，而且在康保成老师看来，南方供奉的戏神田元帅，竟是一架木偶。④

此外，从戏神咒"啰哩唓"来看，也是导源于傀儡戏。1979 年在上海近郊出土的明成化年间《新编刘知远还乡白兔记》开头，末上场念了一首诗并唱了一支【红芍药】曲，反复轮换念唱的"罗哩连"，汤显祖在《宜黄县戏神清源师庙记》中，也提及戏曲艺人在开场前要唱"啰哩唓"："子弟开呵一醪之，唱啰哩唓而已"。据此，康保成老师判断，在每出戏开场时反复演唱"啰哩唓"，具有迎接神灵降临的作用。⑤ 胡忌先生在 1957 年出版的《宋金杂剧考》中曾描述了福建莆仙戏在演出之前也要先打三通锣鼓，然后用"啰哩唓"三字反复颠倒唱咒文的情形。⑥ 而沈沉先生也介绍，温州旧时戏班的"开台"仪式，"凡戏班到达一个新的台基，必先举行'开台'仪式，由赛会会首（俗称头家）、庙祝与戏班班主 3 人上台奉供品，拈香礼拜，然后合唱一曲《祭神咒》。"沈先生还介绍，1985 年秋，瑞安下林高腔老艺人瞿进柳曾当面唱过那段《祭神咒》，居然也是用"啰哩唓"拼凑起来的

---

① 孙楷第：《傀儡戏考原》，上杂出版社 1952 年版，第 76—77 页。
② 黄锡钧：《泉州提线木偶戏神相公爷》，《南戏论集》，中国戏剧出版社 1988 年版，第 474 页。
③ 《中国戏曲志·甘肃卷》，中国 ISBN 中心 1995 年版，第 593 页。
④ 康保成：《傩戏艺术源流》，广东高等教育出版社 1999 年版，第 248 页。
⑤ 康保成：《梵曲"啰哩唓"与中国戏曲的传播》，《中山大学学报》2000 年第 2 期。
⑥ 胡忌：《宋金杂剧考》，上海，古典文学出版社 1957 年版，第 307 页。

神秘语言。① 这些南戏系统剧种，在开台、扫台或祭台时所使用的"戏神咒"，仍保存着傀儡戏开台曲念诵"啰哩嗹"的特点。泉州木偶戏剧团的戏神所演的"开台曲"【大出苏】，全曲都用"啰哩嗹"组成。故而，著名学者饶宗颐先生在一篇题为《南戏戏神咒"啰哩嗹"之谜》的文章中，就言之凿凿地指出："啰哩嗹"是"南戏戏神咒"，并认为赵昱在宋代已经"演变成为戏神"②。

将这些傀儡戏与南戏关系的信息点连缀起来所形成的证据链，让我们确信，南戏的戏神信仰正导源于傀儡戏的戏神田公元帅。

二、"去雨存田"传说与雷海青信仰的确立

考察南戏戏神信仰系统，雷海青作为戏神非常普遍，且与田公元帅叠合在一起。二者的叠合，中间有一个媒介，即"去雨存田"传说。这个传说，将后起的雷海青信仰，通过"去雨存田"，与田公元帅信仰重叠于一体。

雷海青为唐玄宗乐工，据《资治通鉴》等文献记载，安史之乱时安禄山命梨园子弟奏乐，"乐工雷海青不胜悲愤，掷乐器于地，西向恸哭。禄山怒，缚于试马殿前，支解之"③。对雷海青悲壮气节予以大肆渲染的是清初洪昇《长生殿》"骂宴"一出，笔者推测：清初民间高涨的民族主义情绪大背景下，《长生殿》的广泛流播，对雷海青信仰起到了推波助澜的作用。例如继后的乾隆年间文士汪鹏在《袖海编》中即云："然以海青之忠，庙食故宜，伶人祖之，亦未谬。"④ 雷海青忠烈之举及其唐明皇乐工身份，或正是其被戏行奉为戏神的原因所在。因此，雷海青应该是老郎神（唐明皇）信仰体系的衍生戏神。民间关于雷海青来源的传说，也基本与唐明皇有关。

关于雷海青被奉为戏神的时间，笔者认为不会早于戏神老郎神生成的时间。据

---

① 沈沉：《论"啰哩嗹"》，温州文化局编：《南戏国际学术研讨会论文集》，中华书局 2001 年版，第 380 页。
② 饶宗颐：《南戏戏神咒"啰哩嗹"之谜》，《梵学集》，上海古籍出版社 1993 年版，第 218 页。
③ （宋）司马光：《资治通鉴》卷二百一十八，中华书局 2007 年版，第 6994 页。
④ （清）汪鹏：《袖海编》，王锡祺编：《小方壶斋舆地丛钞》第十帙第四册，杭州古籍书店 1985 年版第十二册，第 271 页。

笔者《民间视野下的老郎神信仰考察》一文的考证，老郎神信仰当生成于明末，而繁盛于清初及稍后。① 那么，雷海青在戏曲行业的信仰，当不会早于这个时间。叶明生先生也指出："考之福建东南地区的田公庙（或田公元帅庙），其祀神被称之为雷海青者均为清初以降、或更后期的事。"② 叶先生所论极是，笔者目前能发现最早记载伶人崇祀雷海青的文献是清雍乾时期浙江钱塘人梁玉绳所撰《瞥记》，该书卷七云："妓所居之地曰花卫，有狐狸庙，月祀之，若优伶之家则祀雷海青云。"③

稍后记载雷海青戏神信仰文献还有两条，一条是乾隆二十九年汪鹏《袖海编》，继之是乾隆三十六年（1771）《仙游县志》卷一二"坛庙·元帅庙"条。

乾隆二十九年（1764）汪鹏赴日本长崎，记录了福建商队随行伶人演剧祭祀雷海青的情景：

> 乾隆甲申，余客东瀛，寓居山馆。……闻馆内有敬神演剧之事，习梨园者共构相公庙。相公之传自闽人始，旧说为雷海青而祀，以其姓去雨存田，称田相公。此虽不可考，然以海青之忠，庙食固其宜，而伶人祖之，亦未谬。若祀老郎神者，即以老郎为唐明皇，实惟轻亵，甚所不取。近因壬午年，闽人同类交哄，鸣金聚众，几致不测，白于使院，擒而究之，尽出于教习梨园者，乃逐其人而毁其庙，今尽拓为库基。④

按：俞樾《茶香室丛钞》卷十五有转录，但与原文略有不同。汪鹏《袖海编》所记雷海青"去雨存田"之说，影响甚巨。如清末邱炜萲《五百石洞天挥麈》卷四云："清客伶人奉祀之神，闽语呼为相公。据国朝汪鹏《袖海编》云：相公即唐时梨园之雷海青，其人或作田姓，盖雷字而去其上耳。"⑤ 清桑灵直《字触补》卷

---

① 陈志勇：《民间视野下的老郎神信仰考察》，《文化遗产》2008 年第 2 期。
② 叶明生：《福建傀儡戏史论》，中国戏剧出版社 2004 年版，第 491 页。
③ （清）梁玉绳：《瞥记》卷七，清嘉庆间刻清白士集本。
④ （清）汪鹏：《袖海编》，王锡祺编：《小方壶斋舆地丛钞》第十帙第四册，杭州古籍书店 1985 年版第十二册，第 271 页。
⑤ （清）邱炜萲：《五百石洞天挥麈》卷四，清光绪二十五年（1899）邱氏粤垣刻本。

一庾部"田相公"条:"习梨园者共构相公庙,自闽人始。旧说为雷海青而祀,去雨存田称田相公。《袖海编》。"① 馀者如清平步青《霞外攟屑》卷十、郑丽生《福州风土诗》"元帅诞"也有引用《袖海编》"去雨存田"的说法。

另一条重要文献是乾隆三十六年(1771)修《仙游县志》的记载:

> 元帅庙 在宝幢山,祀田公。原注:神祀音乐,即雷海青也。今世人不曰雷,而曰田,其言颇幻。幢山之神,能显威御寇,乡人感之,至今香火不断。②

《袖海编》和《仙游县志》这两条材料有两个共同特点:其一,将雷海青信仰与田相公信仰相混淆;其二,为将雷海青信仰与田公信仰驳接,都提到民间"去雨存田"的传说。可见,清代广泛存在的"去雨存田"的民间传说,正是将雷海青与傀儡戏戏神田公信仰叠合,融而为一的关节点。

除文献记载之外,民间还流传着"去雨存田"的四种传说。

传说一:安禄山叛唐,唐明皇命雷海青率兵御敌,雷海青战死。其时空中乌云滚滚,雷声大作,天上显一"雷"字,但上半部"雨"字被乌云遮住,只现下半部"田"字,故人们称他为田都元帅。③

传说二:清顺治十八年(1661)南明福王流寓于闽东,激起了闽地民众反清复明的民族情绪,雷海青的传说附会到福王身上,民间传说福王南逃闽中,海上遇难,雷海青率领天兵天将前来救驾;帅旗上的"雷"字被云遮了上一半,只露出了"田"字,福王误认为姓"田"的将军护驾,故赐封为"田公元帅"。④

传说三:有一年,一个莆仙戏班出海演出遭遇风暴,危急时刻他们请求戏神"雷海青"庇佑,雷海青显灵救了戏班。由于在天空中,帅旗上的"雷"字被云彩遮住,只露出"田"字部分,于是雷海青就是天庭田公元帅的传言就传开了。⑤

---

① (清)桑灵直:《字触补》卷一,清光绪小娜嬛书库刻本。
② (清)胡启植、王椿修,叶和侃等纂:《(乾隆)仙游县志》卷一二《坛庙》,1930年铅印本。
③ 刘念兹:《南戏新证》,中华书局1986年版,第322页。
④ 李庆爵讲述,黄秀峰整理:《田公元帅》,莆田民间文学集成编委会编:《中国民间故事集成·莆田县分卷》,1991年版,第175—176页。
⑤ 《中国戏曲志·福建卷》,文化艺术出版社1993年版,第593页。

传说四：潮剧艺人传说李世民要群臣演戏，雷元帅嘴角总挂着微笑，李世民以为在发笑，要杀他，却不忍。最后想出一个好办法，杀姓不杀人，把他的雷姓砍了头，便成了田元帅。①

从时间上来看，"传说一"可能是民间"去雨存田"传说的最早版本，而"传说二"则是福建民众敷衍陈说所孽乳，"传说三"应是莆仙戏艺人出于现实需要所衍化创造的，"传说四"则是近世伶人根据田公神像的敷衍。不管哪种"去雨存田"传说，在表面都看似荒诞，诚如清代郑东廓《福州风土诗·元帅诞》所云："会乐宗师最少年，打拳唱戏各精专。如何当时雷供奉，统领天兵易姓田。"② 郑诗表达了对福建等地"去雨存田"的传说所感觉到的不可思议。然而，在传说不经的背后，透露出民间艺人在特定时期有意识将田公信仰与雷海青信仰予以合并的意图。这个意图的结果，使得福建南戏戏神信仰获取了更为广泛的信仰力和丰富的文化内涵。

在"去雨存田"传说的作用下，首先源于傀儡戏的田公信仰与民间雷海清信仰融合而成为南戏的新戏神。据叶明生先生披露加拿大学者丁荷生曾在莆田县江口凤来宫拍到两通署为"辛未"的古碑，其中一通所题为"探花府忠烈元帅田"，显属田公信仰，内容却是雷海青，有云："掷琵琶以刺叛国贼，著忠烈而壮唐代也。……玉封昊天帝子"等语。③ 民国时期张琴编撰《莆田县志稿》卷十八"坛庙"之"田公庙"条载："田公称昊天三帝子，颇为不经，而各处祀之惟谨，梨园尤信奉之。相传田公即雷公，唐书所载乐工雷海青是也，以琵琶掷安禄山，遇害而死。明华夷之分，识臣子之义矣，乐府祀公宜也。俗传神尝展灵旗于空中，云掩'雨'头，仅露'田'字，故称田公。"④ 近人何醒士有《雷海青琵琶》诗云："胡儿鼙鼓乱中原，献媚多从将相门。独有伶官名足传，欲歼贼帅死何言。渐离击筑功堪并，子幼弹筝殁共恩。省字为田雷变姓，灵神或说报忠魂。"⑤ 可见后人已在"去雨存

---

① 《中国戏曲志·福建卷》，文化艺术出版社1993年版，第595页。
② 福建省戏曲研究所编印：《闽剧史稿》，1983年6月，内部印刷，第67页。
③ 叶明生：《福建傀儡戏史论》，中国戏剧出版社2004年版，第493—494页。
④ 张琴编纂：《莆田县志稿》卷十八，手抄本，1941年，第66页。
⑤ 林孝曾编：《闽百三十人诗存》卷七，林庆熙等编注：《福建戏史录》，福建人民出版社1983年版，第8页。

田"传说改造的基础上，将田公信仰与雷海青信仰混为一谈。

三、武以安民：武将雷万春对田公信仰的介入

在田公信仰体系中，雷姓神祇通过"去雨存田"介入戏神祭祀的除了唐代乐工雷海青外，还有唐代武将雷万春。叶明生先生在《莆仙戏剧文化生态研究》一书中介绍：

> 莆田、仙游的田公元帅信仰事象，常出现一文一武的田公神像，或合文武于一身的田公神像。其中还与唐忠烈神之一的雷万春信仰有关。①

杨榕《莆仙地区戏神田公探述》也指出：在（当地）一些田公庙中，雷海青与雷万春是同庙奉祭的，形象不同，一文一武，但都被民间称为田公元帅。② 如叶明生所著《福建傀儡戏史论》（第504页）所录福建南平市虎山大腔傀儡戏供奉的金身田公元帅座像，全身穿盔甲，金身装饰，显然为武装神像。此外，福州元帅庙祖殿③，江口镇凤来宫朝天阁，福州西关太平桥田公庙，所供奉田公元帅塑像均是武身神像。

从文献来看，民国年间《莆田县志稿》卷十八"坛庙·田公庙"条载："田公称昊天三帝子，颇为不经，而各地祀之惟谨，梨园尤信奉之。相传田公即雷公，《唐书》所载乐工雷海青是也。……或云即与张巡同守睢阳之雷万春也，其说尤近。"新编《潮剧志》也言当地潮剧艺人也有流传田公为雷万春的说法："潮剧以田元帅为戏神（也称祖师）……一说元帅姓雷，是名鼓师雷海清之兄弟雷万春，万春后为张巡许远部将，守睢阳时尽节。"④ 雷万春于安史之乱中守睢阳而死，唐代宗李豫永泰元年增雷万春配享张巡、许远等四人，庙祠称为"五王庙"。后因宋徽

---

① 叶明生：《莆仙戏剧文化生态研究》，厦门大学出版社2007年版，第317页。
② 杨榕：《莆仙地区戏神田公探述》，叶明生主编：《福建戏曲行业神信仰研究》，内部印刷，2002年5月，第88页。
③ 叶明生：《福建傀儡戏史论》，中国戏剧出版社2004年版，第515页。
④ 连裕斌主编：《潮剧志》，汕头大学出版社1995年版，第359页。

宗赐爵,"五王庙"又称"协忠庙"。① 全国各地皆有协忠庙,历朝地方志"祠祀"卷有载,不赘引。即便在当下福建一些地方戏神祭祀仪式中,还蕴含着雷万春的元素。2001年五六月间,莆田市瑞云祖庙举行"雷海青诞辰1285周年庆典纪念活动",在游行队伍中还出现一巨幅横匾"睢阳正气","'睢阳'二字即透露守将雷万春与戏神田公曾有过微妙关系"②。

图11 三田都元帅。采自潘恩德编著、潘兆耀绘图《全像民间信仰诸神谱》第163页

图12 冲绳刚柔流空手道奉田都元帅为武神。采自《冲绳传武备志》

---

① (清)俞正燮:《癸巳存稿》卷十三"张王神"条,《续修四库全书》第1240册,第171页。
② 杨榕:《莆仙地区戏神田公探述》,叶明生主编:《福建戏曲行业神信仰研究》,内部印刷,2002年5月,第101页。

由上不难看出，田公信仰的武将元素应导源于唐代雷万春。其实民间大量"去雨存田"传说，最初的文献记载是宋代岳珂的《桯史》卷十"万春伶语"条，一伶故意将雷万春的姓说为"田"，另一伶则以谑语"有雨头也得，无雨头也得"来讥讽帘官的贪贿。这条"去雨存田"的历史文献，却与雷万春相关，至于是否影响到后世"田公元帅"有关"去雨存田"的传说，则不得而知了。

雷万春被奉为南戏系统的戏神，应还有神媒中介；而这个媒介或许就是傩戏及傩神。早在明末清初蕲州人顾景星《白茅堂集》卷三十一中就记载："楚俗尚鬼，而傩尤甚。蕲有七十二家，有清谭保、中保、张王、万春等名。……张王者张巡也，万春者，雷万春也。以为傩神不知原起，或者因巡厉鬼，杀贼一语故以驱厉，而以玄宗为厉主耶？崇祯后，仪仗无复旧观，舞狮如故。"①《蕲州志》卷三十"外志·鬼神"，对张巡、雷万春被民间奉为傩神记之甚详："张王，唐张睢阳，像旁塑许远，雷万春以从祀。……蕲俗于五月中旬迎其神，导卫甚盛，乡村各为社，或相值争道以殴，谓之'撞张王'，又作纸船扬旗幡于其上，送之江，谓之送瘟。"同志卷三十"外志·寺观"云："太尉庙在治东北百六十里王裕冲。田太尉相传即雷万春也。以雷为田，正与《桯史》所载成都优伶谬称田万春，至于祖祢奋拳遽曰'有两头也'，得以讽主司者相似，然彼以为戏言而此以为实事，何也？"② 足见，在明末清初雷万春已经在民间广泛被崇奉为傩神。雷万春因忠烈封侯，继而为民间祀为俗神，又被请入傩戏成傩神，最终进入伶业成为戏神之迹甚明，但终因唐明皇手下乐工雷海青"掷琴击贼"的光辉所掩盖不彰。尽管如此，却在闽、台等地的戏神田公元帅信仰中，仍有其信仰因素的存在，田元帅武将形象可为显例。

四、"田"字关联：田公与田祖信仰的交缠

无论是雷海青还是雷万春，他们进入戏神田公元帅信仰体系，"去雨存田"都是一个关键环节，故而"田"字在田公信仰体系中是一个至关重要的因素。元明佚名《三教搜神大全》卷五"风火院田元帅"条，提及的戏神是"孟田苟留、仲田

---

① （清）顾景星：《白茅堂集》卷三十一，《四库全书存目丛书》第206册，第233页。
② （清）封蔚初修，陈廷扬纂：《蕲春志》，光绪八年（1882）刻本。

洪义、季田智彪"田氏三兄弟。晚明汤显祖《宜黄县戏神清源师庙记》也提及清源戏神"止以田窦二将军配食也",其中有位田姓配享的戏神。甚至民间还流传着这样有关戏神诞生的传说:玉皇太子投胎杭州铁板桥,桥边有块大田,便取"田"为姓,名清源。① 这则传说不仅将戏神与"田"相关,而且直接与戏曲行业祖师神清源扯上关系。在福建等地有则关于戏神田元帅诞生的传说,讲其母苏小姐郊游,吮吸田中稻浆而孕,被迫弃子于田边,为田蟹所救。② 而萧遥天先生更是指出,在潮州等地有说戏神田元帅教曲后化为青蛙而隐的传说,所以在潮音戏开班的"请元帅"祭祀仪式中有,从田野间拾取田土一枚,归盛香炉虔诚祷祭的环节。③ 凡此种种,南戏戏神田元帅的诞生、祭祀都似乎离不开"田"。

正因如此,以叶明生为代表的一些学者认为,戏神"田公"当来源于民间农业神"田祖"信仰。④ 然而,对农业神"田祖"的信仰,如何演变为戏曲行业内部祖师的崇拜,叶先生等学者缺乏中间的逻辑阐述。我们断不能因为"田公"信仰体系中包含有一些农耕文化信息(如青蛙、蟹、稻谷、田地、繁衍生息等),就将南戏行业神田公信仰的来源归之上古时期的"田祖"信仰吧。

笔者认为,戏曲行业"田公"信仰,道教神祇崇拜是其重要的来源。我们发现明初道教经典《道法会元》就有田公信仰的信息,该经卷二百三十三"玄坛赵元帅秘法"云:

> 焚香告召冲天风火院昭烈侯田大太尉、冲天风火院昭信侯田二太尉、冲天风火院副将郭太尉、冲天风火院窦判官,闻吾告召,疾速来临。……向来密炼已竟,谨焚真香,启请老祖天师六合无穷高明大帝,上清正一龙虎玄坛金轮都总管赵公明元帅,部下亚副二大元帅、黑虎郭大元帅,五方和合贺将军,玄坛

---

① 刘晓迎:《永安市黄景山万福堂大腔傀儡戏与还愿仪式》,台湾《民俗曲艺》第135期,2002年,第117页。
② 黄锡钧:《泉州提线木偶戏神相公爷》,《南戏论集》,中国戏剧出版社1988年版,第470页。
③ 萧遥天:《潮音戏叙原》,广东省艺术创作研究室编:《潮剧研究资料选》,1984年内部印刷,第129页。
④ 叶明生:《一把打开戏神田公迷宫的钥匙——〈大出苏〉》,《南戏遗响》,中国戏剧出版社1991年版,第181—198页。

帐前李符使，八王正副猛将，五方正副元帅，云台二十八将，旗头大将，六纛先锋，捉缚枷栲天将，猖兵猛将，玄坛部下千将万兵官众，冲天风火院昭烈侯昭信侯二田太尉，副将郭太尉窦判官，金花小娘，银花小娘，梅花梅渧，猪头象鼻杨耿二神君，地部金冠招宝潘元帅，三百公婆，万回圣僧，和合散事老人，开颜悦貌童子。①

《道法会元》为道法书文汇编之一，未著编纂人姓氏。书中所收道士文论甚多，以元末明初清微派道士赵宜真之文论最多且最晚；在其他多篇清微法中，已将赵宜真作为清微派一代祖师列入启请神灵中，表明编纂此书时，赵宜真已经作古。故此书成书之年代，当在赵宜真逝世之年（1382）至《正统道藏》始刊年（正统九年，1444）之间，即为明代前期。有了这条材料，福建等地傀儡戏信奉的"田、郭、窦"三神之来源，就有了可靠的说法。

而将冲天风火院昭烈侯田大太尉，冲天风火院昭信侯田二太尉，冲天风火院副将郭太尉，冲天风火院窦判官等道教神祇引入傀儡戏行业信仰中的，应该是傀儡戏祭祀科仪。叶明生先生在《福建傀儡戏史论》专门讨论了福建傀儡戏的宗教特征，通过田野调查发现福建傀儡戏都深浅不同地受到民间宗教的影响和渗透，尤以闽北大腔傀儡戏和闽东北四平提线傀儡戏为甚，后者更是被称之为"梨园教"，其教派名称、法号、坛号、受箓、科仪等方面都具有严格的宗教教派规制及意义。② 傀儡戏"内坛科仪外坛戏"的空间和形式转换模式，同戏神崇祭一样，处于宗教信仰与民间演剧之间的一种状态，为戏曲行业神从宗教神系的引入打开方便之门。例如在福建永安市青水乡黄景山村万福堂的大腔傀儡戏的"田公咒"，仍保留着道教祭祀科仪的宗教色彩：

焚香奉请：谨请田公田公，显显灵通，威灵威灵，田公舍人。本是玉皇亲太子，降下凡间救万民。杭州铁板桥头上，出入兄弟有三人。日间骑马云中

---

① （明）佚名：《道法会元》，《道藏》第30册，文物出版社、上海书店、天津古籍出版社1988年版，第454页。
② 叶明生：《福建傀儡戏史论》，中国戏剧出版社2004年版，第491页。

看，夜间歌舞助梨园，若有邪魔并恶鬼，木瓜一响碎微尘。吾奉田公师父敕，急急如律令。①

明乎南戏早期戏神名称来源于道教，那么福建等地田公崇拜中的"田祖"信仰因子，则是在田公信仰兴盛之后，民间原有的农业神、平安神之"田祖"信仰加入其中所致。此点，叶明生先生的话可为"田祖"并不是南戏戏神"田公信仰"的源头的观点作佐证。据他介绍，在福建一些地方还存在以田公元帅之名立庙，但所供奉不是戏神，而是社区之保境安平之神与历史上的农业神——田祖的情况。② 二者不相混，正说明"田祖"、"田公"信仰，并不是源与流的关系，而是两种不同的民间信仰。又之，据民俗学者考证，民间"将'雷'姓呼为'田'姓，大概起于对姓氏的一种非正式、非普遍隐语型的俗称。这种俗称，带有浓厚的戏谑意味，有时还带有某种祝吉的意味"③。故而，福建等地"田公元帅"与"田祖"信仰的相混，只是两种民间俗信的交叉，源于它们相通、相用之缘，而"田"字，当为重要的媒介。

五、其他戏神元素对田公信仰的渗透

戏曲行业田公信仰在历史的长河中不断前行的同时，也受到其他戏神信仰元素的渗透。这种影响和渗透，丰富了田公信仰的文化内涵和民俗价值。

第一，梨园行翼宿星君信仰直接影响了田公信仰。台湾李叔还《道教大辞典·三田都元帅》条引《三教搜神大全》曰："母苏氏，偶至郊野，感天上翼宿入怀，乃未嫁有孕。"④ 照此说，福建等地广泛信奉的戏神田都元帅就是翼宿之子了。《中

---

① 叶明生：《福建北南两路田公戏神信仰述考》，叶明生主编：《福建戏曲行业神信仰研究》，内部印刷，2002年5月，第37页。
② 叶明生：《福建傀儡戏史论》，中国戏剧出版社2004年版，第513页。
③ 赵杏根：《中国百神全书》，南海出版社1993年版，第363页。
④ 何昌林：《乐王、戏祖、拳宗、医圣——翼宿星君与中国艺术神系》，《中华戏曲》第15辑，山西古籍出版社1993年版，第45页。

国戏曲志·福建志》亦有类似的说法,①也证明闽地民间确有田都元帅之母"感翼宿入怀"产戏神的说法。

又,据叶明生先生介绍,在田元帅庙中有一种祈请田元帅仪式所念经文《田宗师启化经》,有云:

> 霞府田宗师宝诰。……贯正气于云霄,炯元精于翼宿,佛号歌舞菩萨,道称会乐天尊。掌管百万儿郎,斗中和合圣众,大悲大愿,化俊化英,九天纠察使,提点昭烈侯,风火院三田都元帅。②

这篇经文点明了田公元帅的元神源于翼宿,同时也充分说明民间通过道教科仪实现道教神祇翼宿星君对戏神田公元帅信仰的直接渗透。

此外,从田公元帅的立体形象看,它也明显被打上翼宿星君的印记。《福建通志》"坛庙志"记载,民间有传说"田元帅为天上翼宿星君,故其神头插双鸡羽,象翼之两羽,田姓象翼之腹,共字象两手两足,故其神擅技击。"③福建南平、永安两地傀儡戏戏神田公师父,"此身戏偶身穿红袍,面呈红色,头上插一付鸡毛。"④叶明生所著《福建傀儡戏史论》上册卷首彩图第7页所收福建大腔傀儡戏和闽东四平傀儡戏神偶田公师父(元帅),头上都有两翼(白鸡毛)。田公元帅头生两翼,说明它的信仰潜移默化地受到翼宿星君的影响。

又之,由于翼宿星君是道教神祇,而田公元帅又有由翼宿所生一说,故而在马书田《中国民间诸神》书前所附"戏神雷海青"图像完全就是道士模样(图13),此可谓田公元帅信仰受翼宿星君渗透又一显例。

第二,老郎神小儿或少年之塑像原型对田公元帅信仰产生了影响。老郎神,本是戏曲行业祖师二郎神的转化,又因具有生殖崇拜的童偶喜神进入戏神信仰体系,故其多以小儿或少年形象出现在人们面前。

---

① 《中国戏曲志·福建卷》,文化艺术出版社1993年版,第214页。
② 叶明生、杨榕:《福州元帅庙田公信仰与民俗仪式调查》,叶明生主编:《福建戏曲行业神信仰研究》,内部印刷,2002年5月,第223页。
③ 林庆熙等编注:《福建戏史录》,福建人民出版社1983年版,第8页。
④ 叶明生:《福建傀儡戏史论》,中国戏剧出版社2004年版,第504页。

图 13 "戏神雷海青"像，采自马书田《中国民间诸神》书前彩页

福建等地的戏曲班社所祭祀的田公元帅也是小儿或少年模样。福州民间敬祀的"五代元帅"雷海青，据《闽杂记》记载"或塑像，或画像，皆作白皙少年。"① 又据刘远先生介绍闽西上杭县白沙镇洋背村飞凤堂傀儡班世传绢质"神榜画轴"中的"田公元帅"，亦是怀抱如意的白皙少年相。② 不仅如此，田公元帅不少时候，也被

---

① （清）施鸿保：《闽杂记》，来新夏校点，福建人民出版社 1985 年版，第 79 页。
② 刘远：《闽西田公神形象》，叶明生主编：《福建戏曲行业神信仰研究》，内部印刷，2002 年 5 月，第 148 页。

伶人雕琢为小儿形象。如刘远《闽西田公神形象》一文收集的闽西木偶戏所祀"田公元帅",就是一"小娃"。①田仲一成《中国乡村祭祀研究》（639页）所附"福州新乐天班戏神"田公元帅,也是童子的形象。容世诚先生介绍新加坡潮州戏班供奉的戏神"太子爷"也是一个孩童的模样,为了强化这一形象,甚至让他嘴里叼着奶嘴。②

戏神为童子形象,在全国各大剧种中是较为普遍的现象。这一现象为具有生殖崇拜性质的喜神（童偶）进入戏神信仰体系所致。而福建等东南沿海地区戏曲班社艺人信奉的戏神雷海青（田公）多为小儿形象,当也是受到"喜神"为戏神的影响。

第三,从戏神生日看,戏曲行业祖师二郎神、老郎神的生辰也影响到雷海青（田公）。在民间信仰系统中,神祇的生辰具有很强的稳固性,一般不会因地域的迁移而发生改变,因此从生辰的角度可以窥视神祇之间影响和渗透的痕迹。

关于老郎神的生辰,各地剧种有所不同,影响较大的昆剧和京剧的时间基本一致。梅兰芳先生回忆,直至清末民初,每年六月十一日、十月十一日两天的"老郎会",所有的昆曲艺人要赶到老郎庙,集中处理起班、搭班、租用衣箱等事务③。而据黄锡钧介绍,泉州民间艺人供奉的"相公爷（田都元帅雷海清）、老郎（唐明皇）都是六月十一、八月廿三"④。六月十一,同为老郎神和田都元帅雷海青的生辰。有些地方田公元帅与老郎神唐明皇同驻戏神庙（老郎庙）受祭。如浙江温州"老郎庙"内供奉三个剧种的戏神,其中高腔供田公元帅,昆曲和乱弹供唐明皇。⑤所以在一些文献中,人们直呼田公元帅为"老郎神",如刊刻于清嘉庆十八年（1813）的浙江人姚东升《释神》一书,转录《三教搜神大全·风火院田元帅》相

---

① 刘远:《闽西田公神形象》,叶明生主编:《福建戏曲行业神信仰研究》,内部印刷,2002年5月,第153页。
② 容世诚:《新加坡华族戏曲的戏神崇拜》,林美容主编:《信仰、仪式与社会》,《第三届国际汉学会议论文集·人类学组》,（台北）2003年6月,第405页。
③ 梅兰芳述,许姬传、许源来、朱家溍记:《舞台生活四十年——梅兰芳回忆录》,团结出版社2006年版,第304页。
④ 黄锡钧:《泉州提线木偶戏神相公爷》,《南戏论集》,中国戏剧出版社1988年版,第477页。
⑤ 李子敏:《瓯剧史》,中国戏剧出版社1999年版,第224页。

关文字后补充说:"按此,则'尉'乃今演剧中之老郎神也。"①

二郎神对田公元帅的渗透,也可从二神的生辰说起。在宋代文献《东京梦华录》卷八记载甚明:"(六月)二十四日,州西灌口二郎生日,最为繁盛。"② 据叶明生先生介绍福建高腔傀儡戏神田公元帅的诞辰就为六月廿四日,"傀儡班在平日或演出中仅以茶酒香火供奉之,无特殊祭祀仪式,而隆重的祭祀仪式则于上杭县白砂镇大金村水竹洋之祖庙——田公堂举行,俗称之为'田公会'。"③《中国戏曲志·福建卷》介绍,旧时潮剧艺人也是在六月廿四日祭祀戏神田公元帅。④ 福建永安县青水乡黄景山万福堂的傀儡班,同样是在六月廿四日举行隆重的祭祀"家祖"田公神的庆贺仪式。⑤ 台湾皮影戏艺人也崇奉田都元帅为戏神,"生日在农历六月二十四"⑥。足见,南戏戏神田公元帅在自身演变发展的过程中,受到了其他戏神信仰的干预和渗透。

综上所述,南戏的戏神信仰起源于傀儡戏的行业神信仰,在元末明初道教"田太尉"信仰元素渗透其间。而后起的"去雨存田"传说,将雷海青信仰与田公元帅信仰重叠为一体,武将雷万春信仰的掺入,致使田公元帅出现"文武双身"的两种神像雕塑形象。清代以后,戏神翼宿星君、喜神、老郎神、二郎神信仰元素的渗透,导致在闽台南戏神田公元帅身上都能找到众神的影子。所以,南戏戏神田公元帅在历史变迁过程中,广泛吸收各种民间信仰元素合于一身,成为一种复杂的民间俗信事象。

本章小结

民间戏神信仰中,二郎神、老郎神和田公元帅是影响最为广泛的三大戏神信仰

---

① (清)姚东升:《释神》,书目文献出版社1985年版,第30页。
② 《东京梦华录》(外四种),上海,古典文学出版社1956年版,第47页。
③ 叶明生:《福建傀儡戏史论》(上),中国戏剧出版社2004年版,第510—511页。
④ 《中国戏曲志·福建卷》,文化艺术出版社1993年版,第595页。
⑤ 叶明生:《福建傀儡戏史论》(上),中国戏剧出版社2004年版,第521页。
⑥ 林茂贤、傅正玲等记录整理:《台湾地方戏戏神传说(六)》,《民俗曲艺》第40辑,第138页。

系统，它们相互交缠，相互渗透，共同构筑起中国戏曲行业神系的主体。

二郎神是最早的戏曲行业神，自宋代已经显现出戏神信仰的文化属性，但到了明代对于二郎神是谁已经众说纷纭。戏曲家汤显祖是明代记录戏神信仰的第一人，他除了《宜黄县戏神清源师庙记》外还作有《遣张仙画乃作灌口像》诗，诗中提及与二郎神原型有关的赵昱、梓潼帝君、李冰儿等人。于此也说明，一种民间神祇的生成往往是信仰元素"箭垛式"的叠加。汤显祖关于戏神信仰的一诗一文，还说明清初之前，戏曲行业一直崇奉二郎神为戏神。然而，二郎神演化为戏曲行业的祖师神，原因令人费解，说法不一。细察北宋初年进入二郎神信仰系统的后蜀主孟昶，他酷喜弹弓、蹴鞠、管弦等"游戏"，这些正是二郎神奉为戏神的关键因素，因此笔者认为二郎神能成为戏神，后蜀主孟昶是最为关键的原型。历史总是吊诡的，戏曲行业中二郎神的信仰却在清代突然消失了。考察个中原因，主要是因为二郎神地位的提升，官府的禁止，加之老郎神信仰的兴起，故而在梨园行二郎神信仰逐步被老郎神所取代。

老郎神信仰，是民间行业祖师崇拜的产物，它几乎遍及所有的地方剧种。关注此种信仰的生成与运作，具有戏剧史与民间信仰史的双重意义。老郎神信仰，至迟在明代中晚期，已经在戏行兴起。它的信仰模式主要表现为以老郎神的日常崇祀为形式，以老郎庙的建立为从业人员的共同家园和集体组织，以每年两次的老郎会为集中技艺展演和事务处理的平台。事实上，老郎神信仰是一种介于行业内部信仰与"准宗教信仰"之间的民间俗神信仰形态。

田公元帅是南戏的戏神，在我国东部沿海的闽、浙、台、粤等地区崇信很广泛。从宋代至今，田公元帅信仰不断受到其他文化元素的渗透和介入，使之成为一种十分复杂的戏剧学和民俗学事象。田公元帅导源于宋代的傀儡戏戏神信仰，但在元末明初又受到道教"田太尉"经义和祭祀科仪的影响。后起的"去雨存田"传说，则将雷海青信仰与田公元帅信仰重叠于一体；武将雷万春信仰的渗入，致使田公元帅出现"文武双身"的两种神像雕塑形象。清代以后，翼宿星君、喜神、老郎神、二郎神等戏神元素的渗透，则赋予了南戏戏神田公元帅更丰富的文化内涵。

第三章　道教神系与民间戏神信仰

道教作为中国本土生长的宗教，与民间信仰有着千丝万缕的联系。由于道教的神灵为俗民所熟悉，加之道教的很多神灵具有神奇的法力，故而不少道教的神祇被请入戏曲行业，成为戏神获得崇奉。本章选取九皇神和关圣帝君（关羽）作为个案，来分析他们进入戏神信仰体系的过程、原因及在梨园行敬奉的情况。

第一节　道教"九皇神"与民间戏神信仰

出于不同的目的，民间演剧行业形成了庞大的戏神信仰体系。有借用与戏曲关系密切的历史人物立为祖师信仰的，如优孟、后庄公、唐明皇、田元帅、焦德、汤显祖等等；也有借用宗教神佛的，如三元祖师、华光大帝之类；更有与戏曲行业特点直接相关的，如咽喉神等，不一而足。但笔者在考察民间戏神信仰体系时发现，道教的"九皇神"也被请入梨园行成为戏神。民间素有九月初九吃"九皇素"的习俗，那么道教的"九皇神"又是怎样形成的？它又是怎样走进戏曲行业成为戏神的？其背后又蕴含着伶人怎样的心态呢？诸种问题，值得探究。

一、从北斗星宿到道教星神

旧时戏班信奉"九皇神",每年九月初一至初九,戏班斋戒茹素,为"九皇会"。《中国戏曲志·上海卷》云:"九皇原系道教中之神名,天上之北斗九星称北斗九星大道君。"① 但是,这北斗九星又怎样成了道教的星神呢?《史记·天官》有载"北斗七星",实际上北斗现七星隐二星,还是九星。这九星分别为:"一曰玉皇,二曰紫薇,三曰贪狼,四曰巨门,五曰禄存,六曰文曲,七曰廉贞,八曰武曲,九曰破军。"②

到了晋代,干宝《搜神记》记载了一个非常有名的故事,即颜超求北斗星君延寿九十九,文末云:"南斗注生,北斗注死。凡人受胎,皆从南斗过北斗。所有祈求,皆向北斗。"③ 明确点出北斗主命籍的职能。这样,通过传说就给北斗星宿注入了民间信仰的因子了。

值得关注的是,北斗九星又是怎么与"主人命籍"的职能联系起来的呢?道教典籍《北斗本命延生真经》卷一云:"斗在北,旺于水,司生司杀,养物济人之都会也。人禀天地之炁,为男为女,可寿可夭,皆出乎北斗之政令也。"④ 从五行来看,北斗旺于水,乃万物之源泉,自然容易引伸到司掌命籍上去。《老子中经》云:"璇玑者,北斗君也,天之侯王也,主制万二千神,持人命籍。"⑤ 看来,北斗星君的最原始最基本的职能是"持人命籍",而此后它的职能得到不断的丰富和充实。

一般来讲,星宿崇拜内涵的不断丰富,与民间群众心理愿望的累加息息相关。《重修纬书集成》卷六"河图帝览嬉"云:"斗七星,富贵之官也。其旁二星,主爵禄。其中一星,主寿夭。斗主岁时丰歉。"⑥ 这时,北斗星宿身负主富贵、主寿

---

① 《中国戏曲志·上海卷》,中国ISBN中心1996年版,第709页。
② 《太上玄灵斗姆大圣元君本命延生心经》,《道藏》第32册,文物出版社、上海书店、天津古籍出版社1988年影印,第549页。
③ (晋)干宝:《搜神记》卷三,汪绍楹校注,中华书局1979年版,第34页。
④ 《太上玄灵北斗本命延生真经》,《道藏》第17册,文物出版社、上海书店、天津古籍出版社1988年影印,第3页。
⑤ 《古今图书集成·神异典》卷一四,中华书局、巴蜀书社1987年版,第59940页中。
⑥ 转引自宗力、刘群《中国民间诸神》,河北人民出版社1986年版,第117页。

夭、主丰歉的主神了。

至此，北斗主寿夭的基本神职非但没有改变，反而得到进一步的强化。隋唐时期的《北帝七元紫庭延生秘诀》云："第八帝星高上玉皇景光君，得见增三百岁。第九尊星太微玉帝神君，又名太帝七辰元君，得见增六百岁。"① 宋张君房《云笈七签》卷二十四云："北斗星者，太极之紫盖，玄真之灵床，九皇之神席，天尊之偃房。"又云："九皇君、九夫人内姓隐讳，知之延寿千年。"② 这一时期，北斗星宿几乎发展成了一切人间福祉的主宰之神。值得注意的是，《云笈七签》已经将北斗星冠以"九皇"的名号了。道教的"九皇"，最早见于《太平经》卷六十六，文曰："天有三皇，地有三皇，人有三皇"，谓之"九皇"③。而天皇、地皇、人皇之说，又源于古代的传说，晋朝王嘉《拾遗记》卷九载，频斯国有大石室，壁上刻为三皇之像：天皇十三头，地皇十一头，人皇九头，皆龙身。④ 诸如此类记载，都只都停留于传说层面，未能通过造神运动，进一步将九皇提升为星神，但到了宋代情况发生改变，道教经典已经将上古传说中的"九皇"与主宰人间福、寿的北斗星宿联系起来了。

还是北宋时期，另一部道教经典《太上北斗二十八章经》说，农历九月初一到九月初九日，夜半子时各朝拜北斗九宫的其中一宫，可五福攸从。⑤ 这样，祭祀北斗的时间也已经确立为农历九月初一至初九日，这与后世举行"九皇会"，吃"九皇斋"的时间正好印合。

到了元明之际，人们在将星宿神化的同时，又根据世俗的人情规则，给它注入一些具体可知可感的人性色彩。比如，给北斗九星找个母亲就是其中一例。据《北斗本生真经》记载，周御国王妃紫光夫人一胎生九子，二长子为玉皇大帝、紫微大帝，七幼子则为北斗星君，而紫光夫人遂成为斗姆（姥），其像三目四首，左右各

---

① 《北帝七元紫庭延生秘诀》，《道藏》第32册，文物出版社、上海书店、天津古籍出版社1988年影印，第549页。
② （宋）张君房编：《云笈七签》第二册，李永晟点校，中华书局2003年版，第546页，第558页。
③ 王明编：《太平经合校》上册，中华书局1960年版，第234页。
④ （晋）王嘉：《拾遗记》，齐治平校注，中华书局1981年版，第209页。
⑤ 《太上北斗二十八章经》，《道藏》第11册，文物出版社、上海书店、天津古籍出版社1988年影印，第357页。

四臂。① 而据《本命延生心经》的教义又说，元始天尊之阴气化生斗姆。斗姆的梵气又化生了九皇。② 因此，九皇实为先天之大神。凡是侍奉九皇，必尊九皇之母。但不管哪种说法，九皇神信奉与斗姆崇拜，自此就扭合在一起了。

至此，"斗姆"和九皇神信仰初步形成。于是，道教经典就号召俗众信仰之。《北斗本命延生真经》曰："其有生身果薄，虽在人中贫穷下贱，纵知本命无力修崇，能酌水鲜花，冥心望北极稽首礼拜，念本命真君名号者，亦不虚过本命限期，皆得延生注福，系念人身，灾厄蠲除，获福无量矣。"③《北斗本生真经》也号召俗众虔诚崇奉：

> 若有信心男女，能于上春日一心斋戒，肃尔神明，设九光醮，迎请紫光圣母并七元君，虔恭奏献。纵有多劫十恶重罪，冤家苦报，如九日轮照于冰山，应时消释。上至国王大臣，下及民庶，能奉之者，感获景贶，福寿增延无量，天真俱来拥卫，见世圆满，子孙昌盛。命终之后，超生大梵真天。世上之士若能常诵《九光真经》，设九光醮，持紫光明，智慧福寿，如彼甘泉，随汲随发，受用无尽。④

而《先天斗母奏告玄科》经文还提示信众，斗姆有"统领群伦""接引众生，超离诸苦"的法力，应特醮礼斗姆，代陈忏词，祈恩除罪，降福灭灾。⑤ 于是民间就流传因信奉斗姆而获其佑护免灾的传说。清人褚人获的笔记《坚瓠秘集》记叙，有一个名叫张君安的商人，某日大火，眼看要烧及君安的店铺，此时但见张的屋

---

① 《玉清无上灵宝自然北斗本生真经》，《道藏》第 1 册，文物出版社、上海书店、天津古籍出版社 1988 年影印，第 872 页。
② 《太上玄灵斗姆大圣元君本命延生心经》，《道藏》第 11 册，文物出版社、上海书店、天津古籍出版社 1988 年影印，第 345 页。
③ 《太上玄灵北斗本命延生真经》，《道藏》第 11 册，文物出版社、上海书店、天津古籍出版社 1988 年影印，第 348 页。
④ 《玉清无上灵宝自然北斗本生真经》，《道藏》第 1 册，文物出版社、上海书店、天津古籍出版社 1988 年影印，第 872 页。
⑤ 《先天斗母奏告玄科》，《道藏》第 34 册，文物出版社、上海书店、天津古籍出版社 1988 年影印，第 765—771 页。

上,"有老人策杖巡行,火焰随灭",原来是"君安奉斗斋多年,极其诚敬,故斗姆垂救"。作者并在文末大发议论云"奉斗之功,昭然可信"。①民间传说的规范和号召力量是惊人的,"九皇神"有大量的信众就是明证。

二、九皇神信仰与戏神崇拜

由于九皇神掌控着人间的富贵、寿命、农业丰歉等最为关键的"幸福指数",所以九皇信仰,在神州大地普遍开花。清代潘荣陛《帝京岁时纪胜》云:"九月各道院立坛礼斗,名曰九皇会。自八月晦日斋戒,至重阳,为斗母诞辰,献供演戏,燃灯祭拜者甚胜。"②不仅在道院,在民间,善男信女每到九月上日,也趋之若鹜。胡朴安《中华全国风俗志》记载民国时期,中国数个省份流传九皇信仰,如广东,"九月上日,建九皇会"③;云南,"九月朔日至九日,礼斗祈年"④;江苏武进,"(九月)自初一至初九,设坛拜斗者有六、七处。善男信女,多有购香斗入坛焚化者,亦极一时之盛"⑤。浙江杭州,礼斗日期有所不同,是在六月朔至初六,"多有在庙宇礼忏,供奉斗姥,燃黄色烛,俗称拜斗,一般迷信者,于此六日中茹素持斋,戒杀生物,俗称吃斗素"⑥。同时,九皇信仰及庆典聚会的仪式也流传到少数民族之间。王家佑《四川省道教摩崖造像》文认为,川东大足县北宋"三皇洞",是巴人"人皇始出,继地皇之后,兄弟九人,分理九州为九囿。人皇居中州,制八辅"的"古三皇说"之遗存。⑦四川旧俗每于九月普办"九皇会",届时不售荤食,全市插三角黄旗素食。

"九皇神"的信奉不仅风靡华夏,而且在海外华人信仰地区也广泛流播。⑧如

---

① (清)褚人获:《坚瓠秘集》卷三"斗姆救焚",《笔记小说大观》(七),广陵书社1984年版,第503页。
② (清)潘荣陛:《帝京岁时纪胜》,北京古籍出版社1981年版,第31页。
③ 胡朴安:《中华全国风俗志》上篇卷八"广东",河北人民出版社1986年版,第245页。
④ 胡朴安:《中华全国风俗志》上篇卷十"云南",河北人民出版社1986年版,第332页。
⑤ 胡朴安:《中华全国风俗志》下篇卷三"江苏",河北人民出版社1986年版,第180页。
⑥ 胡朴安:《中华全国风俗志》下篇卷四"浙江",河北人民出版社1986年版,第226页。
⑦ 王家佑:《道教论稿》,巴蜀书社1987年版,第54页。
⑧ 高伟浓:《华夏九皇信仰与其播迁南洋探说》,《东南亚纵横》2002年第3、4期合刊。

民国时期粤东的报纸《平报》就刊载了一篇《九皇佛》的文章，认为粤东盛行的九皇神信仰源于东南亚暹罗华侨的回传。文曰："潮安、澄海、饶平三县迷信的人们，有结社崇拜九皇佛的事。到了阴历九月的时候，就设坛迎佛呀，演剧颂经呀，守坛吃素呀。男男女女一连闹了十多天。……在各处底庵寺里头，却没有这个九皇佛的名目，听说是由暹罗输入的。"①

在梨园一行，全国各地的戏曲行会都崇祭九皇神。北京梨园设有"九皇堂"供奉，据张次溪《燕归来簃随笔》"九皇会"条记载："北京伶人最重九皇，于樱桃斜街梨园新馆中，特设九皇堂。按伶人称九皇之法，身系三头六臂，被毛带掌，手持翻天印、斩妖剑，弓斗日月，其形至奇，似梵宇所祀之多臂观音也。馆中所祀九皇像，闻系四喜班旧物，其祭品则三庆班之遗器也。"②

从"三头六臂""多臂观音"字眼来看，京剧崇祀的是九皇斗姆。上文论及北斗九星的母亲斗姆"三目四首，左右各四臂"，这个形象民间的塑像可以得到印证。据《中国道教诸神》一书介绍，北京白云观中元辰殿和成都青羊宫两处的斗姆神像，该书描绘为"额上长有三目，肩上有四头。所谓'四头'，其实是一头，四面有脸。上身左右各出四臂。正中两手，合掌作手相。其余六臂分别执有日、月、金铃、金印、弓、戟等。这位尊神还是一位女性"③。这副神像就很像潮州外江梨园公所正殿所奉"斗姆"像，在潮州外江梨园公所的正殿中，没有供奉田元帅或老郎神的神像，而是"斗姆"神像和九皇神牌。"斗姆"神像形似十手观音，中有一手持斗④，现尚存有圆形石座一具，直径40厘米，上雕刻有莲花瓣花纹。⑤ 从"斗姆"神像的外形来看，就是道教的尊神九皇娘娘。⑥ 道教经文《九皇斗姥说戒杀延生真经》云："九皇斗姥，金轮开泰，元君头挽螺髻，身被霞绡，耳坠金环，足登

---

① 泪痕：《九皇佛》，《平报》（汕头），1921年9月13日，第7页。
② 张次溪编纂：《清代燕都梨园史料·正编》，中国戏剧出版社1988年版，第1216页。
③ 马书田：《中国道教诸神》，团结出版社2002年版，第68页。
④ 《广东汉剧志》（初稿），未刊行，1985年12月，第191页。
⑤ 张沛芳、吴伟忠、涂公卿：《外江戏史料拾零》，《广东汉剧资料汇编》1982年第2辑，内部资料，第14页。
⑥ 马书田：《中国道教诸神》，团结出版社2002年版，第68页。

朱鸟，左手执拂，右手执杵，乘五龙之车，趺八宝之座。"① 这个形象，与上文提及的几处"斗姆"神像基本一致，可见神像很有可能就是按照道教经典记载而塑造的。

图 14　斗姆元君。采自潘恩德编著、潘兆耀绘图《全像民间信仰诸神谱》第 57 页

而京剧崇祀的九皇神，很有可能承继于徽班。据《中国戏曲志·江苏卷》介绍，江苏里河京徽班于农历八月三十日备斋，九月初一接驾，初一至初九全班吃素，八名演员轮流跪拜诵经，初十送驾，开斋吃荤。② 又据海上漱石生《上海戏园变迁志》记述，上海梨园在九日会期内，"艺人们皆茹素斋戒"，还要"颂礼斗经

---

① 贺龙骧校勘，彭文勤纂辑：《道藏辑要》第七册，台北，新文丰出版有限股份公司 1977 年版，第 2881 页。

② 《中国戏曲志·江苏卷》，中国 ISBN 中心 1992 年版，第 798 页。

斗忏"。① 北京梨园在"九皇会"期,"梨园子弟皆须食斋。品德端庄者,可应选为值班大老道或小老道。大老道颂经时着黄袍,布鞋、青道帽。小老道则着黄布坎肩、黄布套库、黄布鞋、黄围裙、青道帽。"② 足见,梨园行祭祀"九皇神"的仪式还保留着很浓的道教科仪的色彩。这个特点,日本人波多也乾一在《菊部拾遗》中记载颇详:"梨园每至九月,辄有所谓九皇会者。此中人奉之甚虔。所颂经忏,都属于道家方面,而尤以礼斗为主,间亦有属于释教者,如心经等是。至时,各戏院均设坛于静室,凡伶人之入坛礼忏者,均斋戒茹素。日颂经二次。入坛时屏除丝织之品,仅服大布之衣,而革底之履,尤在屏除之列。……每逢三六九日,则有上表之举,此中人更视为莫大之典,表上遍列籍隶该院之伶人姓名。缮表时既不得稍有乖误,读表时更不得偶有支吾。倘缮表缮至某名,而偶有错误,或读至某名,而突有支吾,则其人必罹奇祸。而该园次年之营业,又辄于此表卜之。凡焚表而表上升者,则其次年之营业必盛,下落者必败。历试不爽。故从事于表之缮读者,辄兢兢焉不敢或忽。"③

以烧缮表而占卜戏班次年之营业的做法,今天看来决无道理,但在当时梨园艺人看来却是深信不疑的事。上海梨园举办"九皇会",据说还有辟邪的意味。在九皇会期中,"艺人们皆茹素斋戒,且'于剧毕颂礼斗经斗忏',此举或资雇僧人,或由艺员们为之。入会堂时,必足穿蒲鞋。至诚者,甚或夜宿堂中,谓之'宿坛'。九皇堂中之香烛,一律用黄纸包裹,桌围亦用黄缎绣制而成,至九日期满撤堂后,向众执事人分发酬金,并附以点剩的蜡烛,'云可辟邪'。"④ 固然,梨园行崇奉九皇神甚为虔诚,但我们更为关心的是,北斗九皇神怎么就慢慢成为了梨园行的戏神了呢?

梨园行信奉九皇神,但鲜有艺人能讲清楚其来历。《中国戏曲志·上海卷》指出九皇神信奉源自星宿崇拜:"梨园界向奉之翼宿星君,即北斗九星中拥有星座最

---

① 《中国戏曲志·上海卷》,中国ISBN中心1996年版,第709页。
② 《中国戏曲志·北京卷》,中国ISBN中心1999年版,第918页。
③ [日]波多也乾一:《京剧二百年之历史》附录《菊部拾遗》(署名:东邻),启智印务公司1926年10月版。
④ 《中国戏曲志·上海卷》,中国ISBN中心1996年版,第709页。

多之星官，故人们为祈福禳灾而顶礼膜拜，虔诚至极。"① 这种说法，虽说明梨园行信奉"九皇神"的盲目性，却透露出一条很重要的信息：梨园信奉翼宿星君，可能与"九皇神"有内在的联系。

翼宿星君也是道教二十八宿星之一，被称作"翼宿天都星君"。战国时，石申《石氏星经》指出："翼，天乐府也"，"翼主天倡，以戏娱故，近太微并尊嬉。"② 后人基本承袭这个说法。汉纬书《春秋元命苞》也曰："翼宿，主南宫之羽仪文物，声名之所丰茂，为乐库，为天倡先王，以宾于四门，而列天庭之卫，主俳倡，近太微而为尊。"③ 可见，翼宿是天之乐府星，它以礼乐服四夷。北宋《洞渊集》卷八曰："翼宿天都星君，……下管人间乐府，调五音六律、水府鱼龙、飞走群毛万类之司。"④ 据此，翼宿到宋朝，已经由主"天之乐府"向"下管人间乐府"转向了，这样就为它演变为戏神提供了基本依据。中国古时候的人习惯以人事比附天象，自然会将"主天倡""天之乐府"的翼宿看似如人间的艺术（戏曲）之祖。翼宿星君为天之南方朱雀星宿，因有"天倡"之职责，才被梨园行确立为戏神，一南方朱雀，一北斗九星，由此看来，"九皇神"演变为戏神，似与翼宿星君关联不大。

也有学者提出这样的看法："九皇神本是道教北斗九星，司察世人善恶罪福，拜祷可荐福消灾，保命延寿，为百姓奉祀，戏班亦祀之甚虔，故为戏神。"⑤ 这种说法虽然注意到了北斗九星主命延福的功能，但没能突出戏曲艺人这个特殊群体信奉"九皇神"的特殊性，所论稍嫌宽泛。

倒是西汉董仲舒《春秋繁露》卷七里面有一句话引起了戏曲民俗学者的注意，其文曰："黄帝推神农以为九皇，作宫邑于丰，名相官曰宰，作武乐，制文礼以奉天。"⑥ 据此有学者推测，"戏班祭祀九皇，大概同《春秋繁露》所言九皇曾'作武乐、制文礼以奉天'有关，但在后来，又与道教的九皇相混为一了。"⑦ 这个说法

---

① 《中国戏曲志·上海卷》，中国 ISBN 中心 1996 年版，第 709 页。
② （唐）瞿昙悉达：《开元占经》卷六十三，常秉义点校，中央编译出版社 2006 年版，第 437—438 页。
③ （明）孙毂编：《古微书》，《丛书集成初编》第 690 册，第 143—144 页。
④ 《道藏》第 23 册，文物出版社、上海书店、天津古籍出版社 1988 年影印，第 852 页。
⑤ 倪彩霞：《道教仪式与戏剧表演形态研究》，广东高等教育出版社 2005 年版，第 171 页。
⑥ （西汉）董仲舒：《春秋繁露》卷七，陈蒲清校注，岳麓书社 1997 年版，第 113 页。
⑦ 王廷信：《昆曲与民俗文化》，春风文艺出版社 2005 年版，第 161 页。

既对也不对。说它对，是因为它根据《春秋繁露》九皇为黄帝乐官的记载，推测出九皇神的缘起。但遗憾的是笔者在西汉董仲舒之后的天文学著作和道教经典中，都未发现有关北斗或九皇主礼乐的记载。况乎，董仲舒《春秋繁露》的这句话，是推演"黄帝与神农"的传说，细究就更不可信了。说它不对，是这种说法没弄清楚戏神"九皇神"与道教"九皇神"的承继关系。这样看来，梨园行接受"九皇神"为戏神，应该还有其他的原因。

三、九皇会吃素习俗与艺人赎罪心理

我们认为，九皇神进入梨园行成为戏伶崇奉的戏神，很大程度取决于道教经典中有"九斗主死"、北斗掌寿夭的说法，伶人信奉它是出于一种赎罪心理。李乔在《中国行业神崇拜》中指出："梨园所谓九皇主罪，大概因有罪就要遭早死的报应。"① 其言甚简，但为我们探寻答案指出了方向。

近代京剧研究者齐如山曾指出："九皇者，皆系人皇。盖旧说天皇十三位，地皇十一位，人皇九位，共为三十三天。戏界所以供此者，因九位人皇，乃创造衣服、房屋、音乐、五谷等等者，戏界人糟蹋诸物太多，故祭而忏悔之。"② 齐先生的说法就很具体了，而京剧老艺人李洪春也有类似的说法，"那时认为我们穿的丝绸布缎，用的香油、冰糖、香蜡、活鸡，每年浪费糟蹋不少，这是一种罪过，有罪得向主管神——北斗九星来请罪。其方式是吃素、念经、烧香、办'九皇会'。"③

但台湾北管戏的艺人同样供奉九皇神，他们吃素的原因却是另一种心理禁忌，说是九月初一到初九这几日，戏神与八位好友到戏班巡视、游玩，同时也为戏班"解罪"。"所谓'解罪'是因为演出时，演员常因剧情的需要'怨天尤人'，甚至责骂天地或神明，这些在他们的观念中，认为是有罪的，必须要西秦王爷及其他诸神来为他们解释，方能卸除灾祸。"④ 也有的说是为了"不会在台上唱错词儿和翻

---

① 李乔：《中国行业神崇拜》，中国华侨出版社1990年版，第413页。
② 齐如山：《戏班·信仰·九皇神》，《齐如山全集》第一册，台北，联经出版事业公司1979年版，第202页。
③ 李洪春：《京剧长谈》，中国戏剧出版社1982年版，第404页。
④ 邱绍文等：《中国传统剧场之规矩与禁忌》，台湾《民俗曲艺》第40期，1986年3月出版，第78页。

跟斗跌伤"。①

第三种说法是因为艺人在戏中扮演神灵，害怕受到惩罚，借"九皇会"以赎罪。清乾隆年间黄幡绰的《梨园原》讲，艺人认为长期扮演神佛贤君臣宰等角色，唯恐怪罪，必先要念咒释罪："古时戏，始一出鬼门道，必先唱'红芍药'一词。何也？故传奇内必有神佛仙贤君王臣宰及说法宣咒等事，故先持一咒，以释其罪。"②《中国戏曲志·江苏卷》也证实了旧时戏班确有此说："里河京徽班平日常住寺庙，扮演神灵，多有不恭，便祈求北斗九皇大帝宽恕，消灾降福。"③

总之，以上三种说法都指向戏曲艺人信奉"九皇神"的真实心理：赎罪。而在"九皇会"期间斋戒茹素和虔诚拜祭则是直接的表现形式。

北京梨园每年旧历九月初一至初九这九天，戏班必一律斋戒吃素。旧时潮州演出班社的祭祀活动，有"食九皇斋"者。这九天里，潮州城梨园公所里供设祭坛，祭拜九皇神和斗姥天尊。祭祀仪式很特异，"用一个谷斗装满白米，中间插一根小木柱，木柱上安置九个小环，每个小环吊着一盏豆油灯，日夜点燃不熄；此外，还要焚香、供花果、演戏，在这九天当中，戏班的童伶除了在台上演戏外，都要散发披素，而班中众人则一律斋戒素食；如若有人误吃荤腥，或者骂人、打破器皿，便被罚至神前叩首忏悔。"④ 梨园公所里呈现一派热闹又庄严的气氛。

庄严的背后是一种信仰的虔诚与忏悔，"戏班中人，颇崇拜九皇神，于每年九月间吃九皇素，奉之惟谨"。⑤ 李洪春的回忆录《京剧长谈》对北京梨园举行"九皇会"有详细的记载："九月初一起，就开始由这九天没事的演员扮的老道来念一天三遍经。初三、初六、初九三天为主日，每个演员都要换上殿前准备好的草鞋，进殿参驾、烧香。殿内供着九皇纸像，像的周围是各色菊花衬托。到烧香时，'道士'们身穿法衣、手持法器、口念道经，一时沉香气浓浓、法器声阵阵。烧香、参驾后一起吃素菜、素面。就是不在这儿吃素，在家也是不动荤腥的。直到初九晚上

---

① 万建中：《禁忌与中国文化》，人民出版社 2001 年版，第 412 页。
② 黄幡绰：《梨园原》，《中国古典戏曲论著集成》（八），中国戏剧出版社 1959 年版，第 9 页。
③ 《中国戏曲志·江苏卷》，中国 ISBN 中心 1992 年版，第 798 页。
④ 《中国戏曲志·广东卷》，中国 ISBN 中心 1993 年版，第 343—344 页。
⑤ 齐如山：《戏班·信仰·九皇神》，《齐如山全集》第一册，台北，联经出版事业公司 1979 年版，第 202 页。

送驾时为止。送驾是把纸像送至宽敞的地方烧掉。送驾时由'老道'手持法器,念经相送,没戏的演员相随。送完驾,一年一度的'九皇会'就结束了。"①

其实,九皇会期间吃素的传统,从道家的经典中可以找到源头。据并未收入《道藏》的《九皇斗姥说戒杀延生真经》载,斗姆在摩利支天受各星宿崇拜时曾说及吃素的好处,并说吃素的根本在于戒杀生,因而可延长寿命。反之则得恶报,"斗姥颂毕默坐片时复言曰:'我谓好杀者必受恶报,戒杀者可免灾殃,此非虚语,实有至理'"。② 这种说法正好契合了人体生理健康调节的一般规律,也迎合了普通民众祈愿通过向主宰命运的北斗九皇自我反省和忏悔,提升自己的道德境界和净化心灵,以及寻求内外清净重新做人的信心与愿望。

但对于戏行的伶人来讲似乎并没这样简单,李洪春、齐如山对九皇会吃素,都解释为因为伶人平日唱戏糟蹋了好东西的缘故,这种看似合理的解释,其实是旧时伶人千余年积淀下来的卑微心理,和与戏境饰演角色身份不对等所形成沉重心理负担的折光。艺人认为在戏境中饰演达官贵人,锦衣玉食,而曲停戏终,又还原为现实社会中"下且贱者",以低贱者饰演富贵者,是要遭天谴。所以利用九皇会的契机,通过开斋食素,诵经忏悔,来减轻和释放心理的压力。

综前所述,戏行信奉"九皇神"无论祭祀科仪还是斋戒的理论源头,都带有浓厚的道教色彩;而戏伶将"九皇神"引入戏曲行业崇祀,自赎心理为其直接的动机。自赎心理的背后则折射出旧时戏曲艺人卑微的社会地位和心态。

第二节 戏曲行业关羽崇拜与"关公戏"演出禁忌

汉末武将关羽,忠义神勇,被后世册封为护国佑民的"武圣",至清末甚至受赠二十六字封号③。而在民间,关羽不断显灵的传说,加之各种民间文艺形式的推波助澜,形成了狂热的"关公崇拜"民俗。自然,关羽题材也火爆地走进戏曲表演

---

① 李洪春:《京剧长谈》,中国戏剧出版社1982年版,第405页。
② 贺龙骧校勘,彭文勤纂辑:《道藏辑要》第七册,台北,新文丰出版有限股份公司1977年版,第2894页。
③ 至清德宗光绪五年(1879)加封"宣德"为止,关羽受赠二十六字封号:忠义神武灵佑仁勇显威护国保民精诚绥靖翊赞宣德关圣大帝。

的舞台。但是,我们无意关注戏曲舞台和文本中关公形象的塑造和变迁(人们讨论甚多),而对这样一些问题更感兴趣:"关羽"这个名号,已经集人杰、鬼雄、神灵于一身,那么,在梨园行中,扮演关公的伶人,在演出时有怎样微妙的心理状态和行为方式?他们又是如何处理各种与关公相联系的演出禁忌?同时,在演出禁忌习俗背后又掩藏着怎样的共同文化心理?本节试就以上问题予以探讨。

一、戏曲行业中的关公信仰

关公在《三国演义》中被描述为蜀汉五虎上将之首。死后受民间推崇,历来是民间祭祀的对象,被尊称为"关公";又经历代朝廷褒封,清代时被奉为"忠义神武灵佑仁勇威显关圣大帝",崇为"武圣",与"文圣"孔子齐名;还被称作"关夫子",甚至被封为"盖天古佛"。佛教中称其为"伽蓝菩萨"。在道教中关羽亦称"关圣帝君",简称"关帝",为道教的护法四帅之一。当下民众主要将他作为财神来供奉。在民间驱傩习俗中,各地傩戏如酉阳阳戏、梓潼阳戏、提阳戏奉其为坛神或戏神,尤以酉阳阳戏为代表。

酉阳阳戏是流行于四川东南部酉阳、秀水、黔江、彭水、石柱以及周边的一种傩戏。在酉阳阳戏中,艺人尊祀关公为戏神,敬称其为"盖天古佛伏魔关圣帝君",平时虔诚供奉,敬奉备至,戏班视关公面具为圣物,未演出时,将关公面具单独供在班主家堂屋的神龛之上,香烛敬供。有演出或需要佩戴时,由班主焚香请下神龛,并将关公面具恭敬地供在坛场正中,作为戏神敬供(见图15)。演员因演出需要佩戴时,由演员行大礼请面具下神龛;节目演完后,仍需行大礼,然后虔诚地放在坛场正中供奉。① 在酉阳阳戏中,一般要首先演出酬愿还愿仪式剧《关爷镇殿扫殿》,关公在坛场中追逐劈砍,力迫邪魔退避,使愿家信士宅清安泰,祸去福来。这种仪式,"旨在迎请无比神威的除魔驱妖的关帝圣君,临坛镇坛,以关帝之神威,震慑邪魔,降魔除灾,以了却主家愿信酬谢神灵,祛灾迎福。"② 在演出关公坐殿环节,要进行赞烛、查情、改判、烧符等过程,主人必须把小孩带到堂屋面对香火

---

① 严福昌主编:《四川少数民族戏剧》,四川大学出版社2007年版,第140页。
② 严福昌主编:《四川少数民族戏剧》,四川大学出版社2007年版,第141页。

堂下跪祈福。①

关于酉阳阳戏为什么会奉关公为戏神，段明在四川省酉阳土家族苗族自治县双河区小冈与兴隆村，通过对当地面具阳戏作田野调查，收集到一种传说：相传酉阳是刘备在西川建立政权后所立，所以当地供奉三国人物为戏神，除了关公之外，关平和周仓也成为陪祀关羽的护法神，而"阿斗"也成为太子神。②（见图16）于一先生在《巴蜀傩戏》一书中认为关公之所以被傩戏奉为戏神，是因为他与刘备、张飞结拜，以忠义著称，被视为"义薄云天"之尊神。又因他神勇过人，过五关斩六将，被人尊为战无不胜、威力过人的武将，故奉为驱魔纳吉的傩戏戏神。③ 综合这些民间说法，关公被四川傩戏奉为戏神，一是地域关系，与刘关张建都蜀国有关；第二个原因也是关键因素，关羽"过五关斩六将的英雄气概，象征横扫妖魔鬼怪"④，与傩戏驱鬼逐疫、降魔祛邪的功能和特点相契合。

图15　贵州酉阳阳戏戏神关公（中）。照片为龚德全博士提供

图16　贵州酉阳阳戏太子神。照片为龚德全博士提供

① 田永红：《土家族阳戏的形成与发展》，《铜仁学院学报》2009年第1期。
② 段明：《四川省酉阳土家族苗族自治县双河区小冈与兴隆村面具阳戏》，台湾财团法人施合郑民俗文化基金会1993年印刷，第20页。
③ 于一主编：《巴蜀傩戏》，大众文艺出版社1996年版，第341页。
④ 李子和：《贵州傩戏谈片》，《贵州社会科学》1986年第12期。

尽管关公仅仅在一些傩戏中被奉为戏神，但其神威神勇的神性却在伶人心目中扎下根来，诚如齐如山在《戏班》中指出："戏界最崇拜者，当然是唐明皇，而对于关云长亦极尊崇，平常谈话，只说老爷，连关字都不提，盖只说老爷二字，则大家即知为关老爷，无须提姓也。"① 事实上，关公在人戏中即便不是戏神，然伶人已经将之视为祖师神予以崇祀，并在日常的"关公戏"演出过程中生成种种演出禁忌。

二、关公降神演剧与信仰禁忌生成

康保成老师指出："戏剧的本质是角色扮演，因而演员对于剧中人的模拟、假扮，便构成了戏剧最基本的审美要素。在观众看来，演员对剧中人的扮演是否'真实'，便成了判断某一作品是否成功的主要标准。"② 那么，演员如何达到"艺术真实"的呢？明代剧作家汤显祖在《宜黄县戏神清源师庙记》中主张演员要演好剧中角色，首先要"博解其词而通领其意"，次要体会脚色的特征和心态，"少者守精魂以修容，长者食恬淡以修声。为旦者常自作女想，为男者常欲如其人。"③ 简言之，一位优秀的戏剧演员，要达到民间俗语所说的"要演什么像什么"的层次，即要达到"不无摹拟曲尽，宛若身当其处，而几忘其事之乌有"④ 的境界。

演员为追求艺术真实，将自己完全化入剧中人物的情境与意念中去，那么此时演员与剧中角色之间是一个什么关系呢？演员扮演古人，又有怎样的心态呢？

具体以嘉道时期著名红生演员米应先演关公戏为例说明。米应先画好妆，穿上关公的战袍，提上青龙偃月刀，上台出演《战长沙》。此时的米应先，将会把自己看成是关公了，观众也会真正进入戏曲表演的情景中，也认为是关羽战黄忠，而不会认为是米应先和另外一个演员在厮杀。而且因为演得神似，所以当饰演关公的演员米应先出场时，"用左手水袖遮面，右手揪住袖角，到台口再落水袖亮相"，"一

---

① 齐如山：《戏班》，《齐如山全集》第一册，台北，联经出版事业公司1979年版，第203页。
② 康保成：《戏剧的本质及其审美特征》，《阅读与写作》2004年第4期。
③ （明）汤显祖：《宜黄县戏神清源师庙记》，《汤显祖全集》（二），徐朔方笺校，北京古籍出版社1999年版，第1188页。
④ （明）臧懋循：《元曲选后集序》，《臧懋循集》，赵红娟点校，浙江古籍出版社2012年版，第115页。

位面如重枣，脸有黑痣，凤目长髯的活关公"俨然在眼前，曾出现"台下就乱了套，前台有些听戏的官员、平民跪下一片"的情形。后来传得更奇，说每次米应先演《战长沙》，总看见"关老爷骑马拿刀站在米喜子身后头"。① 这个说法虽然有夸饰成分在其中，但传达出一个真实的信息是：米应先扮演关羽极其神似，与观众头脑中业已存在的关羽形象完全一致，以致观众把米应先扮演的舞台形象当作关公真人显灵了。

进一步来看，这时候，关羽三个不同的形象——历史形象、民间形象、舞台形象，完全叠加了。然而，从现实本体来看，舞台上关羽的扮演者——米应先，就是一个活生生的艺人；从艺术形象来看，他又是关公。一旦在舞台上扮饰关公，米应先就既不是"本我"的现实社会中的自然人，也不是"超我"的关公下凡。戏曲扮演活动的二重身份，决定了戏曲演员介于人—（鬼）神之间。从这个角度而言，"关公戏"演出就是一场降神演剧活动。

贵州威宁县彝族地区有一种民间戏剧——"变人戏"（彝语"撮泰吉"）。在当地村民眼中看来，演员戴上面具，就是鬼神和祖先的化身，所以会产生很多禁忌，如"戴面具时不能让外人碰见，否则会招致不详；尤其忌讳叫演员的本名，只能叫角色的名字，据说叫了本名，魂魄会被面具带走。"② 其实，这种"降神观念"的演剧，在我国戏剧早期形态——傩戏中表现得更为真切。据王兆乾先生介绍，安徽农村偶尔还可以见到灵姑（女巫）降神。在仪式后，灵姑进入迷狂状态，浑身颤抖，口吐白沫。待其甦醒，两眼发直，声音全然不同于前，有的腹内能够讲话，表示所请的神已依附于体。"这恐怕是最原始的灵魂附体的巫术了，其实也是一种扮演。"③ 同样，对于在舞台扮演关公的演员而言，在强烈心理暗示下，也会出现神灵附体、巫术使人亢奋的情形：

> 安徽贵池殷桃村姚傩戏演至最后，有"关公舞大刀"，太平军失败后改为关公命周仓舞刀驱赶疫鬼。周仓挥大刀舞罢四方，台下跑上两个壮汉将周仓扶

---

① 李洪春：《京剧长谈》，中国戏剧出版社1982年版，第52页。
② 顾朴光：《中国民间面具》，湖南美术出版社1998年版，第16页。
③ 王兆乾：《仪式性戏剧与欣赏性戏剧》，台湾《民俗曲艺》第130期，2001年版，第148—149页。

住,并口中念道:"多谢神圣。"问其究竟,回答是:"神的力量有多大?要是不扶,就会一直舞下去,舞刀人会累死。"①

周剑云就这样评价王鸿寿扮饰关公,他"生平崇奉壮缪最笃,每于演剧之先,对其像焚香膜拜,然后化装。即登台,一似壮缪之英灵,附托彼躬,令彼为代表者,故专心致志,一丝不苟,乃能神与古会,不武不威,……巍巍乎若天神由玉阙而下降尘埃,不由人不肃然起敬"②。从某种意义上讲,关公戏演出,就是原始时期"巫术降神"的遗存。齐如山在《戏班》中曾经谈到,"比方一人已经扮成关公,因无座位自搬板凳,则似关公搬板凳,有亵渎意矣,故不许。"③ 依齐如山看来,上了妆的扮饰关公的演员,就已经通过"巫术降神"方式,取得了暂时的、与演员本身无关的神格。"作为角色的关公,必须从心理上完成从演员到脚色的转换,严格遵守为关公而设的一切禁忌。"④

"关公戏"一类的神功戏扮演,其实与中国上古"以尸代祭"的祭仪有着某种内在的联系。然而,需顺便指出的是,巫术降神有时并不完全以人为尸,还以与神灵有着某种联系的物,作为神灵和亡灵的依附,即"物为神象"。⑤ 这一点,关公戏的扮演同样具备。如脸谱就是这种静态的神灵偶像,甚至在广东,"粤人摄其影而顶礼供奉,信为云长重生也。"⑥ 京剧中"装关圣者,先设幕供关圣画像,焚香叩首,撤像后始升座"⑦,接着,也多揣着关公的"神祃"(纸像)上台表演。⑧ 这些就是"物为神像"的表现形式。人们仅取其精神象征物,就能够满足崇奉的心理需求了。

由于戏曲舞台扮演的特殊身份,而对戏剧演出产生敬畏心理场,古人很早就认

---

① 王兆乾:《仪式性戏剧与欣赏性戏剧》,台湾《民俗曲艺》第130期,2001年版,第160页。
② 周剑云:《三麻子之走麦城》,《菊部丛刊·粉墨胆》,1918年交通图书馆出版。
③ 齐如山:《戏班》,北平国剧学会1935年版,第52页。
④ 么书仪:《晚晴戏曲的变革》,人民文学出版社2006年版,第261页。
⑤ 王兆乾:《仪式性戏剧与欣赏性戏剧》,台湾《民俗曲艺》第130期,2001年版,第152页。
⑥ 周剑云:《三麻子之走麦城》,《菊部丛刊·粉墨胆》,1918年交通图书馆出版。
⑦ 黄裳:《旧戏新谈》,北京出版社2003年版,第54页。
⑧ 德龄:《慈禧太后私生活实录》,《清代笔记小说》第45册,河北教育出版社1996年版,第22页。

识到了。因"满场脚色，皆用古人"①，宋元时期，梨园界就把后台通向舞台上下场的通道，叫"鬼门道"。明初人朱权说得更清楚："勾栏中戏房出入之所，谓之鬼门道。鬼者，言其所扮者皆是已往昔人，愚俗无知，因置鼓于门，讹唤为'鼓门道'于理无宜，亦曰'古门道'非也。"②朱权的解释明白地告诉我们，宋元时期的梨园界已经很明确地意识到，演员上台是鬼，下台是人的角色转换。后来，清人黄幡绰《梨园原》也谓："古时戏，始一出鬼门道，必先唱【红芍药】一词。何也？因传奇内必有神、佛、仙、贤、君王、臣宰及说法、宣咒等事，故先持一咒，以释其罪；兼诸利己。"③"先持一咒，以释其罪"，表明了演职人员对即将扮饰的鬼神心怀敬畏之心和祈祷演出顺利的良好愿望。直至当下，在梨园艺人心中，对"鬼门道"的理解仍是如此，"在后台通往前台的通道上铺着一条3米长的大红绫缎，唤作鬼门道，'出入鬼门道，搬演古人事'，是不准随意踏上去的。演员出场前可以恣意嬉乐，但只要踏上'鬼门道'，便与自己所饰的角色浑然一体，已不是凡夫俗子！须正正经经地准备演出了。下场时也只有经过了'鬼门道'，方可正式轻松下来。"④

同样的道理，关公戏的舞台演出，台下的观众就认为是关公以"尸为神像"而存在。清人焦循《剧说》记载："吾郡江大中丞兰，每于公宴见有扮演关侯者，则拱立致敬。"⑤而传说慈禧太后，"或是上关公，她总是托词起身，回避半刻"，⑥以表示对神明的敬畏与尊重。更有甚者，遇到演出关公戏，干脆"不看走了"，免得"亵渎神明"⑦。可以肯定地讲，关公戏演出时台下观众的反应，不可能不对扮演关公的演员产生心理上的冲击和影响。这时候"关公戏"演出的戏境，就是神境的还原与再现，戏境、神境两相融合。难怪有学者就认为，有些关公戏其实就是祭祀的

---

① （清）李渔：《闲情偶寄·词曲部·审虚实》，《中国古典戏曲论著集成》（七），中国戏剧出版社1959年版，第21页。
② （明）朱权：《太和正音谱·词林须知》，《中国古典戏曲论著集成》（三），中国戏剧出版社1959年版，第54页。
③ （清）黄幡绰：《梨园原》，《中国古典戏曲论著集成》（九），中国戏剧出版社1959年版，第9页。
④ 黄俊：《寂寞红尘皮黄腔》，《湖北日报》2006年3月10日第10版。
⑤ （清）焦循：《剧说》，《中国古典戏曲论著集成》（八），中国戏剧出版社1959年版，第208页。
⑥ 唐鲁孙：《什锦拼盘》，广西师范大学出版社2005年版，第101页。
⑦ 陈墨香、潘镜芙：《梨园外史》，百成书局1930年版，第24页。

仪式场景，日本学者田仲一成先生认为《西蜀梦》"更近于平面式的咒文或祭文"①；而黄天骥老师认为《单刀会》"则近于是平面式的颂文"，其最初的演出，"应与金元之际民间酬神赛社的活动有关"②。正是基于这样的立场，容世诚先生认为《关云长大战蚩尤》"实际上是在戏台上重演一次古代傩祭中方相氏驱鬼逐疫的仪式"③。事实上，有些地方，演出关公戏就是为了借关公"以过五关斩六将的英雄气概，象征横扫妖魔鬼怪"④，用于开台或扫台的仪式。

这些演剧场景和研究成果都表明，在演出关公戏的时候，台上台下形成了一个神鬼复原重生的"场"。而在古人心中，鬼和神是在某个域界客观存在的；对鬼恐惧，对神崇敬，是普遍的社会认知。那么扮演关公的演员，又是如何克服对鬼神复原的敬畏呢？考察戏曲的演出史，发现伶人有一整套禳避演出禁忌的手段来克服这种恐惧心理。

三、伶人阻断关公附体与禳解禁忌

从上文的论述可知，关公扮演禁忌习俗的形成，很大程度上导源于人们头脑中集体无意识存在的神鬼显灵附体的巫术心理。英国人类学家弗雷泽在其名作《金枝》中，将上古的巫术分为模拟巫术和接触巫术，他清楚地指出："积极性规则是法术，而消极性规则是禁忌。事实上全部或绝大部分禁忌的原则似乎仅只是'交感巫术'的相似律与接触律这两大原则的特殊应用。"⑤

根据这个原理，我们发现在梨园行形成关公戏演出禁忌惯性的同时，也无形中形成了破解禁忌的种种方法。最常见的方法是间离接触。一般来讲，扮演关公的演员化好了妆，就进入了禁忌场，则彻底决裂原有的现实生活场景。如不说话，不叫

---

① ［日］田仲一成：《中国戏剧史》，北京广播学院出版社2002年版，第133页。
② 黄天骥：《〈单刀会〉的创作与素材的提炼》，《中国非物质文化遗产》第九辑，中山大学出版社2005年版，第78页。
③ 容世诚：《关公戏的驱邪意义》，《戏曲人类学初探——仪式、剧场与社群》，广西师范大学出版社2003年版，第22页。
④ 庹修明：《古朴的戏剧，有趣的面具——贵州省德江土家族地区傩堂戏》，德江县民族事务委员会、贵州民院民族研究所：《傩戏论文集》，贵州民族出版社1987年版，第201页。
⑤ ［英］弗雷泽：《金枝》，中国民间文艺出版社1987年版，第31页。

对方真实姓名，在舞台上不直呼关公名号等等。这些禁忌的产生是防止暴露了自己真实身份，让关公的鬼魂附体。

关羽的身份很特殊，既是鬼雄，也是神将。古时的民间，人们怕鬼，但不是怕所有的鬼，仅怕不正常死亡或穷困无依的孤魂野鬼。如民间每年中元节，都有度脱孤魂野鬼的习俗。而关羽正是被砍头的厉鬼（非正常死亡），加之，民间不断渲染关羽显灵的传说，人们对关羽的敬畏之心尤甚。宋代张耒的《明道杂志》记载了一个故事：京师有富家子，喜欢看人弄影戏，每到要斩关羽时，则为之哭泣并要求"缓期执行"。倒是这时候影戏表演者的话值得注意："弄者曰：'云长古猛将，今斩之，其鬼或能祟，请既斩而祭之。'"①"其鬼或能祟"的话，或多或少地反映了人们对鬼雄关羽的恐惧心理。远在唐宋时期，文人笔记多有记载民间对关羽"鬼雄"的恐惧心理，如孙光宪《北梦琐言》云："唐咸通（860—873）乱离后，坊巷讹言关三郎鬼兵入城，家家恐悚，罹其患者，令人热寒战栗。"② 加之，一些庙宇中关羽塑像，"黄衣急足，面怒而多髯，执令旗，容状可畏"③，可以想见古时人们对关羽的心理，不仅崇拜，更是害怕。既要上演关公戏，又要解除在梨园行中普遍存在关公"借身示虐"的恐惧心理，破脸，无疑是化解艺人矛盾心理的一方良策。

在现实生活中，人与人之间最重要的外相区别，就是脸相的不同。脸谱研究专家刘远先生对明代以降兴起的地方剧种关公脸谱作全面考察后发现，这些剧种"无一例外的都在红黑二色之外用了白色"，或勾白色眉间线、白眼窝，或加勾白鼻线，或勾白唇、白法令纹、白嘴角、白眉，甚或在颏部绘以白色卷云类饰纹（见图17）。在研究的基础上，刘先生得出结论："在关公的红面上加抹些白色，表示既扮了戏中的关公，又不与关圣大帝的神雷同，从而狡狯地阻断了鬼雄借身显灵的途径。"④

---

① （宋）张耒：《明道杂志》，陶宗仪：《说郛三种》，上海古籍出版社1989年版，第2003页。
② （宋）孙光宪：《北梦琐言》，《笔记小说大观》第31编第3册，新兴书局1985年版，第1534页。
③ （宋）洪迈：《夷坚志·支志》甲卷九，何卓点校，中华书局1981年版，第782页。
④ 刘远：《关公脸谱研究》，《中华戏曲》第28辑，文化艺术出版社2003年版，第61—65页。

图 17　上二图分别为梅氏缀玉轩藏明代关羽脸谱和清初弋阳腔关羽脸谱

　　与刘远先生论断相映照的是，京剧中关羽的脸谱，有时在面部的不同部位也添加黑痣，或一颗，或三五颗，甚至多达七颗黑痣，也有的会特意在面谱上加一黑点或加一条金线，称作"破脸"。（见图18）"因为关羽是所谓的圣人，演员不画破脸，就会与真关羽搅在一起。"① 所以，演员在"勾脸时，故意不勾全脸，特于右颊口面处，多空些本色，以示不类关公"②。通过对脸谱或化妆的处理来破解禁忌的手段，正像有学者所意识到的，它"寓含着某种禁忌观念"。③ 这种"禁忌观念"，正是惧怕关公附体心理的直接反应。而破脸的禁忌禳解，其实元代就有了。元代出现"以墨点破其面"（《青楼集》）的"花旦"杂剧一科。据学者的最新研究，认为花旦杂剧就是人鬼恋情的题材，而且根据晋干宝《搜神记》卷十六"产亡点面"条"产亡者，以墨点面"习俗和晚唐段成式《酉阳杂俎》卷八"黥"条"旧言妇女在草蓐亡者，以墨点其面"的记载，认为花旦"以墨点破其面"的化妆，"正是元杂剧中女性鬼魂身份的标志，来自民俗中'以墨点面'处置产亡者的一种巫术形式"。④ 而这种巫术，笔者认为正是元代"花旦杂剧"演员，对扮演女

---

① 刘奎官：《刘奎官舞台艺术》，中国戏剧出版社1982年版，第116页。
② 啸父：《女关老爷》，《十日戏剧》第一卷第十期，1937年5月。
③ 周华斌：《关公的造型与脸谱》，《戏曲艺术》2004年第2期。
④ 杨秋红：《〈青楼集〉"花旦"新解》，《戏曲艺术》2006年第2期。

鬼心理禁忌的一种禳解。

图18　上图为不同剧种的关公脸谱，从一点、三点到七点

与开演前的破解相对应，演员完成演出，要解除脸谱的附着，还原到世俗人，也有固定习俗规程。据京剧老艺人李洪春的回忆，关公戏的扮演者，往往在上台之前，要烧香磕头顶码子，"码子是那会儿演员先用黄表纸写下关圣帝君的名讳，叠成上边是三角形的牌位，烧香磕头后，把它放在头盔内，南边是放在箭衣里。演完后用它擦掉脸上的红彩，再把它烧掉。烧完了才能说话闲谈。"① 根据弗雷泽"接触巫术"的理论："事物一旦互相接触过，它们之间将一直保留着某种联系，即使他们已相互远离。"② 所以，在演员结束关公戏演出之后，演员要用上台烧香求来的"祃子"——得到关圣帝君神允的中介物——来解除因勾画脸谱所带来禁忌心理的约束。

民俗学家万建中在一本名曰《禁忌》的书中谈到，对禁忌的禳避分两种，一类是事前的设防，另一类是事后的补救，而事前的设防就是借用某种力量事先就使禁忌失去应有的约束能力，造就一种无禁忌的状态。③ 京剧关公演员上场拜祃子，下场烧祃子就是一种禁忌禳避。但与之形式不同的是，山西蒲剧的关公戏演出。当饰演关羽的演员，还未出台露面前，先有拉场人将备好的黄表纸（内夹松香）点燃往台前一撒，冒出一股火焰，名为"放彩"，然后饰演关羽的演员背身出场。④ 蒲剧

---

① 李洪春：《京剧长谈》，中国戏剧出版社1982年版，第269页。
② ［英］弗雷泽：《金枝》，中国民间文艺出版社1987年版，第58页。
③ 万建中：《禁忌》，中国旅游出版社2004年版，第117页。
④ 行乐贤：《试论明清"关公戏"的繁荣与由来》，《运城高专学报》1995年第3期。

的"放彩",其实与京剧净台程序中引爆"万斗粮"仪式相类,目的都一样,净台趋鬼,祈神纳吉。

较"离间接触"更高层次的禳解方法是——虔诚敬奉,尽量不触怒与亵渎扮演的神灵。关羽的扮演者,每当扮演则心有戚戚,上舞台之前往往要顶礼膜拜。如米应先"对关爷,比别人分外敬礼。家里中堂供的神像,早晚烧香,初一十五,必到正阳门关庙去走走。唱老爷戏的前数日,斋戒沐浴,到了后台,勾好了脸,怀中揣了关爷神马,绝不与人讲话。唱毕之后,焚香送神。他那虔诚真叫作一言难尽"。① 心理的崇敬,源于禁忌场的无所不在。不仅米伶如此,其他扮演关羽的艺人皆是如此。据红生演员刘春霖回忆:"按照旧戏班规矩,后台要供'武圣人'(即关羽)的牌位,扮演关羽的演员也要在靠肚正中地方怀上'武圣人'牌位,和在盔头底下顶着'武圣人'的牌位(都是纸的),在化装前要沐浴顶香礼拜"②。

据记载,"旧时上演关公戏异常庄重,扮演关公者斋戒半月,不近女色,上演前沐浴净身,率领全体演员在后台供奉的关公神像前焚香燃烛,叩拜祈祷。"③ 关公戏演出前,禁绝房事,沐浴更衣,吃斋食素,焚香祈祷等一切行为,都是对关羽表示虔诚的敬奉形式。一面是杜绝把"不洁"的东西带入舞台扮饰中去,以防引起关公的怒气和斥责。当然,这种斥责的形式是以不良后果的主观联想与迁延为实现可能的。清人纪晓岚在《阅微草堂笔记》"槐西杂志篇"中记载,赛水神活动前,某舵工与其妻行房事,性事的"不洁"触怒了神灵,后受到严厉的惩罚。④ 另一面则是希冀通过"心诚则灵"的祭奉行为方式,尽量拉近与关公情感距离,以便获得即使偶有疏漏与不敬,也会受到关公宽恕的心理安慰。

在一些特殊的关公戏剧目演出前,还有更特别的仪式来保证演出的顺利进行。据郑黛琼介绍,秦腔"在关公戏开演前,饰关公者必将持其青龙偃月刀供置祖师爷面前上香,拿裱纸点着火,在刀口上绕三次,方可启用;而在关公《走麦城》一剧中,因为扮演的故事是讲关公失败遇害事,所以演出更特别,通常在台口会摆上大

---

① 陈墨香、潘镜芙:《梨园外史》,百成书局1930年版,第24页。
② 刘奎官:《刘奎官舞台艺术》,中国戏剧出版社1982年版,第157页。
③ 老渊:《说说关公戏》,《中国京剧》1995年第4期。
④ (清)纪晓岚:《阅微草堂笔记》卷十三"槐西杂志(三)",上海古籍出版社1980年版,第309页。

锅酒，点上火，并将大把的香投入，一边烧一边演，烧起的烟甚至使人的脸都变黑了"①。

这种敬畏客观上强化了关公戏演出禁忌习俗的权威性。例如，延至清中叶，三庆班演出《三国》戏时，关羽上场已经不敢直呼"关羽"，只能自称"关某"，他人则呼其为"关公"，甚至敌方也从不直接称呼关羽的名字，而是说"来的敢是关公？"② 关公扮演者的这些举动的背后，都充分体现了他们对禁忌的规避和禳解的努力。

四、民间关公信仰事象与禁忌心理

"禁忌"（Taboo）这个词原本是南太平洋波利尼西亚汤加岛人的土语，表示的是"神圣的"和"不可接触"的意义。诚如弗洛伊德在《图腾与禁忌》中说，"塔布（Taboo），就我们看来，它代表了两个方面的意义。首先，是'崇高的'、'神圣的'，另一方面，则是'神秘的'、'危险的'、'禁止的'、'不洁的'。"③

人们对禁忌的恐惧，不是来源于事物本身，而是对心理的暗示作用。例如中国民间对鬼神的禁忌心理，就是将自然界的报复性灾难和人的生老病死，与神鬼的权威相连接而产生的。鬼神的权威反过来又强化了禁忌的权威性，并通过人群组织的共同监督和约束得到不断强化，加之从众心理的推波助澜，最终形成一种特有的传承惯性。

关公戏演员在扮演前后谨小慎微，虔诚拜祭的行为，正说明了禁忌心理法则在潜意识地作用扮饰关公的演员。正如有学者指出："可以肯定，所有的禁忌事象都导源于某一或某些不寻常的事件及某种类比联想（联想的具体过程亦为事件）。"④ 而且，毫不奇怪的是，人们很善于将事件发生的偶然性，与违反关公戏禁忌的必然性扭结在一起。李洪春在《京剧长谈》中提及这样一件事情，1900 年的某日，装

---

① 郑黛琼等：《中国传统剧场之规矩与禁忌》，台湾《民俗曲艺》第 40 期，1986 年版，第 70 页。
② 李洪春：《京剧长谈》，中国戏剧出版社 1982 年版，第 269 页。
③ ［奥地利］弗洛伊德：《图腾与禁忌》，杨庸一译，中国民间文艺出版社 1986 年版，第 31 页。
④ 万建中：《禁忌与中国文化》，人民出版社 2001 年版，第 77 页。

扮关公的伶人王洪寿在北京广德楼演出，前排有位抽水烟的观众，吹烟核把台栏积存的海报引燃了，"正好三老板（王洪寿）的关公在台上，这下'关老爷显圣'就又传开了"①。民间传言对提升禁忌的威严，起着很大的推动作用。而在这个过程中，"作为关公戏市场的市井小民担当了制造和传播神话、哄传显圣事迹的重任。那些似是而非、无法证实的'事实'，使得原本没有根据的'敬畏'更增加了神秘性。"② 唐鲁孙在《从"忠义剧展"谈关公戏》中记载，一位名叫刘鸿升的关戏演员，上台饰演关公，却不守禁忌，不斋戒沐浴，揣神拜福。结果就受到惩戒："刘瘸子一向做事马虎，跟平常一样，没揣神拜福就上台了。'刮骨'一场，饰华佗的一不留神，木头刀居然把膀子上的肉划了一道口子，当时没有觉出怎样，可是一卸妆，血流不止。虽然后来治好，可是，足足有半个多月抬不起胳膊来。有人说那是不崇敬武圣，所得的一点薄惩。"③ 王德彰在《谈戏说史》里面也谈到关公戏一则逸闻，说从前五位红净演员程永龙、李洪春、李万春、李桐春、赵洪林在北京庆乐戏院同台演出，每人一出，从白马坡到灞桥挑袍。演到挑袍，戏院忽然崩塌，这时民间就有传言"关公显灵"了。④ 诸如此类的例子，在今天看来很是荒诞。

然而，我们不得不承认，这种传言的整肃力量是惊人的，它从客观上强化了禁忌的威慑力和权威性，也强化了人们对犯忌的恐惧心理。弗雷泽在《金枝》中谈到禁忌含义时说，虽然人们对犯忌的恐惧来源于想像的危险，"但是这种危险倒并不因为它是想像的就不真实了，那种想像在人们身上所起的作用，跟地心吸力对人所起的作用一样，它能够像一剂氢氰酸一样也致人于死命。"⑤ 前面我们谈到著名的关戏演员米应先对关羽的顶礼膜拜，其实米伶的行为也缘于他对犯忌的"想像危险"，且听他的告白：

> 我这碗饭，全是关老爷赏的。不然凭什么一季挣人家八百吊钱的包银？我敬重老爷，只算知恩图报，但是老爷的戏，到底不该唱。我自从扮演他老人家

---

① 李洪春：《京剧长谈》，中国戏剧出版社 1982 年版，第 54 页。
② 么书仪：《晚清戏曲的变革》，人民文学出版社 2006 年版，第 278 页。
③ 唐鲁孙：《什锦拼盘》，广西师范大学出版社 2005 年版，第 102 页。
④ 王德彰：《谈戏说史》，中国文联出版社 2004 年版，第 123 页。
⑤ ［英］弗雷泽：《金枝》，中国民间文艺出版社 1987 年版，第 332 页。

以来，总是害病，简直背了药罐子，大概是亵渎神明之故。老爷在天之灵，虽不计较这些，他手下的张飞老爷，周仓老爷，都是有火性的，难免不降点灾。①

可见，扮演神功戏的演员的心理压力之大。弗雷泽所言及的"想像的危险"在民间的禁忌场中，杀伤力的确很大，这让笔者想到了一则材料。在清嘉庆黄芝《粤小记》卷二中有这样一段话，"顺德赛北帝神。以少年扮为神将，乡人事之惟谨，无敢怠忽。父老见之，辄伛偻拜跪，遇诸途则走避。稍逆意，呵叱怒骂，莫不俯首谢过。每扮一神将，衣服铠甲，鼓乐仪仗，饮食宴会，贵至数百金。而少年亦往往殀死云。"② 这段话有两点值得注意，一是少年穿上铠甲扮为神将，就是神将的化身，不仅所扮少年自己如此认为，乡中父老莫不如是，这与戏曲舞台上关公"以尸降神"异曲同工。二是，乡中父老对扮神将之少年的飞扬跋扈与奢靡淫费心中怒恨，但不敢发泄。尤其值得玩味的是，最后一句话，"而少年亦往往殀死云"。从今天的科学来看，若仅扮神将，并不会导致夭亡，但在民间禁忌场中它却有着万分的合理性。

总之，崇拜是禁忌产生的基础，禁忌则是崇拜的具体表现形式。由崇拜而生恐惧，由恐怖则惧罹祸灾；为避祸灾，必成禁忌。在关公信仰的历史长河中，在民间也逐步形成了很多禁忌，甚至成为一种民俗文化（论者甚多，不赘）。小而化之，戏曲舞台上关公戏演出"禁忌场"的形成，显然与社会上狂热崇奉关公和神化关公的活动，密不可分；同时，关公戏演出的种种禁忌规例，又是社会中存在的关公信仰禁忌心理文化的折光。

正是在这样的文化背景下，关公戏的演出不再是单单满足观众看戏娱乐的需求，而且还有一项潜在功能，即，要实现观众在观看"关公戏"过程中，对关公降神显圣的隐秘心理预设，助推了关公戏艺人对社会上关公崇拜心理的回应和迎合，为形成"关公戏"演出禁忌场推波助澜。

所以，根据以上的论述，我们不得不下这样的结论：如果说关公戏演出禁忌的生成，是中国上古"降神显圣"巫术观念的遗存，以及整个社会"关公信仰"作

---

① 陈墨香、潘镜芙：《梨园外史》，百成书局1930年版，第24页。
② （清）黄芝：《粤小记》卷二，广东省中山图书馆1960年刻印本。

用下的产物,那么,演出禁忌禳避则不能不说是戏曲艺人高超生存智慧的集中体现——不仅在整个社会关公崇拜的"禁忌场"中保持了信仰的顺从,同时还维持了自身禁忌心理的平衡,满足了寻求精神平安的需要。因为在这里,徜徉于人神之间的关公戏艺人,实现了信仰与世俗的双重诉求。伶人是智慧的游戏者。

本章小结

戏曲行业神有很大一部分来源于道教神系,这与道教作为中国本土生长的宗教,更贴近普通民众诉求有关。在戏曲行业中,伶人也敬畏行业外的道教神祇,当他们有了内心的诉求时,往往将行业外的道教神祇请入从业人群内部,转化为行业内的神系,予以崇奉。九皇神、关圣帝君(关羽)就是典型的个案。

旧时戏曲艺人信奉"九皇神",每年九月初举办"九皇会",斋戒茹素,祭祀甚虔。戏伶信奉的戏神"九皇神",就来自道教。考察道教"九皇神"的生成,发现它又源自民间北斗九星的星宿信仰。北宋年间,北斗星被道教经典阐释为道教的星神"九皇神",并为教众广泛接受而崇祀。道教的"九皇神"进入梨园行,源自伶人赎罪的心理,由此折射出旧时艺人卑微的社会地位和心态。

在关公信仰的影响下,"关公戏"演出也随之形成关公显圣的巨大心理场。一定意义上,介于人—神之间的关公戏演出,表现为原始时期"巫术降神"和"以尸代祭"的遗存,并形成各种演出规例与禁忌。为防止关公附体或受到不利的损害,戏曲艺人又狡狯地设计出种种禳解的办法。归根结底,关公戏演出禁忌生成,是关公信仰文化和民间心理的折射。

第四章　京剧戏神信仰文化源流考

中国戏神信仰的繁盛，与清代地方剧种的兴起是同步的。百花齐放的地方戏在追溯自身源头和艺术流变轨迹时，都乐于以戏神为号召的旗帜，故而戏神信仰在地方戏时代大放异彩。由于各种地方剧种请奉行业神的目的各有不同，地方戏神的信仰纷杂不纯。本章选取京剧的喜神、武猖神作个案的考述，以期与前两章全国性戏神形成互补性的考察。

第一节　京剧喜神信仰的缘起与演变

关于戏曲行业崇拜喜神为戏神的问题，康保成老师已经作了深入的研究，他揭示出梨园行喜神信仰周边充斥生殖崇拜文化符号的规律。然而，笔者总有一些疑问环绕心头：为什么戏神的周边都富蕴生殖崇拜的讯息？为什么在民间作为喜神的小儿人偶（童偶）会演变为戏曲行业的祖师神呢？民间存在的喜神崇拜与戏曲行业的喜神信仰之间又有怎样的内在联系呢？拟就以上问题，作一些初浅的探讨，以推进喜神及戏神信仰的研究。

一、民间喜神崇拜习俗之概观

中国古代喜神信仰形式多样，内容也有所变迁。"喜神"一词，据清钱大昕考证，多指先祖先父母在世时的画像，"喜神者，宋时俗语以画像为喜神也"①。例如元郑廷玉《看钱奴》第三折谓："你孩儿趁父亲在日，画一轴喜神，着子孙后代供养着。"清初厉鹗《杭可庵先生遗像记》也云："古者，人子之于亲亡也，为之旗以识之，为之重主以依之，为之尸以祭之。至汉氏以来，乃有画像，虽非古制，实寓生存，遂相沿不能废。宋之先儒，有恐似他人之议，则画手不可不工也。"② 子孙给年迈的父祖描画图容，实为尊亲遗像之谓。对祭拜先人"喜神"画像仪式，清顾禄《清嘉录》卷一"挂喜神"记述甚详：

> 比户悬挂祖先画像，具香蜡、茶果、粉丸、糍糕。肃衣冠，率妻孥以次拜。或三日、五日、十日，上元夜始祭而收者。至戚相贺，或有展拜尊亲遗像者，谓之"拜喜神"。③

大而化之，宋人有时也将物件的画像俗称为"喜神"。宋人宋伯仁《梅花喜神谱》称梅花各种形神意态的画像为喜神。后代也基本延续了这种习惯，如明代李诩《戒庵老人漫笔》卷六云："苏州见周文矩彩神图卷，甚工，屏上悬一神影，盖彩神，即今所谓喜神也。"④ 彩神即喜神，传达出人们对喜神之"喜"的企盼和美好愿望的寄托，故而在民间有将吉神称为喜神的习惯，形成了游"喜神方"的习俗。《儿女英雄传》第二八回："出门迈鞍子、过火盆、送喜神、避太岁，便出了那座游廊屏门。"茅盾《子夜》第十一回："他在这不干不净的当儿闯进去，岂不是冲犯了喜神。"⑤ 这里的喜神，即指吉祥之神。民间流传在新年或吉庆的日子，出门要算喜神方。清人陈作霖《可园诗存》卷一《新年词十首》之一："曈昽晓日已生光，楚楚衣冠袖刺藏。南北东西谁向好，出门先问喜神方。"原注："元日出行，必迎喜神所莅之方。"⑥ 关于民间游"喜神方"习俗，罗开玉《"游喜神方"习俗》

---

① （清）钱大昕：《十驾斋养心录附馀录》卷十四，清嘉庆刻本。
② （清）厉鹗：《樊榭山房集》"文集"卷五，上海古籍出版社1992年版，第771页。
③ （清）顾禄：《清嘉录》卷一，王迈校点，江苏古籍出版社1999年版，第5页。
④ （明）李诩：《戒庵老人漫笔》卷六，魏连科点校，中华书局1997年版，第224页。
⑤ 茅盾：《子夜》，人民文学出版社2004年版，第282页。
⑥ （清）陈作霖：《可园诗存》卷一，清宣统元年（1909）刻增修本。

文述之甚详，可参。① 不仅民间，清代官方、军方也会举行很隆重的"迎喜神"仪式，清曾国荃主持修纂的《（光绪）湖南通志》卷七十一"典礼志一"有载，亦不赘引。《中国神秘文化辞典》"喜神"条总结道："喜神，中国古代民间尊奉的喜庆之神。最初的喜神并无具体形象，但却有方位，其方位随时间的变化而变化。……人们在一定的时候，面对某一方向，据说可得喜庆。其后逐步人格化，但无特殊形象，往往是福神天官的翻板，也以和合二仙为喜神的。"② 这段话概括了民间喜神信仰习俗的基本样貌。

民间还习惯将妇女怀孕称为"有喜"，故而喜神还被当作生育的保护神。明代姚际隆删补《卜筮全书》卷十三"黄金策"就有将喜神与妻孕以及人丁兴旺相关联的卜辞，如："何知人家妻有孕，青龙财临天喜神。""何知人家旺六丁，六亲有气喜神临。"③ 又，明代于慎行《谷山笔麈》卷十七载："元成宗建天宁、万寿寺，寺中塑祕密佛，形像丑怪，即所谓演揲秘密法也。传闻大内有一秘殿，内塑喜神，主上大婚，先期入参，虽沿旧俗，亦有深意，然不可闻于世也。演揲儿法，一名大欢喜秘密禅定，故曰喜神。"④ 佛教密宗"演揲秘密法"，即男女交媾之法，与生殖生育相关。由此可见，元成宗建天宁、万寿寺中的喜神，主人间婚事之职司，或是汉族民间具有生殖性质之喜神的来源。

民间具有生殖之神格的喜神，实际上多以童偶的形象出现。如宋代文献《东京梦华录》卷八记载七夕乞巧，里巷与妓馆纷纷购置和装饰童偶"摩合罗"，而此正与性及生殖崇拜有关。康保成老师在《傩戏艺术源流》一书中从地方方志文献中找到不少各地有关童偶崇拜的例证，这些"抢童子"、"抢娃娃"、"拴娃娃"的习俗富含生殖崇拜的印记。尤其他所引山东聊城"拴娃娃"的材料给笔者留下了深刻印象：在聊城的娘娘庙、观音庙，案前有许多带"小鸡儿"（男根）的泥娃娃，有不孕的妇女来求子，选一个好看的泥娃娃，以红线拴住脖子，随即把娃娃的"小鸡儿"掐下来，带回家喝口水把它吃下，这便认为把娃娃给拴来了。⑤ 这种"拴娃

---

① 罗开玉：《"游喜神方"习俗》，《成都大学学报》（社科版）2005年第6期。
② 尹协理主编：《中国神秘文化辞典》，河北人民出版社1994年版，第516页。
③ （明）姚际隆删补：《卜筮全书》卷十三，明刻本。
④ （明）于慎行：《谷山笔麈》卷十七，吕景琳点校，中华书局1984年版，第200页。
⑤ 康保成：《傩戏艺术源流》，广东高等教育出版社1999年版，第229页。

图 19　喜神（左）。采自乌丙安主编《中国民间神谱》第 233 页

娃"的习俗，可谓把童偶所具生殖意蕴表现得淋漓尽致。

中国古代"喜神"崇拜习俗还影响到戏曲行业，在北方的戏曲艺人中也广泛崇信喜神。清张之洞撰修《（光绪）顺天府志》卷十四"京师志十四"云："精忠庙庙祀岳忠武。康熙时建有大学士刘统勋碑。……按庙有铁铸秦桧夫妇像跪门外，旁有喜神庙伶人所祀也。"[①] 清黄钊《读白华草堂诗二集》卷八有诗云："庙侧梨园祀喜神，琵琶弦索日翻新。莫教演到东窗事，长跪祠门尚有人。"[②] 精忠庙旁的喜神庙就是北京戏曲艺人的祖庙。同治《苏州府志》卷三十八著录苏州也有喜神庙[③]，同样为梨园行业的祖师庙。那么，民间流传的喜神崇拜的习俗，又是怎样进入戏曲行业的呢？

---

① （清）张之洞撰修：《（光绪）顺天府志》卷十四"京师志十四"，清光绪十二年（1886）刻、十五年（1889）重印本。
② （清）黄钊：《读白华草堂诗二集》卷八，道光十九年（1839）刻本。
③ （清）李铭皖、谭钧培修，冯桂芬纂：《（同治）苏州府志》，光绪九年（1883）刻本。

二、戏神之童偶形象及相关传说

　　关于喜神进入梨园行为戏神之成因，戴申撰文说：祭奠先人画像为"拜喜神"，"把'喜神'视为崇高良善的化身，达到至高崇尚境界。由于昔时戏班梨园弟子，对唐明皇奉若神明，把'影'格式化、戏剧化，从平面转化过度到立体，琢木成形，称之'彩娃子'，究其实质为'影'的变种，就是一种偶像崇拜，以后称其为'喜神。'"① 戴申从喜神为先人画像意义的角度来阐释喜神为戏神之成因，仅仅停留于现象的关联性，而没有进一步解释挂祭先人画轴（喜神）与戏曲行业内部信仰的内在联系是什么，故而对"喜神即戏神"这一命题的阐释就有些牵强。齐如山《国剧艺术汇考》则收集了三种说法：其一说，凡人家演堂会戏，多因生日满月等喜庆事，皆与小娃娃有关，戏班中之假娃娃亦即娃娃，故特别尊敬之，名之曰喜神。因人家生小孩，庆贺演戏，则戏界中，可以藉此得钱也。其二说，从前有人学戏，久不会，后梦一小孩来教，骤能领悟，于是共尊小孩为喜神，特供奉之。此盖因翼宿星君像为一小儿状，致又将祖师与喜神误合而为一。其三说，唐明皇之太子，放在大衣箱安睡，竟尔死去，即封为大师哥，亦曰喜，故各脚坐时，不得坐箱口，因彼时太子之口，适在彼处也。现在各戏班之最大徒弟，皆称大师兄，不许称大师哥者避此也。② 第一种说法为喜神贺喜之功能；后二种说法则是梨园行有关"老郎"传说，实际上就是经常提及的"授艺说"和"殇子说"。1935 年《北洋画报》所载《喜神的传说》一文也提及民间传说将喜神与殇子相关联：喜神，就是戏台上剧中人所报的小孩，在《四郎探母》、《法场换子》等戏中，我们时常见到。……据闻喜神之来源，因唐朝魏徵之子，将生未久，抱到内庭请皇上给取名，但上命魏徵速扮跳加官，徵忙把儿子放在大衣箱里，等到跳完加官，他的儿子已经闷死了。魏徵向皇上痛哭，皇上怜他儿子死得可怜，就封为喜神。③

　　从以上几种喜神进入戏曲行业成为喜神的说法来看，它们都有一个相同的要

---

① 戴申：《喜神》，《中国京剧》2004 年第 4 期。
② 齐如山：《国剧艺术汇考》，辽宁教育出版社 1998 年版，第 308 页。
③ 鸿（化名）：《喜神的传说》，《北洋画报》第 26 卷第 1326 期第 1 版，1935 年。

图20 清代甘肃高台沙河忠义班所用童子爷。采自《中国戏曲图典》第572页

图21 京剧中的喜神像。笔者2012年7月拍摄自中国艺术研究院展览室。

素——小儿。民间传说虽在事理上显得荒诞不经,却包含着事情真相的某些线索。笔者认为,民间喜神能够进入戏曲行业,中间的联带物正是这些具有生殖崇拜性质的"童偶"形象。在戏曲行业敬奉的戏神,不少都是以童偶的造型出现在人们面前。清代乾隆年间人檀萃《滇南草堂诗话》卷十"梨园宴集相和歌"云:"神童像嬉笑,部弟子奉为所师,乃唐皇,或以为郭郎也。"① 清人龚炜《巢林笔谈续编》卷上"老郎菩萨"条说:"梨园所称老郎菩萨者,一粉孩儿也。"② 杨懋建《梦华琐簿》也云:"余每入伶人家,谛视其所祀老郎神像,皆高仅尺许,作白皙小儿状貌,黄袍被体,祀之最虔。"③ 除了历史文献,在民间戏曲艺人保存的戏神塑像也是如

---

① 顾峰:《云南歌舞戏曲史料辑注》,云南民族艺术研究所戏剧研究室印,1986年版,第166页。
② (清)龚炜:《巢林笔谈续编》卷上,钱炳寰点校,中华书局1981年版,第178页。
③ (清)杨懋建:《梦华琐簿》,张次溪编纂:《清代燕都梨园史料·正编》,中国戏剧出版社1988年版,第374页。

此。如山西河津西王村保存的咸丰年间的戏神、田仲一成《中国乡村祭祀研究》（639页）所附"福州新乐天班戏神"，还有福建梨园戏喜神"孩儿爷"都是如此。①

然而我们必须看到，在戏曲行业中戏神被雕塑为童偶的同时，还存在被赋予少年形象的情况。如苏州老郎庙的戏神偶像，就是少年相貌。陕西戏曲班社普遍敬奉的"庄王爷"也是"一小木人，俊面，三须"②。有须，当不会是小儿。清人姚福均《铸鼎馀闻》卷四引《吴门补乘》也云老郎庙中的老郎神"白面而少年，相传为唐明皇，因明皇兴梨园故也"③。少年形象老郎神的存在，说明在梨园行中戏神并不都是小儿偶像。既然戏神形象既有小儿，也有少年形象，那么戏神童偶形象的出现，应该还是有所根源和依据的。

图22 福建晋江内坑镇东福宫田都元帅塑像。笔者2011年8月摄制　　图23 福建泉州提线木偶剧团供奉的田元帅，亦为少年形象。笔者2011年8月摄制

---

① 康保成：《傩戏艺术源流》，广东高等教育出版社1999年版，第215页。
② 《中国戏曲志·陕西卷》，中国ISBN中心1995年版，第625页。
③ （清）姚福均：《铸鼎馀闻》卷四，清光绪二十五年（1899）常熟刘氏达经堂刻本。

清代梨园行供奉的童偶状戏神，显然与老郎神之"老郎"有关。诚如康保成老师所指出的，老郎就是小男孩①，即为细郎、幺郎、小郎义。梨园行为了完成老郎神起源的解释，有很多戏曲祖师化为小儿来传艺的传说，不赘引。正因艺人习惯将老郎具象化为小儿，故而清代黄旛绰在《梨园原》中特别指出："戏中所抱小娃，谓之喜神，取其善而利于技，非即老郎。"②他虽沿袭小儿传艺传说的合理性，却又特别强调喜神与老郎神二者不相混淆，这番游移的说法透露出梨园行已将喜神与老郎神信仰重叠。戏神幻化为小儿传艺的传说，正是伶人将戏神塑造为童偶的根据。而童偶状戏神，则为民间具有生殖崇拜意味的喜神进入梨园行业搭建了桥梁。故而，伶人往往将喜神与戏神相等同，喜神即戏神。

笔者在拙文《论民间戏神信仰的源起与发展》③一文中，详细论证了清初二郎神信仰向老郎神的转化。而从历史文献和文物遗址来看，喜神被伶人祭祀，也当在清代。这样，喜神进入梨园行业演化为戏神的轨迹甚明：二郎神—老郎神（童偶）—喜神（童偶）—戏神。

三、梨园行喜神的祭祀及它的两重功用

由于具有生殖崇拜性质的童偶喜神进入到戏神信仰体系，中国民间戏神信仰的周边充斥着强烈的乞子——生殖崇拜的文化符号。然而，喜神的本体是小儿，又由于进入梨园行获得戏神的新身份，故而在戏曲行业中，喜神在台上当作小儿砌末，而在台下当作戏神获得崇祀。

梨园行喜神的两重功用，齐如山在《国剧艺术汇考》中记述甚详：

> 喜神，即是旦脚怀中抱的假娃娃，如《长坂坡》之糜夫人，《探母》之公主等等，都须抱之。亦即是从前玩物中布制的娃娃。戏中人之岁数年龄，最幼稚者是此，再大就是娃娃生了。按这个娃娃，确是一件切末，但戏界中人，绝

---

① 康保成：《傩戏艺术源流》，广东高等教育出版社1999年版，第304页。
② （清）黄旛绰：《梨园原》，《中国古典戏曲论著集成》（九），中国戏剧出版社1959年版，第9页。
③ 陈志勇：《论民间戏神信仰的源起与发展》，《文化遗产》2010年第4期。

对没有管它叫作切末的，通通呼为喜神，没有第二种称呼，这是因崇拜它的关系。喜神在台上，可以随便玩弄，到后台则众人对之皆须恭敬，故喜神一到后台，如仍抱着，则须用绢子盖上脸，如放下则须脸朝下，如抱者无绢子，则亦可脸朝下，绝对不许脸朝上，因为众人见其面，便须对之行礼，则不胜其烦，故须面朝下也。在戏园中演戏，后台一定有祖师龛，众人一到后台，便须对龛行礼，若在人家演堂会戏，后台当然没有祖师龛的设备，则各演员来去，都对大衣箱作一揖，因为喜神永远放在大衣箱内也。①

前引清人龚炜《巢林笔谈续编》卷上也说"梨园所称老郎菩萨者，一粉孩儿也，平时宗之，临场子之，颠倒殊不可解"②。"平时宗之，临场子之"正是喜神作为砌末和戏神双重身份的总结。

这种情况在全国各地各大剧种都普遍存在，如湖北汉剧"后台旧规，素尊'喜神'（演小孩用的砌末，亦称'彩头'）"③。福建闽剧也有相同的情况："闽剧有一'婴孩'砌末，即称为'老郎'，演戏时将所祀的戏神'老郎'作为砌末，演毕则置之后台供奉。"④《中国戏曲志·江苏卷》说："乡班一般不请家祖爷上后台，以台上用的婴儿道具（木偶）作替身，此道具称喜神。演员扮戏后、上台前，总要打躬作揖拜喜神，求保台上胆壮不怯场。"⑤河南戏曲班社对婴孩道具在演出中扮演什么身份的人物也有明确的规定："戏班演戏时，凡角色是朝廷、状元、正宫、国母及有身份的大臣之类怀中所抱的小孩，皆由庄王爷作道具。角色是中下身份的孩子，道具皆不能用庄王爷。"⑥砌末和戏神的两重功用，真实地透露出民间具有乞子生殖功能的童偶进入到戏神信仰体系的事实。

---

① 齐如山：《国剧艺术汇考》，辽宁教育出版社1998年版，第308页。
② （清）龚炜：《巢林笔谈续编》卷上，钱炳寰点校，中华书局1981年版，第178页。
③ 方光诚、王俊：《米应先、余三胜史料的新发现》，《戏曲研究》第10辑，文化艺术出版社1983年版，第37页。
④ 林庆熙等编注：《福建戏史录》，福建人民出版社1983年版，第9页。
⑤ 《中国戏曲志·江苏卷》，中国ISBN中心1992年版，第798页。
⑥ 《中国戏曲志·河南卷》编辑委员会编：《河南戏曲史志资料辑丛》（八），内部印刷，1987年，第220页。

第二节 京剧武行戏神"武猖"信仰探源

京剧研究者齐如山在 1935 年撰写的《戏班》一书介绍:"戏界武行人员,除供祖师外,亦供武猖神。其牌位书曰:武猖兵马大元帅字样。"① 日本辻听花《中国剧》"优伶·俳优之信仰"也说过:"东西优伶,多重信仰,中国优伶亦然。其平素信仰者,分为文武两神,武神曰武猖大元帅(或曰岳飞),文神即为玄宗皇帝。各伶家中祀该两神,供以香花。"② 武猖神主要被京剧武行崇祀,其他剧种也有信仰。如闽剧三月为"五猖诞",即由武行负责③,说明闽剧武行也是信奉"五猖神"。京剧武行所供奉的戏神"武猖神",不见文献记载,只相传于艺人口耳之间,故对其来历,一般伶人浑然不知;即便是长期关注京剧艺术的文士,也难道其详。本节欲就京剧等剧种武行所崇奉"武猖神"来源,及与徽班、民间目连文化、"五猖"文化之间的关联作初步的探讨。

一、京剧"武猖神"信仰来源的几种说法

京剧戏神"武猖",又被写作"狱猖"、"武昌"、"五猖"、"五昌"等。称为"狱猖"即与武行艺人地位低有关。本来旧时戏曲艺人地位低下,武行更被视为莽汉,故"武猖"也被文人加上犬旁为"狱猖"。《立言画刊》第 46 期"鹤孙说戏"云:"梨园行拜师礼,所供之神位,普通皆为翼宿星君与狱猖大元帅而已。"④ 后来,京剧艺人改"狱猖"为"武昌",实不知"武猖神"之由来也。齐如山的《戏班》记载了此事:"后俞润仙成春台班时,以为武行供武昌,亦如文人供文昌,何用犬边,亦不应供于桌下,于是改书武昌,供于桌上,以后便刀兵不息,清室墟

---

① 齐如山:《戏班》,北平国剧学会,1935 年刊,第 58 页。
② [日]辻听花:《中国剧》,顺天时报社 1919 年版,第 172 页。
③ 《中国戏曲志·福建卷》,文化艺术出版社 1993 年版,第 577 页。
④ 《立言画刊》第 46 期"鹤孙说戏",1939 年 8 月 12 日。

矣，云云。"① 东邻《狱猢会》文也谓："文人轻武，自昔已然。重以武行之为犷悍麤暴，益不齿于文人。洒加犬傍（旁）于武昌之侧，以寄其轻薄。于是遂变武昌为狱猢矣。贵之言虽无可征信，顾亦言之成理，持之有故，姑录其说，以待博雅之考正焉。今梨园中亦有知其误者，故后台奉祀之位，都作武昌，而尠作狱猢矣。"② 以"文人轻武"来解释武昌为狱猢，显然失之皮相。

波多野乾一《京剧二百年之历史》附录《鞠部拾遗》署名东邻所作的文章《狱猢会》，又提出京剧武行所奉"武猢神"来自某武师：

> 至武行之奉狱猢，不知是何取义，遍询伶工，亦都茫然莫知所对，第愚闻诸贵俊卿曰：在昔故无所谓武戏也，有拳师某者，精于武术，鬻艺京华，流浪子弟，辄从而学焉。既以卖武广场，不足以资号召，洒假座戏院，角力比武，且被以斑斓之衣，以为炫耀之具，观者云集，市座大盛。此实武戏之所滥觞。后某拳师偃蹇河南，病殁于文昌。其师并立位于文昌之穆，以供岁时祭祀。③

显然，"武师说"泥之过实，反而不确。继之的一种说法是认为"武猢神"来源于战国时期的五位元帅，"五月二十三日所祭之武猢兵马大元帅者，乃来源于千字文中'启翦颇牧'外加白猿是也。白猿为翻筋斗人所供，至武猢神须供于桌下者，因避凶煞，避刀兵也。"④ 河北的京剧戏班中武生也供五昌兵马大元帅，即春秋战国时的孙武、白起、王翦、廉颇、李牧。武行还供筋斗祖师白猿，放在供奉牌位的桌下，连同五昌称"武猢"。⑤ "武"、"五"同音，将战国时期五位战将附会为

---

① 齐如山：《戏班》，北平国剧学会，1935年刊，第58页。
② ［日］波多野乾一：《京剧二百年之历史》附录《鞠部拾遗》，上海启智印务公司1930年9月，附录第4—5页。
③ ［日］波多野乾一：《京剧二百年之历史》附录《鞠部拾遗》，上海启智印务公司1930年9月，附录第4—5页。
④ 齐如山：《戏班》，北平国剧学会，1935年刊，第58页。
⑤ 欧大年、侯杰、范丽珠主编：《保定地区庙会文化与民俗辑录》，天津古籍出版社2007年版，第672页。据王叔养《京剧班旧制习俗百题》，京剧老艺人传说的五位战将稍有不同，除千字文中的"启翦颇牧"外，第五位是蒙恬或是白猿，而非孙武。见北京市政协文史资料研究委员会编《文史资料选编》第45辑，北京出版社1992年版，第160页。

武行的守护神、戏神，体现了武行戏曲艺人对行业特点的认同，但从学理角度看，与"武猖神"信仰源头相距甚远。

从文献中发掘与"武猖神"相关的记载，寻找其历史的依据，不失为一种研究思路。民国时期著名的京剧史学者齐如山在《明史》中发现了一条很重要的材料，他说："猖字加一犬字，乍看之似极奇怪，其实亦有所本。按《明史》第五十四卷载：旗纛大神，曰五方旗神；曰主宰战船之神，曰金鼓角铳砲之神；曰弓弩飞枪飞石之神；曰阵前阵后神祇五猖等众。凡七位，共一坛南向，皇帝服皮弁，御奉天殿降香云云。在《宸垣识略》中，引此段文字，猖字亦有犬旁，则武行所供者，当即来源于此无疑。按皇帝尚须供奉，则武行供之，亦决非怪事矣。"①《明史》所载五猖神为战神，又怎么与京剧武行所奉的戏神相关联的，齐先生未尽其详。郭立诚先生在他的著作《行神研究》中指出："'武昌'即'五昌''五猖'也，《三教搜神大全》赵公明亦有统率五方猖兵之说，与此相合，是'五昌'乃军神，与砲神旗纛神相同，乃天上神祇，不可指定确为某人，若前说'五昌'为战国五大元帅，则失之泥矣。意者'五昌'为军神，梨园武行诸人虽在台上作假厮杀，亦希望如虎如彪，故奉此五猖大元帅也。"②尽管齐如山和郭立诚考到《明史》、《三教搜神大全》中有关战神或军神"五昌（猖）"的史料，即是京剧武行所崇奉的"武猖神"出处，虽言之凿凿，但由于缺乏二者之间演进轨迹的描述，他们的结论让人信疑参半。

二、"武"字：解开"武猖神"源头密码的一把钥匙

要解开京剧所奉行业神武猖神身世之谜，笔者认为还是应该回到武行行业起源上来。

京剧的武行，主要来自徽班。京剧研究者普遍认为京剧的历史应该从乾隆年间"徽班进京"算起，而乾隆年间进京的"四大徽班"之一的"和春班"，就是以"把子"著称京城剧坛。杨懋建《梦华琐簿》记四大徽班各有所长，其中"和春

---

① 齐如山：《戏班》，北平国剧学会，1935年刊，第58页。
② 郭立诚：《行神研究》，"国立"编译馆中华丛书编审委员会，1982年，第121页。

班"曰"把子","每日亭午，必演《三国》、《水浒》诸小说，名'中轴子'。工技击者，各出其技。痀瘘丈人承蜩弄丸，公孙大娘舞剑器浑脱，浏漓顿挫，发扬蹈厉，总干山立，亦何可一日无此？"①"把子"即指武戏，而且因技艺高超精湛，和春班的"把子戏"颇受观众喜爱。

不仅是和春班的武打厉害，其他徽班也有精通武技的安徽籍戏曲艺人。如华胥大夫《金台残泪记》记云："近日乐部登场，必有扑跌一出。而嵩祝部又必有二出，使歌台之上，尘土昏然，尤为可厌。"②徽班嵩祝部由于"扑跌"而使"台上尘土昏然"，必是武戏无疑。在乾、嘉年间，其余徽班各部均有善于"扑跌"武打之艺人。如嘉庆八年（1804）小铁笛道人《日下看花记》卷三记："升官，姓曹，年二十九岁，安庆人，旧在春台部"，"踏跻跌扑，鸾飞鸿骞，霞骇锦新，武旦中能品也。习见其《擂台》、《打店》，目眩神驰，星流电掣。"③又记：陈荣官，年二十四，安徽太湖人，"跌扑轻矫便捷"。④同卷还记载三庆班"李双喜，年二十八，字兰亭，安庆人。为人端重寡言，抑然自下，绝无浮气习。……《打店》跌扑，身轻如一鸟过；《宛城》一剧，尤堪叫绝"。⑤徽班武打传统，为京剧所吸收，周贻白先生在《中国戏剧与杂技》文中指出："中国戏剧中的京剧，其特别注重武工，可以说是具有徽班的传统。"继之周先生再次强调"京剧的武戏，在京剧的整个历史而言，安徽班当然是不祧之祖。"⑥

徽班的武打技艺不但给予京剧武行滋养，其他如昆剧以及周边乱弹戏也受到徽班武打艺术的影响。据一些昆曲老艺人说：《芦花荡》、《醉打山门》、《钟馗嫁妹》

---

① （清）杨懋建：《梦华琐簿》，张次溪编纂：《清代燕都梨园史料·正编》，中国戏剧出版社1988年版，第352页。
② （清）华胥大夫：《金台残泪记》卷二，张次溪编纂：《清代燕都梨园史料·正编》，中国戏剧出版社1988年版，第241页。
③ （清）小铁笛道人：《日下看花记》卷四，张次溪编纂：《清代燕都梨园史料·正编》，中国戏剧出版社1988年版，第99页。
④ （清）小铁笛道人：《日下看花记》卷四，张次溪编纂：《清代燕都梨园史料·正编》，中国戏剧出版社1988年版，第83页。
⑤ （清）小铁笛道人：《日下看花记》卷四，张次溪编纂：《清代燕都梨园史料·正编》，中国戏剧出版社1988年版，第80页。
⑥ 周贻白：《中国戏曲论集》，中国戏剧出版社1960年版，第163页。

等剧目，其身段武功，都是源自徽班的。① 袁斯洪在《绍兴乱弹简史》中经过考证，也认为绍兴乱弹的"'武班'可能是在乱弹演武戏的基础上，接受了徽州目连戏所穿插的那套武技，加以提炼"而成。②

进一步要探究的是，徽班的武技传统又是从何而来呢？如上文袁斯洪先生所指出徽班的武技很可能直接承传于徽地目连戏的杂技、武打。晚明时期的文士张岱的《陶庵梦忆》卷六"目连戏"条记载徽州目连戏艺人武打技艺：

> 余蕴叔演武场搭一大台，选徽州旌阳戏子，剽轻精悍，能相扑跌打者三四十人，搬演目莲，凡三日三夜。四围女台百什座。戏子献技台上，如度索舞絙、翻桌翻梯、觔斗蜻蜓、蹬罈蹬臼、跳索跳圈、窜火窜剑之类，大非情理。③

明人张岱对徽班"剽轻精悍，能相扑跌打"的赞誉，说明徽地目连戏艺人武打技艺的精湛与传统的由来已久。

事实上，民间目连戏往往有不少惊险刺激的武打技艺的表演，如大飞叉即为一例。彭文廉《贵池目连戏》文介绍，安徽贵池目连戏在《捉刘氏》一出，大打飞叉。当刘氏一出场，捉拿刘氏的戏子，手执钢叉，用头叉、耳叉、肚叉、卷莲叉、钓鱼叉掷向刘氏，在这一瞬间，刘氏要以各种滚、扑、吊、跌等身段躲闪钢叉，整个动作利落连贯，看得胆战。④ 又据欧阳友徽先生介绍这种钢叉，十分锋利，每把有五六斤重，事前都把衣冠棺木摆在台口，平添几分恐怖气氛。⑤ 彭文廉先生还介绍，除打飞叉之外，在最后还要玩杂耍，如"宰刀门"、"云里翻"、"翻高台"。还有"盘吊杠"，也叫"盘墙杆"，就是将一根约三丈长的杉木剥去外皮，竖在台前空场中央，由一位武功好的戏子爬到杉木的顶端做"罗汉显圣"、"顺风扯旗"等

---

① 北京市艺术研究所、上海艺术研究所编著：《中国京剧史》（上卷），中国戏剧出版社2005年版，第52页。
② 《华东戏曲剧种介绍》（第一集），上海，新文艺出版社1955年版，第92页。
③ （明）张岱：《陶庵梦忆·西湖寻梦》，马兴荣点校，中华书局2007年版，第72页。
④ 茆耕茹编：《安徽目连戏资料集》，《民俗曲艺丛书》，财团法人施合郑民俗文化基金会，1997年，第77页。
⑤ 欧阳友徽：《大打飞叉》，《戏曲研究》第37辑，文化艺术出版社1991年版，第122页。

各种姿势。下面有两位戏子扮成牛头马面状，将手中钢叉轮番抛向杉木顶端，上面的戏子要做各种接叉的姿势，场面惊心动魄。①

民国人胡朴安在《中华全国风俗志》下篇还记载安徽泾县东乡的目连戏有"盘戳"、"盘彩"等特技：

> 目莲戏，演目莲救母故事，皖以南盛行之。……正戏之外，加演诸多打诨戏及技术。技术立木柱一支，高十余丈，一人盘旋其顶，谓之"盘戳"。或札布彩于台前，二人穿而舞之，谓之"盘彩"。②

胡氏所记甚简，倪国华《栗木目连戏班》文对于"盘彩"绝技述之更详。盘彩："竖两根立柱，两柱之间札一根横木，再用两匹布札成几个布扣，然后在布扣之间表演'大溜'、'小溜'、'童子拜观音'、'死人摊尸'、'鳖爬沙'、'称猪边'等盘彩动作。"③而赵荫湘、项忠根在《黟县目连戏史话》中介绍黟县目连戏新阳春班艺人高台翻跟斗的绝技："在演出时，饰演鬼卒的演员，将七张桌子高高叠起，爬上顶部，翻筋斗至台面"④。民国时盛焕明《目连》一文更是介绍翻29张桌子的情形："最使人着急的，例如'九连环'，在台下直叠了二十九张桌子，由表演的武生一张一张的爬上去了，由最高的桌上一连翻九个跟斗临空到地。"⑤当地人称目连戏中表演绝技者为"打手"，很多打手既在目连戏中挑梁，也在徽班戏班中担纲。所以，安徽目连戏中种种绝技，正为徽班武行技艺的艺术来源。

---

① 茆耕茹编：《安徽目连戏资料集》，《民俗曲艺丛书》，财团法人施合郑民俗文化基金会，1997年，第77页。
② 胡朴安：《中华全国风俗志》，河北人民出版社1986年版，第279—280页。
③ 茆耕茹编：《安徽目连戏资料集》，《民俗曲艺丛书》，财团法人施合郑民俗文化基金会，1997年，第51页。
④ 茆耕茹编：《安徽目连戏资料集》，《民俗曲艺丛书》，财团法人施合郑民俗文化基金会，1997年，第69页。
⑤ 盛焕明：《目连》，《摇篮》第二期，转引自茆耕茹编《安徽目连戏资料集》，《民俗曲艺丛书》，财团法人施合郑民俗文化基金会，1997年，第313页。

三、"武猖神"与民间"五猖"信仰文化

进一步考察安徽等地的目连戏发现，其中就有一段很重要的仪式——"起五猖"。笔者认为，安徽等地目连戏中颇具武戏色彩的"起五猖"仪式中的"五猖神"，正是京剧武行戏神"武猖神"的源头。"武"因武行之行业特点，同音"五"而讹，"猖"之遗存，更是有力之证据。

为什么说京剧"武猖神"源于民间目连戏的"五猖"信仰文化呢？

首先，猖，即鬼，五猖即五鬼。虽说法不一，但民间祭"五猖"活动，就是通过对亡鬼的祭祀，祈求驱邪祛瘟，从而燮理阴阳，以期达到风调雨顺、人寿年丰。①而检视京剧武行祭祀"武猖神"的仪式过程，同样具备民间"五猖"文化的两个因素：一是认为猖即鬼；二是祭祀武猖，目的是避凶。

《京剧知识手册》云：每年5月23日京剧武行艺人祭武猖神。一只满装五只去头活鸡的罐子，不放在香案上，也不放在桌上，而是拿到桌子底下去亡供。据称是因桌下避刀兵、避凶煞，"兵马大元帅"不出头，则太平无事。故戏班中武行敬之尤甚。②又如，《立言画刊》第37期"戏剧问答"云："狱猖兵马大元帅这个神祇以不佞所见通常全是一个牌位而已，有谓这位帅爷即京市所谓'四大家'者，究竟如何，所闻狭隘，恕不能详告。平戏班亦用黄表纸书一'狱猖大元帅'牌位，桌上供肉一方，上插短刀一把，更以盘置鸡卵三数枚，上缀粉条少许，他如昆弋梆子班谅亦无大差别也。"③

再如，《中国戏曲志·上海卷》云：

> "武昌会"，梨园中习俗。清同治年间梨园于农历五月二十三日，例有各戏园全体武行演员主持之"武昌会"，会期一天。海上漱石生《上海戏园变迁志》云："昔时每于夜戏演毕之后，在戏台上设立神堂，焚香祭把，桌面用牲

---

① 茆耕茹：《胥河两岸的跳五猖》，财团法人施合郑民俗文化基金会，1995年，第61页。
② 吴同宾：《京剧知识手册》，天津教育出版社2001年版，第367页。
③ 《立言画刊》第37期"戏剧问答"，1939年6月10日。

礼,送神散会后,各武行皆欢呼饮福,亦有至翌日聚饮者。"①

齐如山《戏班》也载武猖神的祭祀过程:"至武猖神须供于桌下者,因避凶煞,避刀兵也。祭神之日,用活鸡五只,剁头放罐内,红布封口,放桌下一年一换,不上台者,乃兵马大元帅,不出头,则一定系世界平靖,不用刀兵也。"②曹琳《徽剧东渐与里河乡班的祭台敬神》对戏行祭祀武猖神的过程记之更详:锣鼓唢呐吹打前面引路,主要艺员捧香炉烛台随行,前台东家(老板)和班主把祖师爷(唐明皇偶像)请到台上登上宝座。宝座神案下有武猖兵马司(又称武昌兵马司),乃战国时白起、王翦、廉颇、李牧、孙武的总称,均为辟邪之神,这是打武戏艺人必敬之神。鞭炮声中,前台老板举香齐眉、平端酒爵三献酒,班主献茶。前台老板、班主、主要艺员、全班人员次第磕头行礼。这一热闹场面名"谢年"、"辞年"。彻夜香火不断。正月初一上午九时左右,敬神仪式开始。打"闹台",吹【将军令】牌子,为祖师爷演敬神戏,先跳《加官》、次跳《财神》、三跳《五灵官》、最后跳《魁星》。③

以上这些戏曲行当祭祀"武猖神"的过程都体现了祭猖鬼、祈平安的媚神心理,这与徽地目连戏祭祀"五猖"如出一辙。

《中国徽班》一书介绍,徽州等地的目连戏中最热闹的演出习俗是"起五猖"。"猖"指猖神,即武神。具体仪式过程充斥着宗教色彩:

由五名演员分戴马、牛、猪、羊、虎头盔,脸上开相应的脸谱扮成,也有

---

① 《中国戏曲志·上海卷》,中国 ISBN 中心 1996 年版,第 709 页。
② 齐如山:《戏班》,北平国剧学会,1935 年刊,第 58 页。
③ 朱万曙、卞利主编:《戏曲·民俗·徽文化论集》,安徽大学出版社 2004 年版,第 75 页。据张自强、杨问春回忆,旧时南通的京剧戏院开台演戏有班规叫"破台礼仪",俗称"破台",它的形式与"祭台"大同小异,不过多出一些花样。在"破台"的前几天,要请库匠(专扎纸制迷信品的匠人)用细竹、篾片、麻丝扎一个人形架子,高约丈余,糊以五颜六色的蜡光纸,纸人脸上故意画得乱七八糟,身着武将盔甲,此为"武猖神",俗称"丈苍鬼"。"破台"前一天,请几个既非前台又非后台的人把"丈苍鬼"搬出戏院,找个"乱坟场",挖坑掩埋,外面做成"坟墓"状。"破台"在深夜举行。班主选五位精壮的武行,短装打扮布质褂衣照包,彩裤草鞋,画各式狰狞恐怖的鬼怪脸谱,把祖师爷五个小鬼送出戏院门。(参张自强、杨问春《轶事旧闻忆梨园》,《民俗研究》1994 年第 2 期)在这里,武行艺人处理"破台"仪式中的武猖神,似乎隐约表明武行戏曲艺人与目连戏中五猖神(五个鬼)之间有某种内在关联性。

扮成红、黄、蓝、白、黑五色鬼脸的。上穿各色马褂，腿部护有靠甲。各跨竹扎布围彩绘的马灯，内燃火烛，手执马鞭。猖头手拿五根写有金、木、水、火、土的桃木牌，其余四猖各手执钢叉。五猖前后各有护卫，一擎旗，一撑伞。护卫头裹红布，扎七星额子，身穿马甲，前后绣有"兵"或"勇"字。巡游时，队伍庞大。走在队伍最前面的是一名"鬼"，"鬼"的扮演者身穿黑衣，头戴纸扎五荷冠，右手拿一面书有"小鬼"的纸牌，左手持铁链，边走边抖，哗哗声渲染恐怖气氛。押解"鬼"的是四名小差，他们穿红衣、执竹节鞭。在这组"鬼"、"差"之后，是正式的巡游队。巡游队以鞭炮、三眼铳、火把和锣鼓开路，接着是由艺人组成的飞叉舞棍献技队列，殿后的是五猖神。①

这就意味着，目连戏中的"猖"就是"鬼"。这与上海梨园武行对"武猖神"的理解完全一致，《中国戏曲志·上海卷》谓："一说武昌乃五猖之误，武行演员敬重之，可免于演剧时遭致祸殃伤身丧命。清光绪年间，位于南市九亩地之梨园公所正殿有五猖神塑像，其形态可怖，此间每年例有武昌会，各戏园武行中人届期前往拈香祝祷者甚众。"② 在戏行中也有人认为武猖神，系天神中之兵马大元帅，武行演员专奉之，必能佑助其技艺精进。③ 足见，京剧等剧种武行艺人供封的"武猖神"就是源于民间"五猖神"信仰文化。

其次，在安徽等地的目连戏中，"五猖神"也和老郎一起被奉为戏神，这为京剧武行戏神源自目连戏"五猖神"提供了又一重要的证据。

近阅茆耕茹编《安徽目连戏资料集》发现了高庆樵先生提供的《韶坑目连戏老郎猖神咒》，不觉眼前一亮。这段请神咒转录如下：

伏以 天开黄道，大吉良时，神通有感，至化无私，有求感应，拜请今年今月今时，三界四大功曹、值符使者、当方土地、里目真官，与吾转奏：今据△△△国江南徽州府歙县△△乡△△里△△△社，管居主事，信士弟子△△△

---

① 李泰山主编：《中国徽班》，安徽文艺出版社2005年版，第14页。
② 《中国戏曲志·上海卷》，中国ISBN中心1996年版，第709页。
③ 《中国戏曲志·上海卷》，中国ISBN中心1996年版，第709页。

在内人眷等，谨备供仪，奉请猖兵麾下，杭州铁板桥头老郎先师，保佑弟子，人人清洁，个个平安。求才部下、五员大将、伯放大神、张龙大将、赵虎大神、万回国师、和事老人、金花、银花二娘子，桃花、柳花二氏夫人、二十四员和合土地等神；奉请东方第一位风猖大神王、南方第二位狂猖大神王、西方第三位毛猖大神王、北方第四位野猖大神王、中央第五位伤猖大神王，五五二十五员大将，六六三十六洞猖兵。……千神共一盏，万神共一杯，五猖兵马笑颜开，杭州铁板桥上有德有善老郎神先师、清音童子、鼓板先师，一切到于台前之下，保佑弟子，台上台下，人人清洁，大家平安。开壶米酒，奉敬三献猖兵麾下，老郎先师。……①

在这段神咒中，安徽韶坑等地目连戏艺人已经将五猖神与老郎师、清音童子、鼓板先师等一起奉为戏神供奉了。更能说明问题的是，这段神咒后附录的《韶坑班起猖牌位示意图》，上层的是"老郎位"，中层的是"三圣先师位"（按：即郭、田、窦三圣），下层的是东、南、中、北、西"五猖牌位"。五猖神在韶坑的"目连戏"艺人班社中，与老郎神、"郭、田、窦"三师一起被当作戏神供奉。

与韶坑"祭五猖"活动中五猖神和老郎神同时作为目连戏神崇祭类似的是，在安徽祁县栗木目连戏开场的"起猖"请神所用的符咒文本——"猖书"中，也要先请老郎神。老郎神的牌位上书："供奉杭州铁板桥上二十四位老郎师傅之位"。②二十四位所据为何，无从知晓，但是"五猖神"与戏神老郎神一并被当作目连戏神，并直接进入"祭五猖"仪式中，这一现象似乎告诉我们京剧等剧种中的武行戏神"武猖"，与民间"目连戏"中的戏神"五猖"存在着某种紧密的渊源关系。抑或"五猖神"与戏神老郎神同被当作目连戏神，正成为"五猖神"被京剧等剧种艺人奉为戏神的源头所在。

第三，查检安徽民间目连戏文献发现，逢演目连戏必祭"五猖"，同样"祭五

---

① 茆耕茹编：《安徽目连戏资料集》，《民俗曲艺丛书》，财团法人施合郑民俗文化基金会，1997年，第190—191页。

② 茆耕茹编：《安徽目连戏资料集》，《民俗曲艺丛书》，财团法人施合郑民俗文化基金会，1997年，第177页注⑮。

猖"必演目连戏，五猖信俗文化已经与目连文化紧密结合在一起。笔者认为正是安徽繁盛的目连—五猖文化，因目连戏的武技搭桥，才将"五猖神"请入京剧武行奉为戏神。

茆耕茹先生在《胥河两岸的跳五猖》文中有一段文字，对安徽各地逢演目连戏必祭"五猖"习俗作了全景式介绍：

> 如皖南《目连戏》及马灯演出前，必须举行"祭猖"（"发猖"、"退猖"、"倒猖"）仪式。五位猖神面部被涂成蓝、红、黄、白、黑五色，以象征五行、五方。徽州《目连戏》祭猖时，五猖神一手持有木、火、土、金、水之桃木牌，一手持钢叉，由乡首带领，灯龙火把，锣鼓铳爆，至庙或村水口举行。旌德《目连戏》把五猖说成是五个面色不同，打掳傅员外家的强盗，后因改过从善，人们建庙以祀，称作五猖。祁门县箬坑乡栗木村《目连戏》的祭猖神咒中，把五猖说成是生前五位武艺高强的小将。……

茆先生进一步介绍说，根据歙县长标乡王佑生所藏同治七年（1868）抄本《目连戏》中的猖神，却自称"阴司猖狂"，已成神名。① 这一点上文韶坑等地"五猖"为（戏）神，提供了佐证。

总之，京剧等剧种武行所奉"武猖神"，虽是行业神信仰个案，但个案背后蕴藏着京剧等剧种与其他民间艺术、信仰文化之间的承传关系。这对全面审视京剧舞台艺术来源的多元性，深入了解目连—五猖文化的内在关联性，提供了一条重要的途径。

本章小结

京剧是中国戏曲史上继昆剧之后又一个高峰，其艺术上的繁荣也吸引了为数众

---

① 茆耕茹：《胥河两岸的跳五猖》，财团法人施合郑民俗文化基金会，1995年，第75—76页。

多的伶人从业，从而生成了京剧行业内繁杂的祖师神崇拜与祭祀文化。本章选择喜神和武行的"武猖神"作为个案，探讨这两位神祇被京剧行业艺人请入戏行、崇奉为戏神背后的因缘际会。

在京剧中，喜神就是戏神的代名词，张次溪收集的《京城梨园金石录》中的几通碑文《重修喜神祖师庙碑志》、《重修喜神殿碑序》，都直接以喜神代称戏神。但为什么在京剧行业中喜神会成为戏神的代名词呢？这个问题颇费思量。翻阅古代的文献，喜神最初是指悬挂先人的寿轴，后民间又有将吉神称为喜神的习惯，也因此形成游"喜神方"的习俗，后来喜神渐渐成为福神天官的翻版。但它们似乎都难以与戏曲行业尊奉的喜神勾连起来。在民间，习惯将妇女怀孕称为"有喜"，故而喜神还被当作生育的保护神，却架起了民间崇奉喜神转化为戏曲行业喜神信仰的通道。事实上，通过康保成老师的研究，揭示在各种戏神周边都充满了生殖崇拜的信号，这一点恰好与民间把喜神当做生育保护神的习俗是一致的。故而，喜神进入梨园行业演化为戏神的轨迹甚明：二郎神—老郎神（童偶）—喜神（童偶）—戏神。此外，喜神砌末和戏神的两重功用，真实地透露出民间具有乞子生殖功能的童偶进入到戏神信仰体系的事实。

"武猖神"是京剧等剧种武行所奉戏神，当随着时间的变迁已难详其源。我们认为要解开京剧所奉行业神武猖神身世之谜，还是应该回到武行行业起源上来，"武猖神"的"武"字为揭开其来源之谜提供了一把钥匙。我们知道，京剧的武打艺术来源于徽班，而徽班武技则源于民间目连戏中的杂技。在安徽等地，演目连戏必祭五猖，"祭五猖"过程也包含很多武技，故而可知京剧等剧种所奉"武猖神"正源自民间的"五猖神"，"武"乃"五"同音转义。故而，正是安徽繁盛的目连—五猖文化，因目连戏的武技搭桥，才将"五猖神"请入京剧武行奉为戏神。

京剧武行艺人信奉"武猖神"为自己的祖师神，而徽班的武打艺术又可追溯到安徽等地的目连戏。有足够的证据表明，京剧武行的"武猖神"来自于目连戏的"五猖"祭祀仪式。从喜神和"五猖神"进入京剧行业成为戏神可见，俗神衍化为戏神的路径各有不同，但它们总是有迹可循，尽管随着时间的流转，衍化的痕迹淹没在历史滚滚的尘埃之中，但只要我们去拭尘探源，还复其本真状态，总是可能的。

第五章 地方剧种纷杂的戏神选考

地方剧种信奉的戏神种类繁多，既有各地剧种艺人共奉的全国性戏神，也有本剧种独奉的戏神。地方剧种独奉的戏神往往具有鲜明的地域特点和剧种特色。如祁剧的戏神焦德，是通过本剧种内部伶人口耳相传各种有关焦德的传说基础上，历经历史的沉淀而获得从业群体的集体崇信。本章选择了潮剧戏神、江西傩神以及祁剧的焦德、秦腔的庄王爷为实例作一些梳理，探视中国众多剧种信奉戏神的基本状貌。

第一节 潮州"关戏童"与潮剧戏神田元帅信仰考

1947年饶宗颐先生总纂《潮州志》时设有"戏剧音乐志"一门，由萧遥天先生执笔，可惜初稿方成而修志工作已然停顿，故《潮州戏剧音乐志》并未刊行。1957年萧先生侨居新加坡时对原稿重新整理出版，题为《民间戏剧丛考》。书中，萧先生认为潮州"关戏童"是潮音戏的鼻祖。2000年吴真发表《潮剧童伶制探源》论文，论证原始巫术"关戏童"是潮剧童伶制的源头①，捍卫了萧先生的观点。由于萧先生在撰写《潮州戏剧音乐志》时，"明代潮州戏文五种"尚未出土或皮藏于

---

① 吴真：《潮剧童伶制探源》，《文艺研究》2000年第2期。

国外不曾寓目，其对潮音戏艺术来源的研判似有可商；而吴真认为潮剧戏神田元帅源自关戏童的论断亦有可疑之处，需作些讨论。

一、"关戏童"：潮州的原始巫术与仪式

"关戏童"是潮州、汕尾一带的"土风戏"，带有浓郁的原始巫术色彩。粤东人称神灵附体为"关神"。潮州关神有多种，妇女玩的有"关篮畚姑"、"关槛脚神"、"关箸神"、"关葵笠神"等，男人玩的有"关戏童"、"关蛤蟆神"、"转木椅"等，五花八门，各地略有分别。玩关神时，要按请神、催神、退神几个环节分别唱《请神仙》、《催神曲》、《退神曲》。神的身份各异，所唱曲子也有所不同。①

对于"关戏童"的历史样态，我们不妨从"受术者"、"施术者"及所表演的"戏"三个层面来考察。

1. 受术者

"关戏童"的"童"，是指降神附体的对象——"童身"。潮籍学者萧遥天说：潮人信神，每逢赛会，必有一人为神降附于其身。口宣神话，不省人事，俗呼之为"童身"②，也谓"同身"。其实，潮语称巫觋为"童魋"、"童身"③。当被巫觋请降的神祇附着于童身，就实现了特定时空中人神合一的"同身"状态。神的意志通过"童身"得以传达和表现。

"关戏童"中，"童身"必为男童。个中原因，陈历明先生指出："儿童纯洁无瑕，易受艺术感染而接受教育。潮州民间的'关戏童'活动，正是利用儿童的这一特点，以儿歌'牵引'，将儿童曾经观听的已输入头脑的艺术讯息反馈出来，演唱为戏。"在陈先生看来，更为重要的是"儿童纯洁，更符合神的圣洁标准"。④

---

① 叶春生、施爱东主编：《广东民俗大典》（第2版），广东高等教育出版社2010年版，第368页。
② 萧遥天：《民间戏剧丛考》，香港，南国出版社1957年版，第63页。
③ 萧遥天：《民间戏剧丛考》，香港，南国出版社1957年版，第63页。
④ 陈历明：《潮州出土戏文珍本〈金钗记〉》，广东人民出版社2012年版，第192页。

2. 施术者

"关戏童"仪式活动中，请神、催神和送神的主持人却是成年人，而且多为巫师，如潮州彩塘乡关戏童班，它的施术者吴振源，是雷神爷庙（震天庙）的庙祝，其关戏童术是自幼家传，庙祝也是世传之职。[①] 巫师是"关戏童"的组织者，掌控着整个活动的行进节奏和场面。其中有两个关键的环节，显现出巫师的重要性。一是请神，需要巫师念诵咒语。潮阳关戏童的咒语是："关唎关戏童，搬山过岭来相逢，相逢也相邀，呢哺英，田元帅，李家生，急急如律令。"又有"田师爷，骑马吱吱声。头壳戴顶金帽仔，带阮同身去游行。"[②] 这些咒语在萧遥天看来"俚俗可笑"[③]，却带有浓厚的民间宗教色彩。程岱荪描述西吴符童演剧的情况与此类似："乡村元宵诸戏有呪符仙童，善其术者，所在皆有。好事家，具乐部、灯烛、茶果之属。择韶秀竖数人，被以彩衣。术者画井于地，抱竖立其中，口噀以水，自顶至踵，皆画符压之。大抵只耳聋、目瞽、鼻塞、口噤诸字鸟书云篆也。书讫，焚冥锞于户外，竖渐摇撼不能立，急扶定，乃奏乐。竖辄随乐作舞，或度曲，竖亦随曲演之，俯仰进退，悉中节度。与梨园不异，惟不能歌者。方演时，歌者或误，则竖呆立不动。又戒观者毋交足，交足则竖仆矣。"[④] 二是送神，同样需要巫师念诵咒语解除神祇附体。巫师最为核心的职司是将请来的神灵附着于"童身"。萧遥天记述潮安浮洋的关戏童：施术的初把一根写满符箓的木棒挂中台中，并陈管弦伶乐，部绪既定，乃召童子到棒边，默默为他诵咒，须臾，昏迷扑地。[⑤] "写满符箓的木棒"是施术的巫师重要的道具，潮州彩塘的关戏童，此时还要手触木棒，实现人、神的联通。某种意义上，被巫师施以法术的"木棒"成为"童身"接受神体的触媒。

[①] 陈小庚编著：《潮韵绕梁　广东潮剧》，广东教育出版社2013年版，第22页。
[②] 马庆忠、陈创义：《潮阳戏剧简志》，广东省潮阳县文化局编：《潮阳戏剧史话》，1985年内部印刷，第19页。
[③] 萧遥天：《民间戏剧丛考》，香港，南国出版社1957年版，第54页。
[④] （清）程岱荪：《野语》卷六，《续修四库全书》第1180册，第87页。
[⑤] 萧遥天：《民间戏剧丛考》，香港，南国出版社1957年版，第54页。

3. "戏"的表演

降神附体的"童身"在施术者的引导下，不自觉地表演一些舞蹈和戏剧动作，具有很强的神秘性和娱乐性，故被称为"土风戏"（原始戏剧样式）。萧遥天记述潮安浮洋的"关戏童"巫术，处于昏迷状态的"童身"，在乐工弹丝吹管、伶工清唱的音乐下，依声作态，关目情节，处处扣合，如牵傀儡，如演双簧。① 由于"童身"在台上闭目表演，且所表演的剧目为观众临时选择或后台安排。② 更重要的是，小时候曾参加过这种神奇的游戏的陈天国先生记述：这些"同身"所演唱的曲目，原先他们也并无学过，但演唱起来，唱做兼工，像真正的演员一样，真是不可思议。③

当然，也不是所有的"关戏童"在受术后就处于昏迷状态，只做不唱，海陆丰地区的"关戏童"（又名"关蛤仔"）在受术后既唱也做。当授术者突然大喝一声"蛤仔跳"，这时，多数受术者就会手舞足蹈，唱一轮"蛤仔婆"的歌谣。④ 所以，萧遥天指出："当外来各种戏剧未入潮境以前，关戏童所唱的尽是畲歌蛋歌。"⑤

其实，"关戏童"仪式过程中的戏剧娱乐性，还体现在施术者也有表演。如汕尾地区的"关戏童"，施术者在请神的过程中，念诵咒语后唱一轮"蛤仔婆"（当地歌谣）。在神灵附体的"童身"做戏后，授术者还会表演喷火、角抵、变脸等傩舞、百戏。⑥ 程岱葊记录西吴也有符童在元宵演出戏曲，与粤东"关戏童"有异曲同工之妙：

> 余儿时尝观于某搢绅家，灯火如昼，钲铙竞发，观者肩摩踵接。堂中设红氍毹，妆武士一人，手提铜叉盘，旋跳跃，演《刘海戏蟾》剧，众皆欢赏。繁响渐歇，笙簧继作，别妆生旦乐部，奏《玉簪》昆调曲。生旦按曲演之，神情

---

① 萧遥天：《民间戏剧丛考》，香港，南国出版社1957年版，第54页。
② 蒋宝德、李鑫生编：《中国地域文化》（下册）"潮汕卷"，山东美术出版社1997年版，第3653页。
③ 陈汉初：《潮俗丛谭》，汕头大学出版社2002年版，第85页。
④ 蔡锦华：《海陆丰地方戏曲文化面面观》，广东省海丰县文化局1990年油印本，第37页。
⑤ 萧遥天：《民间戏剧丛考》，香港，南国出版社1957年版，第5页。
⑥ 《中国曲艺音乐集成·广东卷》，中国ISBN中心2007年版，第6页。

意态，妙若写生。余时但知为演剧，不知以符戏也。曲竟，术者呼乳名，生旦忽如梦醒，洗妆易常服，乃常见诸牧竖耳。①

从上来看，粤东地区的"关戏童"很好地将原始巫术与巫舞融合到仪式过程中，在施术者（巫师）和受术者（童身）的表演中，展现较强的可观赏性和娱乐性，实现巫术、巫舞向戏剧表演的转化。我们注意到，潮汕地区的"关戏童"多是中秋前后的夜晚表演，"关戏童班"的出现，则将这种节日性的巫术仪式表演常态化，从而强化了"关戏童"的娱乐功能。

二、田元帅："关戏童"请降神祇的身份信息

需要进一步讨论的是，粤东地区的"关戏童"请降的是什么神？这"神"是土生土长的还是外来迁入的？

笼统而言，关戏童所"关"之神，是戏神。从逻辑上看，因为戏神附体，"童身"们才会"做"他们不曾排演的戏目。这可从巫师咒语获得证明："关呀关，关戏神，戏神（猛猛）来显身，神来演老爹，神来演老爷……"②。在潮州的很多地区，"关戏童"请降的戏神就是指田元帅，如潮阳的请戏神咒语就有"田元帅，李家生，急急如律令"、"田师爷……头壳戴顶金帽仔"③ 等语词。潮州称神为"老爷"、"老爹"，行业祖师也有称"师爷"的。

除此之外，我们还能探悉哪些关于这位戏神田元帅的身份信息呢？萧遥天说："据老伶工的报告，最初教戏的祖师化为青蛙而隐，那么，田元帅原来是青蛙神。"④ 吴真也认为关戏童祀奉的田元帅就是青蛙神。⑤ 我们注意到，南中国种植水稻的地区都有青蛙神信仰习俗，而且潮州的"关戏童"开始前，都由主持者到田里

---

① （清）程岱葊：《野语》卷六，《续修四库全书》第1180册，第87页。
② 《中国曲艺音乐集成·广东卷》，中国ISBN中心2007年版，第6页。
③ 马庆忠、陈创义：《潮阳戏剧简志》，广东省潮阳县文化局编：《潮阳戏剧史话》，1985年内部印刷，第19页。
④ 萧遥天：《民间戏剧丛考》，香港，南国出版社1957年版，第58页。
⑤ 吴真：《潮剧童伶制探源》，《文艺研究》2000年第2期。

捧回一块土置于香炉中拜之①；或是到田里拔回一株带泥的水稻来奉祭②。这些信息表明：潮州"关戏童"所请的田土或田禾，就是田元帅的象征物，是一种田祖信仰的表现形式。但令人疑惑的是，"关戏童"仪式过程中并没有出现青蛙崇拜的任何信息。

其实，在紧邻潮州的福建，田元帅信仰中也含蕴着丰富的田祖崇拜元素。福建民间流传着田元帅诞生的传说：玉皇太子投胎杭州铁板桥，桥边有块大田，便取"田"为姓，名清源。③ 这则传说不仅将戏神与"田"相关，而且直接与戏曲行业祖师神清源真君扯上关系。此外，该地区还流传田元帅母亲苏小姐郊游，吮吸田中稻浆而孕，被迫弃子于田边，为田蟹所救。④ 甚至《绘图三教源流搜神大全》"风火院田元帅"的插图，田元帅嘴上还画有螃蟹的涎迹，这与流传于福建一带的田元帅传说是可以相互印证的。凡此种种，戏神田元帅的诞生充满着"田地"意象和大地孕育的文化意味。正因如此，以叶明生为代表的一些学者认为，戏神田元帅当来源于民间农业神"田祖"信仰。⑤

然而，对农业神"田祖"或青蛙神的信仰，如何演变为戏曲行业内部祖师的崇拜，叶明生、萧遥天及吴真等学者缺乏中间的逻辑论证。我们断不能因为"田公"信仰体系中包含有一些农耕文化信息（如青蛙、蟹、田土、禾苗、稻穗、繁衍生殖等），就将田元帅信仰的来源归之上古时期的"田祖"信仰吧。

笔者认为，潮音戏的行业神信仰来源于邻省福建的田元帅信仰。

首先，从有关文献记载和历史遗迹来看，福建的田元帅信仰远比潮州要早。元撰明刻的《绘图三教源流搜神大全》收录了带有傀儡戏特征的神祇田元帅，因未指明其发源之地和流传区域，还不足以证明田元帅信仰文化的中心在福建，但闽地的一些遗迹却无声地证明田元帅信仰文化的悠久。坐落于福建莆田的瑞云祖庙供奉田

---

① 陈汉初：《潮俗丛谭》，汕头大学出版社2002年版，第85页。
② 蔡锦华：《海陆丰地方戏曲文化面面观》，广东省海丰县文化局1990年油印本，第37页。
③ 刘晓迎：《永安市黄景山万福堂大腔傀儡戏与还愿仪式》，台湾《民俗曲艺》第135期，2002年，第117页。
④ 黄锡钧：《泉州提线木偶戏神相公爷》，《南戏论集》，中国戏剧出版社1988年版，第470页。
⑤ 叶明生：《一把打开戏神田公迷宫的钥匙——〈大出苏〉》，《南戏遗响》，中国戏剧出版社1991年版，第181—198页。

公元帅，此庙始建于明朝初年①，万历三年（1575）、康熙五十二年（1713）两次被伶人重修、扩建，这说明田公元帅信仰至迟在明朝已经扎根于莆田。据《中国戏曲志·福建卷》介绍，瑞云庙尚存乾隆二十七（1762）莆田32个戏班镌刻的《志德碑》（碑文有拓录）②。正因田公元帅信仰在福建的挚盛，乾隆年间人汪鹏特意指出："习梨园者共构相公庙，相公之传自闽人始。"③

其次，从历史面貌来看，福建的田元帅信仰远比潮州要繁盛。除莆田外，道光年刊《厦门志》也记载厦门的俗众祭祀雷海青，"上元前后，香火尤盛"④；施鸿保《闽杂记》卷五"五代元帅"条记载："福州俗敬五代元帅"⑤；《福建通志·坛庙志》记载福州府侯官县也建有田元帅庙。⑥事实上，当今在福建全省田元帅庙多达千座以上（大多是作为俗信，并非完全是戏神庙），其中有一些历史久远的祖庙明显具有戏神庙宇性质。当地的民众赋予了戏神田元帅更多的世俗神职功能，如生殖、祛灾、除病、驱邪等等，田元帅越出戏曲行业成为信仰广泛的地方神祇。相对而言，潮州关于戏神田元帅的历史记载比较晚，而且数量远没有福建的多；鉴此，潮州戏曲行业的田元帅信仰很大可能是从福建传入。

我们知道，田元帅是南戏的戏神，除了福建，浙江的温州高腔、乱弹等戏班也是信奉的田元帅。⑦同样，在粤东的潮汕地区，"田元帅"不但是正字戏、潮音戏、纸影戏的戏神，而且后来的"外江戏"（广东汉剧的前身）也改奉它为自己的祖师神，本地的秧歌舞、关戏童也同样尊奉其为戏神。潮州市昔有一座田元帅庙，原称庆喜庵，始建于何时不详，清咸丰九年（1859）重建。该庙正殿三龛，中供金身田元帅像，头戴纱帽，帽翅作两手掌状，十指合拢，嘴角刻有蟹形涎迹，旁有二童像侍立，一持竹板，一持小册，下供穿袍田元帅小像。像前立一神牌，署"玉封九天风火院都元帅神位"。龛前有磬一口，铭文记载光绪十六年（1890）冬月"外江

---

① （清）廖必琦等修：《莆田县志》，光绪五年（1879）潘文凤补刊本，1926年重印本，第138页。
② 《中国戏曲志·福建卷》，文化艺术出版社1993年版，第556页。
③ （清）汪鹏：《袖海编》，王锡祺编：《小方壶斋舆地丛钞》第十帙，杭州古籍书店1985年版第十二册，第271页。
④ （清）周凯编：《（道光）厦门志》卷二"祠庙"，道光十九年（1839）刊本。
⑤ （清）周亮工、施鸿保撰：《闽小记·闽杂记》，来新夏校点，福建人民出版社1985年版，第79页。
⑥ 陈衍修纂：《福建通志》第十五册，1938年铅印本，第16页。
⑦ 刘念兹：《南戏新证》，中华书局1986年版，第325页。

戏"福顺班、新天彩、老三多、老新天香所立,说明外江班也改祀戏神田元帅。正殿壁嵌有石碑一方,记录了咸丰十年(1860)召开梨园会议,正音班、西秦班、潮音班重修祖庙,缴纳捐银的情况,并规定农历六月二十四日田元帅诞辰,必演影戏隆重祭祀。①

除潮州城外,粤东各地也多建有田元帅庙,如海陆丰地区乡间即建有神庙,奉祀戏神田元帅,平时戏班、戏倌有神龛供奉②,专门放置戏神牌位和供具的戏箱称为"老爷笼"。每到一处演出,装台完毕,便将牌位悬挂在底幕背面的正中处,香火日夜不断。还有专司供奉的"香公",由一名相应角色的二等老生担任。③潮阳司马浦乡也有戏神庙,关戏童者必须到那里请神奉拜。④

"关戏童"由原来去田间请来田土或禾苗,改变为直接去戏神庙中恭请田元帅降临附体,显示田元帅在潮州戏曲行业神信仰地位的确立,同时也隐含着伶人群体"戏祖授艺"的集体心理。《潮阳戏剧简志》说:潮阳俗传田元帅是唐代人,姓雷名万春,教人以戏曲,故艺人称为戏神;当施术者念动咒语请田元帅出神,点角色、唱戏。⑤前揭所引萧遥天从老伶工处访谈来的,戏祖田元帅化为青蛙来教授"童身"戏曲一说,同样折射出戏曲艺人"艺由神授"的群体心态。

其实,不仅关戏童,即便一般的潮音戏伶人的内心深处同样弥漫充斥着戏神田元帅(田老爷)授艺护佑的心态。如上文所述,潮州城田元帅庙中的田元帅塑像左右各一童伶,持竹板及书卷,⑥这一塑像传达出潮音戏童伶受戏祖田元帅护佑的意涵。这种含义还体现在平常的心态中,如潮音戏班下乡或过点,步行的童伶队列前头,擎着一支灯笼,名曰"天地灯",也称"老爷灯"。据说有"老爷"引领,就可一路平安。⑦当然,田元帅在潮音戏童伶的心目中,不总是一副慈爱护佑的形象,

---

① 林淳钧:《潮剧闻见录》,中山大学出版社1993年版,第17—18页。
② 蔡锦华:《海陆丰地方戏曲文化面面观》,广东省海丰县文化局1990年油印本,第36—37页。
③ 胡幸福主编:《趣闻广东》,旅游教育出版社2009年版,第107页。
④ 马庆忠、陈创义:《潮阳戏剧简志》,广东省潮阳县文化局编:《潮阳戏剧史话》,1985年内部印刷,第19页。
⑤ 马庆忠、陈创义:《潮阳戏剧简志》,广东省潮阳县文化局编:《潮阳戏剧史话》,1985年内部印刷,第19页。
⑥ 沈丽华、邵一飞主编:《广东神源初探》,大众文艺出版社2007年版,第237页。
⑦ 刘志文主编:《广东民俗大观》上卷,广东旅游出版社2007年版,第718页。

有时戏班也借着他的神圣与权威来管教"子弟脚"（童伶）。戏谚谓："老爷姓雷，戏仔着捶"，"着捶"便是要严厉打骂管教。旧时童伶入班，必先在戏神牌位前举行授教仪式；童伶学艺过程倘有犯规或失误，常被罚到戏神前长跪悔罪。

总之，"关戏童"游戏在潮州盛行的时候，戏神田元帅信仰已经在以潮州为中心的粤东地区伶人群体中确立起来。戏曲行业中"田元帅"信仰已经介入到"关戏童"巫术的表演环节，田元帅的伎艺通过"童身"获得展演，其祖师神的威严和神秘得到强化。那么，这是否意味着"关戏童"因为戏神田元帅的降临，"神戏"通过田元帅的附体就实现了向人戏的转化呢？

三、源头误判：从关戏童班到潮音戏的演进之路难通

萧遥天在《潮州戏剧音乐志》"潮音戏与关戏童的关系"中开宗明义地提出："潮州的关戏童，乃承接古代侏儒倡优的旧规，潮音戏的鼻祖就是关戏童。"① 在"关戏童"一节中再次强调："潮州的关戏童，是潮音戏的胚胎。"② 论证"关戏童"与潮音戏的源流关系问题，有两个重要的问题需要厘清：一是萧遥天认为潮音戏的戏神田元帅是从"关戏童"而来；二是吴真认为"关戏童"进化为潮音戏，存在关戏童班这一中间环节。下面就这两个观点作些辨析。

1. 从戏神田元帅论证潮音戏源自"关戏童"，于理难通

萧遥天从戏神的角度论证潮剧信奉的田元帅是从关戏童而来，为"潮音戏的鼻祖是关戏童"的论断张目。他说：

> 潮音戏班所祀的神都称田元帅，或田师爷，史无可考，询之老伶工，所言很诡异，那是一段神怪的故事。他们说，田元帅是戏师，相传是最初教戏者，教曲甫成，化为青蛙而隐。干脆地说，田元帅是青蛙神。凡潮音戏开班，必祀此神。初就田野间拾取田土一枚，归盛香炉中，奉牲果香烛虔诚祷祭，这叫

---

① 萧遥天：《民间戏剧丛考》，香港，南国出版社1957年版，第3页。
② 萧遥天：《民间戏剧丛考》，香港，南国出版社1957年版，第55页。

"请元帅"。按此神是关戏童先祀的神,故关戏童一称"关田元帅",后来潮州的秧歌戏也同样祀它。所以,我的观察,必由关戏童传给秧歌戏,再传给潮音戏,一脉相承,可以看清楚同出一源的迹象。①

尽管潮州"关神"的巫术可能追溯上古,但"关戏童"仪式所"关"的是戏神田元帅(上文已论),而又据笔者考证,戏神信仰最早出现的时间是宋代②,那么"关戏童"产生时间不会早于宋代。也就是说,潮州"关青蛙神"之类巫术或会较早,然"关田元帅"的巫术游戏必是在戏曲行业"田元帅"信仰产生和流行之后的产物。我们知道,戏神信仰的确立,是以戏曲艺术处于成熟阶段,从业人数众多为前提的。同理,流行于东南沿海一带的南戏戏神田元帅信仰文化,也一定是在南戏舞台艺术相对成熟和发达时的表征。依照这个前提,潮州的"关神"巫术引入戏神田元帅,必是南戏处于成熟阶段之后的事情。若此,潮州的"关戏神"所表演的"戏",应该不单是原始巫觋的表演艺术(巫歌巫舞),更有成熟的戏曲表演。这一推论在萧遥天《潮州戏剧音乐志》中得到证实,他说:"当外来各种戏剧未入潮境以前,关戏童所唱的尽是畲歌蛋歌"③,而当外来各种戏剧入潮境后,"关戏童"就改演它们了。如前节所考,潮州的戏神田元帅信仰文化也正是随着南戏从福建等周边省份同时流入,"关戏童"的戏神田元帅崇拜也源于此。鉴此,不说戏神田元帅是从入潮南戏承传给潮剧,反而讲是由"关戏童"传给潮剧,就于理难通。

2. 从关戏童班到潮音戏的艺术演进之路难通

吴真论述"关戏童"与潮音戏之间的演进关系,是以潮剧童伶制为考察中心。她认为潮剧童伶制的起源可能与潮州古已有之的巫术"关戏童"有关,而关戏童班是古之巫术关戏童向潮音戏转化的中间环节。④ 这样,吴真的论文实际上将萧遥天"关戏童"是潮音戏源头的论断发扬光大了。

---

① 萧遥天:《民间戏剧丛考》,香港,南国出版社1957年版,第3—4页。
② 陈志勇:《论民间戏神信仰的源起与发展》,《文化遗产》2010年第4期。
③ 萧遥天:《民间戏剧丛考》,香港,南国出版社1957年版,第5页。
④ 吴真:《潮剧童伶制探源》,《文艺研究》2000年第2期。

关戏童班作为戏班，进行商业演出，实现了"关戏童"巫术表演的常态化，展演的时间由局限于中秋前后的月夜变为全天候，表演人员由随机松散变为固定组班。遗憾的是，潮州的关戏童班已消失半个多世纪了，关于其班社组织形态和表演特征，只能通过亲历人员的回忆文字获得了解。据潮州《彩塘镇志》记载，彩塘曾有"关戏童班"①，"关戏童班的演出脚色及舞台布设与同时期的潮剧戏班基本相同，戏文、唱腔、乐器伴奏也大致一样，只是人数比潮剧戏班多；关戏童班的演员们虽双目紧闭，却能自动地出台演戏，其亮相、台步、做样等，与一般潮剧无异，只是念唱由后台专人代替而已。"② 据此，我们可以描绘出"关戏童班"基本的样貌：①排场布设、唱腔伴奏完全仿照潮剧戏班。②剧目来自潮剧戏班。③表演保留了"关戏童"巫术的原貌，但唱、演分离，后台职司唱念，"童身"前台表演。某种程度上，关戏童就是傀儡。"关戏童"演化为关戏童班，实现了巫术巫舞表演向娱乐性展演的转变，也被注入了一些商业演出元素。

从"关戏童"巫术表演向关戏童班展演的衍进路径，比较容易理解；而关戏童班向成熟的潮音戏转化，其中间环节就令人费思。对此，吴真是这样阐释的：

> 巫舞型的关戏童已经发展到这两种巫术所难以企及的巫术与戏剧的过渡形态——关戏童班。关戏童班的表演超越了"请华光"和"关月"的单纯形体表演，它演的是"戏"，有情节有戏剧冲突，有化妆，有弦乐伴奏，有科介，有剧本，已经包括了戏剧的多种因素。它与戏剧的区别仅在于：戏剧是有意识地进行角色扮演，关戏童班则表现为神灵附体后的不自觉的角色转换。可以想见，当"同身"的扮演从"不自觉"演变到"自觉"时，关戏童也就从巫术演变为一种戏剧。关戏童班的表演已经具有这种从巫术转换为戏剧的态势，让演员开口唱戏，睁眼演戏，这样的转变是完全有可能的。③

吴真认为当"同身"的扮演从"不自觉"演变到"自觉"，他开口唱戏，睁眼

---

① 彩塘镇志办公室编：《彩塘镇志》，1992年内部印刷，第349—350页。
② 陈汉初：《潮州风土戏关戏童》，《潮俗丛谭》，汕头大学出版社2002年版，第87页。
③ 吴真：《潮剧童伶制探源》，《文艺研究》2000年第2期。

演戏时，关戏童也就从巫术演变为一种戏剧。对此，我们不禁产生疑问：这个"转换"又是怎样实现的呢？

潮州的"关戏童"是典型的"降神附体"巫术。关戏童在巫师施法后，"出台亮相，顿时倒地，双眼紧闭，昏睡如醉"①，以致有人怀疑所施巫术为催眠术，戏童昏迷状态下的"依声表演，类似傀儡戏"。② 关戏童"无意识"下的表演，实际上是戏神在演出，"童身"仅仅作为躯壳供戏神所役使。"关戏童"类似于北方民族的民间宗教信仰萨满。萨满在昏迷时也会呈现出超越普通人能力的"神格"，但一旦解除"凭灵"，就完成了由神向人的转换，不再具有超人的神格。③ 姚周辉在专门研究中国民间各种"降神附体"事象后，也没有发现"退神返魂"后的巫师或乩童延续了附体精灵的神力。④ 同样，目前没有任何证据表明，关戏童因为戏神田元帅的附体而获得戏目的灌注，并会在"退神"之后将不曾习得的剧目表演技能保留在记忆中。换言之，"关戏童"表演是在昏迷的"不自觉"所为，一旦醒来，能演戏目和伎艺自然消失，他又回复为原来的那个"懵懂"的童孩。

要描绘关戏童班向成熟的潮音戏转化路径，不能不关注"童身"未附体前艺术修养状况。尽管根据有限的文献记载，我们已经很难还原关戏童班中童伶所具艺术修养的实际情况，但不外乎存在这样两种可能：一种是关戏童班中童伶本身就有演出潮剧（或其他成熟戏曲）的经验，当他们退出"关神"仪式，他们自然能以真身演戏。这种情况的话，他本身就是潮剧艺人，就无需在此讨论了。另一种可能是，参与"关戏童"降神演出的童伶"一张白纸"，没有演出戏曲（如潮剧）的基础，当他们退出"关戏童"仪式后若仍能演戏，那问题就来了。既然只要通过"关戏童"巫仪，童伶就能以戏神附体的形式遍习新戏，等他"退神"后就掌握了演技，那么潮剧的童伶科班无需存在了。显然，这种情形并不可能出现。既然"关戏童班"的童伶"退神"后，也无迹象能显示"童身"因为参与"关戏童"而额外获得演戏的经验，会演的仍然会演，不会演的依旧不会演，也就是说，巫术还是

---

① 蒋宝德、李鑫生主编：《中国地域文化》（下册）"潮汕卷"，山东美术出版社1997年版，第3653页。
② 陈俊舜、王次阳主编：《潮州胜概·风情篇》，花城出版社2009年版，第65页。
③ 郭淑云：《中国北方民族萨满出神现象研究》，民族出版社2007年版，第102页。
④ 姚周辉：《神秘的幻术——降神附体风俗研究》（修订版），广西人民出版社2013年版，第9—50页。

巫术，戏曲还是戏曲，二者并不融通，只是在同一载体下各自表演。那么，推断"童身"在"自觉"意识下开口唱戏，睁眼演戏时，关戏童也就从巫术演变为一种戏剧的论断，根本就站不住脚。

在笔者看来，"关戏童班"本质上就是"关戏童"巫术与潮剧表演的结合体（或称混合体），而不是如吴真所言是二者的中间状态。也就是说，不存在关戏童—关戏童班—潮剧在艺术上一脉演进的逻辑次序，反而是关戏童班吸收潮剧（或其他成熟戏剧）的表演艺术而呈现于舞台。关戏童班的消失，不是因为它转化为潮剧了，而是由于艺术的简陋或其他外部因素（如迷信的标签）遭到观众和历史的淘汰。

康保成、詹双晖两位先生曾深入研究潮州戏剧形成轨迹后认为，潮州包括"关戏童"在内的"原始戏剧样式没有直接衍变为白字戏"[1]。詹双晖在《白字戏研究》一书中也认为萧遥天描绘的关戏童仪式中，"点定戏目，令之演唱"、"所唱戏目，皆非受术者所熟悉"、"所奉祀之神也即正音戏的戏神，其演唱有仿'正音'，也有'潮音'之腔调"之说，则为后世潮音戏、正字戏盛行之象，而非蕴含戏剧萌芽状态之关戏童。[2] 詹双晖进一步指出，在我们"无法知道最早的关戏童班起于何时，所扮何种角色，演唱内容又是什么，对早期关戏童以及关戏童班的艺术特征缺乏认识的条件下，贸然认为潮音戏、白字戏就是由关戏童发展而来，显然有失粗率"[3]。这样的结论无疑是审慎的，对于我们客观认识潮州"关戏童"的表演形态及其与潮剧之间的艺术渊源具有重要的参考价值。

潮音戏的艺术来源，固然有潮州乡土艺术的基因，但主要源头还是从福建泉州等地传入的南戏正音戏。[4] 同样，潮州戏曲行业神田元帅也当是从福建传入的南戏戏神。[5] 这两个问题已有学者详细论述，限于篇幅不再展开，但要指出的是，其实

---

[1] 康保成、詹双晖：《从南戏到正字戏、白字戏——潮州戏剧形成轨迹初探》，《中山大学学报》2008年第1期。
[2] 詹双晖：《白字戏研究》，中山大学出版社2009年版，第70页。
[3] 詹双晖：《白字戏研究》，中山大学出版社2009年版，第71页。
[4] 康保成、詹双晖：《从南戏到正字戏、白字戏——潮州戏剧形成轨迹初探》，《中山大学学报》2008年第1期。
[5] 陈志勇：《南戏戏神田公元帅信仰变迁考》，《文化遗产》2013年第2期。

吴真《潮剧童伶制探源》论文已经注意到潮剧可能受到福建梨园戏的影响，但遗憾的是未予深究，反而太过执着于探寻潮剧童伶制与"关戏童"之间的内在关联，忽视了潮剧及"关戏童"周边其他信息。

四、反思：巫术仪式向戏剧演化路径的学理性论证

萧遥天《潮州戏剧音乐志》在论述"关戏童是潮音戏的鼻祖"观点时，引用王国维《宋元戏曲考》中关于戏剧起源于巫优的论点，以此来印证他潮州"关戏童"为潮音戏鼻祖的论断。同样，吴真也主张作为巫术仪式的"关戏童"，其扮演由"不自觉"转化为"自觉"时，就进化为潮剧了。这表明，王国维戏剧起源于巫觋说的观点得到了研究潮州"关戏童"学者的充分重视和借鉴。

王国维《宋元戏曲史》描述由上古巫术发展为成熟戏剧的理路是极为清晰的：中国戏剧起源于巫觋、歌舞，继而巫觋分化出娱人的俳优，接着是汉魏六朝及隋唐宋金时期的以歌舞演故事的雏形戏剧（有学者概括为"泛戏剧形态"[①]），再继之是以成熟戏剧面目出现的宋元戏曲。故而，王国维戏剧起源于巫觋说的观点，得到了大多数中外学者的重视和认可。当然也有歧见，如有学者就指出："我们无法假想，从巫师傩神的狂魔乱舞中可以产生一个高雅端庄的梅兰芳！"[②] 这样的话多少让人感觉到其中的个人意气，但平心而论，话语之中也提出了一个很重要的问题：祭祀仪式（巫术表演）是如何演化为成熟戏剧的？

确然，将原始巫仪向戏剧衍化的路径问题从学理层面阐释清楚，是主张戏剧起源巫觋的学者必须面对的共同任务。我们不应单单专注于宗教祭祀、巫术仪式中蕴含的戏剧因素，以及这些戏剧因素与后天成熟戏剧之间的内在联系，而更要理清描画出从宗教仪式演化为成熟戏剧的进路。日本学者田仲一成先生一直专注于祭祀仪式与中国戏剧之间联系的研究，在中国本土也有学者从遗存巫术印记的剧种来研究仪式与戏剧之间的演进问题，如蒙光朝《壮师剧概论》描绘广西的师公戏演进的历

---

① 黄竹三：《论泛戏剧形态》，《文学遗产》1996 年第 4 期。
② 解玉峰：《献疑于另类的中国戏剧史——读田仲一成〈中国戏剧史〉》，胡忌主编：《戏史辨》第 4 辑，中国戏剧出版社 2004 年版，第 378 页。

史轨迹:"开始是师公跳神,后来又跳神发展到面具舞,再发展到一个多角的唱故事(曲艺),再由唱故事发展到分角色演唱的壮师剧"①。康保成老师一直从戏剧形态的角度来寻找这条"潜流",《傩戏艺术源流》、《中国古代戏剧形态与佛教》就是还原宗教仪式到戏剧形式之间模糊地带的重要成果。

潮州"关戏童"与潮剧的关系,同样存在这样的"模糊地带",如何将这节点的演进路径讲清楚,就成为立论的关键所在。上文中我们已经详细驳斥了"关戏童"由关戏童班演化至潮剧的发展路线图,萧遥天等人提出的"关戏童"为潮剧鼻祖的观点不能成立,却给我们研究巫术仪式向成熟戏剧转化问题提供两点启示:

其一,不是所有的巫术表演或祭祀仪式都会向成熟的戏剧转化。只有当巫术仪式中出现角色扮演和"戏"的表演,并不断强化娱人功能时,才可能实现仪式向成熟戏剧的演进与转化。

其二,我们在考察祭祀仪式向成熟戏剧演进轨迹时,更要秉持一种审慎的态度来甄别近世成熟戏剧反哺仪式展演的样貌,切莫把宋元之后成熟戏剧表演艺术反渗仪式展演的状态,视为仪式向戏剧演进的中间环节。若如此,必会在演进路径的描画和论证中头绪不清,掣肘难书,甚至陷入循环论证的怪圈。

综上所论,潮州"关戏童"尽管只是中国民间种类庞杂巫术仪式中的例案,但它与戏神田元帅信仰及潮剧艺术源头的历史渊源,值得我们作深入的探究,揭示出其含蕴的丰富民俗事象和文化符号信息。同时,"关戏童"也为学界探讨巫术仪式(宗教祭祀)向成熟戏剧演进轨迹提供参考。

第二节 江西傩戏神"清源真君"遗存考

在前面《戏曲行业"二郎神"信仰的生成与消歇》一节中,我们谈到二郎神在清初戏曲行业神信仰体系中逐步被老郎神信仰所取代,归于消歇。戏曲行业如此,但在民间的傩戏中,清源真君作为傩神并未消歇,笔者发现它的信仰还存在于

---

① 蒙光朝:《壮师剧概论》,广西人民出版社1993年版,第1页。

赣东地区的宜黄、南丰等县。这一现象，引起了笔者的好奇：为什么二郎神在戏曲行业神信仰中退出却能在傩戏中存在？它的信仰究竟与傩戏存在怎样的内在联系？进一步而言，赣东地区傩戏"清源真君"信仰的遗存又隐含着怎样的戏神信仰符号呢？种种疑问，萦绕心头。

一、作为傩神的二郎神信仰

李冰的民间信仰始于唐，二郎神崇拜则确立于宋。据胡小伟考证，到了佞道的宋徽宗时代，对二郎神的封赐频率明显加快，其影响也远远超越西蜀一隅，延展至全国。① 我们注意到，宋代也是戏曲行业二郎神信仰确立的时间②。

关于二郎神"清源真君"的皇帝封号，宋代文献《梦粱录》已经出现，此书卷十四"土俗祠"云："义勇武安王庙及清源真君庙，在西溪法华山，一在半道红街。"同卷"东都随朝祠"又谓："二郎神即清源真君，在官巷，绍兴建祠。"③ 绍兴是南宋高宗年号，但据元修明刻《三教源流搜神大全》卷三称：宋真宗时封赵昱为"清源妙道真君"。④ 若此说属实，那么要比南宋高宗的封赠早130余年。尽管正史和官方文献并未记载北宋皇帝封赠"二郎神"为"清源妙道真君"，但可确证宋代已经建造清源真君庙，并且二郎神已经成为俗世神祇接受民众的香火祭祀。

傩神谱系繁杂，各地傩戏都有自身特色的区域性神祇，发源自西南地区的傩神"清源妙道真君"又是从什么时候开始尊奉为傩神的呢？我们知道，中国最早的傩神是方相氏⑤，他是一位"索室驱疫"的首领。这说明最早的傩神就是在傩逐鬼祛邪、沿门逐疫的职能中诞生的，换言之，傩神必有傩驱鬼逐疫的基本特点。其实，二郎神成为傩神也是如此。汤显祖《宜黄县戏神清源师庙记》记载江西伶人当作戏

---

① 胡小伟：《宋代的二郎神崇拜》，《世界宗教研究》2003年第2期。
② 陈志勇：《论民间戏神信仰的源起与发展》，《文化遗产》2010年第4期。
③ 孟元老等著：《东京梦华录》（外四种），上海，古典文学出版社1957年版，第251—252页。
④ 《绘图三教源流搜神大全》卷三，上海古籍出版社1990年影印版，第113页。
⑤ 康保成：《傩戏艺术源流》，广东高等教育出版社1999年版，第311页。

神的"清源妙道真君",也是一位"人有此声,家有此道,疫疠不作,天下和平"①驱鬼逐疫、保一方平安的傩神。汤显祖的《庙记》创作于万历三十年(1602),也就是说,"清源真君"作为傩神在江西的祭祀不会晚于此时。

我国西南地区不少傩戏都是信奉三圣的,清代《(道光)遵义府志》记载:"歌舞祀三圣,曰阳戏三圣,川主、土主、药王也。"②阳戏是一种假面傩戏,西南各地遍布大大小小的阳戏坛派,"但从具体的仪式演出看,川主、土主、药王'三圣'仍处于恒定的主神地位"③。在"三圣"中,川主二郎神地位最高,玉皇御前所封圣号为"万天川主左臣相崇应惠民大帝",他是傩坛主神。从胡天成收集的重庆接龙区端公法事科仪本《三圣登殿》以及息烽阳戏抄本《请神》、《三领牲》、《桃山救母》来看④,川主首先是一位德政勤政的贤明君主,其次是具备七十二变的神通本领,凭此神通锁孽龙除水害,劈桃山救慈母,体现出逐邪、清宅、厉神的傩神功能。可见,西南傩戏的川主实际是混合了李冰父子、赵昱、孟昶、杨戬等二郎神传说原型的综合体。川主在西南地区奠定核心的傩坛主神地位后,陆续向外扩散,安徽贵池、江西南丰等地的傩戏都有二郎神信仰的痕迹。

二、"清源真君"信仰在赣东的遗存

清初之后,戏曲行业祖师神"清源真君"信仰逐步消歇,却在赣东的宜黄、南丰等地有傩神庙、游傩神、祭祀傩神的遗存。此外,与南丰为邻的广昌县甘竹、赤溪,与宜黄为邻的乐安县东湖、罗山等村的傩舞、傩戏也以清源为傩神。南丰县的南堡、石邮、甘坊是南丰三大古傩之地,也是崇祭清源真君最盛之所。据曾志巩先生介绍,在南堡的傩神殿中,原来中间供奉"敕封西川路口清源妙道真君",两旁分立千里眼、顺风耳;左侧为坐殿土地正神,右侧是江西得道许仙真君和吴猛、郭

---

① 汤显祖:《宜黄县戏神清源师庙记》,徐朔方笺校:《汤显祖全集》第二册,北京古籍出版社1999年版,第1188页。
② 黄乐之等修,郑珍纂:《(道光)遵义府志》,《中国方志丛书集成》第152册,台北,成文出版社1968年影印道光二十一年(1841)刊本,第423页上。
③ 吴电雷:《中国西南地区阳戏研究》,中国社会科学出版社2014年版,第110页。
④ 胡天成:《四川省重庆接龙区端公法事科仪本汇编》,台北,新文丰出版股份有限公司2003年版。

蒲二大神将。① 而甘坊对清源祖师的崇信，于南堡等地有过之无不及。旧时每年农历六月二十四日甘坊乡民要为清源祖师过生日，并演十天大戏，全村各庙的菩萨都扛到傩神庙内陪傩神老爷看戏，群众称之为"老王会"。② 在游傩仪式中，还要诵唱"请神许愿词"，词云："谨焚心香，一心拜请敕封西川路口清源妙道真君、千里眼、顺风耳、金花小姐、银花小姐、三伯公公、三伯婆婆、金毛童子、铁甲将军，傩神会上，一齐明神。"许愿词中首先敬奉的傩神就是西川路口清源妙道真君。又据曾志巩先生的调查，在甘坊还曾有供奉"清源真君"的傩神庙，庙内一对石柱上刻有"甘时文助"4字。结合咸丰十一年辛酉（1861）甘坊重修《南丰了溪甘氏族谱》，曾先生考证甘坊清源傩神庙建于明永乐年间，很可能是为了求子而捐助石柱③。

图24　江西南丰石邮傩神庙　　　　图25　南丰石邮傩神庙供奉的傩神案

较之南丰三大古傩地遗迹、遗俗，金砂乡的清源真君信仰，还能从谱牒中找到文献的来源，最重要的是明清之际南丰人傅大辉《金砂余氏傩神辨记》、《敕封清源妙道真君传》两篇文字。据曾志巩先生考证，傅大辉生于明崇祯三年（1630），此二文作于清康熙十二年癸丑（1673）前后。④

---

① 曾志巩：《江西南丰傩文化》，中国戏剧出版社2005年版，第663页。
② 曾志巩：《南丰傩神和宜黄戏神》，湖南省艺术研究所编：《沅湘傩文化之旅》，时代文艺出版社2000年版，第192页。
③ 曾志巩：《南丰傩神和宜黄戏神》，湖南省艺术研究所编：《沅湘傩文化之旅》，时代文艺出版社2000年版，第190页。
④ 曾志巩：《南丰傩神和宜黄戏神》，湖南省艺术研究所编：《沅湘傩文化之旅》，时代文艺出版社2000年版，第189页。

在《金砂余氏傩神辨记》文中，傅大辉首先从家族源流史入手，考索金砂本地的"清源真君"信仰源自唐代，为远祖瑶公从四川峨眉迁来。"周礼冬官方相氏掌傩神，熊皮四目，执戈扬盾，皆所以除疫，其事虽诞，亦古先王所不废也。今尔余氏之族，相传世有傩神，至每岁孟冬，集老幼咸嬉，其所从来也旧矣。予问其故，金曰：此乃本自我唐世远祖瑶公为衡州太守，从四川峨嵋迁来得之清源妙道真君，世袭其教，历千载弗变。"

其次，傅大辉认为"清源真君"为汉代吴芮将军传傩靖妖的产物，"然辉尝考宋时邑志旧本载，汉代吴芮将军封军山王者，昔常从陈平讨贼，驻扎所钟，凡尔乡民一带介在山陬，必须祖周公之制，传傩以靖妖氛。"

第三，傅大辉考证"清源真君"的身份应为隋臣赵煜，"考之清源故隋臣也，然见其所傩之神则皆汉唐忠勇之士，或生清源之先，或生清源之后，吾亦不敢处以为。清源之教，大抵不过相沿为周公之制耳，而其神明皆后之所加设也，岂周公时即有此若而人乎？"①

第四，傅大辉还认为，因清源真君具有"靖妖氛"的功能，故而被南丰及周围地区奉为傩神。傅大辉在另一篇《敕封清源妙道真君传》中进一步指出："尔余氏旧谱载：远祖瑶公，唐进士，为湖广衡州太守，随请此神同迁饶州白塔村，至祖赏公，自饶迁丰，亦请此神迁金砂。由是显应四方，祈祷如市，立庙奉祀，岁时香火，遗其制曰'驱傩'。……据其说，曰：本真君也。"② 这里，傅大辉以家族谱牒的立场记录下南丰金砂村余氏家族崇祭"清源妙道真君"的时间及迁移的路线，与上文《金砂余氏傩神辨记》一起成为留存家族集体记忆的特殊文本。

与宜黄为邻的乐安县东湖、罗山等村的傩舞、傩戏也以清源为傩神。1956年中国舞蹈艺术研究所调查小组到乐安县调查增田乡东湖村"滚傩神"时，盛婕记道："村老反映，增田乡几十年未玩傩，只知道现在的锣鼓与'傩神殿'中三个大佛'清源'、'七圣'、'金毛'上有乾隆年制的字样。"③

---

① 曾志巩：《南丰傩神和宜黄戏神》，湖南省艺术研究所编：《沅湘傩文化之旅》，时代文艺出版社2000年版，第189页。
② 曾志巩：《江西南丰傩文化》，中国戏剧出版社2005年版，第659页。
③ 盛婕：《江西省"傩舞"调查介绍》，中国舞蹈研究会编印：《舞蹈学习资料》第11辑，中国舞蹈艺术研究会1956年10月编印，第4页。

笔者又仔细翻检了江西地方志，发现赣西、赣西北与赣东北地区虽有"清源真君"祭祀的痕迹但并非请为傩神。也就是说，江西的傩神"清源真君"信仰主要集中在以宜黄为中心的赣东南丰、乐安、广昌等县。傩神"清源真君"信仰在江西的这一特殊分布呈现出如此明显的地域差异性，其背后似乎隐含着某种文化因素。

三、汤显祖《庙记》与赣东傩神"清源真君"信仰

笔者认为，在江西的傩舞傩戏中，"清源真君"信仰仅遗存于赣东的现象，当是明代江西临川籍戏剧家汤显祖1602年前后所撰《宜黄县戏神清源师庙记》影响下的产物。《庙记》明确记载宜黄伶人崇奉清源真君为戏神的原因："予闻清源，西川灌口神也。为人美好，以游戏而得道，流此教于人间。讫无祠者。"继而记述了宜黄梨园子弟修建"清源君祠"的由来："子弟开呵时一醪之，唱啰哩嗹而已。予每为恨。诸生诵法孔子，所在有祠；佛老氏弟子，各有其祠。清源师号为得道，弟子盈天下，不减二氏，而无祠者，岂非非乐之徒，以其道为戏相诟病耶。"进而详细描述了主神、次神的设置情况：

> 我宜黄谭大司马纶闻而恶之。自喜得治兵于浙，以浙人归教其乡子弟，能为海盐声。大司马死二十余年矣，食其技者殆千余人。聚而谇于予曰："吾属以此养老长幼长世，而清源祖师无祠，不可。"予问："倘以大司马从祀乎？"曰："不敢。止以田、窦二将军配食也。"①

由于《庙记》的作者汤显祖是宜黄邻县临川（今属抚州）的大戏剧家，又是晚明文坛的巨擘，加之他与当地的宜伶往来密切，延请他来为戏神作庙记，顺理成章。另一方面，从浙江带回海盐腔的大官僚谭纶也为宜黄籍，因其有开启宜伶所演之技的功绩，汤显祖提议在清源庙中把谭纶作为戏祖来供奉祭祀。后来或出于身份的自卑心理，众伶人惟恐亵渎乡党名宦而作罢。但后世的宜黄及其周边的伶人，却

---

① 徐朔方笺校：《汤显祖全集》第二册，北京古籍出版社1999年版，第1188页。

不管这些，就有以谭纶为戏神予以供奉的。江西人郑仲夔《冷赏》卷四"歌声"条记载："宜黄谭司马纶，殚心经济，兼好声歌。凡梨园度曲皆亲为教演，务穷其巧妙，旧腔一变为新调。至今宜黄子弟咸尸祝谭公惟谨，若香火云。"① 总之，在晚明以来，以宜黄为中心的戏曲艺人，多以清源真君为戏神予以祭祀。宜黄班艺人每年农历六月二十四日都要祭拜清源师，这种习俗一直延续到20世纪50年代初期。②

由于有大戏剧家汤显祖倡议及其《庙记》的巨大影响力，清源真君不仅为宜黄腔艺人所祭祀，还被宜黄周边的花鼓戏、采茶戏艺人奉为戏神。据《中国戏曲志·江西卷》介绍：抚州的采茶戏就崇奉"清源祖师"，在开台时，台中放"清源祖师之位"戏神牌，左书"清音童子"，右书"鼓板郎君"。③ 与宜黄相邻的乐安县金竹乡芳草村廖家花鼓班祖传一尊清源神像，可为宜黄周边因汤氏《宜黄县戏神清源师庙记》而崇祀"清源神"又一佐证。这尊清源神像由优质木材雕刻而成，"头戴盔帽，身着蟒袍，白脸无须，面带笑容，左手扶膝，右手揣带，端坐于方台之上，完全是一幅明代王侯装束。神像高三十三厘米。"④

赣东傩神"清源真君"信仰的一些信息，加入时间则在明代甚至更晚，譬如宜黄邻县乐安供奉的傩神有三个菩萨：清源、七圣和金毛。七圣为助赵昱下水杀蛟的七人；而金毛则出自明代小说《封神演义》，清源妙道神君杨戬在武夷山收徒弟金毛童子。这一例子也说明赣东傩神不会早到唐代或宋代。⑤ 章军华先生还披露了赣东南丰甘坊傩班正印甘老怀所藏清代《傩神会请神许愿图本》中的"请神辞"，明

---

① （明）郑仲夔：《冷赏·万松阁记客言·奇子杂言》，《丛书集成初编》第2947册，中华书局1991年版，第62页。
② 苏子裕：《我国最早的一篇戏曲学导言——汤显祖〈宜黄县戏神清源师庙记〉解读》，《中华戏曲》第30辑，文化艺术出版社2004年版，第343页。
③ 《中国戏曲志·江西卷》，中国ISBN中心1998年版，第697页。
④ 《中国戏曲志·江西卷》，中国ISBN中心1998年版，第708页。
⑤ 傅大辉在《金砂余氏傩神辨记》、《敕封清源妙道真君传》二文所论清源传入南丰的时间为唐代。另外，不少赣籍学者因为在民国刊《金砂余氏重修族谱》中发现明末清初傅大辉所撰《金砂余氏傩神辨记》、《敕封清源妙道真君传》二文论及南丰清源傩神始于唐代，迁于西川，因而普遍持有这样一个观点：西川清源神宋代迁来南丰，影响戏曲行业，继之被奉为戏神，才产生了《宜黄县戏神清源师庙记》的描述，如曾志巩先生说："北宋初，傩神清源妙道真君传入南丰，对日后赣东乡傩与戏曲的发展有重要的影响。"参曾志巩《江西南丰傩文化》，中国戏剧出版社2005年版，第24页。

确将"傩神祖师"与"清源妙道真君"分开，且后者处于"次神"配享位置。全文如下："至心通大道，诚意达高真，燃烛迎神驾，焚香迓对舆。今有△都△堡信士△△敬请傩神祖师殿下。弟子是夜装跳，虔备心香宝烛，老心拜请。大清国江西省建昌府△县△都△堡上下福主、社令，各殿香火一功神祇速降来坛。再焚心香至拜，请敕封西川路口清源妙道真君、千里眼、顺风耳傩神殿上。乃文乃武，千千雄兵，万万猛将。合殿香火一齐有感明神，敬心拜请傩神会上传法。启教历代宗师。"① 毛礼镁先生也说："在宜黄专门奉祀清源的傩神庙，迄今尚未发现。"而且，当地傩班供的清源小相，也是放在其他庙宇（如社公庙）里。② 确然，如康熙《江西通志》卷一百九记载，在安义县西山岭下的洪源庙中就供奉有清源妙道真君赵昱③，洪源庙并非傩神庙。显见，我们不能简单地将"清源真君"傩神、戏神信仰与民间一般俗信等同视之。南丰、宜黄等地傩戏班中"傩神祖师"与"清源妙道真君"的泾渭分明，以及"清源妙道真君"在傩神祭祀中并不占主祭地位，都表明"清源妙道真君"为后来加入傩神信仰体系之事实。

这一结论还可以从赣东地区傩神、戏神"清源真君"名、实的认同、继承问题上获得进一步的证实。赣东民间艺人对傩戏神"清源真君"究竟为谁，有着不同的看法。上文提及乐安傩神以七圣配享清源神，根据《搜神记·灌口二郎神》可知清源神为赵昱；又以金毛配享，根据《封神演义》则知清源神为杨戬。此外，在宜黄县还流传着清源为玉皇大帝外甥的民间传说，说玉帝外甥为张四姐下凡与崔文瑞所生，清源调皮将太阳放到炼丹炉中烤，烤死人间无数百姓，被玉帝罚到人间。"因他是玉帝外孙（甥），凡间将他敬为神王，称呼师公或师爷。"④ 其实，在赣东的伶人当中，清源是谁并不重要，重要的是信仰的虔诚，故而在清源说法各异的同时，"清源"这一神祇名号却出奇稳固地被传承。在笔者看来，"清源"名号在宜黄等周边地区被稳固继承，是汤显祖《宜黄县戏神清源师庙记》文对当地戏神信仰深远影响之产物。

---

① 章军华：《江西傩神考辨》，《东华理工学院学报》（社科版）2006年第2期。
② 毛礼镁：《江西傩神续考》，《江西社会科学》1993年第1期。
③ （清）谢旻：《（康熙）江西通志》，《文渊阁四库全书》第516册，第607页。
④ 毛礼镁：《江西傩神续考》，《江西社会科学》1993年第1期。

四、傩神与戏神之关系的再思考

由于在民间，傩中有戏，戏中有傩，傩与戏关联紧密，因此傩神与戏神相互影响。但从现有文献来看，傩神要远早于戏曲行业神，据康保成老师考证，最早的傩神是方相氏。① 而且比较重要的几种戏曲行业神，作为傩神的记载都要早于戏神，或可以说戏曲行业神源自傩神信仰。如在清代被戏曲艺人广泛祭祀的老郎神，最普遍的说法是唐明皇，早在明末清初顾景星《白茅堂集》卷三十一中已有将唐明皇奉为傩神的文献记载："楚俗尚鬼，而傩尤甚。……架鋼镂金，艤制如樵，刻木为神首。被以彩绘，两袖散垂，项系杂色衴帨。或三神，或五、六、七、八至十余为一架焉。黄袍、远游冠者，曰唐明皇。左右赤面涂金粉，金银兜鍪者三，曰太尉。高髻步摇，粉黛而丽者二，曰金花小娘、社婆。髯而翁者，曰社公。左骑细马，白面黄窄衫如侠少者，曰马二郎。行则一人肩架，前导大纛、雉尾、云罕、𢧐橥格泽等旗，曲盖、鼓吹，如王公。迎神之家，男女罗拜，蚕桑疾病，皆祈问焉。"② 二郎神、唐明皇在明代一身兼作戏神、傩神的情况，说明傩戏与戏剧艺术之间密切的渊源关系。顺便提及，在江西还有唐明皇作为傩神的遗存，江西靖安、奉新都有游傩神唐明皇及傩神太子的祭祀仪式。③

如上文所论，汤显祖在《庙记》指出二郎神"人有此声，家有此道，疫疠不作，天下和平。岂非以人情之大窦，为名教之至乐也哉"。二郎神之所以能受民间崇祭，享受很高的声誉，一个很重要的原因就是能驱疠逐疫，这正是傩神的基本特征；这条文献进一步说明明代二郎神在被艺人崇奉为戏神之前和同时，也以傩神被民间祭祀。

其次，傩神、戏神相互交融的关系，还体现在傩神二郎神、戏神老郎神、田公元帅都来源于傀儡戏神。

康保成老师发现，在贵州、四川等地傩戏中的二郎神面具，多为嘴眼能动的

---

① 康保成：《傩戏艺术源流》，广东高等教育出版社1999年版，第311页。
② （清）顾景星：《白茅堂集》卷三十一，《四库全书存目丛书》第206册，第233页。
③ 康保成：《傩戏艺术源流》，广东高等教育出版社1999年版，第347页。

"活口面具"，而二郎神的面具与傀儡戏中木偶头制作方法相同。据此，康老师认为："凡活口面具，其前身均可能是木偶头；使用这种面具的傩戏表演，均可能源于傀儡戏"，"二郎神本就是傀儡子"。① 这也就是说，西南戏曲的川主二郎神信仰很有可能是缘自傀儡戏。而笔者在《南戏戏神田公元帅信仰变迁考》一文也论证过，南戏戏神田公元帅也源自宋代的傀儡戏神。② 这样说来，傀儡戏神是后世傩神、戏曲行业神总的源头。

再次，或许因为戏神源出于傩神，具有傩驱魅除鬼之职能，在不少地方戏中，戏神行使破台、净台、扫台、镇台、送台等责司。如崇奉戏神华光的粤剧、邕剧等，都会请戏神参与驱邪逐疫的仪式。如粤剧的破台、收妖，邕剧的扫台，岑溪牛娘戏的开台镇妖，广西北路壮剧的开台，马隘壮剧的开台、送台，彩调"咿嗬嗨"的破台，云南壮剧"哎的奴"的开台、扫台，都离不开戏神华光的身影。而浦北鹩剧开台唱贺歌，其中有"唱鹩敬请华光神"的词句。③ 又如泉州提线戏戏神相公爷每次出场是在具有踏棚净台性质的《大出苏》中出场："相公爷的演出，要动三遍鼓，焚香燃烛，放鞭炮，烧纸箔上供三牲果盒，斟酒弹撒，高声喝彩，齐唱'唠哩嗹'。然后由演员提下相公爷，作'金'字造型，唱完《万年欢》，相公爷始出场'踏棚'，名曰《大出苏》。"④

总之，二郎神在赣东傩戏中的遗存，既是傩戏神与戏曲行业神交融、影响的典型个案，也是明代地方特有文化传承的显例。这个实例为我们进一步考察傩戏和戏曲之间的关系提供了新的桥梁。

第三节　秦腔及祁剧戏神信仰的缘起与变迁

秦腔是流行全国的戏曲声腔，而发源于湖南的祁剧也广泛流播于粤闽桂等省

---

① 康保成：《傩戏艺术源流》，广东高等教育出版社1999年版，第350—351页。
② 陈志勇：《南戏戏神田公元帅信仰变迁考》，《文化遗产》2013年第2期。
③ 李计筹：《戏神华光考》，《艺术百家》2006年第2期，第52页。
④ 黄锡钧：《泉州提线木偶戏神相公爷》，《南戏论集》，中国戏剧出版社1988年版，第473页。

份，其行业信奉的戏神也随着剧种的对外传播而播散各地。有意思的是，秦腔本来信奉的戏神庄王较少渗透到其他剧种（主要是在梆子戏中），反而昆腔、皮黄剧种的戏神老郎神却进入秦腔的行业神信仰体系。本节以秦腔和祁剧为个案，探寻这两个剧种戏神生成的不同模式以及其背后隐藏的文化意义。

一、秦腔戏神的信仰变迁与对外流播

在北方戏曲声腔中，秦腔梆子传播、影响甚广，陕西、山西、甘肃、河南及湖北、安徽、广东诸省都有梆子腔流播的身影。在梆子腔对外传播过程中，秦腔的戏神也时时浮现。戏神作为一个地方剧种的基因标志，对内起着号召伶众的功用，对外则是一张文化名片。然而，秦腔的戏神信仰历史，在笔者看来还并不明晰，有梳理的必要。

胡亥和庄王，一度被秦腔艺人视为本剧种的始祖神，但从清代的文献看，庄王的知名度远大于胡亥，后者也逐渐湮灭不闻。除胡亥与庄王之外，老郎神信仰也渗透秦腔戏神信仰体系。

1. 胡亥

《清稗类钞·丧祭类》"梨园所奉之神"条云："至唱秦腔者之祀秦二世胡亥，谓胡亥所倡，则不知何据也。"① 道光二十五年（1845）杨静亭编写的《都门纪略·词场门序》云："二世胡亥演为词场，谱以管弦，歌舞之风，由兹益盛。后世遂号为秦腔（俗名梆子腔）。……故后世秦腔皆祀胡亥，昆剧皆祀明皇，为词场衍派之祖。"② 杨静亭认为是因为胡亥在秦地倡导了歌舞弦乐之风，故而被奉为秦腔的始祖。徐慕云在1938年出版的《中国戏剧史》一书中指出："二世胡亥，又耽嗜剧曲，提倡颇力，故梆子班中多奉二世胡亥，此即秦腔剧之祖师也。"③ 李乔先生进

---

① （清）徐珂：《清稗类钞》（第八册），中华书局1986年版，第3565页。
② （清）杨静亭：《都门纪略·词场门序》，傅谨：《京剧历史文献汇编》清代卷"专书下"，凤凰出版社2011年版，第908页。
③ 徐慕云：《中国戏剧史》，上海古籍出版社2001年版，第218页。

一步解释说，胡亥被秦腔艺人奉为祖师，是出于民间胡亥嗜酒好歌的传说。他指出："胡亥嗜酒好歌，爱听优旃唱秦曲，当时民间有筑长城工人唱的'长城调'，有建阿房宫工人及后来宫女唱的'阿宫腔'，骊山工人唱的'骊歌'、'秦曲'，以及高渐离所唱的燕赵悲歌、民间小曲和近于戏曲的驱疫傩等等。"①

至于高渐离所唱的燕赵悲歌，清末穆辰公推测，秦人仿效"高渐离之悲歌"，遂成"秦声"——后世秦腔之滥觞。他说："渐离既死，秦人慕其为人，多效其声者，于是成国俗焉。今之谓梆子为秦腔，以为是秦声也。"②秦二世胡亥作为大秦帝国的皇帝，获取歌舞带来的精神享受顺理成章，他能被后世秦腔伶人敬奉为戏祖，恐怕与他皇帝的身份有关，起到提振本剧种地位的作用。这也是为什么国人追效高渐离的歌声成为国俗，高渐离却未被封为戏神的原因所在。无论是胡亥还是高渐离，他们所处时代的"秦声"，未必就是今天成熟戏曲"秦腔"的源头，故而有人说秦腔的历史从秦代开始算起，至今已经两千余年历史了，显然难令人信服。

2. 三个庄王

近代以来，秦腔供奉庄王为戏神。《中国戏曲志·陕西卷》谓："陕西戏曲班社多以'庄王'为祖师爷，经常随班奉祀，'庄王爷'系一小木人，俊面、三须、赭袍、王冠、皂靴，平常置'大衣箱'（专放蟒、袍、褶子的衣箱）中，任何人不能坐此箱上。演出中，箱倌在后台架一小木板作香案，请'庄王爷'居中而坐，置香炉，供班社人员焚香跪拜。若剧中需道具婴儿，则焚香请'庄王'承当，事后焚香归位。"③程砚秋、杜颖陶《秦腔源流质疑》指出："现在西安的各秦腔班，在前几年还未废除供祀祖师的习惯时，他们所供祀的祖师便是'庄王'。凡是西北一带的秦腔班，在前些年每年到了腊八时候，纷纷都回到西安来，举行赛会式的演出六七天，到了腊月十五，是祭祀祖师的日期到了，大规模的敬祀一天，然后便'封箱大吉'，静待来年。"④山西、甘肃、河南等地的秦腔，也敬奉庄王。

---

① 李乔：《中国行业神崇拜》，中国华侨出版公司1990年版，第405页。
② （清）穆辰公：《伶史》卷一"郭宝成本纪第六"，《民国京昆史料丛书》第一辑，学苑出版社2008年版，第35页。
③ 《中国戏曲志·陕西卷》，中国ISBN中心1995年版，第625页。
④ 程砚秋、杜颖陶：《秦腔源流质疑》，《新戏曲》二卷六期，1951年11月。

关于陕西秦腔伶人奉庄王为戏神，程砚秋、杜颖陶《秦腔源流质疑》认为是受到曲艺祖师的影响所致："今秦腔虽系接受了旧秦腔的遗产，但由于他们过去是供祀'庄王'为祖师，可以推断其间还有一个时期，是经过了曲艺的领域，因为'庄王'原本不是戏剧的祖师而是曲艺的祖师。"① 从秦腔原来信奉胡亥，后改祀庄王来看，程、杜所言不无道理。

陕西、山西、甘肃等地秦腔艺人所祭奉的庄王至少有三种说法。戏神庄王最为普遍的说法是后唐李存勖，但也有所指为"优孟衣冠"记载中的楚庄王，更为诡异的是说庄王为妙庄王。如刘红娟博士在采访大荔同州梆子老艺人时，被告知他们供奉的戏神是妙庄王，或称为妙藏王。② 梁志刚在陕西岐山采访时，当地大戏（秦腔）敬的也是妙庄王。③ 这三种传说，在《中国戏曲志·山西卷》中都有提到。④ 有趣的是，在《中国戏曲志·甘肃卷》卷首彩页中有一张"西和三盛班用庄王画像"（见图26）。这张画像分为上下两幅图，各有一个庄王，上幅图中的庄王是皇帝装束，左右站立持笏大臣各二人，前有一伶在氍毹上表演；下面一幅图上居中坐着的庄王是道士装束，身旁各有一位黑煞将，左右各列战将三员，并有战马和马童各一。⑤ 两个不同形象的庄王，在同一幅画像中出现，表达了甘肃秦腔伶人对不同身份庄王的认知。也许伶人不能确定庄王究竟是皇帝身份，还是道教神仙，干脆两个都画上，这样就不会得罪任何一个吧。

3. 老郎神

应该肯定地说，陕西等地秦腔戏神体系后来受到了老郎神信仰文化的"侵入"。程砚秋、杜颖陶《秦腔源流质疑》一文中介绍，程砚秋1949年冬去西安，有人告诉他在西安城内东大街路南一条名叫骡马市的街上，原有一座戏剧界的祖师庙，1938年被日机炸毁，却留下两勒石碑。一块落款"乾隆岁次庚子葭月上浣谷旦"

---

① 程砚秋、杜颖陶：《秦腔源流质疑》，《新戏曲》二卷六期，1951年11月。
② 刘红娟：《西秦戏研究》，中山大学出版社2009年版，第29页。
③ 梁志刚：《陕西秦腔皮影剪影——皮影艺人王云飞访谈记》，中山大学中国非物质文化遗产研究中心编：《中国非物质文化遗产研究简报》2006年第3、4期合刊，第38页。
④ 《中国戏曲志·山西卷》，文化艺术出版社1990年版，第625页。
⑤ 《中国戏曲志·甘肃卷》，中国ISBN中心1995年版，卷首彩页。

图 26　西和三盛班用庄王画像。采自《中国戏曲志·甘肃卷》

的石碑有一段关于秦腔戏神的文字:"前殿五宇,老郎端居宝座;后宫三楹,关帝高位崇台。左右配祀,财神、药王。"而另一块题署"嘉庆十二年四月吉日立"的石碑的碑名为"重修庄王庙神会碑记"。[①] 从碑文我们可以清楚地知道,这座梨园

---

① 程砚秋、杜颖陶:《秦腔源流质疑》,《新戏曲》二卷六期,1951 年 11 月。

会馆始建于乾隆丙申,即四十一年(1776),落成于乾隆庚子,即四十五年(1780),前后共用了五年时间。封至模说梨园会馆的规模很宏大,从碑文记载看来确实如此:它分前殿和后宫,前殿有五宇,正中是老郎的塑像;后宫有三楹,正中是关公的塑像,左右配祀的是财神赵公明和药王孙思邈。

老郎神对秦腔戏神信仰的渗透,《陕西戏剧志·汉中地区卷》的记录可为佐证:"汉中地区各戏曲班社,所供的'庄王'像有二:一为白脸,黑三须,穿黄蟒袍、戴王冠,此为唐玄宗李隆基。所有木偶班社,皆供奉此像;一为白脸,无须,穿黄道袍、戴软王帽,乃后唐庄宗李存勖。所有大戏班,皆供此像。"① 此外,也有将秦腔戏神胡亥与老郎神混淆的,"后世演剧似又发端于傩,至歌曲腔调,先有秦腔(俗名梆子腔),后有昆腔。习秦腔者则祀秦二世胡亥,以关中管弦歌舞之风至二世为最盛。……秦腔乐部所祀神像作一婴儿状,呼曰:老郎神。盖以亥为孩,即二世胡亥也。"②

秦腔戏神的信仰作为个案,很好地体现了中国地方戏神崇拜的地域性和剧种特色,既有本地历史上与音乐、戏剧艺术有关的人物胡亥,也有本剧种特色戏神庄王,同时还受到"强势"剧种所信奉的戏神老郎神的渗入。秦腔戏神的衍化轨迹显示出我国戏曲行业神信仰的基本发展模式。

二、湖南祁剧祖师焦德信仰考

湖南祁剧艺人,除信仰老郎神外,还信奉焦德侯爷。刘守鹤先生在1934年3月出版的《剧学月刊》上发表关于祁剧的论文《祁阳剧》,在文中他写道:"班里面敬的祖师爷是唐明皇,还有一位略次于祖师爷的师爷,便是焦德侯爷。"③

关于焦德侯爷的来历,在祁剧艺人中流传着一个传说:

> 焦德不知是何朝何代的人,也不知是生于何乡何土,子弟们只知道他是蔡

---

① 《陕西戏剧志·汉中地区卷》,三秦出版社1994年版,第234页。
② (清)俞洵庆:《荷廊笔记》卷一"音乐歌剧原始",光绪十一年(1885)广州富文斋刊本。
③ 刘守鹤:《祁阳剧》"祁阳剧的起源",《剧学月刊》第三卷第三期,1934年3月。

邕的焦尾琴转劫。说的是某年某月某时，祖师爷在天宫仙阙，心血来潮，掐指一算，知道是祁阳剧又遭了厄运，于是大发慈悲，特地亲自拜访蔡邕祖师，请他放焦尾琴下凡，使其中兴祁阳剧。蔡邕祖师最恨的是戏剧，是因为《琵琶记》不该无缘无故地栽诬他，他怎肯命焦尾琴下凡去当戏子？但是禁不住祖师爷苦苦地哀求，并且以焦尾琴下凡不唱《琵琶记》为交换条件，这样蔡邕才肯打发焦尾琴下凡的。下凡之后，投生祁阳焦家，取名焦德，生而懂得音律，只一出《琵琶记》总学不会，除此之外，就无戏不能，无戏不精，果然在祁阳班中大露头角，后来天子宣召进京演戏，封了侯爵，替祁阳剧添了无穷光彩。后来尘缘已了，侯爷归天，班里永远供着他的神像。①

这种关于祁剧戏神焦德侯爷的传说，在刘守鹤看来是荒诞不经的，"据这种说法，《琵琶记》出世在元末明初，则焦德是明清两朝的人；但明清两朝的祁阳志书上无焦德之名，其他传记中也无祁阳焦德之名，难道堂堂一位就这样不齿于士大夫之伦？再则，明史清史和两朝杂记书中，自明太祖以迄清德宗，并未曾有皇帝召祁阳班入京演剧之事。这样看来，焦德之说，显然与祖师爷打洪升阴棍之类的话同为附会之词。但是班里面是恭恭敬敬地供着焦德侯爷的神像，这犹之乎唐明皇一样，多少总应当有点来历。有的说焦德就是祖师爷命黄巾力士赐物的那个老头儿，有的又说是那老头儿的儿子，然则事在唐朝，与不许唱《琵琶记》之说又不相符。有的又说祖师爷是传的唐戏，焦德爷是传的昆曲，然则为何不是魏良辅？又为何不是李坤山？这也是费解得很的话。现在我们只有听之任之，不管焦德是什么时代的人，也不管他是干的一些什么事，我们只知道祁阳剧的起源很早，是在唐宋时候，如果焦德的确是与祁阳剧起源有关的人，我们也就不妨认为他是唐朝人或宋朝人。"②

其实，焦德在历史上确有其人。焦德为宋徽宗时的乐官，为人滑稽突梯，机智善谑，富有正义感。周煇《清波杂志》卷六记载："宣和间，钧天乐部焦德者，以谐谑被遇，时借以讽谏。一日，从幸禁苑，指花竹草木以询其名。德曰：'皆芭蕉也。'上诘之，乃曰：'禁苑花竹，皆取于四方。在途之远，巴至上林，则已焦

---

① 刘守鹤：《祁阳剧》"祁阳剧的起源"，《剧学月刊》第三卷第三期，1934年3月。
② 刘守鹤：《祁阳剧》"祁阳剧的起源"，《剧学月刊》第三卷第三期，1934年3月。

矣。'上大笑。亦犹'锹、浇、焦、烧'四字之戏：掘以锹，水以浇，既而焦，焦而烧也。其后毁艮岳，任百姓取花木以充薪，亦其谶也。"①

艮岳为宋徽宗赵佶敕令建造的宫殿，初名太岁山，徽宗亲撰《御制艮岳记》，苑中奇花异石取自南方民间，运输花石的船队称为"花石纲"。花石纲之役，流毒州县者达二十年，到了后来，"大率太湖、灵璧、慈溪、武康诸石；二浙花竹、杂木、海错；福建异花、荔子、龙眼、橄榄；海南椰实；湖湘木竹、文竹；江南诸果；登、莱、淄、沂海错、文石；两广、四川异花奇果"②，都是搜求夺取的目标，侵扰范围之广，远不止于东南一带了。花石纲之役破屋坏墙，践田毁墓，致使天下萧然，民不聊生。伶人焦德敢在宋徽宗面前以"芭蕉"喻徽宗劳民伤财，搜刮民脂民膏供自己享乐，颇具正义感。所以祁剧艺人给他们的祖师爷焦德绘的是一张黑脸，以表彰他刚正不阿。

取喻"芭蕉"弹讽"花石纲"，宋人龚明之撰《中吴纪闻》卷六还载有：

初，勔朱之进花石也，聚于京师艮岳之上。以移根自远，为风日所残，植之未久，即槁瘁。时时欲一易之，故花纲旁午于道。一日内宴，诨人因以讽之：有持梅花出者，诨人指以其问其徒曰："此何物也？"应之曰："芭蕉。"有持松、桧而出者，复设问，亦以芭蕉答之。如是者数四。遂批其颊曰："此某花，此某木，何以俱谓之芭蕉？"应之曰："我但见巴巴地讨来，都焦了！"天颜亦为之少破。③

这则材料未明白指出焦德是否为伶人之一，但焦德取喻"芭蕉"语已为伶人所熟知、习用，亦见焦德对伶人的影响。

焦德不仅敢讽刺宋徽宗的荒淫，而且敢触犯当朝大奸臣杨戬、蔡京。宋人张知甫《可书》记载："徽宗幸迎祥池，见栏槛间丑石，顾问内侍杨戬曰：'何处得

---

① （宋）周煇：《清波杂志校注》，刘永翔校注，中华书局1994年版，第277页。
② （清）毕沅：《续资治通鉴》卷九十二，岳麓书社1992年版，第184页。
③ 任二北：《优语录》，上海文艺出版社1981年版，第116页。

之?'戬云:'价钱三百万,是戬买来。'伶人焦德进曰:'犹自似戬也!'上大笑。"① 周煇《清波杂志》卷六也载:

> 蔡京罢政,赐邻地以为西园,毁民屋数百间。一日,京在园中,顾焦德曰:"西园与东园景致如何?"德曰:"太师公相东园嘉木繁荫,望之如云;西园人民起离,泪下如雨:可谓'东园如云,西园如雨'也!"语闻,抵罪。或云:一伶人何敢右诋公相之非?特同辈以飞语嫁其祸云。②

焦德虽是一介戏伶,却敢上刺皇帝,下讽奸党。焦德能成为祁剧的戏神,焦德敢于伸张正义,道德层面的因素显然是起到关键作用。诚如明代诗人李维桢所言:"凡乐事必相瞽,瞽序官中,上下殷学,名瞽宗。有道德者为乐祖,祭于斯。"③

在祁剧艺人当中流传着这样的传说,诠释着祖师爷的"德艺双馨":"徽、钦被掳北去,他随侍左右。金酋命徽宗青衣行酒。主辱臣死,焦德愤而碰柱抗争,临死以灰土自污其面,耻无面目见到列祖列宗于地下。国人闻之,嘉其忠义,尊为戏神。"④

祁剧艺人奉焦德侯爷为戏神,还有一层原因是传说焦德是祁阳人,如前引刘守鹤的《祁阳剧》云焦德为蔡邕的焦尾琴转劫,投生在祁阳的焦家。但这一说法于史无征。

在祁剧行业中,十一月初二日是焦德侯爷生日(一说是十月二十一日),就由各位老师傅做公请本家大吃一顿。……老郎神和焦德侯爷的神像,平常是安置于本家的祖先堂上,出外演出是随班运走,即安置于演剧地方的家祠中,初五、十五,神前烧香,是火房伯伯——厨房的事。这些规矩,无论科班、中班、江湖班,都是一样。⑤

---

① 任二北:《优语录》,上海文艺出版社 1981 年版,第 117 页。
② 任二北:《优语录》,上海文艺出版社 1981 年版,第 117 页。
③ (明)李维桢:《大泌山房集》卷二十四《编蓬集序》,《四库全书存目丛书》集部第 151 册,第 46 页。
④ 《祁剧志》初稿,内部资料,1986 年印刷。
⑤ 刘守鹤:《祁阳剧》"祁阳剧的班子及班规",《剧学月刊》第三卷第三期,1934 年 3 月。

祁剧流传到广西，是为桂剧。桂剧遵循祁剧传统，也供奉焦德侯爷，其诞辰也为农历十一月初二，不同的是桂剧将"焦德"写成"昭德"。艺人住宅中堂，挂上红布或红纸，上写"唐朝敕封老郎王爷之神位"，左边写"昭德侯爷"，右边则写"观音菩萨"或"赵公元帅"。①

粤北地区也是祁剧流播的重要地区，祁剧艺人也将戏神焦德信仰带到了这一地区。祁剧研究者欧阳友徽先生曾在粤北连州市丰阳镇夏湟村发现一座昭德祠。该村素喜演剧，1952年还组建了角色齐全、阵容强大的业余祁剧剧团。村子西门门墙上还镶嵌着一块戏金石碑，碑文曰："上西门自道光廿七年合众处心捐签戏金，每家凑钱二百文生息，买就土名高村长坡塘田六工计六丘，将来演戏奉神之需，以传万古不朽矣。"昭德祠建在田垄中间，古祠已毁，今祠为原样重建。正祠神龛塑有三尊神像，中间的一尊是黑脸，为昭德。旁边的一位是军师邓十五，另一位是先锋丰八郎。天井壁上镌刻有《重修昭德祠碑记》，大意云：残唐时，元帅昭德率兵剿寇，不幸身亡，后来赵匡胤奉他为昭德侯。他的军师邓十五兵败后，来到夏湟村修行。某年十一月初一晚，梦见两条蜈蚣精在夏川源头白带水口、村民饮水的河流上游放出毒涎。次日清晨，邓十五赶到河边，阻止村民挑水，说明水中有毒，村民不信，他捧水自饮，结果全身乌黑，立即死亡。邓十五以自己的死亡，换取了村民的生存。为纪念他，便建造昭德祠，每年三祭：十月十五，十一月初二，正月初一。当然，在欧阳友徽看来，碑文上的故事"不可信"，"邓十五如果真的救了夏湟村人，祠中的主神应该是邓十五，而不是与此事无关的昭德；丰八郎也与此事无关，没有入祠享受奉祀的资格。救人的故事荒诞不经，编得很勉强。"②欧阳友徽从昭德与焦德生日时间、脸谱形态、爵位名称、名号称谓四个方面，论述夏湟村的昭德，其实就是祁剧的祖师爷焦德。如此可见，祁剧在粤北的流传和戏神焦德的流播。

---

① 欧阳友徽：《中国祁剧》，香港，天马出版有限公司2004年版，第23页。
② 欧阳友徽：《中国祁剧》，香港，天马出版有限公司2004年版，第408页。

本章小结

本章我们选取了潮剧"关戏童"以及秦腔、祁剧的戏神予以考察，并探考"清源妙道真君"二郎神在赣东的遗存情况。

首先论述了潮州"关戏童"与潮剧戏神田元帅的信仰因缘。"关戏童"是潮州的巫术仪式，它通过戏神田元帅降神附体于戏童进行歌舞及戏剧表演，具有一定的娱人功能。萧遥天《潮州戏剧音乐志》认为"关戏童"是潮剧的鼻祖，吴真《潮剧童伶制探源》主张"关戏童"是潮剧童伶制的源头；事实上，从"关戏童"的戏神田元帅和所表演"戏"的来源看，从关戏童班到潮音戏的演进之路难通。但"关戏童"作为一种具有巫术色彩的仪式演剧，考察其与潮剧的关系，不失为反思巫术仪式向戏剧演化路径学理性论证的绝佳案例。

清代初期，戏曲行业祖师神"二郎神"信仰逐步消歇，却在赣东的宜黄、南丰等地的傩神庙、游傩神、祭祀傩神中有遗存形态。"清源真君"信仰仅遗存于赣东，不是灌口二郎神流传此地的遗留物，而是明代江西临川籍戏剧家汤显祖1602年前后所撰《宜黄县戏神清源师庙记》的直接产物。傩神与戏神关系密切，相互影响，主要体现在：其一，傩神要远早于戏曲行业神；其二，戏曲行业神，源自傩神；其三，傩神驱疠逐疫的功能还遗留在不少地方戏中，戏神行使破台、净台、扫台、镇台、送台等责司。通过考察傩神与戏神的关系，既可以了解戏神周边行业神信仰的情况，更重要的是透过这层关系可以进一步思考戏剧发生学的相关问题。

在纷杂的地方剧种的戏神中，还选择了祁剧的焦德和秦腔的庄王作为个案，来考察地方剧种戏神生成的基本模式。根据祁剧的田野材料，焦德是宋代的伶官，因能仗义执言，英勇殉国而被祁剧艺人奉为行业神。艺高德馨，使之成为祁剧艺人所追求的从业标杆。而秦腔的庄王能被奉为戏神，与他宠信伶官、喜爱戏剧技艺有关，但是在秦腔艺术流变过程中，戏神庄王的确立，既受到戏神胡亥的影响，也打上了老郎神的印记。

此章尽管只择选了我国南北四个剧种的戏神衍化历史作为个案，但它们各具特色的信仰实例，却能让我们明晰地管窥到地方戏神和全国性戏神之间的关联性，透过戏神谱系的演进看到剧种艺术从祭祀仪式（包括傩仪、巫艺）到成熟戏剧衍化的路径。

第六章　戏神与周边行业神信仰

中国戏曲是一门综合艺术，曲本位的特征，使之与音乐有着不解之缘，所以在考察戏神信仰史的过程中，发现戏神与音神有着千丝万缕的联系。又之，中国古代的伶人，有时且娼且伶，故而戏神又与娼神有着难以撇清的因缘关系。本章从历时的角度，全面考察戏神与音神、娼神之间的内在联系，继而勾画出戏曲与早期戏剧形态之间的联系，引发中国戏剧发生学的思考。

第一节　中国乐神与戏神信仰之关系考

中国乐神信仰自先秦时期就已经存在，经历了传说流衍、宗教介入和俗信普化的不同阶段。宋代以后，在乐神信仰文化逐步世俗化、仪式化过程中，它又和刚刚兴起的戏曲行业神崇拜纠缠在一起，难分彼此。乐神向戏神的转化，以及音乐、戏曲两类行业神崇祭的相互渗透，折射出戏曲和音乐在艺术上的近缘关系。本节在乐神信仰历史梳理的基础上，考索乐神与戏神信仰的关系，为探寻音乐起源、戏剧发生等问题，揭示音乐和戏曲行业祖师神信仰文化的背后意涵，提供新的思考角度。

一、中国乐神信仰的流变

溯本求源是祖师神信仰的重要动机，乐神信仰折射的是古代乐人追溯音乐始祖的集体意识。祖师的追怀，从本质上而言，是对音乐源头的追寻，它体现了古代乐人对音乐伎艺的承继关系和对伎艺本身的敬畏心理。综观中国古代乐神信仰的历史，大体上可以划分为上古传说流衍、宗教信仰介入和民间俗信普化三个阶段。这三个阶段客观反映出乐神信仰从模糊到清晰，从虔诚敬畏到世俗实用的历史嬗变与流衍过程。

1. 传说流衍阶段

上古乐神、乐祖传说关涉的人物有黄帝、伶伦、夔、神瞽等多人，这些人都是因其有特殊的音乐技能而进入乐神的行列。其中，最值得提及的是伶伦和神瞽。伶伦被尊为乐祖、乐神，与他制作乐器、编定乐律有关。《吕氏春秋·仲夏纪·古乐篇》描述了伶伦应黄帝之命修竹为管，作吹律与制律的经过：

> 昔黄帝令伶伦作为律。伶伦自大夏之西，乃之阮隃之阴，取竹于嶰溪之谷，以生空窍厚钧者，断两节间，其长三寸九分，而吹之以为黄钟之宫，吹曰舍少。次制十二筒，以之阮隃之下，听凤皇之鸣，以别十二律。其雄鸣为六，雌鸣亦六，以比黄钟之宫，适合；黄钟之宫皆可以生之。故曰：黄钟之宫，律吕之本。黄帝又命伶伦与荣将铸十二钟，以和五音，以施英韶。①

汉代典籍《说苑·修文》、《汉书·古今人物表》、《汉书·律历志》对伶伦制"十二律"的记载，基本沿袭上引《吕氏春秋》的文字。因伶伦制乐，故后世皆以伶伦为乐人或戏曲艺人的代称，如唐沈既济《任氏传》谓："某，秦人也，生长秦城，家本伶伦。"《旧唐书·德宗纪论》："解鹰犬而放伶伦，止榷酤而绝贡奉。"②

---

① （战国）吕不韦：《吕氏春秋》"仲夏纪·古乐篇"，高诱注，上海古籍出版社1989年版，第43页。
② 《旧唐书》卷一三，中华书局1975年版，第401页。

元无名氏《蓝采和》第二折："此处有个伶伦，姓许名坚，乐名蓝采和。"以伶伦代称乐人或戏伶，表明其在民间已被广泛尊为乐祖。

神瞽以乐祖承祭，从文献看不迟于周朝。《国语·周语下》称："古之神瞽，考中声而量之以制，度律均钟，百官轨仪。"韦注云："神瞽，古乐正，知天道者也，死以为乐祖，祭于瞽宗，谓之神瞽。"① 《周礼·春官·大司乐》云："凡有道者有德者，使教焉，死则以为乐祖，祭于瞽宗。"② 瞽在周代为目疾掌乐者，实兼有巫职，因此"瞽宗"应是这个群体的总称。他们死后，视为神祭之。故而，后世以神瞽为乐祖。此外，《国语·周语上》指出瞽有"献曲"、"矇诵"、"教诲"等职责，神瞽箴诵谏诲的功能，正与古优讽谏传统相合，进而强化了神瞽乐神的传说。这种文化认识在后世得到延承，《旧唐书·李实传》记载优人成辅端因戏作语，被时人评曰："瞽诵箴谏，取其诙谐以托讽谏，优伶旧事也。"③ 宋洪迈《夷坚志》乙集谓："俳优侏儒，周伎之最下且贱者，然亦因能戏语，而夷讽时政，有合于古矇诵工谏之义，世目为杂剧是也。"④

伶伦和神瞽被尊为乐祖，皆因"善为乐"的上古传说，及至后世，辗转相承，相互渗透，人们就将伶伦和神瞽混为一谈："昔轩辕氏命伶伦截竹为律，后令神瞽协其中声，然后声应凤鸣，而管之参差亦如凤翅，其乐传之亘古，不刊之法也。"⑤ 这一现象说明，伶伦、神瞽等上古的"善乐者"，已经衍化为"音乐始祖"文化符号，模糊地存在于乐工伶人的集体记忆中。

2. 宗教介入阶段

在有关乐祖的神话、仙话、民间传说相互融合发展的同时，佛教的介入，赋予了音乐神信仰浓郁的宗教色彩。佛教中有"香乐神"，即飞天，为乾闼婆和紧那罗的复合体。乾闼婆是梵文歌神的音译，而紧那罗则是乐神的音译；他们是原始印度神话和婆罗门教的歌舞神，本是一对夫妻，一人善歌，一人善舞，后被佛教吸收成

---

① 《国语》卷三，上海古籍出版社1988年版，第132页。
② （清）孙诒让：《周礼正义》卷四十二，中华书局1987年版，第1711页。
③ 《旧唐书》卷一百三十五，中华书局1975年版，第3731页。
④ （宋）洪迈：《夷坚志》卷四，上海古籍出版社1991年版，第347页。
⑤ 《宋史》卷一百二十六，中华书局1985年版，第2948页。

为艺术神,因周身散发香气,故称为"香乐神"、"香间神"。据佛教经卷说乾闼婆能知天意,飞往上天诸神处奏乐;而紧那罗擅长歌舞,能发出微妙的乐声。在4世纪建凿的莫高窟,就出现了模仿印度"香乐神"的飞天形象。至唐代,香乐神逐步具有中原特色,如颇具莫高窟特色的第282窟就有十二身香乐神,它们逆风飞翔,分别演奏唐朝乐舞常用的腰鼓、拍板、方响、鸡娄鼓、小钹、排箫、竽、长笛、芦笙、琵琶、阮弦、筚篥等乐器。而在敦煌壁画中,几乎窟窟都有香乐神。尽管至唐代,佛教乐神已经在宗教题材的壁画中频频出现,但从文献来看,乐神信奉和形象传塑在民间并不广泛,仅仅局限于宗教艺术。然唐段成式《酉阳杂俎·天咫》里有一条关于乐神的材料值得关注:

> 永贞年,东市百姓王布,有女,年十四五,鼻两孔各垂息肉,触之痛入心髓,治之不瘥。一日有梵僧取药吹其鼻中,摘之而去。复有一少年骑白马扣门,布述其事。其人叹息说:"上帝失乐神二人,近知藏于君女鼻中。我天人也,奉帝命来取,不意此僧先取之,当获谴矣。"①

这则材料中,梵僧取上帝之乐神,正说明佛教对中土乐神信仰的影响和介入。

3. 俗信普化阶段

祖师神信仰,除表达行业群体溯本求源的集体诉求之外,更重要的功能是实用。香乐神因不是中国本土的乐神,且不具有实用之功能,故佛教中"香乐神"在民间乐人中流传不广。明清时期,乐神信仰进入民间俗信普化阶段,并与戏神祭祀走向融合,呈现出前所未有的新貌。

从历史"善歌者"中寻找合适的乐神,是明清时期造神致用的重要手段。建于清嘉庆年间的北京东岳庙喜神殿摆设十二音神的牌位,分别为罗公远、黄幡绰、绵驹、王豹、石存符、孙登、叶法善、韩娥、阮籍、秦清、薛潭、沈古之。这些音神均是古代善歌者②,然在众多"善歌者"中他们被遴选为音神,则与他们的高妙精

---

① (唐)段成式:《酉阳杂俎》前集卷一"天咫",方南生点校,中华书局1981年版,第10页。
② 赵景深:《读曲小记·十二音神考》,中华书局1959年版,第191页。

深的音乐修为以及文化背景有关,此点后文有论。

但更多时候,乐人则从实用出发,生造出一些与歌、乐、舞有关的神祇,如清音童子、咽喉神等。梨园艺人崇奉清音童子,是因为演戏的艺人需要有一副好嗓子,所以祭祀这位亮嗓之神。同样的情况是山西乐户敬祀咽喉神(见图27),这个特殊群体首先是出于"执业中对咽喉的需要和重视"[①],继而是期望能出音爽利。例如山西高平咽喉祠现存同治四年(1865)廪善生员阎汝翼所撰残碑云:"署西南古有咽喉司尊神庙宇,为上天之喉舌。"[②] 又如泽州县五聚堂咽喉祠建于道光三十年(1850),内有《五聚堂纪德碑序》,咸丰元年(1851)刊立,碑云:"中奉开元皇帝,梨园所自始也;左祀三官,祈赐福也;右配财神,祝多福也。曲辨铿锵,人苦跋涉,是以大王、咽喉、山神附焉。"[③]"曲辨铿锵"道出了山西乐户祭奉咽喉神的真实意图。实用性的祀神目的充分说明乐神的信仰,已经由原来的祖师崇拜逐步

图27 山西乐户敬祀的咽喉神。采自《中国戏曲志·山西卷》

---

① 乔健、刘贯文、李天生:《乐户:田野调查与历史追踪》,江西人民出版社2002年版,第185页。
② 曹飞:《山西上党乐户行业神略考》附碑一,《戏曲研究》第60辑,中国戏剧出版社2002年版,第115页。
③ 冯俊杰等:《山西戏曲碑刻辑考》,中华书局2002年版,第469页。

迈入行业神保护的功利性阶段。

二、古之善歌者向乐神、戏神的转化

崇拜和祭祀，是将古之善歌者推向神坛，成为歌神、乐神甚或戏神的重要手段。这种造神运动，既出于乐人对前辈高超技艺的崇拜心理，也有浓重的崇古厚古思想动因。从历史文献对善歌者的记录来看，绝少祭祀同时代人的情况。例如南宋王灼的《碧鸡漫志》记载："古人善歌得名，不择男女。战国时，男有秦青、薛谈、王豹、绵驹、瓠梁，女有韩娥。"① 元朝芝庵《唱论》谓："窃闻古之善唱者三人：韩秦娥、沈古之、石存符。"② 明初朱权《太和正音谱》："古之善歌者：秦青、薛谭、韩秦娥、沈古之、石存符，此五人，歌声一遏，行云不流，木叶皆坠，得其五音之正，故能感动化气故也。"③ 又如，清中叶北京东岳庙喜神殿的乐神壁画，除选录春秋时期乐人外，最晚的也是唐玄宗时乐工。可见，这些宋元明文献所记古之善歌者，都是上古或前代音乐造诣极高者，他们长期得到民间歌者的崇拜和口碑传承，故而受到音乐研习者的关注。

清代北京喜神殿乐神与古代善歌者对比

善歌者	大致时代	《碧鸡漫志》（南宋）	《唱论》（元代）	《太和正音谱》（明初）	北京东岳庙喜神殿乐神（清代）
瓠梁	春秋人	√			
虞公	春秋人	√			
绵驹	春秋人	√			√
王豹	春秋人	√			√

---

① （宋）王灼：《碧鸡漫志》卷一，《羯鼓录》（外二种），古典文学出版社1957年版，第57页。
② （元）燕南芝庵：《唱论》，《中国古典戏曲论著集成》（一），中国戏剧出版社1959年版，第159页。
③ （明）朱权：《太和正音谱》，《中国古典戏曲论著集成》（三），中国戏剧出版社1959年版，第49页。

续上表

善歌者	大致时代	《碧鸡漫志》（南宋）	《唱论》（元代）	《太和正音谱》（明初）	北京东岳庙喜神殿乐神（清代）
石存符	春秋人		√	√	√
韩（秦）娥	春秋人	√	√	√	√
秦青	春秋人	√		√	√
薛谭	春秋人	√		√	√
沈古之	春秋人		√		√
李延年	汉代人	√			
孙登	三国晋初人				√
阮籍	三国晋初人				√
罗公远	唐玄宗乐工	√			√
黄幡绰	唐玄宗乐工				√
叶法善	唐玄宗乐工				√

上表中这些善歌者见载于文献，皆是于史有征的历史人物。但从信仰的角度而言，古之善歌者还不等于歌神、乐神或戏神，因为从历史人物进入民间某一行业或群体组织的信仰体系，还有一个中间环节是祭祀。祭祀形式可繁可简，但不可或缺。尽管历史文献较少有乐工把古之善歌者当作神来祭祀的记载，然从北京两处文化遗迹中我们能找到相关的讯息。一处为北京东岳庙喜神殿，在喜神圣像两侧供奉着十二音神的牌位，分别是：①先师鬼音沈古之真君；②先师虎啸秦清真君；③云音韩娥元真君；④先师罗祖公远真君；⑤琴音绵驹真君；⑥猿音石存符真君；⑦雷音孙登真君；⑧龙吟王豹真君；⑨黄幡焯真君；⑩叶法善真君；⑪凤鸣阮籍真君；⑫鸟音薛谭真君。另一处是北京崇文门外精忠庙，建于明末，是祭祀南宋抗金名将岳飞的庙宇。康熙十一年（1672）二月，梨园公会在此成立"梨园会馆"，从此精忠庙成为梨园弟子祭祀祖师的主要场所。庙中喜神殿为梨园业祖师神庙，据赵景深

《读曲小记》介绍，墙壁上有全影二副，一为唐明皇游月宫图，一为十二音神图。①比对十二音神图与东岳庙所祀乐神牌位，二者完全相同，这意味着，清代北京戏伶在崇祭喜神的同时，将十二音神当作祖师神的配享之神祭祀。

十二位乐神，数量众多，诚如齐如山《戏班》所云："戏界对于发音之分析颇多，故特供乐神牌位。但只有规模稍大之祖师殿供奉，平常无之，以其占地位太多也。所供之次序则于祖师之前，两旁排列。"② 排列十二位乐神牌位，的确很是麻烦，那么为什么梨园行会凑足十二之数来配享喜神呢？曹广涛提出了三种假设，一是受道教十二神之启发，取十二月之义；二是取数字十二圆满吉祥义；最有可能是应黄帝制"十二律吕"。③ 笔者赞同第三种假设，如前文《吕氏春秋》所引，黄帝命伶伦制乐，伶伦从大自然中获得灵感，制十二律，由此伶伦获祭乐神。

其实，中国古代各个时期善歌者，不乏其人。以唐代为例，《碧鸡漫志》记载优秀的男歌手就有陈不谦、陈意奴、高玲珑、长孙元忠、侯贵昌、韦青、李龟年、米嘉荣、李衮、何戡、田顺郎、何满、郝三宝、黎可及、柳恭等数位；女者则有穆氏、方等、念奴、张红红、张好好、金谷里叶、永新娘、御史娘、柳青娘、谢阿蛮、胡二姊、宠姐、盛小丛、樊素、唐有熊、李山奴、任智、方四女、洞云。《乐府杂录》也记载有唐一代知名歌者有韦青、许和子、李延年、李贞信、米嘉荣、何戡、陈意奴、陈幼寄、南不嫌、罗宠、陈彦晖等数人。为什么众多善歌者群体中，只有寥寥几位会被奉为乐神或戏神享受崇祭呢？除了歌唱技艺出类拔萃之外，也不排除相关文化因素的介入。例如，北京精忠庙和东岳庙喜神殿祭奉的十二音神，有九位是古之善歌者，因发音独特而被戏伶崇奉乐神，合理合情。鬼音沈古，虎啸秦清，云音韩娥，琴音绵驹，猿音石存符，雷音孙登，龙吟王豹，凤鸣阮籍，鸟音薛谭，与戏曲讲究发声，各行当与拟作自然之音一一对应，如老生的嗓音应具备"小龙虎音"、"云音"、"鹤音"、"猿音"，净角具备"大龙虎音"、"雷音"，小生、正旦则应具备"凤音"、"云音"、"鬼音"。还以笛象征龙吟，笙象征凤啸，琴象征和

---

① 赵景深：《读曲小记》，中华书局1959年版，第191页。
② 齐如山：《戏班》"信仰·乐神"，《齐如山全集》第一册，台北，联经出版事业公司1979年版，第200页。
③ 曹广涛：《戏曲十二音神推考》，《韶关学院学报》2007年第10期。

风,鼓象征雷震。各音皆有神主之。①周贻白先生在《戏曲演唱论著辑释》中进一步地指出"虎音"、"鹤音"的特征:"虎音指其沉雄;鹤音指其嘹唳;云音指其高亮;猿音、鬼音则譬之为凄切、幽咽。"②余下三人黄幡绰、叶法善和罗公远,皆与唐明皇有密切的关系。黄幡绰为唐代名伶,善演参军戏,深得明皇宠爱;明皇一日不见斯,则愁眉不展。平日侍从皇帝,也常常假戏谑,警惕其主,解纷救祸,人称"滑稽之雄"。故而昆剧艺人在尊老郎神为戏祖的同时,也以黄幡绰为戏神。叶法善和罗公远,同样与唐玄宗关系密切,他们被奉为乐神,大概是因民间有乐工带明皇神游月宫的传说。云南宣威县原楚圣宫《共培明礼碑》(立于乾隆五十五年,1790年),云:"从来乐以恰神和人,迨及唐代,因游月殿,得观霓裳羽衣,遂演梨园,溯建戏楼,无非恰和之雅意也。"③再如,立于康熙四十六年(1707)的云南宜良县草甸土官村《土主庙戏台碑记》云:"戏何自乎?自于唐玄宗也。时值中秋,玄宗与法师叶游于广寒清虚之府,左霓裳,右舞曲,炫目悦耳之甚,遂识以还,尤而效之,戏之自也,久矣。"④法师叶,应即是叶法善。这些碑记印证民间确实有明皇游月宫得乐的说法。唐明皇被梨园广泛奉为戏祖(老郎神),其身边的乐工雷海青、黄幡绰连带被尊化为乐神、戏神。

从以上论述来看,古之善歌者、善乐者被奉为乐神、戏神,都与乐工、伶人对音乐、戏曲特征的体认和对自身艺术历史的追溯有关。宋元时期以"曲"为中心的戏曲形成后,"乐"在戏曲表演中占据核心的地位,对声腔演唱提出了更高的要求,乐神在伶人群体中更受崇奉,转为戏神祭祀则顺理成章。

三、道教"天倡"星宿向乐神、戏神的转化

道教是中国本土宗教,有着完整的神祇体系,其中不少神祇是星宿神化的产物。音乐和戏曲行业要树立自己的祖师信仰,道教中与音乐有关的星宿神就成为理

---

① 《中国戏曲志·北京卷》,中国ISBN中心1999年版,第1038页。
② 周贻白:《戏曲演唱论著辑释》,中国戏剧出版社1962年版,第3页。
③ 顾峰:《云南戏曲碑刻文告考述》,《中华戏曲》第19辑,山西古籍出版社1996年版,第20页。
④ 顾峰:《云南戏曲碑刻文告考述》,《中华戏曲》第19辑,山西古籍出版社1996年版,第20页。

想的择选对象。翼宿星君从道教神祇逐步转化为乐神、戏神即是典型的例案。

翼宿星君是道教二十八星宿之一，属南方朱雀七宿神君之一，主晴朗。此外，人们还赋予翼宿以战神的光环，《开元占经》云："翼星徙，天子举兵征伐。"① 北宋真宗时张君房编辑《云笈七签》卷二四指出："离，坤之中女也，翼星神主之。中女神十人，姓张名奴子，衣赭黑单衣，带剑，翼星神主之。"② 这里描绘的女神也是带剑的战斗神形象。翼宿主晴朗、主战事之外，更重要的一个身份是主乐的"天倡"。战国石申《石氏星经》谓："翼，天乐府也"，"翼主天倡，以戏娱故，近太微并尊嬉。"③ 后人基本承袭这个说法，如汉纬书《春秋元命苞》曰："翼宿，主南宫之羽仪文物，声名之所丰茂，为乐库，为天倡先王，以宾于四门，而列天庭之卫，主俳倡，近太微而为尊。"④ 翼宿是天之乐府星，它以礼乐服四夷。《史记正义》亦云："翼二十二星为天乐府。"⑤ 随之，《晋书》、《隋书》、《宋史》三家的《天文志》沿袭了这个说法。可见，翼宿主战、主乐其实是一个事物的正反两面，相辅相成：若能以礼乐服四夷则成就乐神，反之则要举兵以伐，摇身一变为战神。在人间，施仁政，行仁义，以礼乐服四夷是君主行"王道"之策，故翼宿更多以乐神的面目出现，在汉代道教经典《春秋元命苞》中已经赋予翼宿为"主俳倡"之"天乐府"的职司。⑥

值得注意的是，由于翼宿有以"礼乐兴、四夷服"的重要功能，到了宋代已经由主"天之乐府"向"下管人间乐府"转换了。北宋道士李思聪所编《洞渊集》卷八谓："翼宿天都星君，上应显定极风天，照临楚国分野，掌海外棱伽国、婆踵国、没罗国并九小国。下管人间乐府，调五音六律、水府鱼龙、飞走群毛万类之

---

① （唐）瞿昙悉达：《开元占经》卷六十三，常秉义点校，中央编译出版社2006年版，第438页。
② （宋）张君房：《云笈七签》卷二四，李永晟校，中华书局2003年版，第552页。
③ （唐）瞿昙悉达：《开元占经》卷六十三，常秉义点校，中央编译出版社2006年版，第437页、第438页。
④ （明）孙毂编：《古微书》，《丛书集成初编》第1690册，中华书局1985年版，第143—144页。
⑤ 《史记》卷二十七，中华书局1959年版，第1303页。
⑥ 翼宿之所以能成为"天乐府"，黎国韬教授认为其源头实始于商代的翌祭，可备一说。参黎国韬《古代乐官与古代戏剧》，广东高等教育出版社2004年版，第206页。

司。"① 这样就为它演变为音乐神、戏神提供了理论依据。民俗学家乌丙安先生认为，星宿的崇拜是出于"人类把星辰和自身关系密切联系之后形成的星辰具有神秘力量的星神观念"②。古人惯以人事比附天象，如《史记·天官书》卷二十七《索隐》云："天文有五官。官者，星官也。星座有尊卑，若人之官曹列位，故曰天官。"《正义》引张衡云："众星列布，体生于地，精成于天。列居错峙，各有所属。在野象物，在朝象官，在人象事。"③ 古人以人事比拟星宿的思想，体现了"天人相通"的普遍心理。"主天倡"的翼星"以戏娱故，近太微并尊嬉"，"太微"即如人间之"天子庭"，基于这样的心理，天上的翼宿星君就是先秦两汉时宫廷中"优"的比附。而在古代，"优"正是戏剧的表演者，故从这个意义上讲，"主天倡"和"天之乐府"的翼宿被视为人间的乐祖、戏神就顺理成章。

那么，什么时候在梨园行出现翼宿星君信仰的呢？从目前掌握的材料来看，翼宿星君与戏神相联系，当是清代的事情。进而言之，翼宿信仰是随着老郎神信仰的确立，而在戏行得到认同与祭奉的。据笔者的考证，老郎神是在明末清初为伶人所奉。④ 老郎神信仰的确立，直接刺激了戏曲艺人有意识来模仿其他行业，以某个天魁星宿作为自己行业崇拜的神；而翼宿主乐的属性，自然使之为戏行首选。事实上，几乎在老郎神信仰确立的同时或稍后，翼宿星君为戏行崇拜开始确立。清康熙《吴县志》卷三十三"吴县坛庙祠宇"记载吴县的"翼宿星君庙在镇抚司前，俗称老郎庙，梨园弟子祀之，相传神为唐明皇。向在郡庙傍，清乾隆初移建今所"⑤。这充分说明随着老郎神信仰在清初盛行的同时，翼宿星君信仰已经开始与老郎神信仰走向融合。

而将二者融合推向深入的是乾隆四十八年（1783）的一件大事。是年时任苏州织造的全德，奉了乾隆皇帝"厘正乐曲之命"，总览当时一方的戏曲审查工作，他将当时梨园崇奉戏祖老郎神改为"翼宿之神"。全德为什么要这样做呢？答案在全

---

① （宋）李思聪编：《洞渊集》，《道藏》第23册，文物出版社、上海书店、天津古籍出版社1988年影印，第852页。
② 乌丙安：《中国民间信仰》，上海人民出版社1995年版，第25页。
③ 《史记》卷二十七，中华书局1959年版，第1289页。
④ 陈志勇：《老郎神信仰的民间考察》，《江西社会科学》2007年第4期。
⑤ （清）张萨修，孙珮纂：《（康熙）吴县志》，清康熙三十年（1691）刻本。

德当时撰写的《翼宿神祀碑记》一段碑文中：

> 旧有庙以祀司乐之神，相沿曰老郎神。其名不知何所出，其塑象服饰亦不典。近适有重修之役，予为易其祀曰：翼宿之神，星之精，各有所司，而翼天之乐府也。诸杂祀皆于其始作之人，以云报也。自吹竹定律以来，制乐者、好乐者，即一讴一歌，善于其业者，皆不乏人，然而托之圣贤则已贬，炫之名位则已诬，必指其人以实之，则已凿。钧天有乐，翼实尺之。通之于精灵，推之于本始。①

从《碑记》来看，全德易祀是有他的考虑的。其一，时下梨园所祀老郎神"其名不知何所出，其塑象服饰亦不典"，不符合正统的观念。其二，翼宿是"天之乐府"的"神星之精"，是人间礼乐之"本始"，名正言顺。其三，也是最关键的，是伶人崇奉唐明皇为老郎神，全德对这种"托之圣贤"、"炫之名位"、"指其人以实"的做法并不认同，所以借重修老郎庙之机，改祀翼宿星君为戏神。这是典型的权力干预。由于全德操纵戏曲的权限很大，也因为伶人对老郎神信仰的源头并没有深切、明晰的认识，所以全德对于戏祖神主的改动也获得了梨园行的接受。

这样一来，伶人在祀奉戏神老郎的同时也广泛崇奉翼宿星君，如乾隆刊本《万全玉匣纪·一百二十行祖师》，已经接受全德的说法，称"唐明皇梨园祖师，南方翼宿星君"②。嘉庆九年（1804）江苏学政潘世恩所勒《吴郡老郎神庙之记》云："盖霓裳羽衣本为天乐，天乐总司，即南宫朱鸟二十八宿之翼宫第二十二星，老郎神殆权舆于此欤。"③ 这些碑文显示，九天翼宿星君下凡尘，转世为戏祖唐明皇。但翼宿与老郎神之间的转化关系，对于一般伶人而言，则是一头雾水，乾隆时期艺人黄幡绰的《梨园原》说："今人供翼宿星君为老郎，其义未详。"④ 道光时举人杨

---

① 江苏省博物馆编：《江苏省明清以来碑刻资料选集》，生活·读书·新知三联书店1959年版，第281页。
② 任半塘：《唐戏弄》下册，上海古籍出版社1984年版，第1142页。
③ 江苏省博物馆编：《江苏省明清以来碑刻资料选集》，生活·读书·新知三联书店1959年版，第298页。
④ （清）黄幡绰：《梨园原》，《中国古典戏曲论著集成》（九），中国戏剧出版社1959年版，第9页。

懋建《梦华琐簿》也云:"余尝见伶人家堂,有书'祖师九天翼宿星君神位'者,问之不能言其故。"①

尽管伶人难以理清翼宿星君与老郎神之间的关系,但是在一些不经意的传说或不被人重视的一些文献材料中,却隐含着民间对二者微妙关系的思考和体认,如道光间顾铁卿《清嘉录》卷七引刘澄斋诗:"老郎之神是何许?乃云六叶天子唐明皇。"② 何昌林先生认为"六叶天子",正是南宫朱鸟七宿(井鬼柳星张翼轸)之第六宿(翼)的临凡转世。③ 何先生所言甚是。唐玄宗李隆基既不是大唐第六任皇帝,也不是睿宗李旦第六子(实为第四子),"六叶天子"一语道破李隆基被奉为戏祖老郎神与南宫六宿星翼宿之间的内在联系,同时也反映出梨园祖师神祭祀过程中老郎神与翼宿信仰的重叠。随着时间的流逝,人们也渐渐接受了翼宿星君为戏神的观念。与此同时,在人们将老郎神神格化的过程中,翼宿星君逐渐与老郎神信仰融合在一起。这个结果,肯定为全德当初所不料。

道教翼宿星君因其"天倡"所具有的"主乐府"职能,而为民间伶人所比附,获得戏曲行业祖师的"神格"。清代戏神信仰文化的繁盛,很大程度推进了翼宿星君的崇奉和祭祀,并由此与戏曲行业诸神混杂在一起,共同获得崇祀。

四、戏伶信仰乐神的文化因缘

我们看到,在中国古代,乐神被后起的戏曲行业崇奉为戏神,除了戏曲重"唱"和"奏"的原因之外,也与古之歌者未成为完全独立的行业有关。所以,在民间,乐工对始祖的祭祀总是依附于相邻的戏曲等行业,乐神与戏神的信仰、祭祀自然会发生融汇、重叠。宋元之后,戏曲行业内部的乐神信仰,不仅很好地继承了中国古代音乐始祖神的善歌、制乐的传统,而且在民间的维度上推进了乐神的信仰。乐神与戏神的紧密关系,至少体现在以下几个层面:

---

① (清)杨懋建:《梦华琐簿》,《清代燕都梨园史料·正编》,中国戏剧出版社1988年版,第374页。
② (清)顾铁卿:《清嘉录》卷七,《续修四库全书》第1262册,第778页。
③ 何昌林:《乐王、戏祖、拳宗、医圣——翼宿星君与中国艺术神系》,《中华戏曲》第15辑,山西古籍出版社1993年版,第33页。

第一，各类戏神文化都包含有乐神信仰的质素。全国各地只要信奉老郎神的戏班，他们都会在老郎神主神的左边摆上清音童子，右边摆上鼓板郎君的神位，即便因陋就简用红纸书写神祃也是如此。乐神清音童子、鼓板郎君配享老郎神，恰恰说明戏曲艺人对音乐的重视。更有梨园会馆，直接将乐神作为戏界主神祭奉，《顺天时报》所载《九皇会参观记》一文指出，北京"梨园事务所"则奉有以下四位乐神：翼宿星君、兴乐祖师黄帝、造乐祖师伶伦、正乐祖师孔子。①

又如，作为全国流传的戏神老郎神，其源头的诸种解释中也隐含着乐神文化元素。清姚福均《铸鼎馀闻》卷四云："国朝钱思元《吴门补乘》云：（老郎）庙在镇抚司前，梨园子弟祀之。……又曰《山海经》云：騩山耆童居之，其音常如钟磬音。郭璞注：耆童，老童也，颛顼之子。老郎疑即老童，为音声之祖，郎与童俱年少称也。"②将老郎神追溯至远古的騩山耆童，原因正在于他"音常如钟磬音"。姚福均对"音声之祖"的体认，其实也道出了戏曲艺人在戏神信仰中对乐神的推崇。这一现象的背后说明艺人对戏曲"曲本位"特征的朴素认识和忠实坚守。戏曲导源声歌乐曲，艺人诉诸唱曲，观众接受于听觉，故而在戏曲行业中将乐神等同于戏神，或在戏神祭祀各个环节中将乐神摆在重要的位置配享，都客观反映出戏曲艺人对戏曲本质特征的体认。

第二，考察戏神信仰体系发现，唐明皇始造梨园传艺天下的历史文化信息成了戏神信仰的重要源泉。它不仅使唐明皇成为了影响力最为广泛的全国性戏神，而且这一系统的历史信息慢慢渗透到其他戏神信仰体系。这体现在乐神信仰上，即是唐明皇手下的不少乐师因"乐"而成了戏神。前文提及的北京精忠庙和东岳庙喜神殿祭奉的十二音神中就有黄幡绰、叶法善、罗公远三人。此外，还有被南戏艺人崇奉的雷海青、李龟年等辈。清人杨静亭《都门纪略·词场门序》云："明皇癖好歌声，遂辟梨园之地为教坊，命李龟年、雷海青、贺怀智、马仙期、黄幡绰诸辈掌之，按丝竹之宫商，演以词曲，是为昆腔。"③这段追寻昆腔历史源头的论述未必对，但其透露出对昆腔"祖师爷"——几位唐明皇乐师的崇敬之情，明显带有乐

---

① 《顺天时报》1921年10月2日第7版。
② （清）姚福均：《铸鼎馀闻》卷四，清光绪二十五年（1899）常熟刘氏达经堂刻本。
③ （清）杨静亭：《都门纪略》卷上，道光二十五年（1845）初刻大字本。

神、戏神追崇的意味。

第三，梨园行普遍信奉各类戏神为乐府天倡翼宿星君下凡所衍生的传说，在戏神信仰体系中普遍存在"翼生诸神"的命题。"翼生诸神"成为民间戏神信仰的重要特征，翼宿星君也成为梨园诸神系信仰的理论源头。

（1）"翼"生老郎神

上文已经深入探讨了老郎神与翼宿星君信仰的重叠，梳理翼宿星君衍生老郎神信仰的民间根据。虽然我们尚不能在时间上证实戏曲行业祭祀翼宿星君要早于老郎神，但是戏曲艺人普遍认为翼宿星君就是老郎神的源头。这种集体认识的稳固性，是通过追溯翼宿星君为祖师神的祭祀达成的。民俗学家认为，民间信仰多半以遗物形式获得承载和表达。翼宿星君的民间信仰形态，多以庙舍、神牌、碑刻（庙记）、画像、神轴、传说等遗物和口头形式传承。清乾隆年间吴长元《宸垣识略》卷十八载：北京"景山内垣西北隅，有连房百余间，为苏州梨园供奉所居，俗称苏州巷。总门内有庙三槛，祀翼宿，前有亭，为度曲之所"①。《中国戏曲志·河北卷》也介绍河北的戏班供奉"老郎神"（亦称祖师爷）。老郎神牌位设在后台，牌上写"翼武宿星君之神位"。②此外，从同治十二年（1873）苏州伶界醵资重铸《翼宿星君铁鼎炉铭文》可知，崇奉翼宿还有铁鼎炉一类的遗物。碑刻庙记等文字记载，也是探寻翼宿衍生老郎神的有力证据，嘉庆九年（1804）《吴郡老郎神庙之记》明确告诉我们翼宿星君生老郎神的信息："盖霓裳羽衣，本为天乐。天乐总司，即南宫朱鸟二十八宿之翼宫第二十二星，老郎神殆权舆于此欤。"③但这样清晰的认识并不多，因为对于文化水平不太高的伶人而言，大多数伶人很难辨析出翼宿星君与老郎神的联系和区别。

翼宿星君与戏行老郎神信仰的混杂，还透露出伶人欲从更深层次为戏神寻找信仰依据的企图和努力，因此不排除部分伶人有时又会刻意区分老郎神信仰与翼宿星君信仰的文化差异。如京剧老艺人李洪春《京剧长谈·梨园琐谈》说："再一位是翼宿星君，又叫三圣老郎，俗称老郎神。传说演员能在梦中受他指点、传艺，故称

---

① （清）吴长元：《宸垣识略》，北京古籍出版社1983年版，第347页。
② 《中国戏曲志·河北卷》，中国ISBN中心1993年版，第556页。
③ 束有春：《江苏戏曲文物研究》，大众文艺出版社2008年版，第323页。

祖师。"① 昆剧老艺人侯玉山《舞台生活八十年》（下）说得更明白："有人说老郎神并不是唐明皇，而是天上的翼宿星君。翼宿星君即小儿星座，也叫老郎座。因为戏班演出多是晚间，夜戏散后再摸黑赶台，离不开老郎星座照明，故而被戏行尊供。"② 再如近代京剧理论家齐如山《戏班》"祖师爷"条说："各剧场前后台，神龛所供之祖师，或各庙中祖师殿所供之祖师，其龛其庙之匾额，皆书曰翼宿星君，向无书他种字样者。……按戏界既名梨园行，当然是崇拜唐明皇，但其所供者则确为翼宿星君。至于唐明皇，则又是一种崇拜耳。"③ 他又在同本著作的"唐明皇"条明确指出唐明皇崇拜"盖与翼宿星君亦有误会混合处矣"④。这些艺人和研究者的话真切地告诉我们：对于梨园行繁杂的戏神体系，他们直觉感受到老郎神与翼宿星君信仰之间的微妙差别，但限于学养，他们又无法弄清二者之间的内在联系。

（2）"翼"生田都元帅

田都元帅是东南沿海诸省流传甚广的戏神。关于"翼"生田都元帅，可从三个层面来看。

其一，可从田都元帅的来历看。田都元帅是南戏系统信仰的戏神，尽管关于田都元帅的来历，说法不一，但有民间传说却真切地道出了田都元帅与翼宿星君之间的内在联系。台湾李叔还《道教大辞典·三田都元帅》条引《三教搜神大全》曰："母苏氏，偶至郊野，感天上翼宿入怀，乃未嫁有孕。"⑤ 照此说，福建等地广泛信奉的戏神田都元帅就是翼宿之子了。《中国戏曲志·福建志》亦有类似的说法，⑥ 也证明闽地民间确有田都元帅之母"感翼宿入怀"产戏神的说法。

其二，从田都元帅的名谓来看。田都元帅一般又衍生田、窦二祖师。明代汤显祖《宜黄县戏神清源师庙记》写清源师供奉的同时，有"田、窦二将军配食"⑦。

---

① 李洪春：《京剧长谈》，中国戏剧出版社1982年版，第396页。
② 侯玉山：《优孟衣冠八十年》，北京政协文史资料研究委员会编：《文史资料选编》第26辑，北京出版社1985年版，第239页。
③ 齐如山：《戏班》，《齐如山全集》第一册，台北，联经出版事业公司1979年版，第197页。
④ 齐如山：《戏班》，《齐如山全集》第一册，台北，联经出版事业公司1979年版，第202页。
⑤ 何昌林：《乐王、戏祖、拳宗、医圣——翼宿星君与中国艺术神系》，《中华戏曲》第15辑，山西古籍出版社1993年版，第45页。
⑥ 《中国戏曲志·福建卷》（下），文化艺术出版社1993年版，第214页。
⑦ （明）汤显祖著，徐朔方笺校：《汤显祖全集》第三册，北京古籍出版社1999年版，第1188页。

田仲一成在《中国祭祀戏剧研究》认为"田都"为"田窦"之误。郑正浩称"田都"当为"田之都"①，何昌林认为，"都"者"大"也，"总"也，"都元帅"为元代正二品官。② 以上三说，实谬。笔者认为，"天都"、"田、窦"实际是"天都"音同字讹。《开元占经》卷六十三"翼宿占"中有条重要的材料往往被研究者忽略："翼为天倡，倍海也，天旗、天都也。"③ 这条材料中"翼为天旗"很好地解释了民间关于田都元帅"雷字旗"的传说，而"翼为天都"的说法则为民间田都元帅有时化为田、窦二师，提供了原始出处。

其三，从翼宿星君之"翼"具象化为"金鸡神"崇拜来看，翼宿星君"翼星"的独特面貌，为民间崇奉金鸡为戏神提供了依据，同时也为田都元帅"头插双鸟羽"的传说找到凭依。民国刊《福建通志·坛庙志》（侯官县）云："田元帅庙在定远桥河墘。……一说田元帅为天上翼宿星君，故其神头插双鸡羽，像翼之两羽，田姓像翼之腹，共字像两手两足。故其神擅技击。羽又为五音之一，故其神通音乐。俗又谓之会乐宗师。"④ 翼宿为鸟星，有殷商卜辞"庚子，艺鸟星，七月"为证，故晁福林先生据此认为："古人认为鸟星出现于南方天空的时候，正是仲春的时节。鸟星后世为南方七宿之一，从第三例的内容（笔者按：指上引"艺鸟星"殷商卜辞）看，殷人也是视鸟星为神的。"⑤ 其实，据冯时的研究，南方七宿以柳、星、张、翼为核心，柳宿喻鸟咮，星宿喻鸟颈，张宿喻鸟嗉，翼宿喻鸟翅，正好为一只鸟形。⑥ 代表鸟之翅膀的翼宿，则最为重要。1983年安徽省怀宁县洪镇学堂村杨兄屋自然村东南约200米处旧戏台旧基，掘得一块康熙九年庚戌（1670）所立"金鸡碑"。"金鸡碑"高110公分，宽75公分，碑身是当地至今仍然普遍使用的一种白色石料，整个石碑全部是正楷阴文刻成，石碑边缘刻有缠枝花纹。上方天头位置的右左两侧分别书有"日"、"月"二字；正中的碑文是"金鸡社令正直之神

---

① 郑正浩：《乐神一考——关于台湾的田都元帅和西秦王爷信仰》，《民俗曲艺》23、24辑合刊，第122页。
② 何昌林：《乐王、戏祖、拳宗、医圣——翼宿星君与中国艺术神系》，《中华戏曲》第15辑，山西古籍出版社1993年版，第37页。
③ （唐）瞿昙悉达：《开元占经》卷六十三，常秉义点校，中央编译出版社2006年版，第437页。
④ 陈衍修纂：《福建通志》第十五册，1938年铅印本，第16页。
⑤ 晁福林：《先秦民俗史》，上海人民出版社2001年版，第272页。
⑥ 冯时：《中国天文考古学》，社会科学文献出版社2001年版，第313页。

位";上款是"庚戌岁季冬月谷旦众生祀奉";下款书:"本社信官、信士、生员:杨忠贵"等25人姓名。据考证,金鸡神,即是流传在闽中、闽东一带的石牌戏(福建北路戏之一种)的戏神"雷圣王"。① 安徽戏班奉金鸡为戏神,正是翼宿信仰的变形和孑遗。

(3)"翼"生喜神

在北京梨园界,崇奉喜神为戏神。喜神,多为小儿形象,如北京精忠庙喜神殿祖师像即为喜神,这具尊神身着红袍,金冠、白面、黑须,帝王装束,横匾写"翼宿星君"。可见,在伶人意识中,喜神也为"翼宿星君"的人间转化所生神祇。此论亦证之于妙峰山关帝庙所奉喜神神像,常华撰《妙峰香道考察记》指出:妙峰山关帝庙东院茶棚,"院内正殿供奉喜神,传为梨园神也,据说是唐明皇帝或翼宿星君。另有叶法善、罗公远、孙登、阮籍诸人神牌。"② 喜神为翼宿星君的传说,说明二者存在密切的关系。

而民间广泛流传的戏神诞生之"授艺说",则是翼宿星君为众伶祖(神)之母最为关键的环节。"授艺说"虽然是伶界内部口耳相传的信仰传承,显得荒诞不经,但却真实地反映出在伶人心理深处,伶艺天授的神圣性和合理性。京剧老艺人李洪春《京剧长谈》曾说:梨园行供的祖师爷中,"再一位是翼宿星君,又叫三圣老郎,俗称老郎神。传说演员能在梦中受他指点、传艺,故称祖师"③。著名戏曲史家董每戡先生曾记述了这样的一段传说:"唐明皇有一天回到宫里,在门外就听到梨园子弟们在奏乐,可是他从来没有听到过这支奇妙的曲子,心里觉得很奇怪,一足跨进了门。只见有一个童子,坐在正中的座位上教他们弹奏,但不认识他是谁,于是明皇叱问。这一下可把那童子吓跑了,钻进御花园的假石山洞里去了。明皇遂教人用火在洞口焚烧,结果有一只通身灰白色的老狼打洞里跑出来,跪在明皇的面前哀求免死。"④ 湖南岳阳一带的伶人中还流行"太白金星"化为少年娃娃授艺,

---

① 何昌林:《乐王、戏祖、拳宗、医圣——翼宿星君与中国艺术神系》,《中华戏曲》第15辑,山西古籍出版社1993年版,第40页。
② 常华:《妙峰香道考察记》,北京出版社1997年版,第8页。
③ 李洪春:《京剧长谈》,中国戏剧出版社1982年版,第396页。
④ 董每戡:《说剧》,人民文学出版社1983年版,第287页。

故而被民间伶人崇奉为老郎神的传说①，情形与董先生所记大体类似。田都元帅的民间信仰中，也有授艺说，如《三教源流搜神大全》卷五记载田都元帅"承诏乐师典音律，犹善于歌舞"②，福建莆田东庄乡莆头村"太平宫"戏神壁画《田公元帅志》述其喜爱演戏，被封为下界戏神，管辖梨园子弟及娱乐诸业事。③ 而湖南木偶艺人传承的《木偶世家传奇》也提及田都元帅三兄弟操纵及制作木偶十分高超被封为戏神的故事。④ 同样在伶人当中，也普遍流传着翼宿星君化为喜神来授艺的传说，张发颖先生曾收集到这样的民间叙事题材："传说一人学戏，梦中一小儿来教之，骤然神会贯通，言此乃翼宿星君，作小儿状来教戏，故小孩为喜神。"⑤ 形形色色翼宿星君化作小儿下凡授艺的民间传说背后，都一致性地表达出：翼宿星君为戏曲伎艺之源，其为各类戏祖的总源头，因为它以天的名义授艺人间。

所以，伶界各种"授艺"的传说及关于翼宿星君的祭祀活动，都潜含着一套民间话语体系：翼宿星君衍生梨园诸神。其实，翼宿星君授艺伶人的传说，应该导路于"乐出于天"的观念。乾隆四十八年（1783）《翼宿神祠碑记》云："乐之原出于天。太虚之宇，谓之橐龠。"继而批评苏州及他地诸伶人不能明乎此："然不可谓非乐之流，沿其流而讨其源，则不推其原之出于天，不止苏之以伶为业者。"藉此，申言翼宿为伶艺之源，"翼宿之神星之精，各有所司，而翼天之乐府也。诸杂祀皆于其始作之人，以云报也。……钧天之乐，翼实尸之。通之于精灵，推之于本始。"⑥ 全德所撰《翼宿神祠碑记》正本清源地将戏神信仰的源头明明白白地布之于天下，在梨园祖师庙中勒碑谕众，训示后世伶众遵从。

综上所述，乐神在经历了传说流衍、宗教介入的两个阶段后，进入宋元明清俗信普化的新时期，通过戏神信仰的推动，乐神崇奉获得了前所未有的发展。由于戏曲艺人对"曲本位"的体认，始终认为声歌音乐是戏曲的源头，故在戏曲行业中，携带"天倡"文化标签的翼宿星君就衍生出诸种戏神。"翼生诸神"命题在戏神信

---

① 《湖南地方剧种志》（三），湖南文艺出版社1989年版，第293页。
② 《绘图三教源流搜神大全》，上海古籍出版社1990年影印本，第242页。
③ 《中国戏曲志·福建卷》，文化艺术出版社1993年版，第194页。
④ 陆茂林：《木偶世家传奇》，湖南少年儿童出版社1985年版，第18页。
⑤ 张发颖：《中国戏班史》，学苑出版社2003年版，第368页。
⑥ 刘念兹：《戏曲文物丛考》，中国戏剧出版社1986年版，第113页。

仰体系中的隐性表达，真切传达出伶人对伎艺源头的尊崇和信仰。故而，各种乐神也自然进入戏神信仰体系，最终形成"乐神即戏神"的信仰格局。

第二节　民间娼神与戏神信仰之渊源考

明清至近代，娼妓业所认同的祖师主要有管仲、白眉神、关公、盗跖、洪涯先生等几种，此外文财神比干、吕洞宾、插花老祖、勾栏女神、春神、五大仙、胡三太爷（狐仙）、铁板桥真人仙师、金将军、观音、施神、撒尿老爷、勾栏土地、教坊大王、烟花使者、脂粉仙娘、白娘子、猪八戒、刘赤金母、瑶姬（即那位"旦为行云，暮为行雨"的巫山神女）等也被不同地方娼行视为自己的行业神。① 在众多娼神中，白眉神是主位神祇。然而，由于"此神不知是何起源"②，故而白眉神被民间各种传说附会为管仲、盗跖、关公，也有被敷衍为洪涯、老郎神、二郎神的。我们知道，老郎神、二郎神、洪涯也是戏曲行业神，这三位神祇跨娼业和伶业两界，便透露出娼神与戏神信仰的近缘关系。那么，究竟是什么内在的因素导致了两个行业祖师神信仰的亲缘关系呢？这正是我们需要探究和回答的问题。

一、娼业白眉神信仰种种

娼行的白眉神信仰始于何时不可考，据张驭寰《北宋东京城建筑复原研究》的考证，北宋开封城已建有白眉神庙。③ 至迟在明代，娼妓行业已经广泛地信奉白眉神。明弘治年间，沈周的《石田先生诗钞》卷三有《白眉神词》，词曰："祷眉神，掩神面。金针刺帕子，针眼通心愿。烟花万户锦排场，家家要教神主张。主张郎来不复去，夜夜笙歌无空房。帕子有灵绫一方，恩丝爱缕合鸳鸯。拂郎拂着春风香，

---

① 刘平：《近代娼妓的信仰及其神灵》，李长莉、左玉河主编：《近代中国社会与民间文化》（《中国近代社会史研究集刊》第2辑），社会科学文献出版社2006年版，第471页。
② 宗力、刘群合编：《中国民间诸神》，河北人民出版社1986年版，第677页。
③ 张驭寰：《北宋东京城建筑复原研究》，浙江工商大学出版社2011年版，第110页。

一丝一缕一回肠。"① 沈周《客座新闻》中亦有《白眉神》一则记述妓女魇术（详后文）。

图28　娼妓行业白眉神

神祇祭祀的固化形式有多种，显然庙祀是其中最为正规严整的仪式。明清文献都有记载妓院或离娼妓从业地较近的地方建有白眉神庙。明佚名《如梦录》"关厢记第七"载，在明代开封妓女聚居的"大店"附近的街巷中建有白眉神庙，而该书"街市纪第六"则记载有些白眉神庙直接建在妓院中："（城中五胜角大街路东）向南，三间黑大门，匾曰'富乐院'。内有白眉神等庙三四所，各家盖造居住，钦拨二十七户，随驾伺候奏乐。其中多有出奇美色妓女，善诙谐、谈谑，抚操丝弦，撒画、手谈、鼓板、讴歌、蹴圆、舞旋、酒令、猜枚，无不精通。每日王孙公子、

---

① （明）沈周：《石田先生诗钞》卷三，《四库全书存目丛书》集部第37册，齐鲁书社1997年版，第73页。

文人墨士,坐轿乘马,买俏追欢,月无虚日。"① 妓院中建有白眉神庙,在清初蒲松龄的《增补幸云曲》第十四回中也有描写:"万岁爷进院来,睁龙眼把头抬,白眼神庙中间盖。南北两院分左右,穿红着绿女裙钗,铁石人见了也心爱。一边是秋千院落,一边是歌管楼台。"② 明清时期妓女从业人数众多,繁荣的城市妓馆青楼林立,促进了白眉神的祭祀和祠庙香火的隆盛。

在民间,白眉神究竟为何许人也,有几种说法。

1. 管仲

娼妓业奉管仲为祖师神,源于"女闾三百"事。如潘宗鼎《金陵岁时纪》说:"神为管仲,盖女闾三百之所由来也"。③ 纪昀《阅微草堂笔记》卷四也云:"倡族祀管仲,以女闾三百也。"④ 管仲"以女闾三百"的本事见于《战国策·东周策》:"齐桓公宫中七市,女闾七百,国人非之。"此处记载管仲制定政策,允许女子行商,却被后人曲解为让女子从事皮肉生意了,如明人谢肇淛《五杂俎》卷八云:"管子之治齐,为女闾七百,征其夜合之资以佐军国。"⑤ 清代褚人获《坚瓠集·续集》卷一谓:"《齐记》载管子治齐,置女闾三百,征其夜合之资,以充国用,此即教坊花粉钱之始也。"⑥ "女闾"也成了妓女从业或聚居地的代称。在民间娼妓所奉管仲的形象是"长髯伟貌,骑马持刀""眉白而眼赤",因此俗称"白眉神"。

2. 盗跖

将盗跖推向娼神的应该是民间的各种文艺形式。如烟霞散人的小说《斩鬼记》第八回描写娼神白眉神甚详:"在柳金娘(笔者按:老鸨)家里,我见他供奉着一尊神道,眉是白的,小人问是何神道?他说是他祖师白眉神。……柳金娘道:'小

---

① (明)佚名:《如梦录》,孔宪男校注,中州古籍出版社1984年版,第28页。
② (清)蒲松龄:《聊斋俚曲集》,国际文化出版公司1999年版,第963页。
③ (清)潘宗鼎:《金陵岁时纪》,南京出版社2006年版,第34页。
④ (清)纪昀:《阅微草堂笔记》卷四,上海古籍出版社1980年版,第80页。
⑤ (明)谢肇淛:《五杂俎》,傅成校点,中华书局1959年版,第226页。
⑥ (清)褚人获:《坚瓠集·续集》,《笔记小说大观》(七),广陵书社1984年版,第349页。

妇人也不知其详，只听得当日老亡八说是柳盗跖。'"① 明赵南星《笑赞》七二"盗跖"也有赞曰：

> 盗跖横行杀人，在泰山下，孔圣人去劝化他，他就要喫孔圣人的心肝。及至死后，却受乐户的香火，乐户家女子初学弹唱，定要先参见他，乞讨聪明。有等妓女将他暗暗供养，不令人见，因他的眉毛尽白，叫做"白眉神"，他就作"花柳魔"，勾引的浪荡子弟都来此家挥金如土，这样人说不得他个无耻。②

即便是清代偏远的江西吴城，娼妓行也信奉盗跖为娼行白眉神，当地文人写有这样的竹枝词："青楼供奉白迷神，鸡血涂濡纸满身。明白入他迷局里，不曾迷者是何人。"原诗注曰："《九才子》一书谓妓家所供是白迷神，即是盗跖，要是戏言。"③《九才子》是《钟馗捉鬼传》的别名，"白迷神"当即白眉神。但盗跖为何与娼行的祖师神挂上钩呢？清代小说《金屋梦》第四十二回写到："但见（勾栏）巷口一座花神庙，是塑的柳盗跖，红面白眉，将巾披挂。因他是个强盗头儿，封来做个色神。"④ 以盗跖为娼神，李乔先生以为是源于"盗娼相近（所谓男盗女娼），而盗跖在娼妓看来又是英雄豪杰"⑤。李先生的说法不无道理。

3. 关羽

以关羽为娼神，较早的文献见诸明代沈德符《万历野获编·补遗》，文曰："近来狭邪家，多供关壮缪像，余窃以为亵渎正神，后乃知其不然。是名白眉神，长髯伟貌，骑马持刀，与关像略肖，但眉白而眼赤。京师相詈，指其人曰'白眉赤眼儿'者，必大恨成贸首仇，其猥贱可知。狭邪讳之，乃驾名于关侯。坊曲娼女，

---

① （明）烟霞散人等：《钟馗传·斩鬼传·平鬼传》，长江文艺出版社1980年版，第85页。
② （明）赵南星：《笑赞》七二"盗跖"，周启明校订：《明清笑话四种》，人民出版社1958年版，第32页。
③ （清）赖学海：《吴城竹枝词》，手抄本，藏于广东省立中山图书馆。
④ （清）丁耀亢：《金瓶梅续书三种·金屋梦》，齐鲁书社1988年版，第374页。
⑤ 李乔：《中国行业神崇拜》，中国华侨出版公司1990年版，第441页。

初荐枕于人，必与其艾豭（指狎客）同拜此神，然后定情。南北两京皆然也。"① 娼家以伪托关公为行业神，不免有借神自重，提高社会地位之意。② 刘瑞明先生对于娼行附会关公为白眉神有一种解释：妓女为获得生意，就需要嫖客"眼里火"（眼中冒欲火），"眼里火"即是赤眼，"赤眼"与"赤脸"音近，而红脸关公是民间的常识，故而误说关公是娼神。③《金陵六院市语》里记载妓院隐语："眼里火——见者便爱"，寄予着妓女谋生的强烈职业愿景，更从侧面印证了民间拉关公入祭娼行为神的内在原因。

有不少地方，渔户也兼作妓业，是为渔娼，他们也信奉关羽为保护神。据《清稗类钞》（种族类）"九姓渔船子孙"条云："九姓渔船，惟浙东有之，人有谓为陈友谅部曲之子孙者。凡九姓，不与齐民通婚。始以渔为业，继而饰女应客，使为妓，仍居舟中，间有购自良家者。"④ 据方向先生研究，富春江上船娼供奉的保护神确是关公。其祖父方镇南说："九姓渔户开头供的神是'关老爷'，即蜀国大将关羽。关羽的水军颇有本领，舸鱼佬对他很佩服，又因关羽二字之音近似'管渔'，关羽坐镇之地荆州附近的舸鱼佬，就奉他为渔神。……渔娼的艳名日著，嫖客中的文人也多了，他们见关羽被当作妓船之神不以为然，有人戏改为白眉红眼状，说是'马氏五常，白眉最良'的马良（关羽的部下），马良是双关语，含有船妓的'下体好'之意，但俗人称为白眉神或红眼神。"⑤ 因为关羽在民间信仰中神通广大，无所不能，故而娼妓出于实用主义目的，将关羽奉为娼神。在娼妓行业中，关公既是财神，也被江湖上视为"义"的化身，妓女中有结拜之举，关公也成为盟证。又据张文钧介绍，在旧时北京，妓院的老板、鸨母、妓女遇有疑难问题，必然乞灵于"伏魔大帝关圣帝君"。北京城里城外，关帝庙很多，但清吟小班的人们所信仰的，却只有前门脸的那座关帝庙。原来在前门脸有两座小庙，整齐精巧，东边一座是观

---

① （明）沈德符《万历野获编·补遗》卷四，中华书局1959年版，第919—920页。
② 杨方益搜集到因为关公与管仲姓氏音近致误的民间说法，参其《民国年间镇江娼妓谈》，河北人民出版社1997年版，第60页。
③ 刘瑞明：《刘瑞明文史述林》（下），甘肃人民出版社2012年版，第1940页。
④ 徐珂：《清稗类钞》第4册，中华书局1986年版，第1904页。
⑤ 方向：《富春江上的"九姓渔户"》，上海民间文艺家协会，上海民间文艺家协会编：《中国民间文化——稻作文化田野调查》，学林出版社1994年版，第163页。

音寺，西边一座就是关帝庙。妓院的人们从来不到观音寺烧香，只到关帝庙去求神。①

古时妓女对白眉神祀之甚虔，还流行一种很神秘的"娼家魇术"。明人田艺蘅《留青日札》记载："教坊妓女皆供白眉神，每至朔望，则以手帕汗巾之类，扎神面一遭，若遇子弟打乖空头者，辄以帕洒拂其面，一晃而过，则子弟之心自然欢悦，相从留恋不已。盖花门厌术也。"②要理解这种神秘的"娼家魇术"，还要结合清代褚人获《坚瓠广集》卷一"娼家魇术"的记载："娼家魇术，在在有之。北方尤甚，客座新闻，载妓家必供白眉神，又名祆神，朝夕祷之。至朔望日，用手帕蒙神首刺神面，视子弟奸猾者，佯怒之，撒帕着子弟面，将坠于地，令拾之，则悦而无他意矣。"③巾帕蒙在白眉神的面被扎过，就具有了神性，所谓"娼家魇术"实际上是交感巫术之一种。对于妓女所施巫术，李乔先生认为：这种魇术大致是用手帕或汗巾蒙住白眉神的头部，然后用针扎神面，继而将针扎过的巾帕之类拂过那些不听话或想离开妓院的妓女，让她们拾起后心存恐惧，老实安分地听从管束。巾帕蒙在白眉神的面被扎过，就具有了神性，神怒，妓女自然感到害怕。这是妓院迷惑、制服、管理妓女的一种手段。④笔者原认为，因对"子弟"二字的不同理解，这种"厌术"可理解为妓女从白眉神获得神性，用以迷惑嫖客的一种巫术。如方向先生指出在浙江的渔娼就"误以为红眼神即上古仙人洪崖，还说妓女拜祀此神后，自己的双眼就能迷惑男人的魔力"⑤。然而最近读到明人方以智《物理小识》卷十二"制雌魇法"条所记："沈周曰教坊供白眉神，朔望以手帕针刺神而收之。与子弟狎，则佯怒以帕掷其面，令拾之，则足以魇其魄。"⑥想法有所改变。此条材料所记与《留青日札》、《坚瓠广集·娼家魇术》基本相同，但《物理小志》所载

---

① 张文钧：《北京清吟小班的形形色色》，《近代中国娼妓史料》（上），河北人民出版社1997年版，第362页。
② （明）田艺蘅：《留青日札》卷二一，上海古籍出版社1985年版，第700—701页。
③ （清）褚人获：《坚瓠广集》，《笔记小说大观》（七），广陵书社1984年版，第386页。
④ 李乔：《中国行业神崇拜》，中国华侨出版公司1990年版，第439页。
⑤ 方向：《富春江上的"九姓渔户"》，上海民间文艺家协会编《中国民间文化——稻作文化田野调查》，学林出版社1994年版，第163页。
⑥ （明）方以智：《物理小识》卷十二"制雌魇法"条，商务印书馆1937年《万有文库》版，第280页。

"制雌魘法"四字异文明确告诉我们,这是一种约束制服妓女的魘法。这种妓院魘法,虽不知起于何时,但根据现有材料,判定明代兴盛,应该问题不大,而明人方以智所记更应符合历史的真实,故窃以为李乔先生的结论较为允当。

白眉神虽然牵强附会多种说法,但在刘瑞明先生看来,"白眉"即是"百媚"的谐音,他说:"'白眉神'名字中实际是'百媚'和'百迷'的双重谐音。"① 如此理解,符合娼妓行业特点,也赋予了娼妓行业"白眉神"信仰更为丰富的民俗含义。

二、娼神与戏神信仰近缘性之原因

考察娼妓行业神和戏神信仰之间的关系,当从两个行业共同信奉的祖师神着手,而它们公共的行业神至少有以下几种:洪涯先生、老郎神、二郎神。

先说洪涯先生。明末清初史学家谈迁《枣林杂俎》引《花锁志》云:"教坊供白眉神。……白眉神,即古洪涯先生也。"②《康熙字典》"丑集下·女字部":"洪崖妓,三皇时人,娼家托始。"③ 洪涯为娼神的同时,因为女乐的身份,被奉为音乐之神。据黎国韬教授考证,大概在元代之后,洪涯仙话与伶伦传说相混,其逐步被戏曲行业奉为祖师神。④ 明人胡应麟《少室山房笔丛》所载《洪崖先生传》云:"洪崖先生者,或云黄帝之臣伶伦也,得道仙去,姓张氏,帝尧时已三千岁矣。"⑤《历代真仙通鉴》所记相类。

民间也有认为白眉神即二郎神,其依据是明人钱希言《狯园》卷十二《淫祀》有《二郎庙》一则,云:"又传六月廿四日是神诞生之辰。先一夕,便往祝釐,行者竟夜不绝,妓女尤多。明日即醵钱为荷荡之游矣。吴城轻薄少年,相挈伴侣,宣

---

① 刘瑞明:《刘瑞明文史述林》(下),甘肃人民出版社2012年版,第1939页。
② (明)谈迁:《枣林杂俎》和集,罗仲辉、胡明校,中华书局2006年版,第508页。
③ (清)张玉书等编撰,王引之等校订:《康熙字典》"丑集下·女字部",上海古籍出版社1996年版,第206页下。
④ 黎国韬:《古代乐官与古代戏剧》,广东高等教育出版社2004年版,第194页。
⑤ (明)胡应麟:《少室山房笔丛》卷四十四,上海书店2001年版,第462页。

言同往二郎庙里结亲。"① 此事与蜀公主邀约情人往祆祠相会之事一模一样,可见祆神与二郎神所主皆与情爱之事有关。②

更有传说白眉神即为"老郎神"。旧时安庆各家妓院,在每年正月十一日、六月十一日都做"老郎会",嫖客们呼朋引类,摆酒赌钱,妓院乘机大捞一把。③ 胡朴安《中华全国风俗志》也曾谈到,江苏各地每逢六月十一日,"妓女有老郎会","会时,诸妓极意修饰,陈设鲜妍,要求平日所欢者,为之设宴张乐,谓之'作面子'"。④ 过去南京钓鱼巷是著名的花街柳巷,里面有一个老郎庙,每逢农历六月十一日,这里都要举行拜老郎神的庙会。王焕镳《首都志·礼俗》记南京:"(六月)十一日妓女作老郎会。《金陵岁时记》:六月十一日为妓寮祀老郎神之期。或云神为管仲,盖女闾三百之所由昉也。是日灯烛辉煌,香火缭绕,入夜竞放灯火,妓者预招游客,置酒宴饮,丝肉杂进,极一时之盛。"⑤ 南京等地妓寮祀奉老郎神,李乔先生认为:"南京娼妓业多称'老郎神',当是祖师爷之意。大概因梨园所奉祖师多称老郎神,故引起混淆。"⑥ 娼妓供奉老郎神也不排除受梨园行所奉祖师的影响,但更主要的是娼行与戏行在职业属性上的相关性所致。

娼神与戏神的叠合和融合,可追溯至先秦时期娼妓与优伶不分。

妓与伎,本是同根同源。从语源学的角度看,妓本是以歌舞为务而非以卖淫为业的女子。如《说文解字》曰:"妓,妇人小物也。"段玉裁注云:"今俗用为女伎之字。"魏人张揖的《埤苍》释"妓"为美女。隋代陆法言《切韵》则说:"妓,女乐也。"此后的《正字通》、《康熙字典》等也释"妓"为"女乐"。又之,在古代的文献中,"妓"首先是与"伎"、"技"等字通用的。如《尚书·泰誓》:"无他技。"《释文》:"本亦作伎。"《新唐书·元载传》:"名姝异技,虽禁中不逮。"⑦这里的"技",便是指妓女在音乐舞蹈及杂伎上的艺术技艺,"伎"是歌舞技艺和

---

① (明)钱希言:《狯园》卷十二,《四库全书存目丛书》子部第247册,第687页。
② 黎国韬:《二郎神之祆教来源——兼论二郎神何以成为戏神》,《宗教学研究》2004年第2期。
③ 徐锦文:《旧社会安庆的名娼暗妓》,"近代中国社会史料丛书"《近代中国娼妓史料》(下),河北人民出版社1997年版,第30—31页。
④ 胡朴安:《中华全国风俗志》下篇卷三,河北人民出版社1986年版,第133页。
⑤ 王焕镳编纂:《首都志》(下),正中书局1947年版,第1151页。
⑥ 李乔:《中国行业神崇拜》,中国华侨出版公司1990年版,第442页。
⑦ 《新唐书》,中华书局1975年版,第4709页。

习此艺之人。显然，妓女的"妓"应该源自"伎艺"的"伎"，最早含义皆指"技艺"。再之，"妓"还常与"娼"、"倡"等字合用，也指从事歌舞艺术的女子，如《后汉书·梁冀传》："第内多从娼妓，鸣钟吹管，酣讴竟路。"①《旧唐书·天竺国传》："百姓殷乐，家有奇乐倡伎。"②

据学者考证，专门出卖自己肉体的"妓女"，与以艺为主的"艺伎"的分野，始于唐宋，确立于明清。③《开元天宝遗事》卷上说："长安有平康坊，妓女所居之地。京都侠少萃集于此，兼每年新进士以红笺名纸游谒其中。时人谓此坊为风流薮泽。"④ 此处的"妓女"多指色艺兼备的艺妓。而至明代，妓女卖淫之职明矣，如谢肇淛《五杂俎》卷八云："今时娼妓布满天下，其大都会之地，动以千百计，其他穷州僻邑，在在有之，终日倚门献笑，卖淫为活。生计至此，亦可怜矣。"⑤ 即便明代之后，妓女以卖淫为业，但纵观中国古代妓女从业史，色妓与艺伶总是纠缠在一起，如唐代"京中诸妓籍属教坊，凡朝士宴聚，须假诸曹署行牒，然后能致于他处"⑥。

事实上中国古代，即便是以卖淫为生的妓女，也有不少是多才多艺，身怀多种伎艺者。明代有无名氏所撰《如梦录》"街市纪第六"称，开封城中五胜角大街路东有皮场公庙，"向南，三间黑大门，匾曰'富乐院'，内有白眉神等庙三四所，各家盖造居住，钦拨二十七户，随驾伺候奏乐。其中多有出奇美色妓女，善恢谐谈谑，抚操丝弦，撒画手谈，鼓板讴歌，蹴圆舞旋，酒令猜枚，无不精通。每日王孙公子，文人墨士，坐轿乘马，买俏追欢，月无虚日。"⑦ 此条材料可为妓女多才艺之实证。

其次，造成娼妓与戏伶两个行业的含混，还体现在不少的时候戏伶也兼操皮肉生意，伶兼娼。明人徐树丕《识小录》卷二记载："十余年来，苏州女戏盛行，必

---

① 《后汉书》，中华书局1979年版，第1182页。
② 《旧唐书》，中华书局1975年版，第5307页。
③ 徐君、杨海：《妓女史》，上海文艺出版社1995年版，第2页。
④ （五代）王仁裕：《开元天宝遗事》卷上"风流薮泽"条，曾贻芬点校，中华书局2006年版，第25页。
⑤ （明）谢肇淛：《五杂俎》，傅成点校，中华书局1959年版，第226页。
⑥ （唐）孙棨：《北里志·序》，上海，古典文学出版社1957年版，第1页。
⑦ （明）无名氏：《如梦录·街市纪第六》，孔宪易校注，中州古籍出版社1984年版，第28页。

有乡绅为之主，盖以娼兼优。"① 对于娼、优不分的情况，明人陈正龙《畿亭全书》卷二十二记之更详："每见士大夫居家无乐事，搜买儿童，教习讴歌，称为家乐，酝酿淫乱，十室而九。此辈日演故事，无非钻穴逾墙意态，儿女辈习见习闻，十来岁时，廉耻之心，早已丧尽。"② 对于当时"优与娼本无高下，况女旦以优兼娼，乃许之假托名色"的恶习，陈氏深表厌恶。正因明时"优兼娼"，故而明人郎瑛《七修类稿》卷二十八"绿头巾"条中，也将乐人（优）归于娼"绿头巾"一类："吴人称人妻有淫者为绿头巾，今乐人朝制以碧绿之巾裹头，意人言拟之此也。"③ 鉴于此，近人王书奴《中国娼妓史》指出："后代（笔者按：指元以后）人以龟头为绿色，遂目着绿头巾为龟头。乐户妻女大半为妓，故又叫开设妓院以妻女卖淫的人为龟，或叫当龟。又以官妓皆籍隶教坊，后人又呼妻女卖淫的人为戴绿头巾，或叫戴绿帽子。"④

即便是民国时期，很多戏曲艺人也是间作淫业赖以生存。笔者在查阅民国时期武汉地区报纸时发现，湖北汉剧女艺人不少都是被"干爹"包养或是卸妆接客的。这种情况，胡非玄的文章《近代汉口狎优之风及其对汉剧发展的影响》论述甚详⑤，可参。不仅湖北汉剧艺人如此，山西的乐户也存在类似的情况。曹飞通过田野调查发现上党乐户艺人崇祀的另一位主神也是白眉神，他认为此种行业神的选择与乐户表演具有浓厚的色情意味有关系，"上党乐户艺人俗称'王八'，他们所从事的行业又称'王八行'，当地人还把他们的表演叫做'调家龟'，把他们表演的节目叫做'家龟戏'，其中所包含的贬义是非常明显的。所以，在咽喉神庙中以白眉神为配飨亦在情理之中。"⑥ 其实，在明代，一些教坊乐妓也是兼祀白眉神，明万历黄一正编纂的《事物绀珠》卷三十八"神鬼部"谓："白眉神，教坊祀之"⑦。这一材料充分显示，娼神与戏曲行业神信仰之间的跨界和杂糅，亦从侧面印证了娼

---

① （明）徐树丕：《识小录》卷二，孙毓修编：《涵芬楼秘笈》第一册，北京图书馆出版社 2000 年版，第 547 页。
② 原书未见，引自王利器《元明清三代禁毁小说戏曲史料》，上海古籍出版社 1981 年版，第 171 页。
③ （明）郎瑛：《七修类稿》，中华书局 1959 年版，第 430 页。
④ 王书奴：《中国娼妓史》，三联书店上海分店 1988 年重刊本，第 248 页。
⑤ 胡非玄：《近代汉口狎优之风及其对汉剧发展的影响》，《戏曲艺术》2010 年第 2 期。
⑥ 曹飞：《山西上党戏神类型概说》，《山西师范大学学报》（社会科学版）2002 年第 3 期。
⑦ （明）黄一正：《事物绀珠》卷三十八"神鬼部"，《四库全书存目丛书》子部 201 册，第 104 页。

妓行业与梨园行业的近源关系。

或许因为娼、优同操淫业，在梨园行有不成文的规矩，伶不嫖妓，《清稗类钞》载："京师之伶不敢谒妓，卒然遇之，必屈一膝以致敬，称之曰姑姑。"① 历史上娼、优不分的情形，使娼业与伶业相互渗透，自然而然为娼神与戏神信仰相互交缠、交融提供了可能。显见，行业的近缘性，是娼神与戏神相互勾连的前提。然而，从娼妓行业性的特点——提供性服务的角度看，娼神与围绕性而产生的各种活动之间，应该有着某种不可割裂的内在联系。继之，据康保成老师系列戏神研究论文的成果，中国南北众多戏神周边都充满了生殖崇拜的信息，那么我们会提出这样的疑问：娼神与戏神的交缠，会不会因性——生殖的因素而起呢？

三、性与生殖崇拜：娼神与戏神的交缠

考察娼神的生成原因，一为娼妓业之创始人，如管仲，一为与娼业特点直接相关者，如盗跖、勾栏女神等，后者明显散发着性崇拜的气息。

盗跖，这位古代"从卒九千人，横行天下，侵暴诸侯"的著名"大盗"，被娼妓奉为娼神，实在令人费解，因为在前秦典籍中只有他英勇作战的传说，却无淫行的记载，还是鲁迅先生点破其间的奥秘："譬如勇士，也战斗，也休息，也饮食，自然也性交。如果只取他末一点，画起像来，挂在妓院里，尊为性交大师，那当然也不能说是毫无根据的，然而，岂不冤枉！"② 作为英勇善战的勇士被捧为淫神，原因还由于"中国文献常常把性交说成是'战斗'……后世的房中书和色情文学将性交过程讲得绘声绘色，如同战场上的军事行动一样"③。既然把战场和床笫生活画上等号，盗跖化作白眉神高居妓院的墙上，接受焚香叩拜，也就不难理解了。

娼妓要生存，客源很重要，所以娼妓业会敬奉一些风骚妩媚的女神，如潘金莲、勾栏女神、教坊大王、烟花使者、脂粉仙娘等。娼行供奉潘氏，显然源于她善

---

① （清）徐珂：《清稗类钞》（第11册）"娼妓类"，中华书局1986年版，第5155页。
② 鲁迅：《鲁迅全集》卷六《且介亭杂文二集·"题未定"草》，人民文学出版社2005年版，第436页。
③ ［荷兰］高罗佩：《中国古代房内考——中国古代的性与社会》，上海人民出版社1990年版，第107页。

淫，极善勾引男人的缘故。而在妓院所立勾栏女神形象，则活脱脱一位淫神形象。据张次溪《燕京访古录》"勾栏女像"条详细描绘了这位淫神形象："东四牌楼勾栏胡同，为元时御勾栏处，中一巨室废第花园内有一小庙，庙内有一铜铸女像，坐式，高四尺八寸，方面含笑，美姿容，头向左偏，顶盘一髻，插花二枝，身着短袄，盘右媛，露莲钩，右臂直舒，作点手式，扬左骸，左手握莲钩，情态妖冶，楚楚动人。按此第应是勾栏故址，此像当为妓女崇奉之神矣。"① 近人徐国枢《燕都续咏》"勾栏女像"条诗咏"勾栏女神"："妖冶风姿展效颦，含情端示诲淫身。妓家故址勾栏误，始信随园考证真。"② 勾栏女神性感妖冶，惑人相狎，性的指向极为显豁。

为了客源滚滚，妓女们在平日接客不多时也有一些仪式，祈求生意好转。近代沈阳妓院中有"踩屋子"的习俗。某个妓女在一个时期接客不多，老鸨、窑头往往怪罪。某妓就会给妓院供奉的祖师爷管仲的神牌叩头烧香，"手端尿盆，用小棍敲着尿盆，跪在管仲牌前，边敲尿盆边祷告：'祖师爷，您保证我客人多！'之后，妓女将附近的一个小男孩抱到自己屋子里，给他买糖果、冰糕，哄着他：'姨姨喜欢你。'将他放到自己床上，让他在床上跳跳蹦蹦，这叫'踩屋子'，妓女们认为可驱除邪祟，会迎来更多的客人。"③

清乾嘉时期越南诗人阮攸（1765—1820）有著名长诗《金云翘传》卷五描绘了妓院娼寮赤体露身祭奉白眉神事，更表现了娼妓以色媚人的集体意识。诗中写道："（娼家）中间香火神台，安放一个白眉的神象（像）。这是个青楼布置，古今同样。这神象（像），专管淫业一行。香花朝夕供奉，嫖客少，就认作不祥。只有赤体露身，献香烛求神原谅。再把神座香花，藏在席下，说是能招引蝶浪蜂狂。……"④《金云翘传》原本为中国章回小说，又名《双奇梦》，全书4卷20回，署名青心才人编次，成书于顺治、康熙年间。阮攸嘉庆十八年（1813）出使中国，回国后根据青心才人所编《金云翘传》写成越文长诗。故而，《金云翘传》折射了

---

① 张次溪：《燕京访古录》，中华书局1934年版，第30—31页。
② 雷梦水辑：《北京风俗杂咏续编》，北京古籍出版社1987年版，第235页。
③ 祝璋、李雅文：《旧社会沈阳妓女血泪史》，《近代中国娼妓史料》（上），河北人民出版社1997年版，第69—70页。
④ ［越南］阮攸：《金云翘传》，黄轶球译，人民文学出版社1959年版，第42页。

清代前期中国娼妓业奉神的情况。祭祀仪式中娼寮"赤体露身"、"招引蝶浪蜂狂"的举动，正是她们性崇拜意识的真实反映。

戏神的生殖崇拜文化意蕴，康保成老师已经作了很多论证，可参他的著作《傩戏艺术源流》一书，在此不赘言，尚应说明的是，上文所引明人钱希言《狯园》卷十二"二郎庙"条，记六月廿四日二郎神诞生之辰，尤多妓女，前往祝釐。娼妓之崇奉二郎神，正是对民间生殖崇拜的发挥。不仅如此，据宋代文献《东京梦华录》卷八载："里巷与妓馆，往往列之（笔者按：指魔合罗）门首，争以侈靡相向"，魔合罗的"乞子功能，也与喜神（戏神）相同"①，妓女竞相在妓馆悬挂充满了生殖、生命及性隐喻符号的魔合罗，同样也是对性崇拜意识的行为折射。有意思的是，因为生殖——性崇拜的缘故，在日本，傀儡戏神百太夫这位"三岁左右的小偶人"也受到娼妓的祭拜，具有娼妓守护神的神格。②

从以上的论述不难看出，戏神与生俱来的丰富生殖——性崇拜的文化意蕴，为娼妓行业崇拜戏神架起中间桥梁，从此，伶业祖师崇拜文化源源不断地输入到娼行，促成了戏神信仰对白眉神崇拜文化的深层次影响。在漫长的历史进程中，由于娼、伶两个行业的起源相同和后世行业的相关性，尤其是在从业过程中娼、伶职业行为素养的兼容性，为娼神与戏神相互交缠提供了可能。娼神信仰是我国行业神崇拜文化的重要组成部分，它与戏神信仰的缠合，为我们从侧面考察伶人祖师神崇拜文化提供了新的视角。

本章小结

戏曲与周边的音乐、娼妓行业关系密切，一是艺术上的紧密联系，二是从业人员的关联性。而这三个行业都有自己信奉的祖师神，通过考察发现，戏神与音神、娼神有着某种内在的关系。

首先是音神。综观中国古代音乐神信仰的历史，大体上可以划分为上古传说继

---

① 康保成：《傩戏艺术源流》，广东高等教育出版社1999年版，第233页。
② 邱雅芬：《论大黑天信仰与中日戏神之渊源》，《学术研究》2010年第1期。

承、宗教信仰介入和民间俗信普化三个阶段。音神信仰的高潮，是在戏曲行业戏神信仰体系中完成的，各种戏神信仰似乎都包含有音神崇祀的因素。音神与戏神之所以形成如此紧密的关系，原因有三：其一，中国古之歌者，因为未成为完全独立的行业，所以始祖的祭祀总是依附于相邻行业，如与戏曲行业神的融合即是如此。其二，由于戏曲艺人对"曲本位"的体认，始终认为歌音是戏曲的源头，故而各种音神也自然进入戏神信仰体系，最终形成"音神即戏神"的信仰格局。其三，梨园行普遍认为诸种戏神为乐府天倡翼宿星君下凡所衍生，戏神信仰体系中普遍存在"翼生诸神"命题，也助推了伶人群体对音神即戏神的体认。

　　次说娼神。娼妓行业主神是白眉神，但在历史上，管仲、盗跖、关羽都曾被当作白眉神祭奉。但进一步检点娼妓和戏曲行业神，发现洪涯、老郎神、二郎神，是兼跨两业的祖师神。我们认为，娼神与戏神的叠合和融合，与前秦时期开始，古代社会娼妓与优伶不分有关。在上古，妓与伎，本是同根同源。不仅如此，后世不少戏伶兼操皮肉生意，伶兼娼也客观造成娼妓与戏伶两个行业的含混，以及行业神的共祀。而戏神与生俱来的丰富的生殖与性崇拜的文化意蕴，是娼妓行业神与戏神融合的深层次原因。

第七章　民间戏神信仰的人类学考察

戏神信仰作为一面镜子，折射出伶人群体的精神世界和集体意识。通过对戏神信仰确立方式的全面考察，能够从中寻找到中国古代戏剧艺术发生的蛛丝马迹。本章分别从古剧脚色"丑"转变为戏神信仰、民间传说对戏神信仰的确立、南戏戏神田公元帅信仰的宗教功能等三个角度，探寻民间戏神信仰发生的戏剧元素、民间基因和宗教特征。

第一节　古剧脚色"丑"与戏神信仰

从现有的文献来看，戏神的产生不外这样几种途径，一是与戏剧活动或歌舞艺术有关的历史人物，如优孟、唐明皇、庄宗之类；二是从道、释神祇体系中挪移过来的神灵，如九皇神、华光大帝等；三是因实际需要从生活中自造的戏神，如咽喉神、五猖神等。细察民间戏神信仰的历史，会发现丑脚与戏神关系密切，由脚色"丑"演化为戏神，也是戏神生成的一种很特别的方式。

一、伶人崇"丑"与"以祖为神"的集体意识

丑脚在梨园群体中有着至高无上的地位并拥有很多特权，伶人对丑脚有着一种天然的崇敬之情，而此正源于丑脚与戏神密切的关联。

丑脚在戏班中较其他伶人更高的地位，在戏曲文献和现实生活中屡屡得见。清人杨懋建《梦华琐簿》云："今入班访诸伶者，如指名访丑脚，则诸伶奔走列侍。其但与生旦善者，诸伶不为礼也。今召伶人侑酒者，间呼丑脚入座凑趣，斯为行家。每演剧，必丑脚至乃敢启箱。俟其调粉墨笔涂抹已，诸花面始次第傅面。"①"诸伶奔走列侍"的态度和"必丑脚至乃敢启箱"的规例，已经远远超出对丑脚表演技艺和行当本身的尊重，而含有戏神崇拜的意味了。

丑脚在京城戏班中受到厚待，在其他地方戏剧的戏班中同样如此。如江苏昆班，开演前由小丑先开面，其他演员才可进去；并由小丑先开面，其他脚色才能化妆。②柳琴戏班在开演前要祭唐明皇，称祭大师兄，檀木神像置大衣箱上，有"金枝玉叶梨园主，龙生凤养帝王家"的对联，横幅"唐明皇帝之位"。这个大衣箱，只有丑脚能坐，其他脚色一律不准坐。③同样的习俗，在河南洛阳戏班中也很流行。④

在戏神祭祀活动中，丑脚地位特殊。戏神祭祀是伶人行业庄肃的一项集体活动，丑脚不仅参与其中而且在整个祭祀活动中占据着主导的尊崇的位置，如福建龙潭四平戏。据现存福建省艺术研究所龙潭四平戏清同治抄本《角色本》一段"请神文"："奉请杭州府风火院铁板头田一师爷，田三郎、三师阜（父），风花雪月四位夫人，……一丑、二净、三生、四旦、五外、六末、七锋（夫）、八帖（贴），领声童子，雅招童郎……。"⑤这段迎请戏神文中，各行脚色予以排列，丑居于首位，可见丑在戏班中的独特地位。清人杨懋建《梦华琐簿》也云："余每入伶人家，谛视其所祀老郎神像，皆高仅尺许，作白皙小儿状貌，黄袍被体，祀之最虔。其拈香，必以丑脚。"⑥浙江的戏班在祭祀戏神时也是以小花脸（丑脚）

---

① （清）杨懋建：《梦华琐簿》，张次溪编纂：《清代燕都梨园史料·正编》，中国戏剧出版社1988年版，第374页。
② 《中国戏曲志·江苏卷》，中国ISBN中心1992年版，第791页。
③ 《中国戏曲志·江苏卷》，中国ISBN中心1992年版，第798页。
④ 《洛阳市戏曲志》，1988年内部印刷，第319页。
⑤ 陆则起：《龙潭宗族四平戏的传承与变迁概述》，王评章、叶明生主编：《中国四平腔研究论文集》，中国戏剧出版社2006年版，第153页。
⑥ （清）杨懋建：《梦华琐簿》，张次溪编纂：《清代燕都梨园史料·正编》，中国戏剧出版社1988年版，第374页。

为先。① 此外，据汤显祖《戏神庙记》，祭戏神时要唱"啰哩嗹"，而在潮剧中唱"啰哩嗹"的只能是丑。②

在一些地方剧种中，丑脚还代替戏神主持执法。据《瓯剧史》介绍，瓯剧小花脸（丑），旧俗在戏班中地位最高，能代表老郎（戏神）在班中执法。戏神信仰一个很重要的功能就是规约，即表现为对违反行规艺人的裁判、惩戒。③ 福建泉州北顶戏班丑角地位最高，班内有事情，就由丑角坐堂来决断。梨园行利用老郎神的威严，对犯规者进行惩戒。再如河北戏行就有"请香堂"的惯例，"平时有误场、私逃、犯班规者，要给老郎烧香请罪；遇有演员发生矛盾无法解决时，全班跪请祖师明断，并对肇事者罚香惩戒"。④《儒林外史》第二十四回说到南京"老郎庙"，"他戏行规矩最大，但凡本行中有不公不法的事，一齐上了庵，烧过香，坐在总寓那里品出不是来，要打就打，要罚就罚，一个字也不敢拗的。"⑤ 从代行戏神执法来看，丑脚已经成为现实中戏神的化身，故而康保成老师据此得出"丑脚亦即戏神"⑥ 的结论，无疑极具眼光的。

丑脚能成为戏神，一个很重要的原因是艺人普遍存在戏神唐明皇或后唐庄宗曾饰演丑脚的集体记忆。戏神老郎虽有多种说法，但有意思的是，在民间传说中，几乎所有的老郎都曾经有装扮"丑"的经历。清人杨懋建《梦华琐簿》云："昔庄宗与伶官串戏，自为丑脚，故至今丑脚最贵。"⑦ 山西戏班以唐玄宗李隆基为戏神，盖因其蓄养梨园弟子，亲自教授，并传说他曾司鼓亦曾粉墨登场，饰演丑脚，可称地位最高的"戏子"。⑧ 江苏的"多数艺人认为老郎是唐明皇，唱丑行"⑨。即使是闽粤等地戏班中信奉的戏神雷海青，在民间传说中也装过"丑"。据林庆熙先生

---

① 《中国戏曲志·浙江卷》，中国ISBN中心1997年版，第652页。
② 《中国戏曲志·广东卷》，中国ISBN中心1993年版，第303页。
③ 李子敏：《瓯剧史》，中国戏剧出版社1999年版，第82页。
④ 《中国戏曲志·河北卷》，中国ISBN中心1993年版，第556页。
⑤ （清）吴敬梓：《儒林外史》，人民文学出版社1977年版，第294页。
⑥ 康保成：《傩戏艺术源流》，广东高等教育出版社1999年版，第324页。
⑦ （清）杨懋建：《梦华琐簿》，张次溪编纂：《清代燕都梨园史料汇编》（上册），中国戏剧出版社1988年版，第374页。
⑧ 《中国戏曲志·山西卷》，文化艺术出版社1990年版，第566页。
⑨ 《中国戏曲志·江苏卷》，中国ISBN中心1992年版，第797页。

《莆仙戏戏神田公的由来及其历史嬗变》一文介绍,"据闽南傀儡戏和梨园戏艺人和闽南传说,……(雷海青)有时伴唐明皇和诸臣僚妆扮脚色,演戏作乐。唐明皇装小生,杨贵妃装大旦,葛明霞装贴,雷海青装丑,安禄山装净,钟景期装末。"①

在戏曲伶人之间还有这样的传说:唐明皇在演出时,为了不失皇帝之威,特别在脸部挂上一个小块白玉片遮面,造成后世演丑角者,便在脸上画上一个类似白玉片的白粉块,这即是今日的丑角脸谱。杨迎祺在《蒲剧戏班的传统习俗》中指出,蒲剧老艺人相传,据说一次在排演节目时,生、旦、净、末俱全,唯有丑角没人应工。因为丑角在戏班里属于插科打诨的角色,面部要抹上白豆腐块,称三花脸。演戏时,还要求灵活、机敏、白语、唱腔幽默动人。李隆基看见这个角色不可缺少,却没人扮演,正在为此犯愁,忽然有人提议:"请万岁充当这个角色吧!"唐明皇听了,不便推辞,就毅然慷慨充当了剧中的丑角。出乎人们的预料,李隆基确是一个很有艺术才华的滑稽大师,他演得惟妙惟肖,十分出色,所以,后来排戏时,他就成了当然的丑角了。从此,凡戏班丑角都受人尊敬,也很特殊。②虽然这些只是民间的传说,却在戏班艺人中具有很强的信仰惯性。

丑脚源于古优,而"优"历来被视为伶人的始祖,王国维先生就讲,"后世戏剧,当自巫、优二者出"③,藉此,优孟、唐明皇、雷海青、焦德、唐庄宗等人能成为戏神,皆是以戏祖的身份而演化为戏神的,如唐明皇因其首置梨园弟子而称戏祖。所以,将"丑脚"的名号敷衍在这些历史人物身上,本身就透露出戏曲艺人"崇祖"的群体心理。清人李光庭《乡言解颐》言:"须知生旦净末丑皆以老郎为傅,惟净丑为高足。"④徐珂在《清稗类钞·优伶类》中指出:"丑角以优孟、曼倩为先声,开幕最早,伶界以此为最贵,无论伴唱与否,均可任情谈笑,随意起坐,不为格律所拘,相传唐明皇曾为之。至本朝,高宗亦尝扮此,故人人尊视,异乎其俦。"⑤董每戡先生描述伶人认同古优为戏祖的文字,对我们颇有启发:

---

① 叶明生主编:《福建戏曲行业神信仰研究》,内部印刷,2002年版,第73页。
② 杨迎祺:《尧风遗韵》,中国文史出版社2004年版,第58页。
③ 王国维:《宋元戏曲考》,上海古籍出版社1998年版,第4页。
④ (清)李光庭:《乡言解颐》卷三"人部"之"优伶"条,石继昌点校,中华书局1982年版,第53页。
⑤ 徐珂编著:《清稗类钞》(第11册),中华书局1986年版,第5099—5100页。

"丑"之所以有末崇高的地位，约有两因：一因唐玄宗暨唐庄宗都扮演过丑，尊丑即以尊皇帝也。二因优人的祖宗如《史记》所载的故楚乐人，长八尺、多辩、常以谈笑讽谏的优孟；秦倡侏儒，善为笑言，然合于大道的优旃；甚至齐之赘婿，长不满七尺、滑稽多辩的淳于髡；都是好科诨的丑，尊丑即尊祖辈也。①

董先生认为"尊丑即以尊皇帝"的想法，其实在梨园行表现并不明显，反而伶人以扮演过丑脚的唐玄宗、唐庄宗为戏神，不排除"行业中人借用其威望和地位来抬高本行业的'声誉'和'身价'"②的可能，即通过"塑造和强化本群体的信仰象征，并且使这个象征无可争辩地转化为社会各个阶层容易接受和认同的群体标示，以达到抬升本行业地位的目的"③。湖北汉剧艺人，旧时候认为祭奉唐明皇为祖师爷，自己就是"皇帝弟子"，自然就抬高了自己的社会地位，并把自己的宿舍称为"官店"，大门口两边排立"肃禁（静）"、"回避"四块站牌，厨房人员也称为伙房"老爷"。④如黑龙江的一些地方戏班，"'供祖师爷'习俗发展成为班主置办酒席，邀请绅商、知名人士、亲朋好友、票界名流参加。仪式开始，宾主要分别给祖师爷焚香叩头，同时门外大放鞭炮，乐队吹打。礼毕，赴宴看戏。凡参加者均出贺礼。"⑤在戏行之外的人看来，戏行所尊崇的祖师，如皇袍加身的天子唐明皇，也是他们在生活中敬畏礼拜的对象，心中必然产生一种认同感和敬畏感。山西等地，人们把丑角当皇上看待，所以戏班在乡下演出时，那些爷爷奶奶们总要抱上孙孙来到后台，请丑角师傅给娃娃打个三花脸，以图吉利；化装后，还要给丑角以"红封"，表示酬谢。其中隐喻着孩子打扮成三花脸，长大后也会像古代的皇上一样，大富大贵，反映着人们的良好愿望。⑥这样，戏行就比较容易被民众接纳和融入社会中去。奉唐明皇或唐庄宗为戏神，当然也蕴含着伶人一些世俗的想法，但不

---

① 董每戡：《说剧》，人民文学出版社1983年版，第146页。
② 任聘：《行业祖师简论》，见《艺风遗俗》，黄河文艺出版社1987年版，第105页。
③ 傅才武：《老郎庙的近现代变迁》，《文艺研究》2006第2期。
④ 刘小中、郭贤栋：《湖北汉剧历史考察文集》（内部资料），1986年，第60页。
⑤ 《中国戏曲志·黑龙江卷》，中国ISBN中心1994年版，第350页。
⑥ 杨迎祺：《尧风遗韵》，中国文史出版社2004年版，第58页。

可否认的是在这些实际行为的背后却折射出他们"尊祖"的朴实心理。

丑脚在戏班中受到尊崇的重要原因，进而言之应该还与丑脚"文武昆乱不挡"，要求伎艺全面有关。如在福建、广东两省的潮剧中，丑行都是"表演艺术最丰富，最具特色的行当"①。在粤北采茶戏、乐昌花鼓戏、花朝戏、贵儿戏中，丑行都是最主要的行当，戏班有"无丑不成戏"之说。② 戏剧史家董每戡先生曾经在《说"丑""相声"》一文指出："究其实，还有一因，便是丑以插科打诨为职，可以随便说唱，打鼓者若得罪他，他有能力多说多唱使你拍不下板；其余角色若得罪他，他更有能力使你应答不上，当场出丑，而且他即使如此乱来，也不能算'犯规'，有这切身关系，所以谁都尊敬'丑'了。"③ 董先生的话无疑为民间戏班中"尊丑"的普遍氛围又提供了一种解释。

二、丑脚、戏神与伶人的"寻源"心理

"戏祖"的认同和崇拜，说明伶人在从事戏剧演出而谋生的同时，也在思索自己身份的源头，他们也会依据史书上的记载来将自己身份合法化、社会化。古时梨园行出现大量"弄孔子"的院本杂剧，就是伶人依据《孔子家语·相鲁》中所载孔子"诛齐之侏儒"而做出的情绪反应。虽然这是一个与认同唐明皇辈为戏祖相反的例子，但从中却告诉我们，伶人也是有自己思索和设计行业身份的习惯和能力。这一习惯还体现为对戏曲行业来源的思索，即很多伶人认同后世之戏剧来源于傀儡戏。

其实，关于后世戏剧与傀儡戏的关系，也是学术界一直颇有争议的一个问题，如董每戡先生就对孙楷第先生在《傀儡戏考源》中提出的"后世戏剧源于宋代之傀儡戏、影戏"的观点不以为然，他认为"孙先生的戏剧出于傀儡戏之说也是不能成立的"④。但是，学界的争议并没有妨碍民间戏曲艺人崇拜傀儡戏偶为戏神，而

---

① 《中国戏曲志·福建卷》，文化艺术出版社1993年版，第24页。
② 《中国戏曲志·广东卷》，中国ISBN中心1993年版，第303页。
③ 董每戡：《说剧》，人民文学出版社1983年版，第146页。
④ 董每戡：《说剧》，人民文学出版社1983年版，第66页。

且在地方戏剧供奉的各种戏神中以傀儡戏班中供奉的"戏神"地位最高。黄锡钧先生介绍说："相公爷在地方戏中地位最高，其他地方戏班若同地点演出或路过，必须上木偶台参拜相公爷。提线木偶戏台素有'十枝竹竿三领被'搭成'八卦棚'的固定格式。如提线戏演完，'人戏'要接着在提线台演出，必须拆去一枝竹竿，以示区别。寺庙、房屋落成典礼如不首演提线戏而演'人戏'，戏棚口也不敢正对大门，而要搭稍偏斜。若是提线戏与'人戏'在同地演出，必先提线戏起鼓开场，'人戏'才能演出，不能僭先，此曰'前棚傀儡后棚戏'。全国各地，亦大体尊木偶剧开台。"①

有意思的是，在福建等地有流传着戏神田公出世的传说，福建兴化民间戏曲艺人为迎合酬神赛会的需要，编写了一本宣扬戏神"田元帅"的戏本《愿》，在该剧中讲到帅三兄弟以歌舞感悦帝母，帝母疴去后被赐御酒封赏。老三田智彪醉，公主悦其容貌，取彩笔戏画其脸。田智彪醒，见容貌改变，难以洗净，大为惊骇。玉皇闻报，下旨不准三太子回天宫，乃封为忠烈大元帅，掌理天下梨园都总管，留在人间任职。② 田智彪成为戏神的故事，还出现在莆田县东庄莆头村戏神庙太平宫的壁画上，可见其流传之普遍。③ 其实这段故事是根据《三教源流搜神大全》卷五所记载的一段话：

> 帅兄弟三人：孟田苟留，仲田洪义，季田智彪。父讳镌，母姓习讳春喜，乃太平国人士。唐玄宗善音律，开元时，帅承诏乐师典音律，犹善于歌舞，鼓一击而桃李甲，笛一弄而响遏流云，韵一唱而红梅破绽，蕖一调而庶明风起。以教玉奴、花奴，尽善歌舞，后待御宴以酣，帝墨涂其面，令其歌舞，大悦帝颜而去，不知所出。复缘帝母感恙，瞑目间则帅三人翩然歌舞。鼙笳交竞，琵弦索手，已而神爽形怡，汗焉而醒，其疴起矣，帝悦，有"海棠春醒高烛照

---

① 黄锡钧：《泉州提线木偶戏神相公爷》，福建省戏曲研究所等编：《南戏论集》，中国戏剧出版社1988年版，第474页。
② 林庆熙：《莆仙戏戏神田公的由来及其历史嬗变》，叶明生主编：《福建戏曲行业神信仰研究》，2002年版，内部印刷，第79页。
③ 汪洁：《从莆田戏神壁画看福建民间宫庙壁画的特点》，叶明生主编：《福建戏曲行业神信仰研究》，2002年版，内部印刷，第188页。

红"之句，而封之侯爵。①

耐人寻味的是，被玉皇敕封为天下梨园都总管并成为戏神的田智彪，却是被人墨黥其面的丑脚形象，这不能不让人联想到"丑脚即为戏神"的命题。

无独有偶，戏神为丑脚，不仅在福建存在，而且赣东广昌曾家孟戏祖师神"田公元帅"（即田四郎）也是如此，据章军华先生介绍，"曾家戏班所供奉的田四郎原本是戏班中的一个丑角"，章先生敏锐地断言这一现象的意义在于："它开启戏曲文本戏神崇拜的视野——由戏曲角色演变为戏神的思路。"② 叶明生先生也介绍，"在闽中、闽北及闽东各地戏班祀神中，还有一类配祀神，曰郑一、郑二、郑三。其中最具代表性的是'郑二'，戏班称之'郑二师父''押担师父'等等。……在闽东、闽北傀儡班中，'郑二'是一个特殊的戏偶，眼睛会动、嘴巴可以开合，其提线板的线也多了三根（胸线、臂线及脚线等），他在戏偶群中有特殊地位，可作'丑角'，出言无忌。"③ 福建等地傀儡班中的戏神"郑二师傅"就是"丑"的化身。

此外，福建四平傀儡戏中将丑、净摆在"八角制"的首位，有同治时期《角色本》中的"请神文"为证："奉请杭州府风火院铁板头田一师爷、田三郎、二师傅、风花雪月四位夫人，……一丑、二净、三生、四旦、五外、六末、七锋（夫）、八帖（贴），板声童子，雅招童郎……"据此，叶明生先生认为"以丑、净列于行当之首，是早期戏班与宗教关系密切之原故，此与丑角行当受傀儡戏'郭郎''列俳儿之首'之影响的戏班习俗不无关联，并非'丑净'为南戏行当之首的意思"④。"郭郎"即郭秃，大家看看闽西木偶戏中丑头的形象：

> 丑头因是戏神化身之头，形制颇为特殊，传统面相为圆顶秃头、圆目薄唇、圆腮翘鼻的圆胖笑脸，眼珠可动。后发展为眼珠与下颏（整块）联动。再

---

① 无名氏辑：《绘图三教源流搜神大全》，上海古籍出版社1990年影印明刊本，第242页。
② 章军华：《闽赣戏神"田公元帅"祭礼述源》，《江西社会科学》2007年第12期。
③ 叶明生：《福建北南两路田公戏神信仰述考》，《福建戏曲行业神信仰研究》，2002年版，内部印刷，第54页。
④ 叶明生：《福建傀儡戏史论》，中国戏剧出版社2004年版，第488页。

变则眼睑与下唇联动,到了上世纪三十年代有的班社又将眼珠改成可以转动的样式。圆胖脸变成长胖脸,秃头顶也涂以墨色,似图表明其本非秃头,仅是毛发短而已。①

丑头的这副"尊容",正是宋前丑脚"郭郎"的形象;而事实上,在闽西傀儡戏中,丑头不仅在提纲戏中担任丑角的重任,而且在开台仪礼中饰戏神田公元帅。②正因为是丑脚的缘故,福建福安的木偶戏中的神偶郑二师傅,在任何戏中都是不忌口的,百无禁忌。③ 这样,丑脚不仅在傀儡戏与戏神相重合,而且在"人戏"中同样如此。因而,萧兵先生指出:"如果准后世'田都元帅'、'老郎'、'喜神'之例推之,'郭郎'或'郭公'或亦戏剧之神。"④

无论是在偶戏还是人戏中,丑脚能成为戏神,都与艺人追寻本剧种源头的"寻源心理"有关。通过探寻源头,艺人发现戏神与古优以及与傀儡戏,有着千丝万缕的联系。而优戏、傀儡戏不仅是中国戏剧的艺术源头,也是丑脚的源头,这正是丑脚为戏神更深层次的原因。

三、丑脚通神:祭祀仪式中的戏神

丑脚为戏神的基本观念,对于戏曲艺人而言,不仅仅体现为对丑脚艺术的推崇和对戏曲艺术源头的追寻,还深植于这个特殊从业群体"丑脚通神"的集体意识中。

在特定的语境中,丑脚为戏神在现实中"活"的代言人。杨榕在《莆田市瑞云祖庙之田公信仰、祭仪与戏剧》长文中记述了一件丑脚通神、戏神附体的事情。

---

① 刘远:《闽西木偶戏的傀儡技术》,(台湾)财团法人施合郑民俗文化基金会:《民俗曲艺》第135期"福建民间傀儡戏"专辑(上),2002年3月出版,第192页。

② 刘远:《闽西木偶戏的傀儡技术》,《民俗曲艺》第135期"福建民间傀儡戏"专辑(上),第189页。

③ 叶明生:《福安市北部山区下洋村的罾帐戏》,《民俗曲艺》第136期"福建民间傀儡戏"专辑(下),2002年6月版,第15页。

④ 萧兵:《傩蜡之风》,江苏人民出版社1992年版,第814页。

1949年莆田"新开明"剧团成立伊始，没有按例先到祖庙开台献演，就到近郊演出。正在演出中，一名丑脚突然手持佩剑从舞台上跳下来，直奔瑞云祖庙。当这位丑脚演员跑到街中，迎面碰到晾挂在头顶空中的衣裤，出于对神的虔诚和神是不能从衣裤下经过的忌讳，必须将衣裤调开，因他个子不高，照理是难以将之挑落。然而只见他舞动手中的剑，晾在空中的衣服纷纷落下，继续奔向祖庙。冲进庙门后，扮作少公公（笔者按：指戏神），口中喃喃有词念咒一番。村民说，这叫作"上僮"，即少公公的神灵附在他身上，缘由是剧团违背俗例，对神不敬，因而藉着这位丑脚演员之口道出情由。① 在艺人和普通的民众看来，丑脚介于人、神之间，为戏神"代言"，行使神的威仪和神力。丑脚的这番非常态的举动，极大地强化了伶人头脑中的"丑脚即戏神化身"的观念。

图29　闽西提线木偶戏神。笔者2007年7月拍摄

---

① 杨榕：《莆田市瑞云祖庙之田公信仰、祭仪与戏剧》，《民俗曲艺》第122、123期合辑，2001年，第22—23页。

不仅如此，在民间戏曲艺人看来，丑脚还是"神媒"，在现实祭祀仪典中具有代神行法的特殊功能。施博尔介绍："傀儡戏的滑稽神（笔者按：即丑脚）并不单只是受人膜拜的神祇。他们在祭典中扮演着更积极的角色。法师赋灵于滑稽神，滑稽神则施展其功能——除煞、招魂、为新人祈求百年好合。但有一个重要的观点，那就是以傀儡来作法，基本上与法师亲身作法无啥差别。"① 的确如此，在泉州提线木偶剧团演剧前一般先由戏神"相公爷"独自承演《大出苏》，即具有很强的仪式功能。全本《大出苏》相公爷演独脚戏，歌唱、舞蹈，无故事情节，宗教色彩颇浓。而且相公爷的表演与曲白，却不大肃穆，倒是诙谐风趣，自谦"小苏"。"相公爷"与丑脚两位一体。在黄锡钧先生看来，"相公爷的作用是人神之间的媒介，将演戏主人的意愿上达天庭，即'为人解冤适吉，为人赛愿扣天曹'（见《大出苏》）"。② 曾志巩先生介绍，在赣东的南丰等地，旧时农历四月栽完早稻要演"禾苗戏"，八月晚稻成熟时要演"保禾戏"，戏台设在福主殿前或祠堂内，将本坊能搬动的菩萨，一起集中起来看戏，祈请戏神与众神沟通，保护当年五谷丰收。③ 请戏神出面请其他众神来看戏，接受享祭，确实是农民最具人性化的想象，充满了神—神相互勾连的遐想，为丑连贯人、神提供了蓝本。

　　其实自古以来就流传着貌丑通神的说法，所以不少相貌丑陋者从事巫的职业。《山海经·海外西经》有"女丑"，袁珂先生注曰："女丑疑即女巫也。"④ 在上古，巫处于人、神之际，一方面将神的旨意传达于人，另一面又将人的祈愿反馈于神，获得护佑。康保成老师考证：《山海经》中的巫师皆为生理残疾者，如交胫国为跛子；三首国"一身三首"；周饶国是侏儒；一臂国为单臂一目，等等。⑤ 有学者认为"巫师通常是神经质者、癫痫病者或缺臂少腿等生理残疾者担任，以显露他身体的神秘性"⑥。神秘性，在普通的人看来，正是通往神灵的必由之路。

---

① 施博尔著，萧惠卿译：《滑稽神——关于台湾傀儡戏的神明》，《民俗曲艺》23、24期合辑，1983年5月，第113页。
② 黄锡钧：《泉州提线木偶戏戏神相公爷》，《南戏论集》，中国戏剧出版社1988年版，第473页。
③ 曾志巩：《江西南丰傩文化》（下），中国戏剧出版社2005年版，第671页。
④ 袁珂：《山海经校注》，上海古籍出版社1991年版，第218页。
⑤ 康保成：《傩戏艺术源流》，广东高等教育出版社1999年版，第319页。
⑥ 高国藩：《中国巫术史》，上海三联书店1999年版，第68页。

中国古代的丑脚导源于古优，而优很大程量上为巫所转化，所以丑脚与生俱来就有通神的质素，负载着某种神秘的原始力量一路走来。当它又因为与艺人对其表演艺术的推崇以及追溯戏曲艺术之源，而获得与戏神（祖）叠加的特殊身份。这些因素重叠在一起，使得丑脚以戏神的身份参与到戏曲行业祭祀仪式中去，从而进一步增强了丑脚所具有的戏祖之神性和威仪。

四、剧中与剧外：丑脚与戏神的分离

丑脚虽然是戏神的化身，但有意思的是，剧中和剧外的丑脚，无论是身份还是形象，迥然有别。舞台上的丑脚是被丑化和戏谑的对象，而现实中又普遍存在"尊丑"的习俗。

在剧中丑脚往往是滑稽调谑的主角或对象，但丑有时也跳出戏外，以一种庄严的神态和口气进行道德的宣讲。如浙江越剧中丑脚也偶尔转化为剧外人劝讽：

> （丑）列位，为人在世，良心总要学好，不要打算别人，我王宝作奴才，如今要做三王爷。义垂（重）山高，世间不多。（三跪介）列位，他一家戏都在鬼脸哭壳里面，他一家大大小小哭到如马苦之不尽，都是出在晚娘身上。没有我这个鬼脸壳带起，难好收场，这样一下，大家都晓得面孔难为情相再我收场末。①

又如在广东陆丰皮影戏中，也有一个名曰"大头坎"的丑脚，往往在正戏演出之前，依例由他来念一段顺口溜。顺口溜以当地乡规民约为内容，语多诙谐，表演滑稽。"大头坎"长相很丑，头颅奇大，前额突出，后脑拖一条发辫，着马褂，作绅士状。② 这种"替尊教化"、"代神宣教"的职能，笔者怀疑即与丑脚场外为戏神，尊贵的身份有关。笔者的这个猜测获得了证实。在东北滦州影戏中有一个相当

---

① 中国戏剧家协会浙江分会、浙江省文化局编：《白蛇记》，见《浙江戏曲传统剧目汇编》第69集。
② 康保成等：《潮州影系的个案研究——关于陆丰皮影戏的田野考察》，《民间文化论坛》2005年第1期，第48页。

特殊的影人"大巴掌"（见图30），它的形象与海陆丰影戏中的"大头坎"很相似，它的头和下巴很大，脑袋后面扎着一条小辫子，据艺人描述，它还戴有一顶瓜皮帽。邓琪瑛博士介绍，"'大爪子'在影剧故事中虽不占任何重要地位，仅作调节气氛、填补空场之用，但在影人的地位崇高，被视为'影人之王'，也是影人中仅有的头、体相连者。"① 尽管现在东北艺人不再祭祀"大爪子"，陆丰影戏艺人祭祀"大头坎"的仪式也难得一见，不过根据河北西部皮影的资料显示，他们确实供奉过"压箱佛爷"和"大师哥"，也就是观世音菩萨与大爪子。② 原来在潮州或滦州影戏中，作为丑脚的"大头坎"、"大爪子"，就是戏神"大师哥"。

图30　皮影戏中的大师兄和二师兄，大师兄是大手掌

丑脚剧中与剧外"两重天"式的处境，让人很容易联想到戏神"喜神"与此

---

① 邓琪瑛：《海峡两岸潮州影系研究》，大象出版社2010年版，第64页。
② 江玉祥：《中国影戏与民俗》，台北，淑馨出版社1999年版，第185页。

相类似的情况。喜神，在有些戏班中又称作"大师哥"，是一个娃娃的形象。江苏里河班的乡班，一般不请祖师爷上后台，以台上用的婴儿道具（木偶）作替身。演员扮戏后、上台前来打躬作揖。① 黑龙江一些地方的戏班，还要为"大师哥"换季，做新衣服。当"大师哥"摆在后台，艺人敬若神明，有人擅动，就罚香罚款，但演出时则作为小孩的砌末，可在台上随意摆弄。② 云南戏界还存在一种"耍太子"的业内习俗。据《滇戏业敬拜的神灵》一文介绍：云南戏业的戏神活动"耍太子"分文耍、武耍两种。每年腊月二十四日办太子会时，班主要为太子加冠换袍。换袍前，由几个男童将太子雕像放进水盆里沐浴。这可是孩子们的拿手好戏，在他们心目中，太子也只是个像他们一样的顽童，这样，他们凭自己的童性，将一个木偶丢来摔去，尽兴玩耍嬉戏方才罢休，此举称文耍。武耍则是在舞台上。有时演出时需要婴儿道具，这样，太子菩萨就成了最好的"人选"。演员们将太子这个小木偶当戏中人掼摔、辱骂亦无关大局。但到戏一演毕，又要恭恭敬敬地供还原处，享受香火。③ 又据邱坤良先生介绍台湾北部（宜兰地区）傀儡戏戏神"三王爷，则是丑角造型，他们平常或演出前被傀儡艺人拜祭，但演戏时也常上场"④。"台上随意摆弄"与"台下敬若神明"，是作为戏神的丑脚所遭受的两种决然不同的待遇。

中国戏剧中丑脚的这种情形，与美洲印第安人部落苏内斯（zunis）中的丑角很为相似。苏内斯部落中的考耶姆西（koyemci），不仅是位丑角，而且还是统治整个村庄的教士。在某些特定的宗教节日中，考耶姆西便经常表现出滑稽古怪的动作，并以此而使得深受理性压迫和道德压迫的他自己以及他的群众获得自由，获得快乐。⑤ 从而，考耶姆西也受到了族人的尊敬。

剧中与剧外是两个不同的"场"，也是两个不同的话语世界。"剧中"作为戏拟的世界，通过"娱丑"，人们从中获得了戏谑性的快感和狂欢的精神满足。走出"剧中"，回复"剧外"，丑脚又幻化为戏神，获得伶人的崇祀。"娱丑"与"祀

---

① 《中国戏曲志·江苏卷》，中国ISBN中心1992年版，第798页。
② 《中国戏曲志·黑龙江卷》，中国ISBN中心1994年版，第349页。
③ 章虹宇：《滇戏业敬拜的神灵》，《华夏地理》1992年第6期。
④ 邱坤良：《台湾的傀儡戏》，《民俗曲艺》23、24期合辑，1983年5月，第17页。
⑤ 阎广林：《喜剧创造论》，上海社会科学出版社1992年版，第95页。

神"，虽表现为不同场景下的两种功能的分离，但本质则统一于功利性的目的之中。丑脚这种独特表现，使它架起了戏曲行当与民俗功能之间的桥梁，赋予了其自身更为丰富的内涵。

第二节 民间戏神传说的互文叙事形态

戏神信仰是一种很特别的民俗事象，而戏神的确立，很大程度上依靠行业内部相关祖师的传说。伶人在零星的历史文献记载的基础上，根据行业的需要，利用传说赋予历史人物以神秘感和神性特征，将之推至戏曲行业神信仰的祭坛。塑像（画像）和宫庙壁画都是戏神形象直观的表达，作为一种立体的民间叙事模式，它们的细节处理也来源于伶界各种传说，从而构建戏神传说与戏神塑像（画像）、宫庙壁画的互文模式。如果说，在伶人集体意识中，戏神塑像（画像）及宫庙壁画都是戏神传说的外在表现形式，那么戏神信仰的行业禁忌，则是各种传说的隐性干预形式。与塑像、壁画不同的是，禁忌干预更多的表现为精神层面的，深植于戏曲行业成员心灵深处，并以传说为载体，代代相传，稳固不移。本节拟通过民间传说对戏神信仰确立、塑像（画像）生成、壁画传承、禁忌干预等四个层面，考察戏神传说独特的叙事形态及其民俗意蕴。

一、传说造神：对历史文献的追寻和修补

戏曲行业信奉的神祇有数十位之多，若将傩戏、傀儡戏、影戏、灯戏等戏剧形式的行业神计算其间，数量更多。众多的戏神，来源各途，有著名历史人物、宗教神祇、民间人物，也有生造出的保护神。可以说，每一尊戏神，都是传说的产物；每一尊戏神背后，都有着形形色色的"造神"传说。传说，在戏神生成过程中，扮演着至关重要的角色。因为传说的推动，戏神信仰获得了准宗教化色彩；也因为传说，戏神以民间俗信的形式，超越戏曲行业的范畴，走入寻常百姓的信仰祭祀序列中。

细细排比各种戏神传说，会发现它们都与历史文献有着或多或少的牵连。这些

文献记载，多半时候为戏神的生成提供了"合法"或合适的历史依据，成为勾连戏曲行业与相关神祇之间的桥梁。例如，湖北荆河戏信奉戏神优孟，源自《史记·滑稽列传》中优孟谏楚庄王的记载，因故事发生在楚国，且楚当时的都城在郢，即今天的荆州市，所以当地的戏曲艺人信奉优孟为戏神。又如，湘南祁剧信奉北宋徽宗时教坊优伶焦德为戏神，凭依的文献依据是周煇《清波杂志》和张知甫《可书》。《清波杂志》卷六载焦德以芭蕉谏艮岳，又以"东园如云，西园如雨"刺蔡京劳民伤财建豪邸，而《可书》载焦德以丑石喻杨戬。这些文献逐步转化为民间传说，在湘南等地民众心目中焦德是一位上谏昏君、下刺奸佞"德艺双馨"的伶人，从而为焦德转化为戏神提供了历史依据。继而需要的是将焦德与祁阳剧联系起来，传说又起到了关键的作用。据民国时期刘守鹤的文章《祁阳剧》所载，在祁阳当地流传着焦德这样的传说：

> 焦德不知是何朝何代的人，也不知是生于何乡何土，子弟们只知道他是蔡邕的焦尾琴转劫。说的是某年某月某时，祖师爷在天宫仙阙，心血来潮，掐指一算，知道是祁阳剧又遭了厄运，于是大发慈悲，特地亲自拜访蔡邕祖师，请他放焦尾琴下凡，使其中兴祁阳剧。……下凡之后，投生祁阳焦家，取名焦德，生而懂得音律，只一出《琵琶记》总学不会，除此之外，就无戏不能，无戏不精，果然在祁阳班中大露头角，后来天子宣召进京演戏，封了侯爵，替祁阳剧添了无穷光彩。后来尘缘已了，侯爷归天，班里永远供着他的神像。①

可见，祁剧戏神焦德的诞生，也是历史文献与民间传说完美结合的产物。历史文献的重要性在于提供了戏神源头的"合法性"，具有正本清源的重大意义；而传说则利用民间俗信的力量，将戏神的信仰改造得更为神秘，更加灵验，使之具有很强的精神号召力和现实性功用。尽管文献对戏神信仰提供了重要历史凭据，但往往相关的记载和描述，不是三言两语过于简单，就是难以与某一特定剧种或特定信仰环节联系起来。这时，传说以可塑性、附会性等独有的长处参与其间，对相关历史

---

① 刘守鹤：《祁阳剧》"祁阳剧的起源"，《剧学月刊》第三卷第三期，1934年3月。

文献进行改造和修补，使戏神的民间叙事更加可信、可感，也使之流传起来更加通畅。因此，凭依与修补，成为戏神传说对历史文献改造前后相继的两大步骤。

闽、台等地流传的雷海青信仰，在民间传说对历史文献的凭依和修补过程中，不断发生变化。他从一个真实的历史人物演变为戏曲的行业神，继而又溢出戏曲行业成为民众普信的地方尊神。唐人郑处海《明皇杂录·补遗》称：天宝年间，有乐工雷海青。馀者不详。宋人司马光《资治通鉴》卷二百一十八也记载安史之乱期间，"禄山宴其群臣于凝碧池，盛奏众乐；梨园弟子往往嘘唏泣下，贼皆露刃睨之。乐工雷海青不胜悲愤，掷乐器于地，向西恸哭。禄山怒，缚于试马殿前，支解之。"这些历史文献，为忠烈义勇的乐工形象进入梨园行被奉祖师神，提供了可靠的依据。

戏神传说对经典文献相关记载的截取，为戏曲行业神的信仰来源注入了历史真实性的信息，获得更为广泛和坚定的信仰人群。戏神传说在叙事过程中所传达出孜孜以求探寻神祇来源真实性的意图，客观反映出传说制造者对神祇信仰的虔诚和迷信。

在历史文献的基础上，民间传说进一步赋予雷海青离奇的身世和"殁为神"后的伟力。"民间传说雷海青是个私生子，被遗弃于田野，由毛蟹以泡沫饲喂始得活命；长大擅长音乐，发明箫、笛、拍板等乐器，为朝廷延聘为乐工，授以文职，官至翰林院学士，安禄山反以文官任武职被杀。当唐明皇亡命西蜀途中，还以神灵护驾。"① 又有传说对雷海青殁后化为神来佑护唐明皇描述极为神奇："玄宗皇帝蒙难时，其亡魂拯救之，当时空中浮现'田都'二字，故尊拜为田都元帅。"② 这条传说，不仅赋予了雷海青死后为神的"威力"，而且为民间广泛尊称其"田都元帅"提供了合理性解释。乾隆年纂修《仙游县志》载宝幢山元帅庙所祀雷海青，因其"能显威御寇"，故"乡人感之，至今香火不断"。③ 县志所载，正是民间传说的文字化形式。

"显威御寇"神威的传说，进一步推动了雷海青向保境安民的地方神祇转变。

---

① 高贤治：《现存万华被遗忘的北管戏神——西秦王爷及田都元帅》，《台湾风物》第38辑，1988年。
② 吴瀛涛：《台湾民俗》，台北，众文图书股份有限公司1998年版，第214页。
③ 《（乾隆）仙游县志》卷一二"坛庙"，1930年铅印本。

如在道光年刊《厦门志》就有这样的记载：祭祀雷海青，"婴孩生疮毒祈祷屡效。上元前后，香火尤盛"①。雷海青能治婴孩疮毒，还见于光绪年间施鸿保的《闽杂记》："凡婴孩疮疠，辄祷之"②，说明直至晚清时期，还流传着雷海青为婴孩保护神的说法。在台湾，民间传说由于雷海青神像带着一幅天真无邪童子笑容，民间便认为其对于医治小孩的病很灵验。而在康保成老师看来，在民间，雷海青还被认为是具有乞子功能的生殖神。③ 所以，无论是"显威御寇"，还是治病乞子，都超越了雷海青作为一位乐工和戏曲行业神的职司，足见民间传说对戏神信仰影响之深远。

二、戏神塑像：对民间传说的立体诠释

既然民间传说对戏神的生成起到了至为关键的作用，那么，在戏神信仰体系固定下来之后，信仰者又通过怎样的形式来诠释戏神传说呢？日本民俗学家柳田国男认为："传说的核心，必有纪念物。无论是楼台庙宇，寺社庵观，也无论是陵丘墓冢，宅门户院，总有个灵光的圣址、信仰的靶的。"④ 具体于戏神信仰，各地戏神庙中的戏神塑像则是对民间传说最直接的诠释，尤其是塑像中一些细节的处理，更能看出它受到民间传说的直接影响。

戏曲行业中戏神的塑像，普遍为一小儿状。清杨懋建《梦华琐簿》⑤、龚炜《巢林笔谈续编》⑥ 以及清檀萃《滇南草堂诗话》⑦ 都记载老郎神为"白皙小儿"或"粉孩儿"形貌。

福建闽剧也有相同的情况，"闽剧有一'婴孩'砌末，即称为'老郎'，演戏时将所祀的戏神'老郎'作为砌末，演毕则置之后台供奉。"⑧ 北方的戏曲艺人所

---

① （清）周凯编：《（道光）厦门志》卷二"祠庙"，道光十九年（1839）刊本。
② （清）施鸿保：《闽杂记》卷五"雷海青"条，清光绪四年（1878）刊本。
③ 康保成：《傩戏艺术源流》，广东高等教育出版社1999年版，第263—268页。
④ ［日］柳田国男著，连湘译：《传说论》，中国民间文艺出版社1987年版，第26页。
⑤ （清）杨懋建：《梦华琐簿》，《清代燕都梨园史料·正编》，中国戏剧出版社1988年版，第374页。
⑥ （清）龚炜：《巢林笔谈续编》，钱炳寰点校，中华书局1981年版，第178页。
⑦ 顾峰：《云南歌舞戏曲史料辑注》，云南民族艺术研究所戏剧研究室印，1986年，第166页。
⑧ 《福建戏史录》"戏神雷海青"注释［6］，福建人民出版社1983年版，第9页。

奉戏神庄王也是一小儿，如陕西戏班"庄王爷"也是"一小木人，俊面，三须"。①甚至东北二人转所奉戏神也为戴着小帽的婴童（见图31）。挖掘各地戏曲行业供奉戏神塑像为小儿，康保成老师发现这些现象的背后蕴含着生殖崇拜的文化意蕴。②抛开其文化涵义不论，戏神小儿形象，应与民间广泛流传的大师哥教戏和夭亡的两种传说有关。

图31　东北二人转艺人所奉戏神，为戴着小帽的婴童。采自孙红侠《二人转戏俗研究》

在昆剧老艺人中有老郎神化为小儿教戏的传说："有一天许多梨园伶工在排戏文，怎么也排不好。忽然不知从什么地方来了个小孩子，指出应该怎样排演，立刻剧情连贯，衔接起来，可是孩子不见了。"③董每戡先生也收集到相类似的传说，某只灰白色的老狼化为童子来教戏。④与"童子教戏说"有关联的是"殇子说"，

---

① 《中国戏曲志·陕西卷》，中国 ISBN 中心 1995 年版，第 625 页。
② 康保成：《傩戏艺术源流》，广东高等教育出版社 1999 年版，第 237 页。
③ 苏州市戏曲研究室编印：《宁波昆剧老艺人回忆录》，1963 年内部印刷，第 17 页。
④ 董每戡：《说剧》，人民文学出版社 1983 年版，第 287 页。

江苏有这样的传说：

> 唐明皇夫妻都是戏迷。一次，夫妻俩都要上台，儿子没人抱，就把儿子坐放在案板上，谁知有个演员先卸妆，没注意有小孩，将戏衣随手一甩，正好甩在孩子身上，后卸妆的也顺手把戏衣甩向案板，越堆越高，直到唐明皇夫妻过完戏瘾，下台来抱儿子时，埋在戏衣堆里的儿子已闷死了。唐明皇厚葬了小太子，封他为戏神。①

从事理逻辑来看，这样的事情绝不可能在皇家发生，却可能在一般戏曲艺人间偶尔发生，它或许是伶人生活的真实反映。譬如在江苏一带，还流传唐代皇家梨园有一位年龄最小，技艺超群的"大师哥"，被轿夫失手压死的传说。②因大师哥夭亡，故梨园雕小儿戏偶作为戏神拜祭。以上的传说，为梨园行所供戏神为小儿提供了直接的来源。

戏神塑像细节的处理，更能体现传说的影响力之大。在闽南泉州、厦门等地的泉腔提线傀儡戏戏神"田都元帅""红面无须，口画毛蟹，头编双辫，免冠，活口"③，明代《三教源流搜神大全》中所附"田元帅图像"也是"口画毛蟹"。田都元帅"红面无须，口画毛蟹"的神像，来源于民间的传说：其母苏小姐郊游，吮吸稻浆而孕，不容于父母，分娩后将子弃于田野，被毛蟹唾沫所救。母异之，抱回抚养，十八年后长大成人，高中探花，被赐御酒三杯，满面通红，醉倒于金殿。④据郑正浩介绍，台湾所见的田都元帅神像，在嘴边大都画有形状奇特的"须"。这种"须"，据说象征毛蟹的脚，被称为"毛蟹须"。⑤显然，"毛蟹须"受到了民间田都元帅被蟹所喂养传说之影响。

在福建、台湾等地戏神庙中的田都元帅神像还有一个细节：塑像背后有双雉

---

① 《中国戏曲志·江苏卷》，中国 ISBN 中心 1992 年版，第 846 页。
② 《中国戏曲志·江苏卷》，中国 ISBN 中心 1992 年版，第 846 页。
③ 黄锡钧：《泉州提线木偶戏戏神相公爷》，《南戏论集》，中国戏剧出版社 1988 年版，第 469 页。
④ 叶明生：《福建傀儡戏史论》，中国戏剧出版社 2004 年版，第 497 页。
⑤ 郑正浩著，吴文理译：《乐神一考——台湾的田都元帅和西秦王爷信仰》，《民俗曲艺》第 23、24 期合辑，第 121 页。

尾。如福建南平、永安等地的戏神田公，"身穿红袍，面呈红色，头上插一副白鸡毛"①。清人施鸿保《闽杂记》卷五"五代元帅"条也记载："福州俗敬五代元帅，或塑像，或画像，皆作白皙少年，额上画一蟹头，左右插柳枝，或插两雉尾。"施鸿保认为"闽音蟹与海近，柳枝则寓青字"。②殊不知，戏神雷海清神像所塑雉尾，来自民间戏神化于九天翼宿星君的传说。民国刊《福建通志·坛庙志》（侯官县）云："田元帅庙在定远桥河墘。……一说田元帅为天上翼宿星君，故其神头插双鸟羽，象'翼'之两羽；'田'姓象'翼'之腹，'共'字象两手两足，故其神善技击；'羽'又为五音之一，故其神通音乐。"更有意思的是，随着时间的推移，神像双雉尾被民间图解为一双手，如叶明生先生《福建傀儡戏史论》第509页就插入闽西高腔傀儡戏神图（图202），田公耳旁有两只手。因为在闽西一带流出着相关的传说："唐明皇得知田氏善艺，召他进宫献演戏曲，当时刑法森严，身为庶民的田氏见到皇上，连唱曲也不敢抬头。唐明皇是酷爱戏曲音乐的皇帝，为了欣赏田氏的艺术，亲下金阶，将田氏戴帽的头扶高正视，以观表情。因此，后人在田公元帅的画像帽翅边添了唐王的两只手，以示高贵之意。"③闽西上杭也流传有类似的传说，只是皇帝变为了刘邦。其实，两支手应是古代的弁帻，明人姚旅《露书》卷九"风篇中"曰："弁如帻，但当耳有双手作抃耳。余少时于戏场见之，犹有吉祥之意。"④尽管如此，但在民间艺人心中，戏神塑像加了两只皇帝的手，则大大地提高了戏神的地位，自然也抬高了自己的社会地位。如此朴素的解释，如此微小细节的处理，却寓含着戏曲艺人真实和功利的信仰意图。

在福建等地的戏曲班社供奉的一些田公元帅塑像中，还出现了金鸡与玉犬的信仰元素。莆仙兴化腔傀儡艺人所供田公戏神像，田公单脚踏于"灵牙"（小白犬）⑤，据刘念兹先生介绍，1960年2月在浙江温州戏剧学校组织温州高腔、乱弹、禾调艺人座谈，有老艺人介绍温州高腔信奉的田元帅的形状是"头戴元帅盔，红

---

① 叶明生：《福建傀儡戏史论》，中国戏剧出版社2004年版，第504页。
② （清）周亮工、施鸿保：《闽小记·闽杂记》，来新夏校点，福建人民出版社1985年版，第79页。
③ 徐传华口述，谢桂犀整理：《木偶戏神的传说》，《闽西戏剧史资料汇编》第九辑，1986年，内部印刷，第108页。
④ （明）姚旅：《露书》卷九"风篇中"，刘彦捷点校，福建人民出版社2008年版，第208页。
⑤ 叶明生：《福建傀儡戏史论》，中国戏剧出版社2004年版，第503页所附图199。

脸，足踏一只狗，金盔金甲"①。刘念兹先生还说，同年 3 月 23 日他在福建仙游看《田相公踏筵》，其中田公的形象是："田公是红脸，额头正中画个倒写的'春'字，嘴缘四周画螃蟹足，一脚向前举着，系小神龛中的塑像姿势，穿红蟒，戴帅盔。狼牙将军则蹲着，以手托住田公的脚，相互配合左右进退地跳着简单的舞蹈。"②《田相公踏筵》仪式中的"狼牙将军"，应该就是"灵牙"（小白犬）。

图32 厦门同安五甲村后河宫配享的白灵犬。笔者 2011 年 8 月摄制

图33 福建莆田市拱辰村瑞云祖庙中的田宫元帅塑像脚踏白灵犬。笔者 2011 年 8 月摄制

为什么福建等地田公元帅塑像中都有"白犬"、"狼牙"呢？这样的塑像构成，也得益于民间的传说。《中国戏曲志·福建卷》曾收集到这样的传说：相公爷吹箫

---

① 刘念兹：《南戏新证》，中华书局 1986 年版，第 325 页。
② 刘念兹：《南戏新证》，中华书局 1986 年版，第 324 页。

唱曲麻醉番兵，助父打胜敌军，获得皇帝诏请进宫封赏。他的随从也想进宫开开眼界，相公爷把他们变为金鸡与玉犬藏在袖中，却不料相公爷醉倒金阶，金鸡、玉犬从袖中脱落，被圣上发觉，永不能还回原形，所以相公爷神像前从此有金鸡、玉犬相随。① 黄锡钧《泉州提线木偶戏神相公爷》一文也有类似的传说。② 这个传说，很好地解释了田公元帅塑像中有"白犬"、"狼牙"的来由。

台湾地区有关"灵犬"将军的传说则有所不同，据郑正浩先生介绍："台湾的田都元帅神像的脚旁也有鸡、犬之像，有时庙门扉上称为'金鸡玉犬'的门牌，冠上也各画有鸡、犬。关于这个鸡和犬，台湾有两种传说。一种说法是，此鸡、犬，原来是福建两座山上的妖怪，田都元帅用音乐、韵舞将之感化，于是成为部下。另外一种说法是，福路派音乐的唱法高亢而长有如鸡啼，于是鸡为将军爷，从祀于西秦王爷；西皮派的唱法低沉而短有如犬吠，于是以犬为将军爷，从祀于田都元帅。"③ 台湾戏曲班社的戏神信仰来源于福建等地，但从以上的传说来看，显然较之大陆有所变化和发展。

无论戏神的塑像怎么变化，它总是根植于民间传说，为传说之具象化形式。但同时，塑像也以雕刻艺术的变形，赋予民间传说不可能具备的直观感受和新的文化内涵。所以，戏神传说和塑像，以语言和图像为载体，通过强化视听感受，共同推动了戏神信仰在民间的广泛流播和异地生根。

三、宫庙壁画：戏神传说的互文表达

推动戏神传说在民间广泛流播的显现形式，除塑像（画像）之外，宫庙壁画也是重要的手段和途径，不可忽视。明清时期，伶人有自己的行会组织，各地纷纷建立戏神宫庙，或名老郎庙，或曰梨园公所。在一些戏神宫殿中，除安放戏神塑像或悬挂画轴之外，还会在宫庙两侧的墙壁上绘制相关戏神传说的壁画。

---

① 《中国戏曲志·福建卷》，文化艺术出版社1993年版，第595页。
② 黄锡钧：《泉州提线木偶戏神相公爷》，《南戏论集》，中国戏剧出版社1988年版，第471页。
③ 郑正浩著，吴文理译：《乐神一考——台湾的田都元帅和西秦王爷信仰》，《民俗曲艺》第23、24期合辑，第128页。

北京精忠庙喜神殿是一座戏神宫庙，供奉唐明皇为祖师爷。在喜神殿中有7幅大小壁画，上世纪20年代齐如山将之描绘下来，陆续发表在《国剧画报》等刊物上。时至今日，斯庙早平，能见到的就是齐先生的摹本。周华斌先生将之分别命名为《十二音神图》、《唐明皇灯节神游图》、《唐明皇神游月宫图》、《唐明皇梨园乐舞图》、《梨园子弟演剧图》、《唐明皇观乐图》、《唐明皇客谈图》。① 根据乾隆年间《重修喜神祖师庙碑志》和道光七年（1827）《重修喜神典碑序》知，这7幅壁画应重绘于乾隆或道光年间。将这几幅壁画中的《十二音神图》与北京东岳庙所祀音神牌位相比发现，二者完全相同，可见清代北京戏伶在崇祭喜神的同时，将十二音神当作祖师神的配享之神祭祀。

在这十二音神中有两位唐明皇的乐师——叶法善和罗公远。他们之所以被奉为音神，应与民间广泛流传二人带唐明皇神游月宫的传说有关。如云南宣威县原楚圣宫《共培明礼碑》（立于乾隆五十五年，1790年）云："从来乐以恪神和人，迨及唐代，因游月殿，得观霓裳羽衣，遂演梨园，溯建戏楼，无非恪和之雅意也。"② 立于康熙四十六年（1707）的云南宜良县草甸土官村《土主庙戏台碑记》也云："戏何自乎？自于唐玄宗也。时值中秋，玄宗与法师叶游于广寒清虚之府，左霓裳，右舞曲，炫目悦耳之甚，遂识以还，尤而效之，戏之自也，久矣。"③ 法师叶，应就是叶法善。这些碑记记录了民间唐明皇游月宫得乐的传说。

北京戏曲艺人中也流传着唐明皇游月宫闻天乐，回到人间仿天乐而制曲部，遂有梨园的传说，道光七年（1827）程祥翠所勒《重修喜神殿碑序》可证："殆至明皇游入月宫，闻天上之乐，归制霓裳曲部，此乐府曲部所以建也。"④ 此正是戏曲行业艺人奉唐明皇为祖师爷的依据所在。周华斌先生也收集到北京地区唐明皇由叶法善带领下神游月宫的民间传说：

> 八月望夜，师与玄宗游月宫，聆月中天乐。问其曲名，曰："紫云曲。"玄

---

① 周华斌：《北京精忠庙及戏曲壁画考述》，《中华戏曲》第41辑，文化艺术出版社2010年版，第10页。
② 顾峰：《云南戏曲碑刻文告考述》，《中华戏曲》第19辑，山西古籍出版社1993年版，第20页。
③ 顾峰：《云南戏曲碑刻文告考述》，《中华戏曲》第19辑，山西古籍出版社1996年版，第20页。
④ 张次溪辑：《北京梨园金石文字录》，《清代燕都梨园史料·续编》，中国戏剧出版社1988年版，第914页。

宗素晓音律，默记其声，归传其音，名之曰《霓裳羽衣》。自月宫还，过潞州城上，俯视城郭悄然，而月光如昼。师因请玄宗以玉笛奏曲。时玉笛在寝殿中，师命人取，顷之而至。奏曲既，投金钱于城中而还。旬日，潞州奏八月望夜有天乐临城，兼获金钱以进。①

在喜神殿《唐明皇神游月宫图》壁画（图34）的左上角有宫殿一座，似叶法善跪在唐明皇辇前禀告其月宫中有仙乐可闻，表示愿意一同前往；上层中图，叶法善腾云前导，唐明皇似骑仙鹤随后，同奔月宫；右上角有一轮圆月，月宫中有仙女数人，正在弹奏仙乐；下层中图，有唐明皇和叶法善凌空而立，下则是引颈上望、手舞足蹈欢呼雀跃的众百姓；左下图则有殿阁一座，叶法善与一童对坐于几案前，似在传授仙乐。显然，这幅壁画与唐明皇夜游月宫的民间传说构成互文的叙事模式。

图34　北京喜神殿《唐明皇神游月宫图》壁画

---

① 周华斌：《北京精忠庙及戏曲壁画考述》，《中华戏曲》第41辑，文化艺术出版社2001年版，第14页。

在福建也有一些田元帅宫庙绘有壁画,综合笔者的田野调查和相关文献资料,目前发现有四处以田元帅为主神的宫庙有戏神壁画。它们分别是莆田市秀屿镇太平宫、福清市南岭镇吉岚村探花府、福清市三山镇嘉儒村鸡角山探花府和晋江市内坑镇东福宫。这四处田元帅主神宫庙壁画从14幅至100幅不等,都呈现一个基本的叙事模式:前部分讲述田元帅下凡投胎,练成文武之艺,后部分铺叙田元帅降服各种各样的妖魔鬼怪,为民除害。

图35 福建省福清市三山镇鸡角山元帅庙壁画

图36 福建福清市三山镇嘉儒村鸡角山探花府田公元帅壁画,共100幅。罗金满博士提供

这四处壁画对田元帅降妖伏魔的描绘或是出于画工的虚构,但关于田元帅身世和成为戏神经历的不同叙事,则应是民间传说的直接产物。如莆田市秀屿镇太平宫,现存田元帅壁画36幅,前9幅是述田公子出身,分别为《玉皇三太子下凡投胎》、《田员外积善贵子出世》、《田公子自幼文武双全》、《田公子出入天庭》、《田公入京应试》、《少年英雄殿点探花》、《醉卧花园太后画蟹》、《变相归天门受阻》、《田探花辞官归乡》。这九幅壁画与以民间田元帅传说为题材的剧目《愿》剧的情节完全相同,同时还明显带有《三教源流搜神大全》卷五"风火院田公元帅"条所辑录田公元帅成为梨园神传说的痕迹。《愿》是莆仙戏艺人根据莆田、仙游等地

民间关于田元帅传说所编撰的剧目，叙玉皇三太子喜爱梨园歌舞，玉皇许他下凡，待百日功满回天庭。他投胎田家，及长，文武全才，仪表堂堂，聪慧过人。应试中探花，在宫中插花饮酒，醉卧宫闱，公主故意戏弄他，用笔涂红他的脸，又在他嘴巴两侧画着螃蟹之形，额上倒写"火"字。他醒来时取镜一照，脸上笔迹就永远洗不掉了。于是回不得天庭，玉皇封他为忠烈大元帅，留在人间为梨园总管。①

民间传说具有很浓郁的虚构性和乡土性，体现乡民的审美趣味和价值判断，例如在一些戏神壁画中出现文、武同体的田元帅形象，则融入了乡民对于英雄人物文能治国、武能保境的功利性诉求。

在福清南岭镇吉岚村和三山镇嘉儒村鸡角山探花府各有田元帅生平事迹壁画55幅和100幅，描述田元帅成长为戏神的经历基本相同，大致情节为：天上三太子仰慕凡界，田员外中年求子，玉帝命三太子下凡投胎，田夫人喜得贵子。及长，员外亲自教习，田公子习文练武，开弓射箭。适逢京师开科，田公子携书童，拜别父亲，进京应试。皇上钦点探花，田公子当殿谢恩。太后宣赐田探花游御花园，欲招为驸马，田公子不允。醉卧花园，太后画蟹，上天受阻，只得留在人间管理梨园。田公子返乡省亲，后奉玉旨平妖。这两处宫庙壁画的内容明显溢出了民间有关田公元帅戏神传说的范畴，田公元帅已演变为地方保护神，除妖降魔、祛邪驱魅成为其主要职责。

与不少田公元帅庙跨越伶业与俗信两个信仰领域不同的是，晋江市内坑镇东福宫则纯粹以雷海青为信仰对象，很好地保留了戏曲行业神传说的原始面貌。2011年8月21日笔者前去调查时，原有的东福宫已经被拆除，正在原基址上重建庙宫。据介绍，原宫壁画共有27幅，标题内容有：天降麒麟儿，畲寨金凤凰，奉诏入京城，谏君勤朝政，忠烈殉国难、戏界尊祖师，英名万古长，记载了唐忠烈乐工雷海青的乐坛生涯。② 新建的东福宫南北宫墙各有戏神瓷砖壁画7幅，但南墙七幅似乎顺序错乱，应为《老农妇收养》、《戏班学艺》、《识天书之曲本》、《封翰林学士》、《唐明皇敕封》、《收金鸡玉犬》、《挚友相托》。北墙七幅依次为：《安史之乱》、《列入仙班》、《显圣护驾》、《显圣助唐皇》、《平定安史》、《送赠田都元帅》、《建庙奉

---

① 《中国戏曲志·福建卷》，文化艺术出版社1993年版，第593页。
② 林胜利、李辉良主编：《戏神雷海青信仰研究》，中国广播电视出版社2002年版，第191页。

祀》。这 14 幅壁画与流传于梨园戏艺人当中雷海青传说完全相互印合,《中国戏曲志·福建卷》也收录了这则传说：苏丞相之女苏小姐吮吸谷浆而孕，弃子于郊外，被老农妇收养，名之雷海青。海青至戏班学艺，竟成奇技。后唐明皇游月宫，得天书两卷，无人能解，海青揭榜，展读天书，并吟唱一段曲子。明皇大喜，钦点海青为状元，并封翰林大学士，伴随其赏曲宴乐。安史之乱爆发，海青不从安禄山要求其演奏的命令，车裂而死，升天为仙。后显圣护驾，又显圣助唐明皇平定安史之乱，被敕封为天都元帅，颁旨民间建庙奉祀。① 东福宫壁画的留存说明唐代乐工雷海青演化为戏神的传说在晋江一带有较好的保留。

客观而论，这些壁画在艺术上难称佳品，且是近世所作，自然不存在艺术史意义上的演变问题，这也是笔者放弃了一度试图利用美国艺术史学者潘诺夫斯基的"图像学"理论来解读戏神壁画的原因。尽管不便于对这些戏神壁画进行图像志的分析，但并不代表这些壁画不蕴含着丰富的戏神信仰文化。传说是不断变化的，不同的历史时期和不同的族群，都会对其进行"在地"的改造，但相对而言，壁画则是对某一特定时段和地域传说的凝固性表达。稳固性的特征，则很好地记录下戏神传说演变的规律和地域流播轨迹。

四、信仰禁忌：戏神传说的隐性干预

民间传说对戏神塑像、画像以及壁画的影响，是直接和具象化的。实际上，戏神传说对戏曲行业的影响还远不止如此，伶人精神层面和行为层面也莫不受之制约，主要体现为信仰禁忌和祭祀仪式的内在干预。

先说戏神传说对信仰禁忌的影响。"禁忌"（Taboo），根据弗洛伊德的禁忌理论，他认为禁忌表达的是"崇高的"、"神圣的"以及"神秘的"、"危险的"、"禁止的"、"不洁的"等含义。② 人们对禁忌的恐惧，不是来源于事物本身，而是源于对心理的暗示作用。在戏曲行业，对戏神的禁忌心理，同样源于其"崇高的"、"神圣的"、"神秘的"的神祇身份和违禁后的"危险"。戏神的权威强化了禁忌的

---

① 《中国戏曲志·福建卷》，文化艺术出版社 1993 年版，第 594 页。
② ［奥］弗洛伊德：《图腾与禁忌》，杨庸一译，中国民间文艺出版社 1986 年版，第 31 页。

权威性，并通过伶人组织的共同监督和约束得到不断强化，加之从众心理的推波助澜，最终形成一种特有的传承惯性。

在中国南北戏曲行业中，都有大师哥夭亡的传说，那么折射到戏曲艺人中则形成独特的信仰禁忌。如辽宁等地的戏神"彩娃子亦称大师哥或喜神，婴儿形状。平时置于后台供奉，二人转演员上场前还要燃香叩拜。演出时当作婴儿道具。用毕不得仰面安放，以忌作死尸状"①。据宁波昆剧老艺人陈云发回忆说：在当地富户小孩弥月请"剃头戏"，演《张仙送子》。张仙由小生扮演，肩上背一张弓；送子娘娘由旦角扮演，怀里抱个婴儿，这个婴儿就是戏班里虔诚供奉的"老郎神"塑像。张仙拉紧弓弦向卧床射去，叫声"一箭成功！"随后，送子娘娘把"婴儿"供在桌上，一直供到晚上，主家再把它送回戏班，仍旧虔诚供奉在后台。②（见图37、图38）与此稍有不同的是闽西汉剧，笔者2006年7月21日采访闽西汉剧研究者刘远先生，他指出在闽西汉剧戏神"太子爷"有两个，受艺人尊崇的是赤脚，穿鞋的则是婴儿道具。由于戏神具有"送子"、"乞子"功能，故而"喜神"童偶"忌作死尸状"，不能仰面，只能面朝下安放在衣箱中。可见，"殇子"传说衍生出两个意义截然不同的戏神形象，无论是一个婴儿作道具两用，还是两个婴儿各具用途，都说明传说隐性地干预了民间戏神信仰的禁忌规则。

梨园行业忌说蛇，当也与戏神信仰传说有关系。在台湾戏曲行业，"非常忌讳直接念蛇的发音，而致念成'ㄒㄧㄚ'（xia）或'ㄌㄧㄡ'（liu）。现在唱北管福路的子弟界或演员也都承袭着这个忌讳，成了戏曲界的一个禁忌，谁要是犯了禁忌，唱戏就会出差错，还会被（教戏）先生打板子。"③之所以出现这样的禁忌，与台湾地区流传着西秦王爷在修道前差点为蛇精所害，蛇精最终为大虫（老虎）吓走的传说有关。④

戏曲艺人之间还忌讳做一些伤风败俗等"暧昧"的事情，一旦有人做了，则是对戏神的大大不敬。这种信仰禁忌，在清初李渔的《比目鱼》传奇和《连城璧》

---

① 《中国戏曲志·辽宁志》，中国ISBN中心1994年版，第312页。
② 苏州市戏曲研究室编印：《宁波昆剧老艺人回忆录》，1963年内部印刷，第147—148页。
③ 夏竹林整理：《台湾地方戏戏神传说（二）》，《民俗曲艺》第35辑，第110页。
④ 夏竹林整理：《台湾地方戏戏神传说（二）》，《民俗曲艺》第35辑，第108—109页。

图37 送子张仙。采自黄全信主编《中国五百仙佛图典》第437页

图38 送子张仙。采自黄全信主编《中国五百仙佛图典》第438页

小说中都有体现。《比目鱼》"入班"云:"我们这位先师(指二郎神)极是灵显,又极是操切,不象儒释道的教主都有涵养,不计人的小过。凡是同班里面有些暧昧不明之事,他就会察觉出来,大则降灾祸,小则生病生疮,你们都要紧记在心,切不可犯他的忌。"《连城璧》第一回也说:"但凡做女旦的,是人都可以调戏得,只有同班的朋友,调戏不得。这个规矩,不是刘绛仙夫妇做出来的。有个做戏的鼻祖,叫做二郎神,是他立定的法度。同班……略有些暧昧之情,就犯了二郎神的忌讳,不但生意做不兴旺,连通班的人,都要生起病来。"

偶发性不利结果,在时间的流动中口耳相传,化为传说,进而与戏神信仰相联系,同样会起到强化信仰禁忌的实际效果。在戏曲行业中,艺人为表达对戏神的敬意,有一整套祭祀仪式和禁忌。据董晓萍教授的田野调查,这些仪式包括:搭戏台要选风水，开戏前要以血祭戏台，烧香祭神，向神通报。戏曲开演前，主事人要向戏神致辞："老爷皇封，神力无穷，驱走凶煞，保佑平安"，艺人要席地跪听，才能演什么像什么。艺人忌讳说"搬山"（行话，指喝酒）、"吸草条"（行话，指抽烟）、"安根"（行话，指吃饭）和"饮场"（行话，指喝水）等不吉利的话，以防戏神翻脸不认人。[①] 这个祭祀的过程，原则是心诚，否则就会遭致灾祸。于是在行业内部会出现这样的传说：某年某村艺人触犯了戏神，戏台忽然起火烧毁，戏班也散了伙。[②] 在福建闽剧班中艺人是不吃螃蟹和狗肉的，因为在戏神雷海青的传说中有两个环节与螃蟹有关，一是螃蟹曾濡之以沫救过褴褛中的田元帅，二是公主在田公嘴上画螃蟹令其无法返回天庭留在人间当戏神。（见图39）而

图39　闽剧艺人根据民间传说绘制的田元帅脸谱。采自《中国戏曲志·福建卷》

狗则是田公神班重要的成员灵牙将军。戏曲演员不能吃螃蟹，当然也不能养螃蟹，福建艺术研究院的张帆女士在长乐向阳闽剧院调查时发现，在该院的演员中流传着某演员因为养蟹而亏了七万块的事情，因而没人会去犯忌。[③] 禁忌总是通过负面案例和神秘、规整的祭祀仪式，整肃了某些对戏神不敬或"暗昧"的行为，从而起到强化伶人对戏神信仰的虔诚心态，维护戏神精神领袖权威的作用。

总之，作为伶人精神层面的行业祖师崇拜，戏神信仰在现实中物化为传说、画像、雕像、壁画、剧本、对联、禁忌、信仰仪式等多维叙事形态。在以上所有叙事形态中，戏神传说居于核心地位。戏神传说为其他叙事形态注入故事来源和信仰依

[①] 董晓萍，[美]欧达伟：《乡村戏曲表演与中国现代观众》，北京师范大学出版社2000年版，第43页。

[②] 讲述人：宋文川、赵凤岐；讲述地点：定县宣塔村；时间：1993年10月，见董晓萍、（美）欧达伟《乡村戏曲表演与中国现代观众》，北京师范大学出版社2000年版，第43页。

[③] 张帆：《当代戏曲班社与艺人中的田公元帅信俗》，叶明生、梁伦拥主编：《上杭木偶戏与白砂田公会研究文集》，海潮摄影艺术出版社2010年版，第56页。

据，其他叙事形态则以图像、实物、文字、表演仪式、集体记忆等方式，回馈和折射戏神传说的深层次影响，相互之间构成互文性叙事模式。

进而言之，戏神信仰叙事形态的丰富性，正是戏神传说全程性和全方位干预的产物。事实上，从戏神信仰的确立到信仰权威的维护，从戏神外部形象的塑造到伶人精神层面的震慑，无不存在戏神传说的参与或干预的身影。因为有民间传说的介入，戏神信仰文化显得更为灵动而有生气，代代传承不息；而民间传说在全程参与戏神信仰的过程中，随着时间的推移、空间的拓展、逻辑的延伸，它的故事内涵和文化意蕴更为丰富和深邃。二者水乳交融，难以分离，共同构筑了民间戏神立体信仰场域和多维文化空间。

第三节 仪式与演剧：田公元帅信仰的戏剧人类学考察

田公元帅是南方的戏神，明代文献《三教源流搜神大全》记载了田公元帅由一位唐朝乐工演变为梨园神的传说。但是这位戏曲行业神很特别之处是，它不仅被浙江、福建、广东、江西等地的戏曲艺人奉为祖师神，而且在闽东的道教闾山派支脉"梨园教"中被奉为教主，广泛参加到道教科仪祭典之中；更是在福建及其周边地区被普通百姓奉为地方保护神，建庙崇祀。那么，究竟是什么因素致使田公元帅能穿越行内行外，教内教外，而成为一尊徜徉在宗教与俗信之间的神祇呢？这个问题值得探寻。

一、戏神：伶界内部祀神与田公元帅信仰

田公元帅是东南不少省份戏曲班社的祖师神，尽管关于其身份有玉皇三太子、田祖（公）、田智彪、雷万春等多种说法，但以信奉唐代乐师雷海青最为普遍。过去，戏班多为流动的，但并不妨碍艺人对祖师爷的供奉，如福建竹马戏戏班下乡演出时，由生、旦提两盏"田府翰林院"的红灯在前面开道，相公爷神像装在正笼里，跟在后面。戏班到住宿的地方，由生、旦、丑一齐把相公爷请出来，安放在住

处,斟上三杯茶,点上三炷香敬奉。① 平时在戏班之中,艺人在上台之前和卸妆之后都要虔诚地拜祭戏神田公元帅。直至今日,泉州木偶戏剧团在团长王景贤的带领下,该团还保留每年农历正月十六和八月十六举行盛大仪式祭祀田公元帅的传统,历久不废。

若遇到田公元帅的生日、忌日或降乩之日,梨园公会组织则会请神出游巡境。光绪二十九年(1903)的《岭东日报》记载了这一年的七月初五,潮州信奉田元帅的外江班与正音班、潮音班一起捐资抬戏神"田元帅"巡游的情形:

> 郡垣庆喜庵为历来戏班供奉其开宗祖师田元帅之所。……日昨,各戏班宣传元帅降乩,举行普度。于是各戏班共捐资银千余元,以助费用。出游枫溪乡取水,诸梨园子弟齐集戏下各演锣鼓,大新旗帜。诸戏班头目某绅某兵某差役等,咸衣冠随驾,与诸优并列,如某某外江班,某某正音班,某某潮音班。所谓某花旦某小生诸名脚,各操旗□□□而行,□妍夺目。某某童子班则沿□歌唱,其钟鼓之声,□龠之音,羽旄之□,颇□间接直接雁断凫连之妙。而某外江班□著名之耀龙婆、乌面达,则金项袍挂,手捧香炉,为神前驱。道旁观者耳为之乱,目为之眩,多有不辨孰为绅,孰为优,孰为皂、为卒者,可谓大同世界矣。②(案:模糊不清处用"□"表示)

这一天不仅成为戏曲行业祀神的节日,也是普通民众看热闹、观演剧的狂欢之日。被祀之戏神田公元帅也走出戏曲行业,来到普通人群当中,接受他们的顶礼膜拜。福建学者杨榕《莆田市瑞云祖庙之田公信仰、祭仪与戏剧》一文③对莆田田公元帅出游巡境的仪式过程也有详细的记述,可以参看。从表面来看,请田公元帅巡游是一种对戏神的崇敬和祭祀活动,而在另外一些学者看来,如福建莆田等地在元宵前夕的田公元帅出游巡境已经具有"行傩跳火"的性质,而田公元帅也被祀为厄

---

① 《中国戏曲志·福建卷》,文化艺术出版社1993年版,第594页。
② 《岭东日报》光绪二十九年七月初六第三版。
③ 杨榕:《莆田市瑞云祖庙之田公信仰、祭仪与戏剧》,《民俗曲艺》第122、123期合辑,第35页。

祓之神。① 这一结论已经点出戏曲行业内部祀神的宗教性质。

笔者认为，田公元帅演变为厄祓之神，与戏曲行业内部利用复杂而神秘的宗教仪轨对田公元帅神性的强化，关系更大。例如田公踏棚、祭台、扫台等环节，具有很浓厚的宗教色彩，已经与民间宗教活动无异。

（1）田公踏棚

据《中国戏曲志·福建卷》记述，凡是新建的戏台，都要由田公元帅踏棚开台。开台时，由演员扮田公元帅，身穿红龙袍，额上画螃蟹，左手拿拍板，右手拿罗帕，口念："家住杭州城门外，铁板桥头李家庄。玉皇封我三太子，威风凛凛出天门。我的兄弟有三个，郑一郑二郑三郎。头戴飘飘孔雀尾，身穿五爪红龙袍。左手拍板招财宝，右手罗帕治邪魔。两脚踏起火车轮，游行天下救万民。那个山头我也去，那个山尾我也行。茅楼厂下我也去，水面飘飘我也行。五谷丰登大吉庆，合境男女保平安。"最后念"众徒弟回转天朝，万年吉庆，四季平安，五谷丰登，良民安泰"作结。②

莆仙戏的"田公踏棚"情形略有不同，"踏棚"的角色有六个，由正生扮田相公，是武将形象；丑角扮灵牙将军，旦和贴旦扮风火二童，净和末扮左右铁板二将军。表演分"上词"、"中词"、"下词"三段，均念"啰哩嗹"的《元帅咒》，边念边有舞蹈。田相公与灵牙双手夹辫、右手高举，左手低指，均以单脚跳跃式舞蹈完成表演。"中词"是念"扳请教师出来，指引诸子登戏台"一类的致语。③ 戏台祭神演出仪式是莆仙戏演出排场的组成部分，除演出《田相公踏棚》、《净棚咒》外，有时还演《跳加官》、《弄八仙》、《武头出末》等剧目。而《田相公踏棚》和《净棚咒》最为关键，放在首场演出，扮演田相公的艺人，开脸谱口画螃蟹后不能再说话，必须严肃地端坐在戏箱上静候演出。④ "田公踏棚"仪式过程尽管并不太复杂，但无论是舞蹈还是"元帅咒"，都颇具神秘的宗教意味。

---

① 郑正浩：《乐神一考》，吴文理译，《民俗曲艺》第 23、24 期合辑，第 125 页。
② 《中国戏曲志·福建卷》，文化艺术出版社 1993 年版，第 596 页。
③ 叶明生：《莆仙戏剧文化生态研究》，厦门大学出版社 2007 年版，第 341 页。
④ 杨榕：《莆田市瑞云祖庙之田公信仰、祭仪与戏剧》，《民俗曲艺》第 122、123 期合辑，第 38 页。

(2) 田公封台

封台，在闽北南平、永安等地的傀儡戏中是不可缺少的祭祀仪式。傀儡师以道法将傀儡戏棚变为"神仙宫殿或神圣之处所，从而使得当地邪魔鬼怪不致扰乱戏棚上下及乡里"①。据叶明生先生的调查，"封台"分为"封台法"和"封台仪"，前者是具有内坛法术性科仪，而后者则是指傀儡师操纵傀儡演出一些仪式剧如《田公镇台》、《太白仙祝保》一类。戏神田公出场，在自报家门后，要颂念一段"镇台词"，诸如"但愿弟子唱天天开，唱地地裂，唱人人长生，唱鬼鬼灭亡。唱得万里邪魔不敢当，凶神恶煞送外方"之类，然后作一些具有祭祀性质的舞蹈表演。《田公镇台》的科仪，无论内涵还是仪式与《田公踏棚》大同小异。

(3) 田公扫台

扫台，又称"洗台"，是在演剧结束之后，由田公元帅来扫除妖魅的仪式。扫的对象有两重含义，一是戏中出现许多杀伐的内容，被斩杀者的灵魂要由田公收掉，不能滞留乡间或人家，给人带来祟祸；一是要将演戏时混于人群中的孤魂野鬼驱除，以免戏散人散而孤魂野鬼不散。扫台同祭台、踏棚一样，也要唱戏神咒，要念"祈保词"："拜请田公元帅、郑二师父、郑三相公三位兄弟到×××村台前，祈保大男细女清吉平安……"云云。②

无论是"踏棚"，还是"封台"，抑或"扫台"，尽管科仪进行的时间和场合略有区别，但目的是相同的，都是为了将妖魔鬼怪扫除出去，使民众免受祸害。行使这一职能的神灵是戏曲行业祖师神田公元帅，具体执行者多是傀儡师，为了使"踏棚"、"封台"、"扫台"的整个过程充满神秘的宗教意味，这些傀儡师又积极向道教学习科仪和音乐。戏神田公元帅的进一步神化与傀儡师逐步向道教的靠拢，二者结合的产物，就是滋生出另一独特的民间宗教流派——梨园教。

二、教主：闽东"梨园教"田公元帅信仰

"梨园教"是流行于闽东寿宁县一带的道教闾山派支脉，它与道教其他支派不

---

① 叶明生：《福建傀儡戏史论》，中国戏剧出版社 2004 年版，第 565 页。
② 叶明生：《福建傀儡戏史论》，中国戏剧出版社 2004 年版，第 565 页。

同之处是，它以"田公元帅"为教主，以提线傀儡行法事，故而法师具有道士和傀儡师的双重身份，法事活动集戏剧表演与道教仪式于一体，所演剧目也具有浓厚的宗教色彩。

根据叶明生先生对闽东傀儡法师谱系的考证，闽东"梨园教"发源于明初洪武年间。① 若此结论不谬，那么六七百年以来，闽东"梨园教"在对田公元帅信仰元素的承继上突出体现在哪些方面呢？笔者通过阅读叶明生先生《福建省寿宁县闾山梨园教科仪本汇编》一书，将之归纳为以下几点：

第一，"以偶为神"。田公元帅在"梨园教"神灵体系中居于核心地位。

"梨园教"的科仪分为内坛和外坛两种，内坛是纯粹以道教醮事为主的科仪活动，而外坛则既是供傀儡戏神之处，也是表演傀儡剧的戏台。尽管教中具有法事性质的傀儡剧目不多，但剧中的主角都是该教的祀神，故而它们都不是普通的偶人，而被敬称为"神头"，供奉在神台之上。傀儡师会将神台上的诸"神头"编排座次，"根据一般祈安清醮的神坛设置，其'神头'的安排为两层，一层在台屏上方，一层在戏台上。上层主要是以戏神为主，如田公、郑二、老郎神（小傀儡），其他辅以包公、紫荆山、七五大王、九使神王等；下层（即戏台上）的神位排座次是，左中为华光大帝，右中为通天圣母（即陈靖姑），左右两旁分别为千里眼、顺风耳、王显、杨通等神将。"② 从"神头"的座次排列，不难看出田公元帅在教内诸神中独特的地位。

除神偶的摆放次序能体现田公元帅教主、法主的地位之外，在《彩台起神头科》等"请神文"神灵排序中也独显"杭州风火院铁板桥头田公元帅"的尊荣。在三次请神科仪中，第一次请道教诸神，第三次请傀儡戏历代"祖本传师"（傀儡师），姑且不论，而第二次请的是教内"神头"，诸神中同样以"罗王戏主杭州风火院田窦元帅"居于首位，教中其他神祇则落于其后。也正因田公元帅在"梨园教"法事中居于主神地位，所以傀儡坛的神牌上就出现了"寅封田府正堂"的神坛号，并且作为梨园道坛，还必须有一颗"风火院雷霆戏剧律令印"或"风火院

---

① 叶明生：《福建省寿宁县闾山梨园教科仪本汇编》，台北，新文丰出版股份有限公司2007年版，第21页。
② 叶明生：《福建省寿宁县闾山梨园教科仪本汇编》，台北，新文丰出版股份有限公司2007年版，第53页。

雷霆都法司戏剧律令"。① 这些信仰元素，在叶明生先生看来，正是"梨园教"宗教意蕴之所在。②

第二，"以灵为符"。田公元帅为主题的符箓、科仪居于整个法事活动的关键环节。

"梨园教"有为数不少的"请神诀"，其中"田公元帅诀"是该教傀儡法事活动中最常用的秘诀形式，特别是在傀儡台"开坛"和民家"抽六硐"（六个仪式剧）演出时，是不可或缺的。"元帅诀"云："诚请梨园元帅翁，田公马赵三帅公。荣登雷霆风火院，探花帅府受皇封。手挥红黑双罗帕，飞砂走石满天轰。亲降本坛行法力，扫荡五瘟瘴疫鬼奴出外方。"（《遣瘟科》）③ 这篇"请神诀"将田公元帅作为本教保护神的神威神勇和扫除瘟瘴疫鬼的无边法力渲染得淋漓尽致。

图40 福建福州道教元帅庙祖殿。照片为笔者2011年8月摄

---

① 叶明生：《梨园教，一个揭示古代傀儡与宗教关系的典型例证》，《中华戏曲》第27辑，2002年，第23页。
② 叶明生：《福建省寿宁县闾山梨园教科仪本汇编》，台北，新文丰出版股份有限公司2007年版，第93页。
③ 叶明生：《福建省寿宁县闾山梨园教科仪本汇编》，台北，新文丰出版股份有限公司2007年版，第212页。

科仪是道教的基本法事形态,"梨园教"也将田公元帅信仰化入各种科仪之中,从而达到强化田公元帅在教中法主地位之目的。《田公元帅扫台科》是"梨园教"最有代表性的傀儡法事科仪之一,在傀儡法事终场之后举行,包括八个环节:一、去秽、挂斗、起贵人、存身;二、度金桥;三、双罗帕布;四、变太平蛋、化财食;五、手提田元帅步踏四门罡;六、拆金桥、断道;七、拆彩台;八、安田公。田公元帅扫台科仪的目的是镇邪除煞,田公手执青、红罗帕扫除邪魔,表演较为独特。在整个科仪过程中,有扫台词:"师父田灵,来到戏台作证明。有人若问家何处,住在杭州铁板桥。(念)田公元帅显威灵,梨园弟子在当心。手执青丝(红)双罗帕,扫荡妖魔鬼怪精。(白)本帅,田公元帅,号九灵。且喜梨园子弟来到本地演了戏文一台,今则戏文完满,法事周隆,人散神散,恐有邪神不散;邪神不散,本帅手执青丝(红)双罗帕,扫荡妖魔鬼怪精。"① 除念扫台词之外,田公还须念十八字或二十四字的"啰哩嗹"《二十四诸天调》。在唱、念"扫台词"之后,

图 41　元帅庙祖殿传统符印。照片为笔者 2011 年 8 月摄

---

① 叶明生:《福建省寿宁县闾山梨园教科仪本汇编》,台北,新文丰出版股份有限公司 2007 年版,第 749—750 页。

田公还脚踏罡步斗，配以《四门罡步调》，边踏边唱。当驱除不同方向的邪煞时，还要念《九宫八卦扫坛调》。这些科仪和曲调充满了道教色彩，正是田公信仰与宗教轨仪相互渗透的产物。

与《田公元帅扫台》在戏棚演出不同的是，还有一种与田公元帅有关的重要科仪《田公搜间》，则是在房间内表演。当民家出现祟邪或有人患病时，在作完傀儡法事后，由田公傀儡（"神头"）逐一到东家各个房间驱逐鬼祟邪煞，所以这种法事活动也称为"逻房"，在福建当地也有用包公"搜间"除煞的情形。

第三，"以戏代仪"。田公元帅为故事题材的剧目在"梨园教"外坛傀儡仪式戏剧体系中占据重要位置。

"梨园教"作为宗教形式存在，重要的功能是通过道法科仪的法事来为俗界驱疫逐魅，故而它"以戏代仪"的剧目也以道化剧为主，主要有六个剧目，分别是《芙蓉硐》（演华光故事）、《临水硐》（演陈靖姑故事）、《南朝硐》（演包公平冤故事）、《紫荆山》（演五圣侯王故事）、《水国硐》（演妈祖故事）、《黄碧硐》（演田公元帅故事）。"六硐"全本今已失传，仅留部分片断。

在梨园教中有一部以田公收妖为题材的重要剧目《双罗帕》，专演田公元帅及其戏神部属郑一、郑二、金花、银花等出身以及众神收妖伏魔的故事。故事演桦桄硐有独脚妖杨一、杨二、杨三郎纵容部下四女将金莲花、梅雪花、马兰花、李仙花兴风作浪，"四花"各有宝物红丝罗帕、青丝罗帕、金神环、飞砂剑。符官使者（或包拯）闻知奏请玉帝，玉皇命田公元帅下界降服。田公命神将郑二前往福清黄碧硐请九使神王作为先锋前往降服。可是九使神王不敌"四花"，反而被俘。后"四花"被田公元帅手下金花、银花所降服，获得四件宝物，而擒获独脚妖。九使命独脚妖归还一切被害冤魂，使其安生。从此患者安康，乡村太平。《双罗帕》的情节明显带有保境安民、驱除邪祟的宗教意味。

从"梨园教"外坛法事、教主祭祀、仪式戏剧等角度都能看到，田公元帅在此教中的神圣地位和其所负载的浓郁的"驱邪逐疫"世俗功能，而后者实际与该教"内坛"法事，又有暗通幽曲之妙。这正是闽东傀儡戏师将道教宗教活动和田公逐疫驱邪的功能"珠胎暗结"，形成你中有我、我中有你的"梨园教"独特信仰文化根源之所在。闽东"梨园教"的出现为福建等地田公元帅信仰提供了又一独特的信仰形态。

三、保护神：民间俗信田公元帅信仰

田公元帅从傀儡戏神演变为民间的俗神，是乡民取其除疫驱祟、保境安民功能的产物。1993年出版的《中国戏曲志·福建卷》就明确地指出："莆仙一带村社宫庙多祀田公元帅，形象与戏神相似，但他不是作为戏神，而是作为保护民安康，祈年丰稔之神。"[①] 事实上，在福建有多种地方文献都保存着田公元帅为当地村民除疫驱祟、保境安民的集体记忆。

民间传说在造神运动中贡献最大，它是其他相同题材的信仰源泉。在福建就有传说：安禄山叛唐时，唐明皇命雷海青率兵御敌，雷海青战死。正在此时，空中乌云滚滚，雷声大作，安禄山仓皇逃走。[②] 也有传说：清初时南明福王流寓于闽中，海上遇难，雷海青率领天兵天将前来救驾。[③] 除了这些，在莆田普通民众中还流传某个莆仙戏班出海演出遭遇风暴，危急时刻田公元帅显灵救了戏班的传说。[④] 凡此种种，都神化了田公元帅作为地方保护神的神奇力量。

庙宇壁画是对民间传说的进一步发挥，具有更加直观化和立体性的特点。笔者2011年8月去福建厦门、南安、莆田、福州等地对带有戏神信仰性质的田公元帅庙作了考察，发现这些庙宇中的主神田公元帅早已经演变为地方保护神，反而本原的戏神信仰已经影影绰绰，难辨踪迹。不少庙宇墙上的壁画似乎传达出本地乡民对田公元帅除疫驱祟、保境安民功用的体认。很典型的庙宇壁画，如莆田市秀屿镇太平宫，该宫供奉田公元帅和杨公太师，宫中左右两墙分别绘有二人生平事迹壁画两组各24幅。据杨榕先生介绍，田公元帅壁画内容来自《愿》剧，由大象村民兼花匠

---

① 《中国戏曲志·福建卷》，文化艺术出版社1993年版，第593页。
② 刘念兹：《南戏新证》，中华书局1986年版，第322页。
③ 李庆爵讲述，黄秀峰整理：《田公元帅》，莆田民间文学集成编委会：《中国民间故事集成·福建卷·莆田分卷》，1991年11月内部印刷，第175—176页。
④ 《中国戏曲志·福建卷》，文化艺术出版社1993年版，第593页。

"画子骄"绘于1925年。① 当笔者考察太平宫时,壁画已由原来的24幅变为36幅,每行9幅,共4行。据院中回廊上《重建太平宫碑记》知,太平宫重修于1996年5月。每幅田公元帅壁画都有四字题解,前9幅是述田公子出身,后27幅全部是述田公子奉旨收妖事,先后收白牙精、风火二童、刘总管、巴白将军、赌偷二仙、虎哥蛇妹、风霜雪月、郑氏兄弟、牛魔王、迷魂女等数妖魔,最终田公被玉旨奉为平妖大元帅。

除莆田秀屿太平宫外,福清南岭镇吉岚村探花府也有田元帅生平事迹壁画55幅。这些壁画是近年新绘,排列形式是:左边开头一副为整幅,其余分为四排,上两排各9幅,下两排各18幅,不足的是所有壁画都无标题。壁画的内容大致是:天上三太子仰慕凡界,田员外中年求子,玉帝命三太子下凡投胎,田夫人喜得贵子。及长,员外亲自教习,田公子习文练武,开弓射箭。适逢京师开科,田公子携书童,拜别父亲,进京应试。皇上钦点探花,田公子当殿谢恩。赐田探花游御花园。田元帅戎装上阵,与一女将鏖战。山寨王派出黑白二将。灵牙将军与虎王激战,田元帅空中观战。田元帅收黑白二将。田元帅与灵牙率众出征。田元帅、黑白二将遇一女将。田元帅受封。② 这些显然也没有离开田元帅身世的介绍和收妖除魔的内容。

又据罗金满博士的介绍,在福清市三山镇嘉儒村鸡角山探花府也绘有戏神壁画100幅,左右两壁各50幅,是目前戏神壁画中版幅最多一处。但这些壁画也是近年请画匠描绘的,每幅壁画都有题名。根据他向笔者提供的数码照片显示:前23幅为身世介绍,后77幅分别讲述义结田三兄妹、收服赌酒二仙、风火二童、白牙精、郑刘林三将、董柳二将、风霜雪月二女将、虎哥蛇妹、韦都统、白将军、利市二将,大败单眼十目、金不大王、迷魂小姐、恶魔王等妖邪的经过,最终"玉旨加封荡魔大元帅,代天巡游除妖邪"。尽管这三处田元帅庙的壁画都是近年所造,但同样是对田公驱疫祛邪"历史知识"的当代传承。

---

① 杨榕:《福建戏曲行业神文献类型阐析》,《福州元帅庙祖殿申报国家级非物质文化遗产名录项目附件2》,2010年内部印刷,第121页。
② 杨榕:《福建文献中的戏神资料辑考——以福州地区戏神为例》,叶明生、杨榕主编:《福州田公信俗文化史料与研究》,福建人民出版社2015年版,第241页。

其实，以上这三处田公元帅庙都呈现一个基本的叙事模式：前部分讲述田元帅下凡投胎，练成文武之艺，后部分铺叙田元帅降服各种各样的妖魔鬼怪，为民除害。前部分的内容是后部分降妖的前提，而除妖保一地平安，则是田元帅壁画的主旨所在。这种叙事模式的一致性，表达了乡民最朴实的愿望，致使他们将田元帅作为保护神来敬奉。

较之民间传说和壁画带有很多想象和申发的成分而言，碑刻则在乡民头脑中认为是较为"真实地"反映了某一历史事件的历史文献，如莆田江口来凤宫有一通碑文在记述田公元帅成为戏神的经历后，也描述了辛未年参与行傩巡游、禳灾赐福的祭仪活动："开坛拜斗，举社行傩，巡游锡福，与民同乐事。……手贯银针以演法，身穿花炮（袍）而炼真。礼五方而拜斗，运八卦以行罡；再卜午时，良辰昌期，法示豹旅扶轮，谕命虎贲扶辇，执戈扬盾，举社行傩，巡游锡福，与民同乐。"①

图42　福建福清市三山镇嘉儒村鸡角探花府田公元帅壁画。罗金满博士提供

---

①　叶明生：《福建北南两路田公戏神信仰述考》，《福建戏曲行业神信仰研究》2002年内部印刷，第44—45页。

此外，以田公元帅故事题材的剧目，对传播其保境安民的神职功不可没。在福建莆田、仙游两地的傀儡班中就有一部以田公元帅事迹为题材的《愿》剧，除描述玉皇三太子投胎田智彪，智彪中探花，醉卧金阶，被公主点破容颜，成为戏神之外，还增加了两个很重要的情节——降服风火二童，治愈太后病体。而在福清、平潭等地盛行的一种唱四平腔的提线木偶戏，戏神也是田元帅。该剧种有一本以戏神田智彪为题材的剧目《田元帅》，田智彪为玉皇殿前左右辅弼八乐仙童降生凡间，被玉皇封为九天风火院都元帅。他在收降独角牛精后镇守降魔洞，并收黑白二总管，金、银二小娘，共同降妖捉怪，保一方平安。其后，又救李岳于蛇口，以法力灭除蛇妖、猪精、木魅，成为民众的保护神。①

田公元帅能除祟治病，对于医术不发达的时代，更具有吸引力；这样，"显威御寇"和"除疫治病"成为乡民崇奉田公元帅的直接动因。如乾隆三十六年（1771）纂修的《仙游县志》记载：该县的元帅庙"在宝幢山，祀田公。原注：神祀音乐，即雷海青也。今世人不曰雷，而曰田，其言颇幻。幢山之神，能显威御寇，乡人感之，至今香火不断"②。清代中期仙游的元帅庙能"香火不断"，被乡民

图43　福建晋江内坑镇东福宫信众祭祀田公元帅的香炉。2011年8月笔者摄制。

---

① 罗金满：《福州地区多元田元帅信仰流传述略》，叶明生、杨榕主编：《福州田公信俗文化史料与研究》，福建人民出版社2015年版，第96页。
② 《（乾隆）仙游县志》卷一二《坛庙》，1930年铅印本。

崇祀，应该不会因为戏神雷海青能乐会演，能"显威御寇"才是问题的关键。而泉州的相公庙中的田公元帅同样能盛享香火，也与它能除疫病有关："凡婴孩疮疖，辄祷之，上元前后，香火尤盛。"① 据清朝道光年间《厦门志》卷二"祠庙"记载厦门庙仔溪尾的相公庙能香火优盛，也是因为乡民虔信"婴孩生疮毒祈祷屡效"。

诸种有关田公元帅的传说、壁画、碑刻、戏剧和地方志等口头和书面文献，都传达了数百年来民间俗众对田公元帅驱邪祓魅、保境安民的民愿。显然，民间俗信的形态是戏神田公元帅祭祀宗教功能的延展和向世俗转化形式。

四、从田公元帅不同信仰形态看傀儡戏的宗教功能

以上我们阐述了田公元帅能跨越戏曲行业和宗教的限制而成为一种普适性很强神祇的原因，在于其祭祀仪式延展出来的宗教因素。当此种宗教因素被用于驱除病疫、禳灾驱邪时，田公元帅就超越了行业祖师信仰的范畴，进入更广泛的信仰领域。

然而问题是，中国古代戏曲行业神种类众多，为何独有田公元帅一种戏神能超越不同信仰领域获得普祀呢？笔者认为，这与田公元帅起源于傀儡戏行业和傀儡戏自身具有较强驱疫祓魅的宗教功能有关。这一观点可分两个层次来阐释。

首先，梨园行业内部的田公元帅信仰当始于傀儡戏艺人的祖师崇拜。中国古代戏神的信仰，笔者在《论民间戏神信仰的源起与发展》一文中，根据宋代民间行业神信仰和戏剧行业内部情况，将中国戏神信仰起始时间裁断在宋代。② 而宋代是傀儡戏的繁荣时期，不仅有聚集地，而且有行业组织——傀儡社。吴自牧《梦粱录》卷一"元宵"条记载在杭州官巷口、苏家巷有二十四家傀儡，不仅衣装鲜丽，笙簧琴瑟，清音嘹亮，最可人听，偶人表演栩栩如生，达到很高的艺术水准。同书卷十九"社会"条也有"苏家巷傀儡社"等语。当时另一部笔记《西湖老人繁盛录》也记载，杭州曾汇集了全国各地数量庞大的傀儡戏艺人群体，除提到川傀儡之外，还记载"福建鲍老一社，有三百余人"，杭州"苏家巷"成为全国傀儡戏艺

---

① （清）施鸿保：《闽杂记》，来新夏校点，福建人民出版社 1985 年版，第 78 页。
② 陈志勇：《论民间戏神信仰的源起与发展》，《文化遗产》2010 年第 4 期。

中心。

事实上，几乎在所有傀儡戏艺人心目中，宋代杭州"苏家巷"，就是傀儡戏的源头和圣地，只是这个圣地在名称上逐渐演化为"杭州铁板桥头风火院"。据叶明生先生的调查，福建省各地傀儡戏，包括提线、掌中、杖头、铁枝、幔帐等傀儡戏的戏神均为田公元帅，该神的籍贯均为"杭州铁板桥头风火院"。故此，叶先生认为："显然，其信仰之源头与上述南宋杭州之'苏家巷傀儡社'的行业信仰有一定的关系。"① 叶先生的推论，笔者信然。在福建泉州等地的傀儡戏艺人中，也将戏神田相公称为"苏相公"，《三教源流搜神大全》也称田元帅的母亲姓苏，而且民间还存在着这样的传说：田相公为杭州铁板桥头苏小姐吮吸稻浆而孕所生。② 田相公杭州"苏"姓来源，恰是南宋"苏家巷傀儡社"祖地记忆的遗存。

此外，在元版画像《搜神广记》基础上翻刻的明代《三教源流搜神大全》卷五"风火院田元帅"条首载田公元帅事迹。兄弟三人孟田苟留、仲田洪义、季田智彪，因助天师逐疫，被唐明皇封为冲天风火院田太尉昭烈侯，田二尉昭佑侯，田三尉昭宁侯。而这场逐疫的过锦戏，康保成老师认为就是一场水傀儡戏。③ 这一记载也为田公元帅信仰首起于傀儡戏行业提供了有力证据。

其次，早期的田公元帅信仰已经具有强烈的驱疫逐邪的宗教功能，为田公信仰逸出戏曲行业而成为民间俗信，搭建了桥梁。

为了证明早期田公信仰已具有强烈"驱疫逐邪"宗教功能的观点，我们有必要再回过头来分析明代《三教源流搜神大全》卷五"风火院田公元帅"这段文字：

> 帅兄弟三人，……复缘帝母感恙，瞑目间，则帅三人翩然歌舞、鼙笳交竞，琵弦索手，已而神爽形怡，汗焉而醒，其疴起矣。帝悦，有"海棠春醒高烛照红"之句，而封之侯爵。至汉天师因治龙宫海藏疫鬼、倡伴作法，治之不得，乃请教于帅。帅作神舟，统百万儿郎为鼓竞夺锦之戏，京中谑噪，疫鬼出现，助天师法断而送之，疫患尽销，至今正月有遗俗焉。天师见其神异，故立

---

① 叶明生：《福建傀儡戏史论》，中国戏剧出版社2004年版，第483页。
② 黄锡钧：《泉州提线木偶戏神相公爷》，《南戏论集》，中国戏剧出版社1988年版，第470页。
③ 康保成：《傩戏艺术源流》，广东高等教育出版社1999年版，第243页。

法差以佐玄坛，敕和合二仙助显道法，无和以不合，无颐恙不解。天师保奏，唐明皇帝封冲天风火院田太尉昭烈侯，田二尉昭佑侯，田三尉昭宁侯。

以上这段文字有两处都告诉我们田公元帅是利用傀儡戏在逐疫驱邪。一处是"帝母感恙"，通过田公元帅的表演，很快帝母就"神爽形怡，汗焉而醒，其疴起矣"；另一处因"龙宫海藏疫鬼、倡佯作法"，连天师都无能为力，但在田公元帅组织的一场"水傀儡"的表演和法事之后，"疫患尽销"，当天师"差以佐玄坛，敕和合二仙助显道法"，却也是"无和以不合，无颐恙不解"。

事实上，傀儡戏一直以其独特的驱疫逐鬼功能，参与到民间各种民俗活动中去。刘浩然《小梨园戏与提线木偶——傀儡的关系》一文说："闽中、南旧俗，新屋落成乔迁或寿庆大典之时，必须请傀儡戏来开演，以镇凶煞而延吉庆。"[1] 黄锡钧先生《泉州提线木偶戏神相公爷》也介绍："闽南习俗农历七、八月'普渡'，源于'盂兰盆'会，旨在普渡孤魂冤鬼，'普渡'必演提线戏，开场即唱'唠哩嗹'。"[2]《中国戏曲志·福建卷》同样记述，"要是为新祖厝、新庙寺落成典礼演出时，必须把相公爷请到台后化妆桌上，并请老师傅到台上踏八卦阵，杀白鸡取血祭神。这些仪式称'洗台'，意为祛邪。"[3] 正因如此，在莆田道教庙宇中，田公元帅被封为"押瘟元帅"，能驱瘟镇邪，为驱瘟神之一。[4]

傀儡戏的驱疫祛邪功能，在福建等地与民众日常生活紧密相连。对此，叶明生先生在其专著《福建傀儡戏史论》中辟专节"傀儡戏与民俗礼仪"来讨论傀儡戏在新婚探房、斩煞求子、妊娠遣霞、儿童过关、拜斗求寿、目连超度等生命礼俗，祈福轮值年例、还木柳愿演戏、山火禳灾酬神、人居生态祭祀等赛愿仪俗，以及加官进禄、八仙庆贺、天妃送子、太白祝保、夫妻团圆等庆喜戏俗中独特的民俗功能。[5] 这些民俗功能都离不开田公元帅除煞赐福的基本神性，离不开普通民众对神

---

[1] 刘浩然：《小梨园戏与提线木偶——傀儡的关系》，泉州地方戏曲研究社编印：《泉州地方戏曲》第2期，内部刊物，1987年。
[2] 黄锡钧：《泉州提线木偶戏神相公爷》，《南戏论集》，中国戏剧出版社1988年版，第475页。
[3]《中国戏曲志·福建卷》，文化艺术出版社1993年版，第594页。
[4] 柯国森、陈宇虹、林祖韩等编：《莆田县宗教志》上册，内部印刷，1991年，第356页。
[5] 叶明生：《福建傀儡戏史论》，中国戏剧出版社2004年版，第527—576页。

祇的世俗诉求和追求生活美满幸福的朴素愿望。

通过上文的分析可作这样的归纳：田公元帅最早作为傀儡戏行业神受到内部全体成员的崇奉，但由于傀儡戏与生俱来的"驱疫祛邪"功能和戏神通过祭、扫台等科仪对其神性的强化，其信仰领域逐步扩大，超越了戏曲行业。一方面，随着傀儡戏参加民间法事活动的增多，他们向道教靠拢，最终演化为道教的一个支派；与此同时又保留了对祖师神的信仰，从而推动田公元帅成为道教的一个神祇。这从闽西、闽北傀儡戏艺人保留下来的"神图"可获证实。另一方面，戏曲艺人（主要为傀儡师）凭依田公元帅"驱疫祛邪"功能也积极参加到民间各种赛愿祈福活动中，最终田公元帅演化为地方保护神。可见田公元帅能跨越戏曲行业，进入宗教和俗界来行使神的职能，和其与生俱来的"驱疫祛邪"宗教基因息息相关。

本章小结

最初，人类学研究的对象是原始社会、前文明社会，通过对人类远古历史的研究，探索人类社会发展的历程，发现人类文化的本质。戏神信仰作为一种准宗教的民俗文化，存留在戏剧发生和发展的历史轨迹之中。利用文化人类学的理论和方法，探寻戏神信仰文化背后蕴含的戏剧基因、宗教元素和民俗传承模式，无疑裨益于揭示中国古代戏剧的发生，裨益于探视伶人群体心理变迁历史，也裨益于从伶人角度切入，去探索戏神信仰周边的诸种民间文化的本质。

首先，本章选择古剧脚色"丑"衍化为戏神的独特个案，来解析戏神信仰在伶人群体的精神生活中的特殊地位和文化价值。

戏曲行业普遍存在崇"丑"的传统，甚至将丑脚视为戏神，从表层来看，原因有三：①戏曲艺人普遍存在唐明皇或后唐庄宗饰演丑脚的集体记忆；②丑脚出于古优，而优为中国戏剧源头之一；③对丑脚宽广的戏路和灵动的艺术修养的尊崇。继而透过傀儡戏中丑脚与戏神关系的分析发现，"丑即戏神"的命题彰示了伶人"认祖为神"的群体心理，并证实了"后世戏剧出于傀儡戏"的观点。而伶人普遍持有的"丑脚通神"的集体意识，也是丑脚为戏神更为深层次的原因。此外，丑脚

"台上娱丑"与"台下祀神"两种处境的背后,昭示了其两种功能的背离。

其次,从戏神传说的角度,探寻戏神信仰在伶人群体中传承的密码和模式。

民间传说在戏神信仰的各个环节都起着很关键的作用。戏神信仰的确立,是通过民间传说对历史文献的附会和改造而实现的。戏神的雕塑、画像和宫庙壁画是戏神形象的直观表达,与戏神传说构成互文叙事模式。戏神信仰禁忌则是民间传说隐形干预的产物,直接作用于伶人精神深处。尽管民间传说是一种口头形态,但它赋予了戏神雕塑、画像、壁画以及信仰禁忌最生动的素材,它们共同构筑了戏神立体信仰场域和多维文化空间。

再次,以福建傀儡戏神"田公"为个案,追寻信仰文化背后蕴含的宗教基因,从而探求中国戏剧起源与宗教仪式的本质联系。

田公元帅是南戏的戏神,受到伶人的崇祀。但它又超越戏曲行业而成为道教支派"梨园教"的教主,并被东南沿海省份的民众当作地方保护神建庙祭奉。田公元帅之所以能跨越几个信仰领域,与它起源于傀儡戏戏神信仰和傀儡戏具有浓郁的宗教仪式性有密切关系。戏曲行业、梨园教和民间俗信等领域中田公元帅信仰所共同携带的宗教基因及其宗教文化的源头所在,正是我们揭开戏神信仰文化内部规律的一把钥匙。

附录　禁忌、信仰与伶人精神生活史①
——陈志勇博士访谈录

一、戏神信仰研究的始点与机缘

廖明君（以下简称"廖"）：志勇好！近几年，我注意到你在国内的一些学术期刊陆续发表了一系列研究戏神信仰的论文，在学界也引起了一些反响。所以，今天我想就戏神信仰与中国古代伶人精神生活史的话题，我们两人作一次学术讨论和交流。

陈志勇（以下简称"陈"）：今天非常高兴能与明君老师一起讨论戏神信仰和伶人的话题。借此机会，首先我要特别向您和《民族艺术》杂志，为我发表相关戏神信仰研究的成果提供这平台，表示真诚的感谢。

廖：伶人作为一个特殊的群体，尽管被人视为"下且贱者"，但不可否认他们是中国古代灿烂戏剧文化的创造者。从元代末年夏庭芝的《青楼集》开始，在文人笔下就不乏记录伶人的文字，近代学者也很关注伶人，相关的研究成果纷纷面世，如冯沅君的《古优解》、《古优解补正》，潘光旦的《中国伶人血缘之研究》，就是其中的代表作。

陈：是的，戏剧艺术是一门综合艺术，人们往往将伶人的舞台呈现，与剧作家

---
① 本文发表于《民族艺术》2013年第4期。

的剧本创作相提并论，称为"二次创作"，可见伶人在戏剧生产环节的重要性。但相对而言，对伶人群体的学术关注，似乎与剧作家群体的研究相比，又显得十分薄弱。

廖：这或许与记录伶人生活的文献材料较为稀少所致，也与伶人群体不被主流人群重视有关。

陈：的确如此。不过，欣喜地看到，近二十年来不少中青年学者已经投入很大的热忱来研究伶人群体，如谭帆的《优伶史》，厉震林的《中国伶人家族文化研究》、《中国伶人性别文化研究》等，对古代及近现代伶人的社会生活史予以全面观照，不失为近年这方面研究的力作。

廖：这些成果不仅关注到伶人群体不同历史时期的面貌，而且对他们社会生活状态作了深入勾稽和阐释，但在伶人精神信仰生活的整体研究这块，似乎还有挖掘的空间。另外，据我所知，你的博士毕业论文是写地方戏的，不知当初你是基于怎样的因缘际会来从事戏神信仰研究的？

陈：确如您所言，我的博士毕业论文是以广东三大地方剧种之一的广东汉剧为题，这是康保成老师和刘晓明教授主持的教育部重点人文基地的重大项目《岭南濒危剧种研究》的子课题，这个课题的最终成果以丛书的形式（共5册）于2009年底在中山大学出版社出版，我撰写的《广东汉剧研究》是其中一部。这个选题，与我后来研究戏神有直接的关系。

我一直在中文系念书和工作，文献研究是基本的方法。博士论文以地方剧种研究为题，迫使我必须改变过去完全依靠历史文献的做法，走出书斋，迈向田野，来搞田野调查。我记得康保成教授曾在汕尾的一次稀有剧种研讨会上的发言中，形容我们这个搞"岭南濒危剧种"调查的团队是"走在春天的田野上"。为了收集广东汉剧的资料，我多次前往粤东的梅州、汕头、汕尾、潮州，闽西的龙岩，江西的赣州，湖南的邵阳、衡阳、长沙、常德，湖北的荆州、武汉以及安徽等地作田野调查，几乎反方向追溯皮黄声腔在中南地区流播的路线，走了一遍。在读期间，几乎每个寒暑假都在下面做田野调查。在调查的过程中，接触到大量的民间艺人和研究者，他们对戏剧的热爱和戏曲民俗的关注，让我领略了高校课堂中无法企及的图景。这样的经历和感受，致使我在关注戏曲剧本和演剧的同时，还将视野扩展到祭祀演剧、演剧习俗等层面，自然地方戏戏神祭祀的一些信息也进入我的视野中。举一个例子说明吧。2006年暑期，我在福建龙岩市调查闽西汉剧时，遇到一位退休的文化干部刘远，他也是戏曲脸谱研究专家（遗憾的是，2011年想再去回访他，听说已经过世了）。在他家里，老先生将自己收藏的全国各地剧种的脸谱拿出来给我们作展示，其中他特意讲到关公脸谱，由于艺人装扮的禁忌，有的剧种艺人在勾好的脸谱上故意点一墨点，有的是三点，有的是七点，以表示自己和关公是不同的个体。刘远先生段话引起了我的浓厚兴趣，明初朱权的《太和正音谱》讲古代艺人台上演出，要装扮古人（鬼），内心恐惧，不仅要从专门的通道"鬼门道"出入，而且要念诵"啰哩连"咒语，联系到关公戏演出的一些习俗，我当时特别感兴趣这样一个问题：中国民间戏曲艺人在演剧的过程中，有什么隐秘的禁忌心理？回来后，我广泛收集资料，撰写了一篇题为《关公戏演出禁忌的生成与禳解》的论文，可谓是戏神信仰研究的肇始。

廖：看来，田野调查不仅使你的视野更为开阔，也确实给你带来了意想不到的收获，而且丰富了你原来基本依靠历史文献作研究的套路。

陈：确实是这样。通过田野调查获得的资料，能够起到与文献资料形成相互参证的效果，让得出的结论更加扎实、可信。应该说，在中山大学做博士论文期间，跨学科的学术训练，也是我选择戏神信仰研究的一个重要机缘。2005年我来中山大学从康保成先生攻读博士学位，他当时招收戏曲史、戏曲民俗和区域民俗等几个方向的博士生。大家除了和老师每两周的一次专题讨论外，上下几届同门经常聚在一起讨论戏曲戏剧学、民俗学、人类学的问题，其乐融融。意想不到的是，几年下来，大家发现自己的学术视野变得更宽阔了。可谓是学术无禁忌，研究无界阈。而更直接的导因，应该说是康老师的大作《傩戏艺术源流》（1999年版）。这部论著几乎一半的篇幅是作戏神研究的，我研读后受益匪浅，激发了进一步作研究的冲动。当然，从学术含量来看，此后及今，我发表的一些戏神的论文，充其量也只是研习老师著作的读后感罢了。

二、戏神信仰研究的推进与转向

廖：康保成教授上世纪90年代，先后发表一系列关于戏神研究的重要论文，并出版了专著《傩戏艺术源流》，可谓是这一领域的扛鼎之作。学术需要不断向前推进，"吾爱吾师，吾更爱真理"，你的老师和不少前辈学者在戏神研究领域，已经做出了很多成就，将之继续往前推进，似乎难度不小。

陈：是的。依我肤浅的理解，康老师的戏神研究，主要从文化人类学和戏剧发生学的角度，在全面梳理了南北戏神信仰体系的基础上，揭示了戏神周边聚集的生殖崇拜的讯息，还以戏神信仰为桥梁，勾勒出傩戏与戏曲之间的艺术联系。康老师相关研究成果的意义，已经超越了研究结论本身，而是带给学界在戏曲民俗研究上视野、观念和研究方法的转型。他的系列成果，立意很高，文献几乎搜罗殆尽，所以我刚开始着手戏神研究，要有所创新，确如您所言，感觉特别难。

廖：康老师戏神研究的系列论文，后来全部收入《傩戏艺术源流》书中，可以看出他当初写戏神的论文，是将之放置于"傩戏艺术源与流"的整体框架下，从某种意义上讲，不是专门对中国民间戏神信仰文化的整体性研究。也许因为研究框架的限制，戏神信仰应该还有一些尚可开垦的研究空间。

陈：正因如此，所以要特别感谢康老师为后面的研究指明了方向，给我提供可继续发掘的研究领地。依我浅见，例如在戏神信仰与戏剧史发展关系上，戏神信仰与周边艺术行业神的关系，以及戏神发展的历史轨迹等具体问题上，还有挖掘的空间。当然，要将研究成果串起来，必须要有根主线，同时还要有好的切入点。我在吸收前辈学者和康老师的研究成果基础上，变换了一个角度切入，即从演剧禁忌和戏神信仰两个路向入手，探寻伶人精神生活史，继而来探究伶人信仰史与戏剧史发展之间的关系。这样的研究路径，其实不难看出，我还是有意识避免将课题弄成历史学或社会学的学术产品，因为作为研究中国古代戏剧史的学人，我还是想从伶人群体精神层面，考察他们对戏剧发展的或正向或反向、或明或隐的作用力。

廖：在我国古代有很多因素，诸如朝代更迭、社会动荡、经济兴衰、政治变革、文化思潮变迁等等，都可以改变戏剧史发展的路径。南宋江浙等地经济的繁荣促成了南戏的大发展；晚明社会思潮的大变革导致了戏剧的大繁荣，都是外界因素影响戏剧发展进程的显例。这些政治、经济、文化的外部因素，同样会作用于伶人群体演剧层面，继而影响到戏剧的进程。

陈：但是从不同的层面而言，伶人群体研究的制约因素，可以分为公共权力的干预、消费群体的干预和演剧主体的干预三个层面。具体而言，第一是国家或各级衙门公权力的禁戏。上世纪王利器先生收集了大量禁戏方面的条令、规程，汇集为《元明清三代禁毁小说戏曲史料》出版，近年又有丁淑梅博士在此基础上作的更为细致的文献收集、整理和研究工作。举例言之，如清代中叶，清廷对北京剧坛上秦腔的禁演，无疑对该剧种（声腔）在京城的发展带来毁灭性的打击，意想不到的是，却随后被进京的徽班和汉调填补上，最终促成京剧的形成。第二是社会戏剧消费群体的择选、删汰。民间有"上什么山唱什么歌，到什么场合唱什么戏"的说法，演剧的仪式性决定了演出的戏码，诸如《跳加官》、《八仙庆寿》、《六国封相》等"棚头戏"慢慢沉淀下来，成为"例戏"。这是"留"，还有"改"。我的同门詹双晖博士在海陆丰地区调查白字戏时，有一次乡下演出"八大连戏"的一出，因为最终以悲剧结局，观众不高兴，不仅起哄而且向戏台上扔东西，主事者要求戏班改变结局，否则不仅明年不再聘戏，而且要减这次的戏金。吓得班主第二晚重演时，硬是将结局改为好人好报、坏人恶报、生旦团圆的大结局，演出结果自然是皆大欢喜，圆满成功。过去，我们总是一厢情愿地认为，宣扬伦理纲常、道德教化、宿命观的戏剧，思想性不高，难称上流，可是老百姓就是喜欢，他们有自己的价值判断标准和审美取向，这就是典型的消费群体对演剧进行反干预的例子。第三个层面是，伶人自身精神世界的因素，他们对演剧的直接干预。这个问题我们过去很少关注。

　　廖：看来，你的戏神信仰研究，出发点还是想从伶人精神信仰生活的层面，来研究演出主体对中国戏剧发展的干预情况。但是，这种精神世界的干预很隐蔽，它不像某种政策、事件的影响来得那样直接，所以选择好的切入点来揭示伶人精神生活世界与中国戏剧发展之间关系，就显得尤为关键。

　　陈：经过反复的思考和盘点，我选择了演剧禁忌和戏神信仰，作为研究这一问题的两个重要切入点。先谈谈禁忌对伶人演剧的影响，还是以伶人演出关公戏为例子。有人说世界上有三大戏剧表演体系，分别是斯坦尼斯拉夫斯基、布莱希特和以梅兰芳为代表的中国戏曲表演体系。斯坦尼体系主张演员要与剧中角色融为一体，是为"体验派"；布莱希特则主张演员和角色保持一定距离，是为"离间派"；而中国的戏曲，演员与角色之间还横亘着脚色体制，演员要先熟练掌握脚色行当程式才能演好剧中角色。对比一下以上三大表演体系，发现关公戏演出的情形与"斯坦尼体系"很相似，扮饰关公的演员一旦上妆，披挂上场，就把自己视为关羽，降神附体，达到人神合一的境界。其间就产生很多禁忌，譬如不叫场上其他演员真实姓名，不直呼关公名号，总之，不在关公神体附着状态下做一切还原真实自我的言行举止。这些禁忌的生成，看似是"迷信"，但其实导源于对关羽的崇拜，导源于伶人集体无意识存在的神鬼附体的巫术心理。正是因为有了这些禁忌文化，我们在考察关公戏演剧时，将不应再视之为一般意义的演出活动。艺人演出关公戏的艺术效果，无疑与一般的历史剧大有差别。扮饰关公戏的行当，后来在京剧中也发展成独具特色的"红生"一行，从而很大程度丰富了戏曲表演艺术。

廖：可不可以这样理解，对于伶人而言，鬼神的崇拜是禁忌生成的基础，禁忌则是崇拜的表现形式。无论是关公戏演剧的禁忌，还是禁忌的禳解，都折射出伶人隐蔽的心理活动。

陈：您的总结非常到位。的确，伶人的禁忌心理，源自鬼神崇拜，但更直接的心理源头是对鬼神的恐惧，害怕不敬而遭到惩戒。我在研究戏曲行业"九皇神"信仰时，就有这种强烈的感受。九皇神本是道教神，伶人将之请进戏曲行业来崇奉，仍然是基于两个层次的考虑：首先，信仰它能给你带来福或祸。九皇神本是道教北斗九星，司察世人善恶罪福，拜祷可荐福消灾，保命延寿。其次才是将内心的不安与神的职司相对应的问题。原来艺人认为在戏境中饰演达官贵人，锦衣玉食，而曲尽戏终，又还原为现实社会中"下且贱者"，以低贱者饰演富贵者，是要遭天谴。所以利用九皇会崇奉的契机，通过斋戒食素，诵经忏悔，来减轻和释放心理的压力。这一心理，其实是旧时伶人千余年积淀下来的卑微心理和与戏境饰演角色身份不对等所形成沉重心理负担的集中反映。所以，通过伶人精神世界的揭示，可以实现与他们所处社会生存状态形成相互印证的效果。

廖：演剧禁忌确实是很有意思的话题，它会在演出前及演出后的过程中形成一个禁忌场，不仅波及到演剧者，而且会影响到观剧者，二者相互作用，彼此强化心理暗示，客观造成了伶人和观众之间约定俗成的观、演规则，渐次生成独特的演剧文化，所以不能忽略了演剧禁忌对戏剧文化隐性干预的作用。

陈：是的。不过发生演剧禁忌的剧目，多是涉及仙妖鬼魅内容或神佛宗教剧，早在万历年间,屠隆在《昙花记·凡例》中特意指出演出此剧的三条禁忌,一是堂会演出过程中"不许梨园坐演",二是"遇圣师天将登场,诸公须坐起立观",三是要戒荤辣、淫欲等不敬、不洁之举。这些禁忌规程无非表达对神佛的虔诚和传达出规避惩戒的意图。

但相比演剧禁忌对戏剧发展的影响,戏神信仰对伶人精神世界的作用力要大得多,深入得多。戏神信仰与演剧的关系,不是简单体现在剧目展演上,而是通过伶人精神世界,内化为一种群体性的集体意识来作用于整个戏剧活动。所以,过去不少涉及戏神信仰的戏曲著作,都将之放置在"戏班"这一节,这个传统从齐如山的《戏班》(1935)开始,一直到张发颖的《中国戏班史》(2003),都是这样。他们通过对伶人戏神信仰的考察,来揭示戏班内部运作的基本方式。从本质而言,戏神信仰就是一种戏班组织制度。戏班班主或行业长老,利用戏神的权威达到整肃秩序和行使管理权力的目的。应该说,在戏曲行业内部,戏神的信仰成为戏班内部组织和外部商业运作的手段,仅仅是伶人演剧活动的一个层面。我在《老郎神信仰的民间考察》一文对戏神诞日或忌日艺人聚会对戏曲艺术的发展和提高的促进作用有所涉及。此外,戏神作为一种民间宗教信仰模式,它广泛吸收了道家、佛教和其他民间宗教祭祀仪式,这些仪式促进了戏曲与民间祭祀活动的结合,让更多的老百姓能接纳戏曲,为戏曲的演出开拓了更为广阔的市场,这一点体现在福建、浙江、广东等地的田公元帅信仰上尤为典型。2011年暑期我到福建福州、泉州、莆田、晋江、厦门等地调查发现,本为南戏戏神的田公元帅,居然成为集戏神、梨园教教主和民间俗神于一身的神祇。这一现象充分说明了戏神信仰已经越出本来的信仰疆域而被广大俗众(当然也可以是戏曲的观众)所接纳,行业内、外的田公元帅信仰一体化了,客观上形成了更为庞大、丰富的地方神信仰体系。

三、戏神信仰研究的多重视野

廖:福建等地的田公元帅崇拜,超越戏神信仰的范畴,而成为覆盖信众很广的一种民间信仰文化,的确很值得关注和研究。但田公元帅跨越信仰疆域的独特现象,似乎不能简单概括为戏神信仰世俗化的产物,应该还有更深层次的原因。这种深层次的原因应该与田公元帅神格功能有关。

陈：我完全赞同您的分析。这个问题还要从田公元帅首先是傀儡戏神的具体情况分析。田公元帅最早作为傀儡戏行业神受到内部全体成员的崇奉，但由于傀儡戏与生俱来的"驱疫祛邪"功能和戏神通过祭、扫台等科仪对其神性的强化，其信仰领域逐步扩大，超越了戏曲行业。一方面，随着傀儡戏参加民间法事活动的增多，他们向道教靠拢，最终演化为道教的一个支派；与此同时又保留了对祖师神的信仰，推动田公元帅成为道教的一个神祇。另一方面，戏曲艺人（主要为傀儡师）凭依田公元帅"驱疫祛邪"功能也积极参加到民间各种赛愿祈福活动中，最终田公元帅演化为地方保护神。可见田公元帅能跨越戏曲行业，进入宗教和俗界来行使神的职能，和其与生俱来的"驱疫祛邪"宗教基因息息相关。

廖：从上面的讨论来看，戏神能成为宗教神和地方俗神，还是因为其浓郁的祭祀仪式性和"驱疫祛邪"的宗教功能。看来，戏神的信仰文化，一定意义上也从民间信仰的维度，将民间演剧与民众生活、地域民俗文化联系在一起。

陈：确实如此。据我考察，中国戏神信仰的大发展，是以地方戏的繁盛为前提的，换句话说，清代中叶地方戏的涌现，导致了形形色色的戏神出现。地方戏以本地方言作为舞台唱念语言，所以它成为地方文化最具代表性的名片。而戏神信仰，则从精神层面，深入影响伶人，影响周边的观众、信众，也成为地方文化的重要代表，如田公元帅庙宇在福建一省，现在尚有千座以上，可见崇奉之广，信众之多。从这个角度来看，诚如您所言，戏神信仰成为联系民间演剧与区域民俗文化的重要纽带。这样，民间戏神信仰文化，就既属于戏曲文化，也属于民俗事象，二者的自然结合，就成了戏曲民俗文化。

廖：戏神作为一种民间信仰，除了具有行业性特点外，祭祀仪式的神秘性和宗教色彩，也使其具有准宗教的特点。对于这种具有一定宗教色彩的研究对象，在研究方法上除了完成文献研究向田野调查的转型外，借用其他学科的研究思路和方法，已经势在必然。

陈：我的课题研究设计其实包含两大块，一是对戏神系统的梳理和信仰个案的深描，属于知识考古的范畴；一块呢，是想在此基础上来勾勒伶人信仰的精神史，为揭示戏神信仰与戏剧发展的内在联系搭建一座桥梁。苦苦思索，不知措手，最后还是从文化人类学的理论中获得启发。

人类学的目标是了解人类童年时期的状况，而戏神信仰很大程度表现为对戏曲始祖的追溯和怀念，它必然涉及伶人对戏曲起源、戏曲功能性需求等核心问题。在文化人类学的启发下，我更加重视戏神信仰在伶人群体生活中扮演的角色与功能；重视戏神祭祀仪式所包含的场景功能；重视戏曲行业神与周边相近艺术神祇的关系；重视戏神自身发展、分布规律的归纳和总结。有了文化人类学的视野，我开始关注戏神生成机制问题，例如我发现戏曲"丑脚"被抽象化为戏神的现象，也试图去揭示民间戏神传说、塑像、神像、壁画、禁忌在戏神信仰生成、传承中的规律和特征。当然，还包括上面所谈及的戏神祭祀仪式过程中宗教因素的考察，以及追寻戏神越出戏曲行业被宗教徒、俗众信奉的深层次原因等等问题。总之，文化人类学研究的视野和方法，让我能更深入地走进伶人的精神生活世界，看到伶人演剧幕后的一些图景，裨益于更全面理解中国戏剧发展的历史。

廖：看得出来，作为戏剧戏曲学出身的学者，你更关注戏神信仰研究对中国古代戏剧发展史的影响，这种研究旨归和思维惯性，势必会影响到你的研究路径和研究产出。应该说，将民间戏神信仰文化研究的成果与解决戏剧史上的遗留问题结合起来，尽管提供了一种思考问题的理路和指向，但在一般人看来，似乎比演剧禁忌、戏神信仰与戏曲演出的关系的理解要难得多。

陈：是这样的。将戏神信仰的研究与中国古代戏剧发展历史结合起来，康保成老师在他系列的戏神研究成果中，已经开了个很好的头。他通过对傩神与戏曲行业神之间联系的考察，揭示出傩与古代戏剧的关系问题。这一研究，直指中国戏剧发生这个核心问题。这里我还要补充两个现象：其一，在考察南戏戏神田公元帅时发现，田公元帅首先是被傀儡戏艺人崇奉的；其二，二郎神作为戏神祭祀，也是首先出现在傀儡戏行业中。这两个现象或许为傀儡戏至戏曲艺术的发展路径提供佐证。可见，研究戏神信仰可以为探讨中国戏剧、戏曲发生的起点提供新的考察路径。

再如，在行业内部，戏神信仰的稳固性，可以作为判断地方剧种流变、衍化的重要依据。戏曲艺人对本剧种戏神的信仰和坚守，是很顽固的，不管舞台表演艺术怎样随戏班流动，但戏神信仰不会变。古时艺人流动作场，都会把戏神塑像或牌位放在戏箱里同行。台湾《宜兰县志》记载清同治末年，信奉西秦王爷的"福禄派"

和尊奉天都元帅的"西皮派"因为艺术分歧，各不买账而导致群殴，其实两派没有本质的艺术区别，只是流派不同而已，却因所祭奉的戏神不同而相互歧视，可见戏神对本派艺人的凝聚力之强。正因戏神对于伶人而言具有强烈的认同意义，在地方剧种研究史上，程砚秋、欧阳予倩都曾利用戏神信仰的遗迹和记载，裁断秦腔、粤剧历史变迁的轨迹。我的同门刘红娟博士在《西秦戏研究》中也利用秦腔戏神作为重要依据，描绘出西秦梆子腔流播到粤东的路线图。这也是成功利用戏神信仰判定声腔迁徙的个案。总之，对于民间戏神信仰文化，利用人类学和戏剧学的双重视角和方法，可以让我们看到更多的图景，获得更丰富的研究成果。

四、"申遗"语境下的戏神信俗研究

廖：现在随着"非遗"代表名录申报、传承人保护制度以及《非物质文化遗产保护法》的出台，"非遗"的保护已经有了制度和法律的保证。既然戏神信俗是遍及全国的一种民俗事象，那么作为非物质文化遗产进入"非遗"代表名录，应该是顺理成章的事情。

陈：戏神信仰申遗，这个问题比较复杂，各地的情况不同，需要因地制宜，具体个案具体分析。我2011年暑期在福州调查时了解到，福州元帅庙祖殿就以"田公元帅信俗"延请福建省艺术研究院的叶明生研究员筹划申报国家级"非遗"代表性名录，他们当时的处理是放置在"民间信俗"类申报。过去这类"非遗"申报存在争论，有人认为这是迷信，当然也有人持反对意见。

廖：民间信仰究竟是迷信还是非物质文化遗产的问题，值得深入探讨。具体到民间戏神信仰而言，我个人主张不应该视为迷信。将戏神信仰，视为一种准宗教信仰或民俗文化比较合适。

陈：我完全同意您的看法。迷信没有固定的信仰对象、场所和组织，不具备世代传袭等特点，它完全是个体的行为，群体性较弱。而戏神信仰，行业性、群体性特征十分明显，无论是传承的延续性，还是信仰对象的稳固性，更重要的是，戏神信仰的仪式性特征，赋予了它鲜活的世代内涵、浓郁的地方特色和丰富的民俗意蕴，这些都不是一般迷信活动所能比拟的。

廖：确实，戏神信仰活动的文化内涵，已经将之与一般的迷信活动自然地区分开了，但在申请各级政府"非遗"名录时，应该更深入挖掘戏神信俗活动的文化内涵，重点挖掘戏神遗迹遗物、传说、祭祀仪式、相关剧目等文化载体的历史信息，让戏神信俗呈现出它固有的民俗文化原生态。

陈：事实上，在联合国"非遗"申报框架下有一类是文化空间。福建的田公元帅信仰，有祭祀仪式，有庙宇陈设，有历史文献记载，也有广大信众，完全可以"文化空间"的思路来申请国家级"非遗"代表性名录资格。例如，福建莆田瑞云祖庙戏神庙会，它有几个要件：①有戏神祖庙（遗迹），为当地及周边戏班的祖亭和议事之所。②有很长的历史传统和祭祀延续性，据说是从明代至今，每年田公神诞日四月初九、八月二十三，以及正月元宵节，瑞云祖庙均举行隆重的戏神庙会活动。③有隆重的祭祀仪式，还要演出戏神雷海青题材的剧目——《愿》，以及《田相公踏棚》、《净棚咒》、《跳加官》、《弄八仙》、《武头出末》等仪式剧和地方剧种的戏目。庙内作道坛仪式，道师设坛念咒作法，酬谢神灵，祈求保佑；庙外有戏神神像出巡仪式，吸引了大量乡民参加。瑞云祖庙戏神庙会，具有浓郁的地方文化韵味和行业祭祀文化色彩，值得作为重点"非遗"项目来保护。另外，有些还可以考虑将戏神信仰文化与相关戏曲演出习俗结合起来申报，如福建泉州木偶戏团"田公"的祭典，就可以将每年两次盛大的戏神祭典活动和诸如驱邪祈福类的仪式性演出习俗捆绑申报"民间信俗"类"非物质文化遗产"。再如，广州粤剧戏神华光大帝信俗也很典型，可以和荔湾区恩宁路"粤剧祖屋"八和会馆、佛山粤剧祖庙联合申报。令人欣喜的是，以上这些戏神信俗，已经进入当地市或省级"非遗"代表目录，受到当地政府的高度重视。我想，它们进入国家级"非遗"代表性名录，也是指日可待的事情。

廖：由此可见，在当下非物质文化遗产保护热潮下，戏神信仰文化的研究，不仅具有较高的学术价值，而且具有很强的现实意义。

陈：在戏神信俗"申遗"问题上，我还有一个主张，即那些具有浓郁地域特色和典型文化特征的戏神信俗，应该单独申报"非遗"名录，而不应混杂在地方剧种中来申报，因为在某种意义上，戏神信俗不仅仅是戏剧文化现象，而更多的呈现出宗教、民俗的文化意蕴。将这种民俗事象，作为非物质文化遗产传承下去，可以让后代子孙更好地了解在戏曲行业中，历经了千余年的行业神信仰文化是如此的丰富多彩，是如此的底蕴深厚。

廖：你这个建议非常好。通过这次交流，让我感觉到戏神信仰文化是一个很有学术价值和研究空间的课题，期待志勇博士能有更多更好的成果问世，也感谢你接受《民族艺术》杂志的访谈。

陈：拉拉杂杂就自己的研究经历和体会胡说一通，错讹之处，敬请明君老师和同行指正。最后也祝愿《民族艺术》杂志百尺竿头，更进一步，为学界提供更多更好的学术资讯，辐射出更大的学术正能量。

主要参考文献

一、古籍

（东周）左丘明：《国语》，上海古籍出版社1988年版。
（汉）司马迁：《史记》，中华书局1959年版。
（汉）许慎撰，（宋）徐铉校定：《说文解字》，中华书局1963年影印。
（汉）班固：《汉书》，中华书局1962年版。
（晋）干宝：《搜神记》，中华书局1979年版。
（晋）王嘉：《拾遗记》，中华书局1981年版
（唐）魏徵等：《隋书》，中华书局1982年版。
（唐）赵璘：《因话录》，上海古籍出版社1979年新1版。
（唐）瞿昙悉达：《开元占经》，《文渊阁四库全书》第807册。
（唐）李肇：《唐国史补》，上海古籍出版社1979年新1版。
（唐）孙棨：《北里志》，古典文学出版社1957年版。
（唐）姚汝能：《安禄山事迹》，中华书局2005年版。
（唐）郑处海：《明皇杂录》，中华书局1994年版。
（唐）释道世，周叔迦、苏晋仁校注：《法苑珠林校注》，中华书局2003年版。
（后晋）沈昫等：《旧唐书》，中华书局1975年版。
（宋）宋祁、欧阳修等撰：《新唐书》，中华书局1975年版。
（宋）曾巩撰，王瑞来校证：《隆平集校证》，中华书局2012年版。
（宋）张唐英：《蜀梼杌》，《丛书集成初编》第3855册，中华书局1985年版。
（宋）张君房编，李永晟点校：《云笈七签》，中华书局2003年版。

（宋）程遇孙撰，赵晓兰点校：《成都文类》，中华书局2011年版。

（宋）欧阳修：《新五代史》，中华书局1974年版。

（宋）高承：《事物纪原》，中华书局1989年版。

（宋）李思聪编：《洞渊集》，《道藏》第23册，文物出版社、上海书店、天津古籍出版社1988年影印。

（宋）张耒：《明道杂志》，陶宗仪《说郛三种》，上海古籍出版社1989年版。

（宋）孙光宪：《北梦琐言》，《笔记小说大观》第31编第3册，新兴书局1985年版。

（宋）洪迈：《夷坚志》，中华书局1981年版。

（宋）周辉著，刘永翔校注：《清波杂志校注》，中华书局1994年版。

（宋）周密：《武林旧事》，《东京梦华录》（外四种），古典文学出版社1956年版。

（宋）欧阳直卿：《温叟词话》，《历代词话》本。

（宋）王灼：《碧鸡漫志》，《中国古典戏曲论著集成》（一），中国戏剧出版社1959年版。

（元）脱脱等：《宋史》，中华书局1977年版。

（元）佚名：《太上玄灵斗姆大圣元君本命延生心经》，《道藏》第32册，文物出版社、上海书店、天津古籍出版社1988年影印。

（明）朱权：《太和正音谱》，《中国古代戏曲论著集成》（三），中国戏剧出版社1959年版。

（明）徐复祚：《曲论》，《中国古典戏曲论著集成》（四），中国戏剧出版社1959年版。

（明）李诩：《戒庵老人漫笔》，中华书局1982年版。

（明）陆深：《金台纪闻》，《丛书集成初编》第2906册，中华书局1985年版。

（明）佚名：《绘图三教源流搜神大全》，上海古籍出版社1995年影印本。

（明）田艺蘅：《留青日札》，上海古籍出版社1985年版。

（明）沈德符：《万历野获编》，中华书局1959年版。

（明）谈迁：《枣林杂俎》，中华书局2006年版。

（明）佚名著，孔宪男校注：《如梦录》，中州古籍出版社1984年版。

（明）汤显祖著，徐朔方笺校：《汤显祖全集》，北京古籍出版社1999年版。

（明）陈子升：《中洲草堂遗集》，《丛书集成续编》第151册。

（明）黄仲昭修纂：《八闽通志》，福建人民出版社2005年版。

（明）黄一正辑：《事物绀珠》，《四库全书存目丛书》子部第 201 册。

（明）佚名：《道法会元》，《道藏》第 30 册，文物出版社、上海书店、天津古籍出版社 1988 年版。

（明）谢肇淛：《五杂俎》，中华书局 1959 年版。

（明）胡应麟：《少室山房笔丛》，上海书店 2001 年版。

（明）姚际隆删补：《卜筮全书》，明刻本。

（明）郎瑛：《七修类稿》，中华书局 1959 年版。

（明）赵南星：《笑赞》，《明清笑话四种》，人民出版社 1958 年版。

（明）孙毂编：《古微书》，《丛书集成初编》第 690 册。

（明）钱希言：《狯园》，《四库全书存目丛书》子部 247 册。

（明）张岱著，马兴荣点校：《陶庵梦忆·西湖梦寻》，中华书局 2007 年版。

（清）顾景星：《白茅堂集》，《四库全书存目丛书》第 206 册。

（清）李渔：《闲情偶寄》，《中国古典戏曲论著集成》（八），中国戏剧出版社 1959 年版。

（清）金埴：《不下带编》，中华书局 1982 年版。

（清）孔尚任：《节序同风录》，《四库全书存目丛书》第 804 册。

（清）蒲松龄：《蒲松龄集》，上海古籍出版社 1986 年版。

（清）曹寅：《楝亭集》，北京图书馆出版社 2007 年版。

（清）屈大均：《广东新语》，中华书局 1997 年版。

（清）陈梦雷编纂：《古今图书集成·神异典》，中华书局、巴蜀书社 1984—1988 年影印本。

（清）李光庭：《乡言解颐》，中华书局 1982 年版。

（清）孙诒让：《周礼正义》，中华书局 1987 年版。

（清）佚名：《万全玉匣记》，乾隆刊本。

（清）李斗：《扬州画舫录》，中华书局 1960 年版。

（清）焦循：《剧说》，《中国古典戏曲论著集成》（八），中国戏剧出版社 1959 年版。

（清）吴长元：《宸垣识略》，北京古籍出版社 1983 年版。

（清）纪晓岚：《阅微草堂笔记》，上海古籍出版社 1980 年版。

（清）吴任臣：《十国春秋》，《文渊阁四库全书》史部第 465 册。

（清）黄幡绰：《梨园原》，《中国古典戏曲论著集成》（九），中国戏剧出版社 1959 年版。

（清）孙希旦：《礼记集解》，中华书局1989年版。
（清）潘荣陛：《帝京岁时纪胜》，北京古籍出版社1981年版。
（清）梁玉绳：《瞥记》，清嘉庆间刻清白士集本。
（清）钱大昕：《十驾斋养心录附馀录》，清嘉庆刻本。
（清）黄芝：《粤小记》，广东省中山图书馆1960年刻印本。
（清）顾祖禹：《读史方舆纪要》，嘉庆十七年（1812）龙氏刻本。
（清）施鸿保著，来新夏校点：《闽杂记》，福建人民出版社1985年版。
（清）黄钊：《读白华草堂诗二集》，道光十九年（1839）刻本。
（清）俞樾：《茶香室丛钞》，《续修四库全书》第1198册。
（清）潘宗鼎：《金陵岁时纪》，南京出版社2006年版。
（清）龚炜：《巢林笔谈续编》，中华书局1981年版。
（清）姚东升：《释神》，书目文献出版社1985年版。
（清）褚人获：《坚瓠集·续集》，上海古籍出版社2007年版。
（清）平步青：《霞外攟屑》，《续修四库全书》第1163册。
（清）顾禄：《清嘉录》，《续修四库全书》第1262册。
（清）邱炜萲：《五百石洞天挥麈》，清光绪二十五年邱氏粤垣刻本。
（清）桑灵直：《字触补》，清光绪小嫏嬛书库刻本。
（清）陈作霖：《可园诗存》，清宣统元年刻增修本。
（清）徐珂：《清稗类钞》，中华书局1986年版。
（清）张萨修，孙珮纂：《（康熙）吴县志》，清康熙三十年（1691）刊本。
（清）姜顺蛟、叶长扬修，施谦纂：《（乾隆）吴县志》，清乾隆十年（1745）刻本。
（清）胡启植，（清）王椿修，（清）叶和侃等纂：《（乾隆）仙游县志》，1930年铅印本。
（清）李亨特修，平恕等纂：《（乾隆）绍兴府志》，乾隆五十七年（1792）刻本。
（清）周凯纂修：《（道光）厦门志》，道光十九年（1839）刻本。
（清）施鸿保：《闽杂记》，清光绪四年（1878）刊本。
（清）李铭皖、谭钧培修，冯桂芬纂：《（同治）苏州府志》，光绪九年（1883）刻本。
（清）张之洞撰修：《（光绪）顺天府志》，清光绪十二年刻十五年重印本。
赵恭寅修：《（民国）沈阳县志》，1917年铅印本。

梁伯荫修，罗克涵纂：《(民国)沙县志》，1928年铅印本。
陈衍修纂：《福建通志》，1938年铅印本。

二、著作

林霁秋：《泉南指谱重编》，1912年石印本。
胡朴安：《中华全国风俗志》，上海文艺出版社1988年影印本（1922年初版）。
[日] 波多也乾一：《京剧二百年之历史》，启智印务公司1926年10月版。
陈墨香、潘镜芙：《梨园外史》，百成书局1930年版。
王书奴：《中国娼妓史》，三联书店上海分店1988年重刊本（1933年初版）。
张次溪：《燕京访古录》，中华书局1934年版。
齐如山：《戏班》，北平国剧学会1935年版。
徐慕云：《中国戏剧史》，世界书局1938年版。
张琴编纂：《莆田县志稿》，手抄本，1941年。
王焕镳编纂：《首都志》，上海正中书局1947年版。
孙楷第：《傀儡戏考原》，上杂出版社1952年版。
《华东戏曲剧种介绍》（第一集），新文艺出版社1955年版。
胡忌：《宋金杂剧考》，古典文学出版社1957年版。
欧阳予倩编：《中国戏曲研究资料初辑》，中国戏剧出版社1957年版。
赵景深：《读曲小记》，中华书局1959年版。
[越南] 阮攸，黄轶球译：《金云翘传》，人民文学出版社1959年版。
王明编：《太平经合校》，中华书局1960年版。
周贻白：《中国戏曲论集》，中国戏剧出版社1960年版。
周贻白：《戏曲演唱论著辑释》，中国戏剧出版社1962年版。
苏州戏曲研究室编：《宁波昆剧老艺人回忆录》，内部资料，1963年印刷。
郭宝钧：《中国青铜器时代》，生活·读书·新知三联书店1963年版。
贺龙骧校勘，彭文勤纂辑：《道藏辑要》第七册，台北，新文丰出版有限股份公司1977年版。
[苏] 高尔基著，林焕平译：《高尔基论文学》，广西人民出版社1980年版。
唐圭璋主编：《全宋词》，中华书局1980年版。
杜颖陶编：《董永沉香合集》，古典文学出版社1957年版。
任二北：《优语录》，上海文艺出版社1981年版。

李洪春：《京剧长谈》，中国戏剧出版社1982年版。
郭立诚：《行神研究》，"国立"编译馆中华丛书编审委员会，1982年。
刘奎官：《刘奎官舞台艺术》，中国戏剧出版社1982年版。
董每戡：《说剧》，人民文学出版社1983年版。
林庆熙等编注：《福建戏史录》，福建人民出版社1983年版。
福建省戏曲研究所编印：《闽剧史稿》，1983年6月，内部印刷。
欧阳予倩：《欧阳予倩戏剧论文集》，上海文艺出版社1984年版。
《梆子腔剧种学术讨论会论文集》，山西人民出版社1984年版。
任半塘：《唐戏弄》，上海古籍出版社1984年版。
陆茂林：《木偶世家传奇》，湖南少年儿童出版社1985年版。
刘念兹：《戏曲文物丛考》，中国戏剧出版社1986年版。
［奥地利］弗洛伊德著，杨庸一译：《图腾与禁忌》，中国民间文艺出版社1986年版。
宗力、刘群：《中国民间诸神》，河北人民出版社1986年版。
吕子房等编著：《川北灯戏》，四川文艺出版社1986年版。
崔克昌等编著：《黔北花灯初探》，贵州人民出版社1986年版。
顾峰：《云南歌舞戏曲史料辑注》，云南民族艺术研究所戏剧研究室印，1986年。
刘小中、郭贤栋：《汉剧史研究》（内部资料），武汉艺术研究所1987年印刷。
王家佑：《道教论稿》，巴蜀书社1987年版。
雷梦水辑：《北京风俗杂咏续编》，北京古籍出版社1987年版。
［英］弗雷泽：《金枝》，中国民间文艺出版社1987年版。
［日］柳田国男著，连湘译：《传说论》，中国民间文艺出版社1987年版。
张次溪编纂：《清代燕都梨园史料·正续编》，中国戏剧出版社1988年版。
赖伯疆、黄镜明：《粤剧史》，中国戏剧出版社1988年版。
林语堂著，陈子善编：《知堂集外文》，岳麓书社1988年版。
侯玉山口述，刘东升整理：《优孟衣冠八十年》，中国戏剧出版社1988年版。
李乔：《中国行业神崇拜》，中国华侨出版社1990年版。
周育德：《中国戏曲与中国宗教》，中国戏剧出版社1990年版。
［荷兰］高罗佩：《中国古代房内考——中国古代的性与社会》，上海人民出版社1990年版。
秦振安：《中国皮影戏之主流——滦州影》，台湾省立博物馆出版部1991年版。

袁珂：《山海经校注》，上海古籍出版社1991年版。

柯国森、陈宇虹、林祖韩等编：《莆田县宗教志》上册，内部印刷，1991年。

陈铁儿：《细说粤剧——陈铁儿粤剧论文书信集》，香港，光明图书公司1992年版。

萧兵：《傩蜡之风》，江苏人民出版社1992年版。

林淳钧：《潮剧闻见录》，中山大学出版社1993年版。

阎广林：《喜剧创造论》，上海社会科学出版社1992年版。

赵杏根：《中国百神全书》，南海出版社1993年版。

叶涛：《中国京剧习俗》，陕西人民出版社1994年版。

黄兆汉：《道教与文学》，台北，台湾学生书局1994年版。

连裕斌主编：《潮剧志》，汕头大学出版社1995年版。

乌丙安：《中国民间信仰》，上海人民出版社1995年版。

徐君、杨海：《妓女史》，上海文艺出版社1995年版。

茆耕茹：《胥河两岸的跳五猖》，财团法人施合郑民俗文化基金会，1995年版。

于省吾：《甲骨文字诂林》，中华书局1996年版。

廖奔：《中国古代剧场史》，中州古籍出版社1997年版。

郭英德：《明清传奇综录》，河北教育出版社1997年版。

常华：《妙峰香道考察记》，北京出版社1997年版。

茆耕茹编：《安徽目连戏资料集》，《民俗曲艺丛书》，财团法人施合郑民俗文化基金会，1997年版。

顾朴光：《中国民间面具》，湖南美术出版社1998年版。

齐如山：《国剧艺术汇考》，辽宁教育出版社1998年版。

吴瀛涛：《台湾民俗》，台北，众文图书股份有限公司1998年版。

康保成：《傩戏艺术源流》，广东高等教育出版社1999年版。

高国藩：《中国巫术史》，上海三联书店1999年版。

江玉祥：《中国影戏与民俗》，台北，淑馨出版社1999年版。

李子敏：《瓯剧史》，中国戏剧出版社1999年版。

陈志明编：《立言画刊京剧资料选编》，学苑出版社1999年版。

钱穆：《现代中国学术论衡》，生活·读书·新知三联书店2001年版。

冯时：《中国天文考古学》，社会科学文献出版社2001年版。

徐慕云：《中国戏剧史》，上海古籍出版社2001年版。

晁福林：《先秦民俗史》，上海人民出版社2001年版。

万建中：《禁忌与中国文化》，人民出版社2001年版。
宗力、刘群合编：《中国民间诸神》，河北教育出版社2001年版。
叶明生主编：《福建戏曲行业神信仰研究》，内部印刷，2002年。
马书田：《中国道教诸神》，团结出版社2002年版。
林胜利、李辉良主编：《戏神雷海青信仰研究》，中国广播电视出版社2002年版。
［日］田仲一成：《中国戏剧史》，北京广播学院出版社2002年版。
陈建森：《戏曲与娱乐》，上海人民出版社2003年版。
张发颖：《中国戏班史》，学苑出版社2003年版。
黄裳：《旧戏新谈》，北京出版社2003年版。
容世诚：《戏曲人类学初探》，广西师范大学出版社2003年版。
叶明生：《福建傀儡戏史论》，中国戏剧出版社2004年版。
严福昌主编：《四川傩戏志》，四川文艺出版社2004年版。
朱万曙、卞利主编：《戏曲·民俗·徽文化论集》，安徽大学出版社2004年版。
欧阳友徽：《中国祁剧》，香港天马出版有限公司2004年版。
王德彰：《谈戏说史》，中国文联出版社2004年版。
万建中：《禁忌》，中国旅游出版社2004年版。
詹石窗：《道教与戏剧》，厦门大学出版社2004年版。
黎国韬：《古代乐官与古代戏剧》，广东高等教育出版社2004年版。
倪彩霞：《道教仪式与戏剧表演形态研究》，广东高等教育出版社2005年版。
王廷信：《昆曲与民俗文化》，春风文艺出版社2005年版。
唐鲁孙：《什锦拼盘》，广西师范大学出版社2005年版。
李泰山主编：《中国徽班》，安徽文艺出版社2005年版。
曾志巩：《江西南丰傩文化》，中国戏剧出版社2005年版。
北京市艺术研究所、上海艺术研究所编：《中国京剧史》，中国戏剧出版社2005年版。
王评章、叶明生主编：《中国四平腔研究论文集》，中国戏剧出版社2006年版。
梅兰芳述，许姬传、许源来、朱家溍记：《舞台生活四十年——梅兰芳回忆录》，团结出版社2006年版。
么书仪：《晚清戏曲的变革》，人民文学出版社2006年版。
叶明生：《莆仙戏剧文化生态研究》，厦门大学出版社2007年版。
赵建新：《陇影记略》，中国社会科学出版社2007年版。

叶明生：《福建省寿宁县闾山梨园教科仪本汇编》，台北，新文丰出版股份有限公司 2007 年版。

欧大年、侯杰、范丽珠主编：《保定地区庙会文化与民俗辑录》，天津古籍出版社 2007 年版。

李计筹：《粤剧与广府民俗》，羊城晚报出版社 2008 年版。

孔美艳：《山西皮影戏研究》，三晋出版社 2008 年版。

束有春：《江苏戏曲文物研究》，大众文艺出版社 2008 年版。

陈志勇：《广东汉剧研究》，中山大学出版社 2009 年版。

刘红娟：《西秦戏研究》，中山大学出版社 2009 年版。

詹双晖：《白字戏研究》，中山大学出版社 2009 年版。

刘怀堂：《正字戏研究》，中山大学出版社 2009 年版。

李跃忠：《中国影戏与民俗》，大象出版社 2010 年版。

张冬菜：《中国影戏的演出形态》，大象出版社 2010 年版。

邓琪瑛：《海峡两岸潮州影系研究》，大象出版社 2010 年版。

叶明生、杨榕主编：《福州田公信俗文化史料与研究》，福建人民出版社 2015 年版。

三、论文

陶兰荪：《老郎神考》，《湖南戏考》第 1 辑，1920 年。

伯琬：《九皇会》，《少年》第 14 卷第 10 期，1924 年。

樊演：《二郎神的转变》，中山大学《民俗》61—62 期，1929 年。

容肇祖：《二郎神考》，中山大学《民俗》61—62 期，1929 年。

方问溪述，张次溪记：《燕京梨园九皇盛会记》，《戏剧月刊》第 2 卷第 3 号，1929 年 11 月。

[日] 波多野乾一：《京剧二百年之历史》，1930 年。

陈墨香：《二郎神考》，《剧学月刊》2 卷 12 期，1933 年。

佚名：《梨园习俗之九皇会》，《北洋画报》21 卷第 1007 期第 3 版，1933 年。

蠡测：《梨园行的祖师究竟是谁》，《剧学月刊》2 卷第 4 期，1933 年 4 月。

齐如山：《武猖神考》，《国剧画报》1933 年。

雪侬：《谁是老郎神》，《剧学月刊》3 卷第 9 期，1934 年。

纘翁：《李天子是梨园行的祖师》，《十日戏剧》1 卷 11 期，1937 年。

佚名：《白眉神》，《北洋画报》32 卷 1583 期，1937 年。

谭正璧：《二郎神故事的演变》，《大众》1943 年 4 期。

佚名：《一年一度的九皇会》，《大地周报》第 80 期，1947 年。

南仲：《二郎神的故事》，《科学大众》1 卷 4 期，1947 年。

马彦祥：《释老郎》，《新戏曲》2 卷第 1 期，1951 年 5 月。

王利器：《关于老郎的研究》，《新戏曲》2 卷第 4 期，1951 年 8 月。

程砚秋、杜颖陶：《秦腔源流质疑》，《新戏曲》二卷六期，1951 年 11 月。

赵景深：《十二音神考》，《读曲小识》，中华书局 1960 年版。

郑正浩：《乐神一考——关于台湾的田都元帅和西秦王爷信仰》，《民俗曲艺》第 23、24 期合刊，1983 年 5 月。

邱坤良：《台湾的傀儡戏》，《民俗曲艺》23、24 期合刊，1983 年 5 月。

施博尔著，萧惠卿译：《滑稽神——关于台湾傀儡戏的神明》，《民俗曲艺》23、24 期合刊，1983 年 5 月。

方光诚、王俊：《米应先、余三胜史料的新发现》，《戏曲研究》第 10 辑，1983 年。

萧遥天：《潮音戏叙原》，广东省艺术创作研究室编：《潮剧研究资料选》，内部印刷，1984 年。

萧衍盛：《潮州外江戏班规与社约》，《广东汉剧资料汇编》1985 年第 2 辑，内部印刷。

江武昌：《台湾地方戏戏神传说（一）》，《民俗曲艺》第 34 期，1985 年 5 月。

夏竹林：《台湾地方戏戏神传说（二）》，《民俗曲艺》第 35 期，1985 年 6 月。

吴亚梅、江武昌：《台湾地方戏戏神传说（三）》，《民俗曲艺》第 36 期，1985 年 7 月。

黄秀锦、傅正玲：《台湾地方戏戏神传说（四）》，《民俗曲艺》第 38 期，1985 年 11 月。

傅正玲、黄秀锦、江七：《台湾地方戏戏神传说（五）》，《民俗曲艺》第 39 期，1986 年 1 月。

刘回春：《祁剧戏神考略》，《湖南日报》1986 年 2 月 23 日第 3 版。

林茂贤、江武昌、傅正玲：《台湾地方戏戏神传说（六）》，《民俗曲艺》第 40 期，1986 年 3 月。

邱绍文等：《中国传统剧场之规矩与禁忌》，《民俗曲艺》第 40 期，1986 年 3 月。

徐传华口述，谢桂犀整理：《木偶戏神的传说》，《闽西戏剧史资料汇编》第 9 辑，内部印刷，1986 年。

黄君武口述，梁元芳整理：《八和会馆馆史》，《广州文史资料》35 辑，1986 年版。

吴金夫：《戏曲祖师"老郎神""二郎神"辨析》，《汕头大学学报》1986 年第 2 期。

王兆乾：《戏曲祖师二郎神考》，《中华戏曲》第 2 辑，1986 年。

任聘：《行业祖师简论》，《艺风遗俗》，黄河文艺出版社 1987 年版。

刘浩然：《小梨园戏与提线木偶——傀儡的关系》，泉州地方戏曲研究社编印《泉州地方戏曲》第 2 期，内部刊物，1987 年。

高贤治：《现存万华被遗忘的北管戏神——西秦王爷及田都元帅》，《台湾风物》第 38 卷第 3 期，1988 年 9 月。

黄锡钧：《泉州提线木偶戏神相公爷》，《南戏论集》，中国戏剧出版社 1988 年版。

何昌林：《福建南音源流试探》，《泉州南音艺术》，海峡文艺出版社 1988 年版。

靖雷：《漫步梨园话老郎——黄梅戏及花鼓诸腔老郎考》，《黄梅戏艺术》1989 年第 2 期。

叶明生：《一把打开戏神田公迷宫的钥匙——〈大出苏〉》，《南戏遗响》，中国戏剧出版社 1991 年版。

王兆乾：《灯·灯会·灯戏》，《黄梅戏艺术》1992 午第 1 期。

毛礼镁：《明代五种傩神考》，《争鸣》（赣）1992 年第 2 期。

章虹宇：《滇戏业敬拜的神灵》，《华夏地理》1992 年第 6 期。

麻根生、唐镜：《论苗族傩神崇拜的文化特质》，《中南民族学院学报》1992 年第 3 期。

毛礼镁：《江西傩神续考》，《江西社会科学》1993 年第 1 期。

徐亚湘：《台湾地区戏神——田都元帅和西秦王爷之研究》，中国文化大学艺术研究所硕士论文，1993 年 6 月。

何昌林：《乐王、戏祖、拳宗、医圣——翼宿星君与中国艺术神系》，《中华戏曲》第 15 辑，1993 年。

饶宗颐：《南戏戏神咒"啰哩𡃤"之谜》，《梵学集》，上海古籍出版社 1993 年版。

黄兆汉：《香港八和会馆戏神谭公考》，《道教与文学》，台北，台湾学生书局1994年版。

尹协理主编：《中国神秘文化辞典》，河北人民出版社1994年版。

黄兆汉：《粤剧戏神华光考》，《道教与文学》，台北，台湾学生书局1994年版。

行乐贤：《试论明、清"关公戏"的繁荣与由来》，《运城高专学报》1995年第3期。

廖奔：《戏神辨踪》，《民俗研究》1996年第1期。

巫瑞书：《楚湘傩神探幽》，《益阳师专学报》1996年第3期。

顾峰：《云南戏曲碑刻文告考述》，《中华戏曲》第19辑，山西古籍出版社1996年。

张文钧：《北京清吟小班的形形色色》，《近代中国娼妓史料》（上），河北人民出版社1997年版。

祝璋、李雅文：《旧社会沈阳妓女血泪史》，《近代中国娼妓史料》（上），河北人民出版社1997年版。

徐锦文：《旧社会安庆的名娼暗妓》，《近代中国娼妓史料》（下），河北人民出版社1997年版。

康保成：《中国戏神初考》，《文艺研究》1998年第2期。

康保成：《中国戏神再考（上）》，《中山大学学报》1998年第6期。

康保成：《中国戏神再考（下）》，《中山大学学报》1999年第1期。

余大喜：《中国傩神简论》，《中国舞蹈学院学报》1999年第3期。

康保成：《二郎神信仰及其周边考察》，《文艺研究》1999年第4期。

杨榕：《莆田市瑞云祖庙之田公信仰、祭仪与戏剧》，《民俗曲艺》第122、123期合辑，2000年1月。

康保成：《梵曲"啰哩嗹"与中国戏曲的传播》，《中山大学学报》2000年第2期。

王宁：《咽喉神：一种颇具特色的地方性戏神》，《民俗研究》2000年第3期。

顾乐真：《广西傩神考》，《民俗曲艺》第128期，2000年11月。

曾志巩：《南丰傩神和宜黄戏神》，湖南省艺术研究所编：《沅湘傩文化之旅》，时代文艺出版社2000年版。

马守昌、杨光宗：《古老土地上的艺术奇葩——腾冲皮影戏》，《腾越音韵》，云南民族出版社2001年版。

沈沉：《论"啰哩嗹"》，温州文化局编：《南戏国际学术研讨会论文集》，中华书局2001年版。

王兆乾：《仪式性戏剧与欣赏性戏剧》，《民俗曲艺》第130期，2001年3月。

曹飞：《山西上党戏神类型概说》，《山西师大学报》2002年第3期。

高伟浓：《华夏九皇信仰与其播迁南洋探说》，《东南亚纵横》2002年第3、4期合刊。

陈世雄：《戏曲行业神研究对我们的启发》，叶明生主编：《福建戏曲行业神信仰研究》，内部印刷，2002年。

刘远：《闽西田公神形象》，叶明生主编：《福建戏曲行业神信仰研究》，内部印刷，2002年。

刘远：《闽西木偶戏的傀儡技术》，（台湾）财团法人施合郑民俗文化基金会《民俗曲艺》第135期"福建民间傀儡戏"专辑（上），2002年3月。

刘晓迎：《永安市黄景山万福堂大腔傀儡戏与还愿仪式》，台湾《民俗曲艺》第135期，2002年3月。

叶明生：《福安市北部山区下洋村的幔帐戏》，《民俗曲艺》第136期"福建民间傀儡戏"专辑（下），2002年6月。

曹飞：《山西上党乐户行业神略考》，《戏曲研究》第60辑，2002年版。

王胜华：《云南民间戏神崇拜与演出仪式》，《民族艺术研究》2002年第4期。

叶明生：《梨园教——一个揭示古代傀儡与宗教关系的典型例证》，《中华戏曲》第27辑，2002年版。

倪彩霞：《师公戏"三元"祖师考》，《宗教学研究》2003年第1期。

刘远：《关公脸谱研究》，《中华戏曲》第28辑，文化艺术出版社2003年版。

容世诚：《新加坡华族戏曲的戏神崇拜》，林美容主编：《信仰、仪式与社会：第三届国际汉学会议论文集（人类学组）》，（台北）2003年6月。

黎国韬：《二郎神之祆教来源——兼论二郎神何以成为戏神》，《宗教学研究》2004年第2期。

周华斌：《关公的造型与脸谱》，《戏曲艺术》2004年第2期。

苏子裕：《我国最早的一篇戏曲学导言——汤显祖〈宜黄县戏神清源师庙记〉解读》，《中华戏曲》第30辑，2004年。

康保成：《戏剧的本质及其审美特征》，《阅读与写作》2004年第4期。

康保成等：《潮州影系的个案研究——关于陆丰皮影戏的田野考察》，《民间文化论坛》2005年第1期。

郑国权：《泉州南音界崇奉后蜀主孟昶为乐神之谜》，《音乐探索》2005年第3期。

黄天骥：《〈单刀会〉的创作与素材的提炼》，《中国非物质文化遗产》第九辑，中山大学出版社2005年版。

罗开玉：《"游喜神方"习俗》，《成都大学学报》（社科版）2005年第6期。

傅才武：《老郎庙的近现代变迁》，《文艺研究》2006年第2期。

李计筹：《戏神华光考》，《艺术百家》2006年第2期。

章军华：《江西傩神考辨》，《东华理工学院学报》2006年第2期。

杨秋红：《〈青楼集〉"花旦"新解》，《戏曲艺术》2006年第2期。

王群英：《戏曲咽喉神考》，《戏剧文学》2006年第7期。

刘平：《近代娼妓的信仰及其神灵》，李长莉、左玉河主编：《近代中国社会与民间文化》，社会科学文献出版社2006年版。

胡小伟：《话说二郎神》，《淮海工学院学报》（社哲版）2007年第1期。

林春蓉、潘荣阳：《论坑口宫与台湾戏神雷海青的信仰》，《黎明职业大学学报》2007年第2期。

陈志勇：《老郎神信仰的民间考察》，《江西社会科学》2007年第4期。

曹广涛：《戏曲十二音神推考》，《韶关学院学报》2007年第10期。

章军华：《闽赣戏神"田公元帅"祭礼述源》，《江西社会科学》2007年第12期。

彭恒礼：《云南的灯神与戏神》，《民俗研究》2008年第3期。

陈志勇：《道教"九皇神"与民间戏神信仰考》，《宗教学研究》2009年第3期。

潘荣阳：《台湾戏神雷海青信仰研究》，《福建师大学报》2009年第3期。

李计筹：《粤剧戏神谭公考》，《戏曲艺术》2009年第4期。

邱雅芬：《论大黑天信仰与中日戏神之渊源》，《学术研究》2010年第1期。

宋苗苗：《浅谈怀梆戏曲中的行业神》，《焦作大学学报》2010年第2期。

周华斌：《北京精忠庙及戏曲壁画考述》，《中华戏曲》第41辑，文化艺术出版社2010年版。

张帆：《当代戏曲班社与艺人中的田公元帅信俗》，叶明生、梁伦拥主编：《上杭木偶戏与白砂田公会研究文集》，海潮摄影艺术出版社2010年版。

胡非玄：《近代汉口狎优之风及其对汉剧发展的影响》，《戏曲艺术》2010年第2期。

陈志勇：《论民间戏神信仰的缘起和发展》，《文化遗产》2010年第4期。

邱雅芬：《论日本傀儡戏神"百太夫"及其域外神格》，《中山大学学报》（哲社版）2010 年第 6 期。
陈志勇：《古剧脚色"丑"与民间戏神信仰》，《戏剧艺术》2011 年第 3 期。
苏子裕：《江西宜黄腔、弋阳腔戏班戏神考》，《文化遗产》2012 年第 1 期。
［日］田仲一成：《云南关索戏中的花关索——兼论其与闽粤戏神田都元帅的关系》，《文化遗产》2012 年第 1 期。
陈志勇：《南戏戏神田公元帅信仰变迁考》，《文化遗产》2013 年第 2 期。
陈志勇：《论民间戏神传说的互文叙事形态》，《民族艺术》2013 年第 2 期。

四、辞书、志书、工具书

《中国戏曲志·湖南卷》，文化艺术出版社 1990 年版。
《中国戏曲志·江苏卷》，中国 ISBN 中心 1992 年版。
《中国戏曲志·湖北卷》，文化艺术出版社 1993 年版。
《中国戏曲志·福建卷》，文化艺术出版社 1993 年版。
《中国戏曲志·河北卷》，中国 ISBN 中心 1993 年版。
《中国戏曲志·安徽卷》，中国 ISBN 中心 1993 年版。
《中国戏曲志·广东卷》，中国 ISBN 中心 1993 年版。
《中国戏曲志·黑龙江卷》，中国 ISBN 中心 1994 年版。
《中国戏曲志·云南卷》，中国 ISBN 中心 1994 年版。
《中国戏曲志·辽宁卷》，中国 ISBN 中心 1994 年版。
《中国戏曲志·广西卷》，中国 ISBN 中心 1995 年版。
《中国戏曲志·四川卷》，中国 ISBN 中心 1995 年版。
《中国戏曲志·陕西卷》，中国 ISBN 中心 1995 年版。
《中国戏曲志·甘肃卷》，中国 ISBN 中心 1995 年版。
《中国戏曲志·上海卷》，中国 ISBN 中心 1996 年版。
《中国戏曲志·浙江卷》，中国 ISBN 中心 1997 年版。
《中国戏曲志·北京卷》，中国 ISBN 中心 1999 年版。
《中国戏曲志·贵州卷》，中国 ISBN 中心 1999 年版。
《中国民间故事集成·陕西卷》，中国 ISBN 中心 2001 年版。
吴同宾：《京剧知识手册》，天津教育出版社 2001 年版。

后　　记

　　这本小书始于笔者2005年进入中山大学攻读博士学位期间，写写停停，至今已经有十个春秋了。记得当年尚未入校报到，导师康保成教授就已将我吸纳到教育部重点人文社科基地重大项目"岭南濒危剧种研究"中，博士题目定为《广东汉剧研究》。刚领受"任务"，感觉两难。三年的博士学制，若作戏曲的传统文献研究，没好题目，出新难；作地方剧种史的研究，则资料蒐集难，可谓各有各的"难"。无奈之下硬着头皮利用寒暑假，到粤东的梅州、潮汕以及闽赣湘鄂皖等地调查皮黄剧种的流播轨迹。意想不到的是，却额外收获地方剧种戏神信仰的相关田野材料和乡土文献。

　　在调查过程中，有意识关注地方剧种戏神的祭祀，得益于两个机缘。一是博士生大类培养机制。中山大学戏曲大方向，往往将戏曲史方向、民俗学方向、戏曲文献学方向（后来还有非物质文化遗产学方向）的博士生集中起来，跟导师们一起上讨论课。不同知识背景的人就某一个指定的话题进行讨论，各自考虑问题的角度不同，言说的方式各异，解决问题的方法有别，这种平等的交流和思想火花的碰撞，会激发各自研究的灵感和探寻未知领域的兴趣。我萌发戏神信仰研究的初心，正源于此。

　　另一机缘是受导师研究成果的影响。康保成老师一直致力于从戏剧形态学的角度，探寻宗教仪式与成熟戏剧之间的蜕变演化进程，无论是《傩戏艺术源流》还是《中国古代戏剧形态与佛教》都专注于此，尤其是前者对戏神信仰文化的研究投入了巨大精力。系统研读康老师相关著作，也激发我对戏神信仰文化这个课题的强烈兴趣。就此意义上讲，这本小书正是研习康老师相关论著的读书报告之结集，当然也不妨视为博士论文的"副产品"。

博士期间倾尽全力"赶制"毕业论文，几无暇他顾，实际上也就撰写了两三篇关于戏神的文章。回到家乡的工作单位，以戏神信仰为题申报教育部人文社科基金项目获得立项，又重新燃起研究的热忱。在项目经费的资助下，再次到福建、湖北、广东等地进行专题调查，并根据著作体系的格局重新谋局布篇，相关研究成果陆续在《宗教学研究》、《江西社会科学》、《戏剧艺术》、《民族艺术》、《文化遗产》、《中华戏曲》、《戏曲研究》、《汕头大学学报》等刊物发表。尤其是《民族艺术》的时任主编廖明君先生，拿出为数不少的版面发表我并不太成熟的论文，并对相关研究作了题为《禁忌、信仰与伶人精神生活史》的学术访谈。我们素昧平生，廖先生这种奖掖后学的用心，值得永远感念。

在田野调查过程中还得到了福建艺术研究院叶明生研究员、罗金满博士的热情襄助；新加坡国立大学的容世诚教授听说我在作戏神研究，特意将自己有关新加坡社群演剧祭祀戏神的论文赠予我参考。同门邓琪瑛博士还应我请求，于《民族艺术研究》杂志上发表高水平的学术论文，助我教育部项目顺利结题。龚德全博士也将他拍摄的阳戏关公信仰照片惠赠我使用。他们的情义，也永当铭记。

人生总是难以预期。2011年我又回到中山大学工作，继后在黄天骥、康保成、黄仕忠诸师的鼓励下，重新对这一最终成果作出修订，就是今天呈现在读者面前的文本了。坦率讲，这部小册子只是我尝试用民俗学、人类学知识解决戏剧史现象的一次"跨界"，诚如同门王静波博士所言："你的戏神论文很像民俗学路子"。即便"很像"，亦可说还"不是"，这看似表扬的话也不妨看作是一种鼓励和鞭策吧。但我愿意付出更大的努力，取得更多一点的收成，回报赐予我第一次生命的父母，赐予我第二次生命（学术生命）的恩师，赐予我人生幸福感的妻儿和亲友。正是有了大家的恩赐和关爱，我才会在追求学术的道路上不再孤寂，才有着克服一切困难源源不绝的勇气和动力。

本书得到了中山大学"争创一流"出版计划的资助。出版过程中，还得到中山大学出版社责任编辑裴大泉先生的细致校勘，减少了很多错误。这是我第二本学术专著经裴先生的手,再次选择他,正是缘于他对待出版工作特别敬业的精神。

猴年仲春,小书甫成,慈父却遽然离开了他挚爱的世界和亲人。谨将此书献给我的父亲陈道木先生。

陈志勇
丙申仲秋于中山大学中国非物质文化遗产研究中心